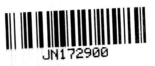

THINK WHILE READING INSURANCE THEORY

読みながら考える
保険論
[増補改訂第4版]

田畑康人・岡村国和 編著
伊藤 豪・田畑雄紀・根本篤司

八千代出版

「増補改訂第4版」上梓にあたって

本書第3版を上梓して2年が経過した。いや2年しか経過していないというべきかもしれない。しかし執筆者一同は、第3版2刷を出すよりも「増補改訂第4版」を世に送り出したいと考えた。なぜならば、この間の政治、経済、社会そして自然環境を含む世界の変化はあまりにも大きかったからである。入門書といえども、時代や環境の変化、あるいは保険とその関連分野の変化をできる限りカバーすることは不可欠であろう。

第2版の改訂時に最も大きな衝撃を与えたのは、東日本大震災とそれに続いた福島第一原子力発電所の爆発と放射能漏れという大惨事であった。ここからの完全復興は未だ道遠しという状況にある。ここではあえて詳細には触れないが、第3版を上梓するころも時代を取り巻く環境変化は大きかった。

そして第4版の改訂を前にして現代を象徴するキーワードを思いつくままに挙げてみれば、「地球温暖化」とそれに伴う「異常気象」や「自然災害の増加」、「南海トラフ巨大地震」など巨大地震の可能性、「少子高齢化」による「人口減少時代」の到来と「2025年問題」や「2040年問題」、世界的な「ポピュリズム（大衆迎合主義）の台頭」と「格差拡大」、「情報通信技術（ICT）」の加速的発展に伴う「AI」、「IoT」利用拡大とそれを象徴する「自動運転車」の開発競争など、変化の内容は枚挙に暇がないほどである。「保険は知識と情報とアイデアからなる産業である」といわれる。そうであるならば、保険の限界を考慮しようとも、保険の未来は大きな可能性があると信じたい。

執筆者一同はこれら多様な変化を意識ながら、自らの担当分野の見直しとデータ更新に専心した。ただし本書の価格維持のため、全16ページ以内という増補制限があった。この制限内でなしえたものは、あまりにも少ない。しかしわれわれはぎりぎりまで努力した。特にⅡ部、Ⅲ部とⅣ部全体の見直しは、相当の努力を費やした。このような増補改訂がどれほど成果を上げたのか、その判断は本書を読みながら考えて下さった読者諸賢に委ねたい。

2020年　記録的暖冬の小寒の日差しの中で　　　田畑康人・岡村国和

はしがき

田畑・岡村の両名が協力して保険の入門書を書こうと話し合ったのは、今から10年ほど前に遡る。恩師の庭田範秋慶應義塾大学名誉教授には「君たちが入門書やテキストを書くのは10年も20年も早い」と常々いわれてきたが、二人は書きたかったのである。当時二人が書きたかった入門書とは、「経済学のようにテキスト化された内容ではなく、お互いに自由に批判できる内容で、しかも入門者としての読者も批判し考えることができる入門書にしたい」というものであった。二人が出会うたびにこのような話をしていたにもかかわらず、それは実現しなかった。その理由は簡単である。二人が理想とする入門書を書くには二人の能力があまりにも未熟で不十分であったからである。その意味ではまさに庭田先生のおっしゃる通りであった。

ところで最近、保険に関して取り上げられる話題は、公的保険・私的保険を問わず、決して明るいものではない。公的保険では特に年金の数千万件に上る加入者名簿の不備・喪失に端を発し、公的年金を所轄していた社会保険庁そのものが2010年1月に解体された。また、私的保険では生命保険・損害保険を問わず、ほぼ全社で保険金の不払いが発生し、社会問題として取り上げられてきた。それらの問題が沈静化してくると、保険料取りすぎ問題、保険金支払いの遅延問題が発生した。社会保険分野でも少子高齢化の中でますます年金や医療・介護保険など維持が難しくなっているだけでなく、引き続く不況の中で雇用保険の見直しも毎年のように行われ、財政状況は悪化している。予断は許さないが、多少明るい話題といえば大手生命保険相互会社の株式会社化の中で、株価がある程度の水準を維持ないし上昇していることであろうか（2010年5月現在。ただし、相互会社の存在意義については本書でも考えたい）。

そのような状況の中で私たち二人は、自分たち自身も保険理論の出発点から見直さなければならないと考えた。なぜならば、保険について30年以上も研究し続けてきたにもかかわらず、私たち自身がわからないことだらけであること、また、きわめて初歩的なことと思われる事項についても両者の意見が食い違うことがしばしばあったからである。そして私たちは、「自分たち自身が十分に理解できなくて、受講生に教えることができるのか」という素朴な疑問を持った。

また、「少なくともどこまで意見や考え方の一致がみられるのか、再確認する必要がある」と考えた。さらに、一般消費者や受講生からは「保険は難しい」と常にいわれ続けてきたが、私たち二人は、岡村ゼミと田畑ゼミの10年間にわたるジョイントゼミナールを通じ、「難しいことをやさしく、やさしいことをより深く」という点で二人の意見は一致した。

「今回こそは何としても書こう」と決意したのは2009年の春であった。しかし二人だけで書くのではなく、他の若手研究者にも手伝ってもらい、新たな視点からの入門書を書き上げたいという点でも一致した。その際に最初に浮上したのは福岡大学専任講師の伊藤君と同非常勤講師の根本君であった。両君は田畑・岡村両名の学部時代の教え子であると同時に、石田重森福岡大学名誉学長ならびに山口大学の石田成則教授に大学院で薫陶を得た新進の研究者である。

このお二人の指導教授ならびに私たち二人はいうまでもなく庭田門下である。同じ恩師の下で育てていただきながら、私たち二人はあまりにも不肖の弟子であった。そのため何とか庭田先生にほんのわずかでも恩返しがしたいと考え続けていた。庭田先生からみれば、今でも本書の出版は早すぎるかもしれない。それにもかかわらず研究書ではなく入門書を書き、不肖の弟子の息子まで執筆者に加えたことは、本当にご恩に反することであろう。だが、不肖の弟子が上述のような意識で入門書をしたためたことをお伝えすれば、「ご理解していただけるのでは……」と考えたのである。

このような状況の中でどうにか原稿をまとめた矢先の2010年4月27日夜半、庭田先生の突然の訃報を受け取ったのである。私たち二人はまさに茫然自失の状態に陥った。庭田先生が重篤な病に侵されて手術されたことや、術後のご様子を私たち弟子一同こぞって心配していたのであるが、このようにあまりにも早くご逝去されるとは到底予測できることではなかった。この稚拙な入門書を今は亡き恩師庭田先生に捧げたい。私たち二人の真意については天国で苦笑いしながら、ご理解いただけると信じて。

本書はⅠ～Ⅳ部で構成され、Ⅰ部「保険理論への招待」と題して田畑（康人）が担当し、6章にわたって保険理論の入門の入門、あるいは初歩の初歩を述べた。田畑としては「庭田保険学」の最も基礎的な部分をやさしく解説し、新たな時間的経過ならびに現実の変化を踏まえて保険理論の理解をより深められるように努力したつもりである。ここではⅠ部の内容についてあえて触れないでおく。読者諸氏に伝えておきたいことがあるとすれば、Ⅰ部が後のⅡ～Ⅳ部の内容と一部重複する部分があるということである。一般的な入門書やテキストならば、できる限り重複を避け、内容的統一を図り、より多くの事項を説明しようとするであろう。しかし保険理論は庭田先生が目指した「保険学」にはいまだ遠く、「保険理論」としても統一性や科学性に欠けるというのが実情である。そうであるならば、重複や執筆者による意見の相違があった方が学問としての真実・実情を伝えることができると考えたのである。

Ⅱ部「経済社会と保険経営」は4章構成で岡村が担当した。ここでは保険経営の基礎的部分を考慮しつつ、重要であるにもかかわらず等閑視されがちな部分にスポットライトが当たるように配慮した。保険経営は範囲が広く、内容についても理論から実践も含めて考えると、どの程度デフォルメして再構成すればよいか悩むところである。本書では編者のこだわりから、あえて読者を巻き込む形で論を進めることを意図しているため、重複しているようにみえる部分があるとしても執筆者の考え方を大切にして無理に統一したりしてはいない。その最大の理由は、複数の者が重要だと判断した部分については違う角度から眺めることで内容を相互に補完し合い、あたかも漆塗りのように何層にも塗り固めることによって、より深く理解できるよう意図したからである。

Ⅱ部で執筆者が特に意識した点は、保険会社の収益構造の理解である。保険会社の収益構造は、生命保険と損害保険とでは若干の違いがあるにせよ、大きな枠で捉えれば保険収益と金融収益に集約される。保険収益は保険料の構造をみればわかるように純保険料部分の危険差益と付加保険料部分の費差益に集約されている。また金融収益は、主として資産運用益（責任準備金の運用益）から得られるものである。筆者はこれを「二大収益三利源」と名付けている。Ⅱ部は入門者を意識して書かれているが、中級者あるいは実務家にとっても何らかの発展的学習の素材が提供できるよう配慮したつもりなので、ぜひそのつもりで読んでいただきたいと願っている。

Ⅲ部「リスクマネジメントと保険」は、１章を根本が、２章を岡村が、３章を田畑（康人）がそれぞれ担当した。Ⅲ部はリスクと保険を全体的に捉える意味合いもあり、Ⅰ部、Ⅱ部で扱わなかったようなリスクマネジメント、損害保険、生命保険それぞれの基礎的・基本的部分についてその種類や制度的特徴、社会でのあり方などを軸とし、さらに現代的課題を含めて論じている。

もとより保険学は実学であるので、理論はもちろん重要であるとしても実践・実務との融合も軽んじることはできない。たとえばリスクをめぐるリスクマネジメントと損害保険の関係についても、今日の状況をみればわかるように、その境界線をきちんと画することが困難になってきている。これはⅠ部ですでに示された通りである。それと同時に、各種のリスクに備えて、あるいは環境変化などに起因する資金調達手段について、保険市場から調達（保険金として）するのか資本市場から調達（金融デリバティブなどを通じて）するのかについても考える必要があろう。

生命保険の強調箇所の一つに、消費者の視点を踏まえつつ企業倫理・経営倫理の課題を論じた部分がある。これは保険学を愛して止まなかった恩師庭田先生の薫陶を受けた私たち編者・執筆者全員の気持ちが込められている箇所でもある。Ⅲ部はこのような執筆者からのメッセージも踏まえつつ、リスクの本質や保険の基礎、問題点そして現代的課題を素直に考えていただければ幸いである。

本書最終部分のⅣ部は、「社会保障の中核としての社会保険」と題して社会保障・社会保険の主要問題とそれぞれの現代的課題について、伊藤（２章、３章、５章）と田畑（雄紀）（１章と４章）の若手研究者が新鮮な角度から存分に書いている。

社会保障を論じる書の多くはその論調が悲観的であり、楽観的なものはほぼないといってよいであろう。それだけわが国の社会保障は財政的に苦しい状況にある。この原因はどこにあるのか。制度設計の誤りなのかそれとも運営の稚拙さによるものなのか。これは判断が難しい問題である。しかし近年の社会問題にまで発展した公的年金の諸問題をみる限り、大方の国民の支持が得られていないことは事実であり、また社会保険庁も解体されるなど、制度設計もさることながら国民として信頼し得る運営であったとは言い難い。

本書Ⅳ部は、社会保障と社会保険の全体像を適度にデフォルメして概観し、社会保険の主柱となる制度が理解できるように配置した上で、少子高齢化社会を背景とした日本の公的年金、公的医療、介護保険等について丁寧に論じている。その論調は決して悲観的なものばかりではなく、事実を冷静に眺めつつも新たなスパイスがきいた味付けになっている。それがどのような形で現れているのかを考えながら読んでいただきたいと願っている。

とにかく本書は、石田重森、石田成則両教授ならびに一圓光彌関西大学教授への感謝を忘れるものではないが、不肖の弟子二人がご恩と感謝の気持ちを込めて、庭田先生の墓前に捧げたい。どうか天国でご一読いただき、さらなる鞭を私たちに与えていただきたいと願うばかりである。

末筆になるが、本書ができあがるまでに編集方針からタイムスケジュールまで、事細かにご助力下さった八千代出版の森口恵美子さん、そして信じられないほどきめ細かく内部校正して下さった岩谷美紀さんに改めて御礼を申し上げたい。森口さんの仕事の手際よさにはただ驚かされるだけでなく、締め切りの重要性をプロの立場から改めて教えていただいた。また、校正者の岩谷さんにはその知識量と検索能力の秀逸さに本当に助けていただいた。この感謝の気持ちは編者二人だけでなく、執筆者全員が感じているところであろう。執筆者を代表して御礼申し上げたい。

最後に、改めて庭田先生のご冥福を祈り、執筆者代表の言葉とさせていただきます。

2010年5月　庭田先生の告別式を終えて

田畑康人・岡村国和

目　次

Ⅱ部　経済社会と保険経営

Ⅲ部　リスクマネジメントと保険

Ⅳ部　社会保障の中核としての社会保険

コ ラ ム

I 部

保険理論への招待

1章

現代社会における「危険」と保険

〈キーワード〉
封建時代、資本主義、個人主義、自由主義、危険、自己責任、リスク、ペリル、ハザード、純粋危険、投機的危険、不確実性、情報の非対称性

1　保険理論からみるリスクとしての「危険」の概念

1）時代によって異なる「危険」の概念

私たちは日常生活において「危険」とか「危ない」[1]という言葉を非常によく使う。幼い子どもが少し高いところに上ろうとすると「危ない（危険だ）から、やめなさい」とか、ドライブでスピードの出しすぎや脇見運転などをするときも「危ない・危険」という。

また、「危険」の例を考えてみると、交通事故、火災や爆発、あるいは洪水、地震、噴火、テロ……など、たくさんの例が思い浮かぶ。学生たちは自らの勉強不足を知ってか知らずか、「明日の試験はヤバイ（＝危ない）」[2]などともいう。何かの勝負事や企業の戦略決定でも「これは危険な賭だ」ということもあるだろう。これら以外にも多くの場所・場合に「危険（危ない）」という言葉を用いて表現しているはずである。しかしそこで用いられている「危険」の意味はすべて同じであろうか。

ドイツには「危険なければ保険なし（Ohne Gefahr keine Versicherung）」とい

1　ちなみに国語辞典（『広辞苑』第６版）で「危険」を調べてみると、「危ないこと。危害または損失のおそれがあること。」とされ、「危害」については「生命または身体をそこなうこと」とされている。

2　ただし、最近の若者たちの「ヤバイ」は「あいつサッカーがヤバイくらいに上手い」というように、「超すごい」というようなよい意味で使われることも多くなっているようである。

う諺がある。また、アメリカの保険学会が発行する学会誌は、“*The Journal of Risk and Insurance*” という。これらの諺や学会誌のタイトルからわかることは、保険（insurance）が「危険」と密接に関わっているということである。しかし、「危険」の意味や人々の危険認識が時代や地域を越えて一致しているわけではない[3]。

たとえば、わが国の**封建時代**（ここでは江戸時代を例にする）[4]、士農工商という身分制度の中で最上位に属する武士について考えてみよう。武士が住んでいた家屋が火災や天災で失われたとしたら、その後の生活はどうなったであろうか。その家屋は藩主・領主からの拝領物であり、火災などの被害が生じた場合、藩主の名において再建されるか、別の家を拝領できた。たとえば大名屋敷などでも、失火（過失による出火）によって屋敷が焼失しても他家に延焼せずに自家の門が焼け残れば、責任は問われなかったという[5]。

また、一家の主人が病気などで急逝したとしても、その武士が得ていた家禄（禄高＝所得）は世襲であったため、跡継ぎさえいれば、遺族の生活が困ることはなかった。したがって、現代とほぼ同じ現象の火災や人の死であっても、武士たちは、保険理論で考えるような意味の「危険」としては認識する必要がなかったといえる。だからこそ、現代の私たちの生活で必要不可欠になっている火災保険も生命保険も必要なかったのである。

現代風な意味で武士として生活に最も困ることは、藩の取りつぶしであった（江戸時代以前であれば、戦乱などによる領主の敗北であった）。したがって、そのようなことがないように自らの命に代えて藩主・領主に尽くしたのである。

3　筆者は、日本人の場合「危険」の意味や認識の違いを理解することが保険理論の出発点としてきわめて重要なことと考え、講義でも日本語の「危険」およびその意味や考え方について多くの時間を割いている。

4　一般的に「封建制度（封建主義）」というのはfeudalismの訳語（最初に訳したのは福澤諭吉『文明論之概略』）であるが、歴史学会などにおける統一的見解はいまだ存在しないようである。したがって、ここでは高校までの歴史の教科書的意味合いで、「土地を媒介とする人的従属関係（主従関係）」と「土地に対する権益」という2つの特徴を持つ時代をイメージしている。このような特徴は日欧の封建時代に共通してみられるからである（今谷　2008、p. 4、pp. 78–90）。

5　山本（1993、pp. 224–226）。ちなみに同書によれば、明確な規定はなかったが失火 3 回で江戸市外（朱引外）へ屋敷換えとなったという。なおWikipediaで「江戸の火事」を検索すれば当時の様子をある程度知ることができる（http : //ja.wikipedia.org）。

コラム

「村八分」と現代の「いじめ」

本文中に述べたように、たとえ村人として仲間はずれにされる村八分になっても、特に火災や葬儀など（八分の残り二分）、本当に困っている場合は村人の一員として助けてくれたのである。したがってここでも火災保険や生命保険は不要であったが、もっと人間的に重要なことも発見できる。

現代の子どもたちの世界や学校生活でよくみられる「いじめ」や「仲間はずれ」も村八分の延長線上にあると思われる。その証拠に、仲間はずれにすることを関東方面では「ハブにする」とか「はぶ」という。名古屋を中心とする東海地方では「ハバ」とか「はばっち」というように「八分（はちぶ）」という発音から出ていることが類推される（読者の地方では子ども時代に何といっていたであろうか）。

しかし昔からの「村八分」との決定的な相違は、最後の最後まで無視したり、死に追いやるまでいじめ抜いたりせずに、本当に困っているときには助けてあげた点である。最近では大人の世界、すなわち「企業内いじめ」や「企業内仲間はずれ」もあると聞く。しかも少子化と人口減少が大問題になっている今日において、企業内のマタニティハラスメント（出産や育児休業を取る女性に対するいじめや差別）も増大し裁判にもなり、法改正も行われた（男女雇用機会均等法改正：マタニティハラスメント防止措置の義務化、2017年1月1日施行）。このような時代であるからこそ、本来的な意味の村八分を理解し直してもらえれば、学校や企業のいじめや仲間はずれもそれほど大きな問題にまで発展せずに抑制できるかもしれない。保険論の出発点でこんなことも考えてもらえればと願うものである。

次に困ることは、世襲制度の中で世継ぎ・跡継ぎとしての子ども（特に男子）が生まれないことであった。家督相続できなければ、経済的安定が保てなくなる（家の断絶）。したがって、その種の意味の危険対策として養子制度などがきわめて発展したと考えることもできる。

また、江戸時代の人口の大部分（80％以上）を占めていた農民についても考えてみよう。農民の生活は藩の命令に束縛されるだけでなく、まさに**村落共同体**の決まり（掟：おきて）によって束縛かつ支えられ、村民一人ひとりの自由はほとんどなかった。田植えも稲刈りも冠婚葬祭も村人が総出で協力し合っていた[6]。その代わり火災などが発生した場合、村人が消火や再建に協

6　世界遺産で有名な岐阜県白川郷の合掌造りの家は、現代でも屋根の葺き替えや冬支度などについて、あらかじめ村で順番を決め、村人総出で作業をしている。

力してくれたのである。病気や災害の場合も同じであった。

農民として最も生活に困ることは、村人として仲間はずれにされること、特に江戸時代以降行われ始めたといわれる**村八分**になることであった。しかしこの村八分とは、村人として8割（八分）方認めないという意味であって、完全に無視ないし仲間はずれにすることではなかった。残り2割（二分）、少なくとも火災と葬儀の際には、たとえ村八分になっていても助けてくれたのである。だからこそ村落共同体の中にいれば、火災保険も生命保険も不要だったのである（当時の商人や職人についてはどうであったか、ぜひ考えてもらいたい）。

2）現代社会におけるリスクとしての危険と保険の必要性

他方、私たちが生活する現代社会はどうであろうか。図表Ⅰ－1－1 に示したように、現代社会では一人ひとりの国民が法の下に平等の人格が認められ（**個人主義**）[7]、公序良俗に反しない限り自由に活動する権利を有している（**自由主義**）。この個人主義的自由主義は経済活動にも当然認められる。このような経済運営を基礎とする社会を**資本主義**的経済社会という。逆にいえば、資本主義的経済社会の基本的精神が個人主義と自由主義であると考えてもよい。

そして個人の自由に基づく経済活動の結果、利益が得られれば、それを私

図表Ⅰ－1－1　資本主義的経済社会におけるリスク認識の必然性

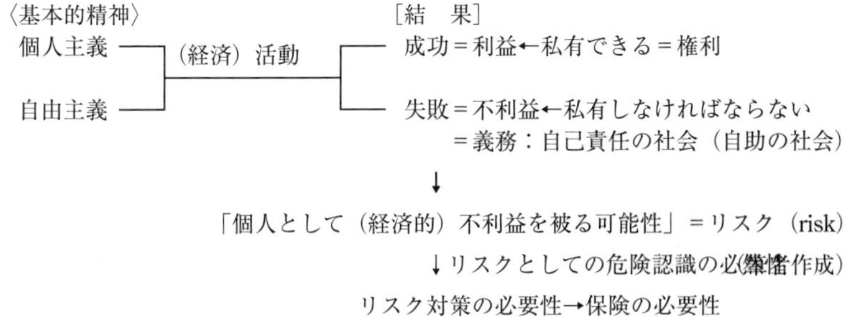

7　個人主義と利己主義を混同している場合も多いので注意を要する。個人主義は上述の意味で捉え、英語では individualism という。それに対して利己主義は「自己の利害だけを行為の規準とし、社会一般の利害を念頭に置かない考え方（『広辞苑』第6版）」で、英語では egoism である。ただし英和辞典でも individualism を個人主義と利己主義の両方で訳しているものもある。

有できる。これは当然の権利である。それに対して経済的自由の結果、不利益が生じた場合、その不利益は私有しなければならない。すなわち、個人が義務として受け入れなければならない。起こったことすべてが個人の自由の結果であるから、原則的には誰も助けてくれない。したがって資本主義的経済社会では、個人はそこで生じた不利益を自らの力で処理することが原則となる。このような社会を「**自己責任の社会**」とか「**自助の社会**」という。だからこそ現代社会で経済生活・経済活動を営む私たちは、「個人として経済的不利益を被る可能性」[8]という意味で**リスク**（risk）としての「危険」を必然的に認識しなければならない。ここでいう個人とは単なる一人ひとりの個人を指すだけでなく、家計や企業、組織などを含む概念である。

リスクの概念を最も簡単かつ広義に表現すれば、「不利益を被る可能性」とも表現できよう。このような概念は日常生活で日本人が用いている「危険」の概念にも通じる。「可能性」という言葉からもわかるように、リスクとは将来の事象・事柄・状態などを意味している。

しかし保険理論では、そこに生じる不利益が経済的（金銭的）に評価できる事柄を研究対象とすることから、より厳密に「経済的不利益を被る可能性」として特定していく。そして肉体的不利益（肉体的苦痛・痛みなど）、あるいは精神的不利益（苦しみや悲しみ）を研究対象から除くのが一般的である[9]。このようにして、その不利益を被る主体を特定すれば、最終的にはリスクを「個人として経済的不利益を被る可能性」と定義することができよう。

人間は危険（ここではリスク）を認識すれば何らかの対策を必要とするであ

8　単に「不利益を被る可能性」とすれば、最広義のリスクまたは危険と考えることができよう。しかしここでは保険が主として個人としての経済活動に関わる経済的制度であるため、このように定義した。このようなリスクとしての危険の概念は、筆者の危険と保険に関する30年以上の研究結果から導かれたものである。リスクとしての危険をこのように捉えることによって、社会科学的な一つの方法論としての「歴史→理論→政策（または予測）」という考え方に従っても、リスクと保険の関係を理解しやすくなる（社会科学的方法論に関する筆者の見解については、愛知学院大学商学部〔2013、pp. 3-10〕および本書コラム「なぜ歴史を学ぶのか」p. 36 を参照されたい）。なお、リスクと危険に関するより厳密な筆者の考察については田畑（2004、pp. 231-239）で述べている。

9　ただし、保険理論が人々の精神的不利益や肉体的不利益を軽視するものではないことはあえて断っておきたい。不完全な形ではあるが、損害賠償における「慰謝料」などの概念は被害者側の精神的・肉体的苦痛（pain and suffering）に対するものである。

ろう。その対策の一つとして考え出された制度が保険なのである。だからこそ、現代社会で経済活動する私たちは、上記のような意味でリスクとしての危険を必然的に認識し、その対策の一つとして保険を必要とするのである。

もちろん、英語のrisk（リスク）もかなり多義的で、保険やリスクマネジメントの専門書でもriskについて明確な定義がなされない場合もある[10]。また、「危険とリスクの概念が、それを用いる科学者の数だけある」[11]ともいわれている。

2 「危険」の多義性と日本人の「危険」認識

保険理論を学ぶ出発点において、リスクとしての危険を「個人として経済的不利益を被る可能性」と一応定義したが、日本語の「危険」はきわめて曖昧で多義的である。たとえば、リスクの他に英語のperilやhazard、danger、exposure、jeopardyなども日本語では「危険」と訳されるか英語をそのまま用いる。しかし保険理論では少なくともリスクの他に、ペリルとハザードについては以下のように明確に区別している。

・**リスク**（risk）：個人として経済的不利益を被る可能性（本書で用いる最も基礎的で最広義のリスクの意味）。

・**ペリル**（peril）：リスクを実現させる事象・事故そのもの。リスクの原因となる事故や災害。例）交通事故、火災、地震、噴火、洪水その他の自然災害、病気、怪我など。

・**ハザード**（hazard）：ペリルの発生確率を高めたり、ペリルの結果生じる不利益を増大したり悪影響を及ぼす事情・状態。例）ペリルとしての交通事故を例とするならば、スピードの出しすぎ、脇見運転、悪天候、アイスバーンなど。

最近では地形や断層の関係から地震や洪水の被害が大きいと各自治体など

10　Harrington & Niehaus（2004）でもriskについての多義性を述べながらも（pp. 1－2）、必ずしも明確な定義はされておらず、いきなりビジネスリスクの種類とその例示から始まっている（pp. 4－6）。

11　土方・ナセヒ（2002、p. 189）。

が予測する地域を地図に表したものをハザード・マップというが、このハザードの使い方が正しいのである。余談ながら、自動車についているハザード・ランプの意味もぜひ考えてみて頂きたい。日本ではハザード・ランプを感謝の意味で使う場合があるが、少なくとも英語のハザードに「ありがとう」という感謝の意味はない[12]。

この他に、生命や身体が害される可能性や状況・行為についても日本語では「危険」というが、英語ではdangerという単語が主として用いられるようである。サッカーなどで最初の5～10分および最後の5～10分をデインジャラス・タイム（dangerous time）というが、それは選手たちの集中力が欠けやすい時間帯で、チームとして致命的打撃を受けやすいことを意味しており、決してrisky timeとはいわない。また、何らかの罠や策略に陥って各種の不利益の可能性に遭遇してしまう状況や状態についてはjeopardyという単語をよく用いるようである[13]。さらに、お金や財産などがリスクにさらされている状態やその程度についてはexposureという言葉が用いられたりする。最近では金融論などでも、外貨建て資産などが為替変動リスクなどにさらされている状態を「エクスポージャー」といったりする。また、将来に関する不透明感や不確実性に対してはuncertaintyという言葉があり、「一寸先は闇」という意味でriskと無差別に用いられることもある。

しかしこれらを日本語で表現しようとすれば「危険」または「危ない」ということになろう。これら以外にも英語にはそれぞれの状況を表す単語が数多くあるようである。また、中国語でも「危険」の他に、険情・険状、風険、危境など、きわめて多くの単語があり、意味的に重なる部分はあるものの、それぞれの「危険」な事象、状況、状態など使い分けて表現するそうである[14]。

12　また、医学や薬学などでも、喫煙が肺がんの発生確率を高めることを「スモーキング・ハザード（smoking hazard）」というそうである。この点については元愛知学院大学薬学部四ツ柳教授から示唆を得た。また、リスク、ペリル、ハザードの使い分けを明確にするために、それぞれ「危険」、「危険事故」、「危険事情」と訳し分ける場合もあるが（近見・堀田・江澤　2016、p.4）、最近はカタカナ表記が一般的になっている。

13　たとえば、無実であるにもかかわらず何らかの事情で有罪になってしまうような状況や、「振り込め詐欺」などにだまされそうな状態といってよいかもしれない。

それに対して、なぜ日本語には「危険」一語しかないのであろうか。言葉や単語は、人々がその事象・状況などに関心を持ち、「表現したい」、「伝えたい」と思えば生まれてきたり、つくられたりするそうである。季節の移ろいや花鳥風月に関する日本語はきわめて多い。それは日本人がそれらの事柄に強い関心を持っていたからであろう。そうだとするならば、日本人の場合、各種の「危険」なことについてあまり強く関心を持たなかったか、持ったとしても danger などが中心で、それ以外の危険についてはあまり関心を持たなくても暮すことができたと考えることもできる[15]。

しかし現代社会においては、危険（=リスク）を直視し、客観的かつ冷静に判断し行動することが求められる。本書Ⅲ部で詳しく述べられるが、それが現代的リスクマネジメントの出発点でもある。種々の個人的活動に関わるリスクはいうまでもなく、ビジネスに関わるリスクについて考えようとするならば、まずこの日本的弱点を素直に認識し理解することから始めることが重要であろう。

本節の最後に日本語の「危険」と保険理論における「危険」について再確認しておく。保険理論の中ではリスク、ペリル、ハザードの区別が特に重要であるが、いずれも「危険」という一語を用いることが多いので、文脈によってその意味を区別して判断することが重要になる。また、保険理論ではデインジャーという意味での「危険」という言葉は、ほとんど用いられないので注意を要する。

14　ちなみに、筆者の大学院ゼミ生であった張暁亮さん・陳航君と各種の中英・英中辞典や中国のリスクマネジメントに関する文献やインターネットで調べた結果、Risk Management は、中国語では「危険管理」ではなく「風険管理」と訳され、一般化されているようである。その例として Bessis, Joel, *Risk Management in Banking* が中国では Joel Bessis 著・史建平訳（2009）『銀行風険管理』中国人民大学出版社、および顧孟迪著（2006）『風険管理』精華大学出版社を挙げておく（実際に入手していないので参考文献には挙げない）。この他に翟建華（2016）pp. 2–8 を見るとリスクをすべて「風険」と捉えていることが窺える。

15　日本人は古来より、言葉には魂があるという「言霊（ことだま）」信仰があり、悪い事柄・不吉な事柄を口にするとそれが実際に起こってしまうように思う傾向があるという（田村　2006、pp. 83–89）。また、かつて話題になったイザヤ・ベンダサン著『日本人とユダヤ人』において、「日本人は水と安全はタダだと思っているようだ」と揶揄された日本人観については田村（1990）「第2章」に詳しい。

3　保険理論におけるリスクの主要な分類と保険の関係[16]

上述のように、リスクを「個人として経済的不利益を被る可能性」と広義に定義したが、この定義だけではリスクの全体像を理解することはできない。従来の保険理論をみても、リスクを少なくとも3種類程度に分類するのが大多数であった。

その中で最も一般的なのは、pure risk（**純粋危険**）と speculative risk（**投機的危険**）という分類法である。純粋危険とは、ある事象が発生すれば不利益のみが生じるリスクをいう。たとえば、地震、噴火、洪水などの自然災害や火災、交通事故、あるいは各種の病気などのペリル全般がこのリスクを実現させる。他方、投機的危険は、その事象の発生または行為の結果によって利益・不利益両方の可能性があるリスクをいう。例を挙げるならば、各種の賭博や投資行為、あるいは新製品開発などに伴うリスクといえよう。

次に挙げるべきは、dynamic risk（**動態的危険**）と static risk（**静態的危険**）という分類であろう。動態的危険とは、政治、経済、社会などの変動や技術などの変化によって生じるリスクを意味する。たとえば、革命や政変などに伴うリスク、技術革新や嗜好の変化によって生じる陳腐化や売上高の減少、IT化の進展に伴って増加しているハッキングや情報漏洩などによって生じるリスクを挙げることができる。それとは逆に、静態的危険は、政治や経済・社会などの変動などとは無関係に生じるリスクを意味する。例を挙げるならば、自然災害や各種の事故、病気などのペリルに伴うリスクである。

3番目は、subjective risk（**主観的危険**）と objective risk（**客観的危険**）の分類である。主観的危険とは、個人の心理状態や価値観などによって影響されるリスクであり、たとえば、個人の恐怖感や愛着などによって不利益の大きさの評価あるいは発生確率などの評価が変化する場合をいう。より具体的にはガンに対する恐怖によって不利益や発生確率を過大評価したり、親の形見や家宝の盗難被害などについては、その当事者にしかわからない不利益とな

16　以下の3、4で述べるリスクについては、本書Ⅲ部1章でも詳しく述べられる。重複も多いが両者を比較することによって、リスクに関する理解はより深まるであろう。

ろう。それに対して客観的危険は個人の心理状態や価値観などにあまり影響されないリスクといえる。たとえば、多くの人々に共有されている価値観や一般的な市場価値として評価できるリスクで、一般家屋の火災や各種事故や災害の結果生じる不利益の可能性やその大きさなどである。

上記の主要な分類において保険で対処しやすい危険・リスクは、純粋危険、静態的危険および客観的危険であると一般的にいわれている。そして、とりわけ純粋危険が最も保険の対象としやすいと考えられている。逆にいえば、保険は主として純粋危険に対処するための制度であるといえる[17]。

この他にも general risk（一般的危険）⇔ individual risk（個人的または個別的危険）、fundamental risk（基本的危険）⇔ particular risk（特殊的危険）、natural risk（自然的危険）⇔ human risk（人為的危険）など、数多くの分類がある[18]。このようなことからも保険理論におけるリスクへの関心の高さがわかるが、保険理論的にはこれらの分類から新たに学べることはほとんどない。

4　隣接分野にみるリスク概念とその多様性

日本語における「危険」の意味が曖昧かつ複雑多岐にわたるにもかかわらず、リスクとしての危険も多くの分類や種類があることがわかった。しかし「危険（リスク）」を研究対象とするのは保険理論だけではない。最近では保険理論以外の多くの分野でリスクを研究対象とするようになってきている。それはあらゆる活動の中でリスクが無視できなくなっており、企業活動・ビ

17　このような旧来の保険理論的なリスク分類における pure risk の定義に対し、最近では新たな問題提起がなされている。それによれば、pure risk においてまったく利益（gain）が生じないと考えるのは誤りで、当該企業の予測損害よりも実際の損害が少なければ、その分だけ gain が生じていると考えられる。その結果、当初予測よりも企業価値は増大する可能性がある。この gain は企業が当初予測した原材料価格がその後値下がりしたときに得られる gain によって総利益が増大し、その結果企業価値が増大するのと何ら変わりがないという（Harrington & Niehaus〔2004, p. 7, note 3.〕）。この指摘はきわめて斬新で、保険理論的に再検討を要する課題であろう。

18　これ以外には金銭的損失が伴うか伴わないかによって、financial risk と nonfinancial risk に分類しているものもあるが、上述のように保険理論的なリスクの定義では「経済的不利益」を対象にしているので、この分類は明示しなかった。この点について詳しくは Vaughan & Vaughan（1995, p. 8）を参照されたい。なお、以下に記した分類については本書Ⅲ部１章２の２）を参照されたい。

ジネスにおいてもリスクとそのマネジメントが不可欠になってきているからであろう。

しかし、リスクを研究対象としているそれぞれの学問分野において、リスクの意味が必ずしも同じではないというのが実情である。リスクを的確に理解するためには、この点も十分に認識する必要があろう。各種の状況でコミュニケーションする場合、当事者同士が用いるリスクの意味が異なっていることに気づかなければ、予想もしない結果につながる可能性もある。したがって、リスク・危険について考える場合、そこで用いられる危険（少なくともリスク）の意味やその認識が一致していることが重要になる。

1）リスク理論、リスクマネジメント理論におけるリスクの概念

risk theory や risk management theory はそれぞれ「危険理論（危険論）」、「危険管理論」と訳されたりしているが、後者は「リスクマネジメント」のままで用いられることが多くなっている。しかし本来「危機管理」と訳すべき crisis management または emergency management がリスクマネジメントと無差別に用いられていることもある[19]。そして最近ではその傾向がますます強くなり、危険（risk）と危機（crisis）を区別することは無意味という考え方もある。しかしより正確には危機管理はリスクマネジメントの一部と考えられ、あえて区別すれば、危機管理は純粋危険とそのリスクコントロールが中心で、リスクマネジメントは投機的危険とそのリスクファイナンスが中心になるといわれている[20]。

いずれにしても risk theory や risk management の分野においては、リスクを「起こりうる結果の多様性ないしその多様性の程度」とする場合が多い。たとえば、図表Ⅰ-1-2 に示したようにある行為をした場合、その結果が必ず特定の一つの結果に結び付くのであれば（これを「1対1対応」という）、そこには「リスク・危険はない」と考える。それに対して、ある行為の結果

19　この点に関しては亀井（2004）「第1章」および亀井・亀井（2009）「第1章、第2章」に詳しい。なお、同書は最近のリスクマネジメントに関する文献の中でも基本に忠実で理解しやすい。
20　亀井・亀井（2009、pp. 10–11）および亀井克之（2011、pp. 8–17）を参照されたい。

図表Ⅰ－1－2　結果の多様性としてのリスク

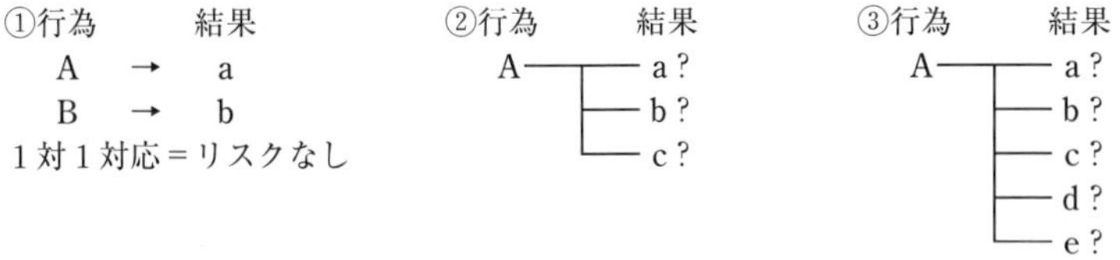

1対多対応＝リスクあり

行為②のリスク＜行為③のリスク

それぞれの確率分布を考慮することによって、リスクの大小を考えようとする。

（筆者作成）

が複数予測され、そのいずれかの結果が起こる（1対多対応）とすれば、「リスク・危険がある」と考える。そして起こり得る結果が多様であればあるほど「リスクが大きい」と考えるのである。

2）金融論などにおけるリスクの概念

金融論や投資論あるいは財務管理論などでもリスクという言葉が多用される。このような分野ではナイト（Knight, F. H.）の考え方を踏襲し、リスクと**不確実性**（uncertainty）を区別して考えていたようである[21]。この分野でも「結果の多様性」をリスクというが、その確率分布がわかっている状態をリスクとして捉え、確率分布が不明の場合、**真の不確実性**が存在するという表現をし、不確実性を研究対象から除く傾向があった。そしてリスクをより限定的に捉えるために、特定の行為・状況によって実現される利益が期待利益を下回る確率およびその程度をリスクと考えるのである。そして最近では、より具体的にリスクと同じ意味で**ボラティリティ**（volatility）という言葉も使用され、過去の統計から得られた期待利益に対する負の標準偏差の大きさで計測・比較する場合が多い[22]。

そしてこのような分野では、為替変動などによる不利益の可能性（リスク）

21　詳しくはナイト（1972、pp. 66–67）および同書「第7章」を参照されたい。

22　植田（2017、p. 15）ではリスクを「お金を運用した結果（大まかには利子率、正確には利回り）が前もって正確には予想できないこと。あるいは予想できない程度」とも表現されている。

にさらされている状態（exposure）にある資産を危険資産・**リスク資産**（risk asset）、そうでない資産を**無リスク資産**（risk free asset）などと呼んだり、リスク資産そのものを**エクスポージャー**といったりする。

このように金融理論関係では、近年の金融工学の発展と**金融派生商品**（**デリバティブ：derivative**）の多様化・複雑化に伴って、リスク概念も複雑になってきている。しかし共通しているのは「結果の多様性ないしその程度」の大きさを何らかの意味でリスクと捉える点である。ただし、そこで意味するリスクを十分に理解することはますます困難になってきているので、その言葉を用いている本人に素直に尋ねてみることが重要であろう。

3）経済学におけるリスクの概念

自然科学において物理学が科学の王（King of Science）といわれるのに対し、社会科学の女王と呼ばれる経済学ではどうなっているのであろうか。利潤の潜在的源泉は、保険不可能なリスク（ナイトのいう「不確実性」）を負担することにあるという認識は古くからあるものの、近代経済学、特にミクロ経済学の華々しい発展の中で、リスクそのものに関する研究は必ずしも十分に行われてこなかったというのが実情であった[23]。

経済学の中でリスクとしての危険が分析対象として注目されだしたのは、1960年代に従来の経済学に不満を持ったアロー（Arrow, J. K.）らが中心となってアメリカで発展した新しい経済学の分野、とりわけ「**不確実性の経済学**（economics of uncertainty）」あるいは「**情報の経済学**（economics of information）」といわれる分野で、分析手法としてのゲームの理論やエージェンシー理論（agency theory）の発展の結果といっても過言ではない。詳しい説明は他に譲るが[24]、それまではミクロ経済学の中にリスクの概念はなく、したがってほとんど研究対象にもならなかったのである。

これらの分野では、知識・情報の不完全性・不足、あるいは**情報の非対称**

23　経済学における保険の位置については、庭田（1995、pp. 9–30）に詳しい。そこではマルクス経済学と近代経済学の中で保険がどのように理解されてきたか詳しく述べられている。しかしその記述でも明らかなように、リスクそのものの研究内容は必ずしも明確ではなかった。

24　この点に関しては、田畑（1996）を参照されたい。

性（asymmetry of information）または偏在によって生じる不確実性ないし結果の多様性としてリスクを捉える。したがってこれらの新しい経済学の分野では、リスクと不確実性を同じものとして理解し、金融論にみられたような確率分布の把握可能性による区別はしない。つまり経済学では、客観的確率の他に主観的確率の概念も導入しながら、経済学が前提とする経済主体としての「経済人（homooeconomicus : economic man）」であるならば、そこにおける主観的確率もある一定の合理性があると見なすのである[25]。

4）分野によるリスク概念の相違と保険理論の新たな展開

これまでの説明で、保険理論の中だけでなく、他分野においてもリスクの概念に大きな相違があることが明らかになった。しかし保険理論と他の隣接分野を比較すると、以下のようなリスク概念の違いがあることが理解できよう。保険理論では、リスクの原因として認識される特定事象や状態について、保険者的立場からそのリスクが保険的に対処できるかどうか、つまりそのリスクの保険化が可能かどうかを中心に、リスクを定性的に捉えようとする。

それに対して隣接分野では、リスクを被る側・負担する側から考察し、量的に把握しようと定量的に考える。その結果、リスク測定の可能性を前面に打ち出し、リスクに対して積極的に対処しようとする。そしてより合理的行動・対策にまで踏み込もうとする。

また、保険理論では被る可能性のある不利益・損害に重点が置かれるのに対し、隣接分野では結果の多様性を重視することから、利益・不利益両方の可能性を常に意識して分析対象とすることができる。したがって利益の可能性としてのチャンス（chance：好機）についても考えが及ぶようになる。このように考えてくると、個人や家計、あるいは一般企業や組織にとっては、保険理論よりも隣接分野のリスク概念の方が圧倒的に魅力的であろう。

25　情報の非対称性という概念は最近のミクロ経済学の入門書でも必ず説明されており、「当事者の一方がより多くの正確な情報・知識を持っているのに対し、もう一方の当事者は不十分・不正確な情報しか持っていない」ことを意味する。また、主観的確率の合理性などの点についても詳しくは田畑（1996）を参照されたい。この部分については、本書 pp. 57–59「不確実性の経済学と保険理論」でさらに詳しく述べる。

このようなことから、最近では保険理論でも他分野の成果を受け入れ、リスクの定義をより定量的に捉えられるように見直す傾向がある。そこでは、不利益の可能性すべてをリスクとするのではなく、金融論的な**ダウンサイド・リスク**（downside risk）という新たな概念を導入したり[26]、「リスクとは、（個人が）望ましいと期待している結果とは逆の（望ましくない）方向に向かわせるような可能性の程度」[27]としたりする。また、保険理論とリスクマネジメント論の接近から、「リスクとは平均値としての発生確率や予測損害の程度を指す場合も多いが、起こりうる結果の多様性とその程度も意味する」[28]というものもみられるようになった。このようにリスクマネジメントや金融論の定義を部分的に採用することによって、リスクを量的に把握し、比較検討できるように努力しているのである。

練習問題

1　今まであなたが使っていた「危険」という言葉の意味と保険理論における各種の危険の意味を比較し、それらを使い分けられるように例を挙げながら説明しなさい。

2　現代社会におけるリスクとしての危険認識の必然性と保険の必要性を説明し、隣接分野のリスクの意味や使い方とリスクに対するあなたの考え方も述べなさい。

■引用・参考文献

愛知学院大学商学部編（2013）『新・商学への招待』ユニテ書店
今谷明著（2008）『封建制の文明史観』PHP 新書
植田和男著（2017）『大学 4 年間の金融学が 10 時間でざっと学べる』KADOKAWA
亀井克之著（2011）『リスクマネジメントの基礎理論と事例』関西大学出版部

26　ダウンサイド・リスクとは株式投資などで値下がりリスクを指すことも多いが、下がり始めた証券価格がさらに下がる可能性としてのリスクも指す。このようなことから、保険理論では、不利益の可能性の中でも自己の負担能力を超えるような確率分布の範囲を指す場合にも用いられる（生命保険文化研究所　1998、p. 208）。

27　Vaughan & Vaughan（1995, p. 5）.

28　Harrington & Niehaus（2004, pp. 3–4）.

亀井利明著（2004）『リスクマネジメント総論』同文舘出版
亀井利明・亀井克之著（2009）『リスクマネジメント総論（増補版）』同文舘出版
生命保険文化研究所編（1998）『生命保険用語英和辞典』生命保険文化研究所
田畑康人（1996）「保険理論としての経済学の出発点」『保険研究』第48集、慶應保険学会、pp. 59-78
田畑康人（2004）「ビジネスリスクとその対応（1）」愛知学院大学論叢『商学研究』第45巻第1・2号、愛知学院大学商学会、pp. 229-249
田村祐一郎著（1990）『社会と保険』千倉書房
田村祐一郎著（2006）『掛け捨て嫌いの保険思想』千倉書房
近見正彦・堀田一吉・江澤雅彦編（2016）『保険学［補訂版］』有斐閣ブックス
ナイト, F. H. 著、明治大学経済学研究会企画・翻訳（1972）『危険・不確実性および利潤』文雅堂銀行研究社
庭田範秋著（1995）『新保険学総論』慶應通信
土方透・アルミン・ナセヒ編著（2002）『リスク』新泉社
山本純美著（1993）『江戸の火事と火消』河出書房新社
Harrington, S. E. & Niehaus, G. R.（2004）*Risk Management and Insurance,* 2nd ed., Irwin McGraw-Hill
Vaughan, E. J. & Vaughan, T. M.（1995）*Essential of Insurance: A Risk Management Perspective,* John Wiley & Sons Inc.
翟建華主編・景剛副主編（2016）『保険学概論（第四版）』東北財経大学出版社（なお本書はすべて中国の簡体字で書かれているが、日本の漢字表記にした）
「江戸の火事」（http : //ja.wikipedia.org）

2章

保険の仕組みと保険の基本原則

〈キーワード〉
公的保険、私的保険、損害保険、生命保険、第三分野の保険、共済、社会保険、経済政策保険、経済的保障の三層構造、純保険料、大数の法則、給付・反対給付均等の原則、レクシスの原理、収支相等の原則、個別保険料、ノーロス・ノープロフィット原則、平均保険料、賦課方式、定額保険、現物給付

1　保険の主要な種類とその分類

わが国において保険企業が扱っている商品としての保険だけを考えてみても、その種類は1000種類をはるかに超えているであろう。そして、保険理論の中では各種の基準に応じ、保険の種類や分類を詳しく述べている文献も多い[1]。しかしここでは、あえて理論的かつ複雑な分類をしない。なぜならば初めて保険理論を理解するためには、まず私たちの身近にある保険を、より具体的にイメージしていくことが重要であり、それが出発点になると考えられるからである。本章で述べる以上に各保険の詳しい内容については、本書Ⅲ部以降で学んでもらいたい。

1）私的保険とその種類

さて、図表Ⅰ－2－1で示したように、保険は私的保険と公的保険に大別することができる。ここでいう**私的保険**とは、一般に保険企業（保険会社）が

1　保険の種類や分類については、庭田（1995、pp. 101-110）、大谷（2012）「第1部第4章」が詳しい。この他にも下和田（2014、第Ⅱ部 pp. 130-210 および第Ⅳ部）で多くの種類が紹介されている。

図表Ⅰ－２－１　保険の主要な種類とその分類

- 保険
  - 私的保険
    - 損害保険
      - ・海上保険：船舶や積み荷の保険で、内容の類似性から現代では航空保険、運送保険なども含めることが多い
      - ・火災保険：普通火災保険、住宅火災保険、地震保険（特約）などで建物やその収容動産（家財など）を対象とする保険
      - ・自動車保険：自賠責保険（強制保険）、任意の自動車保険
      - ・その他の新種保険：原子力保険、PL保険（製造物責任保険）、人工衛星保険、D&O保険[1]、サイバーリスク保険、クラウド保険、ドローン保険……など多数
      - ・第三分野の保険：傷害保険、医療保険などの傷害疾病損害保険[2]、就業不能保険
    - 生命保険
      - ・死亡保険：被保険者の死亡を保険事故とする保険
      - ・生存保険：一般に学資保険、子ども保険、年金保険など、被保険者の生存を保険事故とする保険
      - ・生死混合保険：死亡保険と生存保険を合わせた保険
      - ・第三分野の保険：傷害疾病定額保険など（損害保険参照）
  - 公的保険
    - 社会保険[3]
      - ・労災保険（労働者災害補償保険）
      - ・医療保険（国民健康保険、協会健康保険〔2008〕、組合管掌健康保険）
      - ・年金保険（国民年金、厚生年金）[4]
      - ・雇用保険（旧失業保険：2007年の大改革で自発的失業がさらに不利になったが、リーマン・ショックや東日本大震災などの影響もあって、毎年のように改定されている）
      - ・介護保険（2000年度から実施、その後も数年ごとに改定されているが、さらに見直しが続けられている）
    - 経済政策保険
      - ・貿易保険（海外投資保険などを含む）：独立行政法人日本貿易保険機構が運営（外国保険会社との共同で民間保険会社にも一部開放）
      - ・預金保険：2005年度からペイオフの完全実施
      - ・農業保険、漁船保険・漁業共済、森林火災保険など

注）1　これはdirectors and officers liability insuranceの短縮形で、会社役員賠償責任保険とか取締役責任保険ともいわれ、株主代表訴訟費用などで経営者側が責任を負った場合の賠償責任を担保する保険である。なお、クラウド保険は2012年、ドローン保険は2015年から登場し、その後もテレマティクス保険やネット炎上保険や自動車保険でもカーシェアリングなどに対応して、必要なときに必要な時間だけスマホから加入できるものや、ドライブレコーダーと連動してあおり運転にも対応できる保険など続々と誕生している。

2　傷害保険は少なくとも1910年代から存在していたが、約100年ぶりに大改正された新保険法（2008年6月公布、2010年4月施行）によって、このように命名され正式に規定された。ただし入院給付金日額などは定額である。

3　文献によっては社会保険も経済政策保険に分類することがある。それは社会保険が経済政策の一つである社会政策として始められた歴史的経緯があるからである。

4　かつて公的年金には公務員を中心とする共済年金が別に存在したが2015年10月から厚生年金に統合された。

（筆者作成）

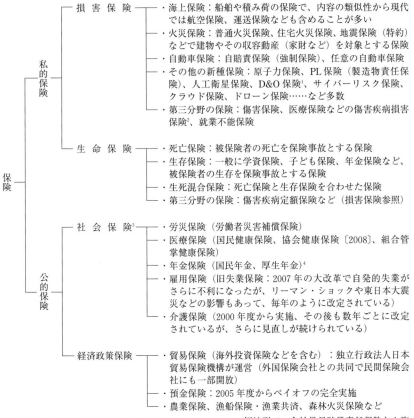

扱う保険で、一般消費者（個人や家計）および企業・組織が、原則として私的かつ自由に購入または加入しようとする保険と考えればよい。そして私的保険は新保険法に従って[2]、「**損害保険**」と「**生命保険**」に加え**第三分野の保険**を「傷害疾病損害保険」と「傷害疾病定額保険」に分けるようになっている。しかし前者は損害保険、後者は生命保険の一種と捉えても大きな誤りはない。

損害保険の中では、後に述べるように海上保険が最も古く、歴史的に保険といえば海上保険を意味した時代もある。日本では航空保険を含めても保険料収入が減少傾向にあるが、グローバル化の中で、世界的にみればその重要性は衰えていない。火災保険に関する詳しい説明もⅢ部に譲るが、一般家計はもちろんのこと、企業や組織にとっても不可欠な保険になっている。特に、**地震保険**は住宅火災保険の特約として存在しており、地震保険だけに加入することはできない。また、わが国の自動車保険はいわゆる強制保険としての**自賠責保険**（**自動車損害賠償責任保険**）と任意の自動車保険に二分することができ、両者の関係は意外と複雑で、研究対象としても興味深い。

第三分野の保険とは、従来の商法に基づく保険法では損害保険・生命保険のいずれにも属し得る新種保険として存在していた。1995年に56年ぶりに大改正・公布された**保険業法**（1996年4月施行：以下、新保険業法という）で事業として法的にも認められたが、約100年ぶりに大改正され新たに2008年に公布された**保険法**（2010年4月施行：以下、新保険法という）でも正式に規定された。これ以外にも数多くの新種保険があり、各種のリスクやペリルに対応していることがうかがえるであろう。

生命保険だけでもその商品種類は数多い。新保険業法に基づく自由化により新たな保険の販売に当たっては、多くの場合、**認可制**から**届け出制**に改定されたため、その種類はますます多くなってきている[3]。しかし第三分野の

2　2008年以前の保険法は1899年制定の商法の中に規定されていたが、約100年ぶりの大改正（2008年公布、2010年施行）により、保険法として独立した。

3　新保険業法、認可制、届け出制などについては、本書Ⅰ部5章で詳しく述べる。なお、商品種類が激増したことは損害保険にも当てはまり、これが新たな問題発生（2004年以降に発覚した保険金不払い問題など）にもつながったといわれる。この点についても本書Ⅰ部5・6章で詳しく論じる。

保険を除けば、生命保険は人の生死を**保険事故**（保険金支払いの契機となる事故）とする保険で、その種類は基本的には3種類にすぎない。生命保険として最初に挙げるべきは**死亡保険**である。死亡保険は、その名の通り**被保険者**（保険事故の当事者となる人）の死を保険事故とする保険である。保険理論に初めて接する学生たちなどが真っ先にイメージするのは、この死亡保険であろう。ただし、生命保険商品としては、理論通りに単純かつ短期の死亡保険はほとんどみられない。

それに対し、一定期間後における被保険者の生存を保険事故とするのが**生存保険**である。具体的には学資保険とか子ども保険などが有名であるが、**年金保険**も理論的には生存保険の一種といえる。この生存保険も理論的意味で純粋な生存保険はほとんどみられない。何らかの形で死亡保障が付いていたり、疾病や傷害についても保障する場合が多い。

以上の2種類の保険を合わせ、保険期間中に死亡した場合は死亡保障（死亡保険金）を、保険期間満了時に生存していた場合は生存保障（生存保険金・満期保険金）を行う保険を**生死混合保険**または生死合体保険という。日本の場合、明治以降に生命保険が導入されて以来、少なくとも1970年代までは生命保険の代表的存在であり、**養老保険**とも呼ばれている。

詳細は後に譲るが、経済成長に伴う所得の上昇や高齢化・長寿化によって、定期付養老保険や各種の終身保険や年金保険、**第三分野の保険**が注目されていった。なお、2007年10月に完全民営化された**株式会社かんぽ生命保険**が扱っている**簡易保険**や**郵便年金**（民営化後は「個人年金保険」という）も生命保険の一種であり、民間保険企業との競争関係はますます強くなっている[4]。

以上の保険が私的保険であり、一般消費者、企業・組織が任意に選択して

4　小口で無審査が特徴の簡易保険や郵便年金はかつて国営で郵政省が扱い、その後は郵政公社に引き継がれ、さらに2007年10月かんぽ生命として完全に民営化された。その結果、郵政民営化法により2017年9月末までに日本郵政株の持分を売却することが決定された。その後2009年民主党政権誕生の結果、その時期は凍結された。しかし2012年末の自民党による政権交代の結果、その時期が見直され2015年11月4日に日本郵政株式会社とその傘下のゆうちょ銀行とかんぽ生命が東京証券取引所第1部に上場された。また、かんぽ生命の保険金限度額が2016年4月に1300万円から2000万円に引き上げられた。しかし2019年6月には契約募集などで新たな不正が発覚し、2019年12月末まで募集自粛措置がとられたが、金融庁は12月27日付で3ヶ月間の新規契約の募集停止命令を発動した。

加入するのが原則で、例外としては、自賠責保険や原子力保険などがある。また、農業協同組合（**農協＝JA**）やその他の協同組合は、「**共済**」という名前でほぼ同種の協同組合保険（火災共済、自動車共済、生命共済、年金共済など）を扱っており、それらを2006年保険業法改正により「**制度共済**」ともいう。しかし同法改正によって、かつて無認可で自由に設立できた中小の共済などは、**少額短期保険業者**として金融庁への届け出が必要になった。

2）公的保険とその種類

公的保険とは、その運営主体が公的機関（公営）かそれに準ずる場合が多く、国民全体の最低保障または基本保障を使命とする**社会保障**の中核としての**社会保険**と**経済政策保険**に大別することができよう。社会保険の加入窓口は各市町村や雇用企業・組織などが多い。経済政策保険は関係省庁が直接的に運営する場合もあるが、独立行政法人あるいは保険企業やJAなどの協同組合が窓口となって運営されていることもある。ここでは社会保険については図表Ⅰ－2－1に示すだけにして詳しいことはⅣ部に譲り、経済政策保険について簡単に触れることにしよう。

貿易保険は、民間企業が行う貿易や海外投資に伴うリスクに対応するための保険である。この保険はかつて輸出保険といわれていた時代もあるが、現在は独立行政法人日本貿易保険機構が行っている。貿易保険は、取引相手国の突然の政策変更（輸入制限や禁止措置など）や政変・テロや革命あるいは戦争など（非常危険）によって、輸出不能や投資不能になったり、取引相手企業の突然の倒産や破産によって輸出代金や投資資金が回収不能になった場合（信用危険）に対応する保険であり、私的な海上保険では免責になっているリスクを対象にしている[5]。

このような一般企業における投機的危険の一種とも思われる保険を、なぜ

5　より詳しくは、中矢（2009、pp. 125-126）を参照されたい。なお、多くの場合、貿易保険における非常危険のことをカントリーリスクともいう。なお、貿易保険の内容もかなり改定されているので、独立行政法人株式会社日本貿易保険のwebページ（http://nexi.go.jp）からぜひ確認して頂きたい。

国家が後ろ盾となって行うのであろうか。それは天然資源に恵まれない日本は従来から加工貿易立国・技術立国としての繁栄の道しかなく、さらに現在では海外投資立国でもあるからである。つまり、このようなリスク負担をすべて企業の自己責任とすれば、貿易意欲も海外投資意欲も衰え、最終的には日本経済全体が衰退する可能性があるからである。したがって、近年のグローバル化の進展によって、貿易保険の重要性はますます高まってきている。

また、**預金保険**も経済政策保険として有名である。銀行を中心とする金融機関の倒産などで預貯金が払戻しできなくなれば、預金者ならびに国民経済は大混乱するであろう。金融機関が信用を失い取り付け騒ぎなども発生し、歴史的にだけでなく最近でも国家的危機に瀕した国も多い。金融機関はまさに信用で成り立っている産業である。その金融機関が突然破綻し、預金者に何の保護もないとすれば、国民の貯蓄意欲は衰え、間接金融としての資金は激減する可能性がある。株式発行などの直接金融だけで企業の投資や運営資金がまかなえるわけではない。そのようなことから、政府、日本銀行、各民間金融機関が共同出資し1971年に**預金保険機構**が設立された。当初から1行1人当たりの保護限度額を1000万円としながらも、バブル崩壊後の金融危機の時代までは預金全額保護することを政府が約束してきた。しかし、2002年4月から保護限度額元本1000万円とその利息という**ペイオフ**（pay-off：払戻限度額制度）が定期性預金に導入（解禁）され、2005年4月からは全面解禁された。しかし1000万円という限度額では金融機関の倒産によって、一般家計全体が困るだけでなく、多くの企業の連鎖倒産などがあり得るため、普通預金と決済性預金（当座預金）などは、全額保護されている[6]。

農業保険は、農業災害補償法（1947年）に基づき、主要農作物や畜産（特に米、麦、りんごやみかんなどの果実、牛や豚などの食肉用畜産）が冷害や日照り、洪

6　貝塚他（2005、pp. 255-256）を参照。ちなみに東日本大震災に伴う東京電力福島第1原子力発電所事故による賠償問題に対処するため、2011年9月に原子力損害賠償支援機構が設立された。これは預金保険機構を模倣した制度といわれるが、同機構に組み込まれた原子力保険を除き、保険とはまったく異なる制度・機構である。同機構についてはⅢ部2章で詳しく触れられるであろう。原子力損害賠償や同賠償機構については、原子力損害賠償実務研究会（2011）および卯辰（2012）を参照。

水などの自然災害、あるいは伝染病などによって予想外の不利益が生じた場合に補償を行う保険である。もしこのような損害すべてを農業者の自己責任にすれば、農業や畜産の意欲が衰え、食料自給率もますます低下するであろう。国民の食を安定供給できなければ、国家としての存続も危ぶまれる。そのような政策的意味からも農業保険が行われている。この取り扱い窓口はJAであるが、国策的な法定の保険事業であるため、国家が援助している。これと同様の考え方から漁船保険と漁業共済も国家支援の下で実施されている。特に後者は、漁協を窓口として漁業収入の大幅な変動や養殖魚介類・施設の損害に対応している点が注目される。森林火災などについても類似の考えから、森林火災保険が実施されている。

2　保険の仕組みと基本原則

1）保険の初歩的イメージと経済的保障の三層構造

保険と聞いて最初にイメージする仕組みは、一般消費者（利用者、加入者）が**保険料**を支払い、あらかじめ約束した何か一定条件（**保険事故**）が発生した場合、保険者（私的保険では一般に保険会社）が約束した**保険金**を支払うというシステムであろう（図表Ⅰ-2-2）。このようなイメージに大きな誤りはなく、保険料と保険金さえ正確に区別できていれば、初歩的にはそれで十分である。そしてこの保険金が支払われるという約束ならびに実際に保険事故に遭遇した際に給付される保険金により、経済的保障が達成されるのである。

しかし現代社会では、一般に国民の**経済的保障**を三層構造で達成しようとしている（図表Ⅰ-2-3）。まず最も基礎となる保障は国民全般を対象とする公的保障としての**社会保障**であり、その中核となるのが社会保険である。社会保障は国民に豊かな生活を保障しようとするのではなく、全体としては**ナショナルミニマム**（national minimum）すなわち最低保障を目的としている[7]。

それ以上の保障については、企業や組織の従業員およびその家族を対象に

7　公的医療保障の中心となる医療保険（健康保険）は最低保障ではなく適正保障を目指している。詳しくは本書Ⅳ部2章および4章を参照されたい。

図表Ⅰ－2－2　保険の初歩的イメージ

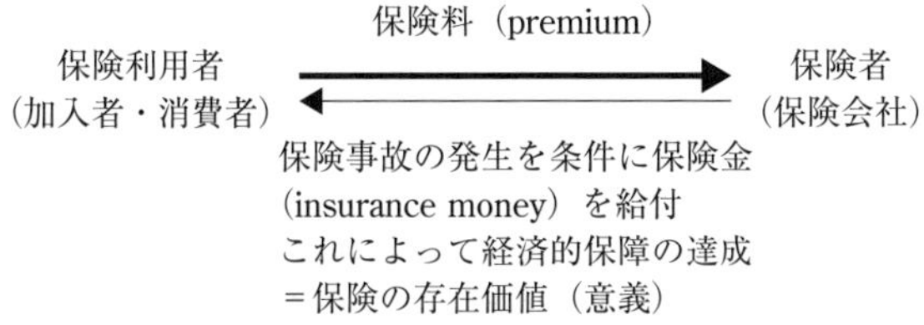

（筆者作成）

図表Ⅰ－2－3　経済的保障の三層構造

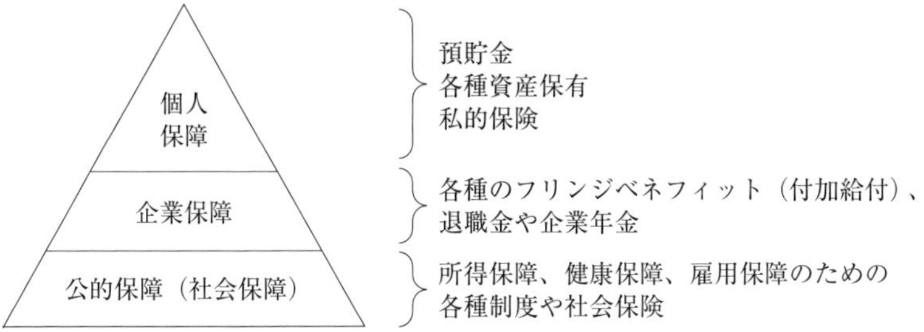

（筆者作成）

することもある**企業保障**である。これは個々の企業や組織が法定の社会保障に任意で上乗せして行う保障であるため、**フリンジベネフィット**（fringe benefit：**付加給付**または法定外福利）などともいわれる。例としては退職金制度や企業年金制度が思い浮かぶであろう。

　そしてその上にくるのが**個人保障**である。これは文字通り個人や家計の自由意思で任意に行う保障であり、預貯金や各種の資産保有あるいは私的保険に加入することによって、各経済主体に応じた経済的保障を行う。多くの国民の経済的保障はこの三層構造によって支えられているが、所得獲得能力や経済力などによって格差が生じるのは当然である。なお、農家や自営業者（個人事業主）には企業保障が存在しないので、個人保障の重要性はさらに高いといえる。ただし、この点のみを捉えて不公平論に結び付けるのは短絡的である。なぜならば農家や自営業者には定年制がないからである。

コラム ●●●●●●●●●●●●●●●●●●●●●●●

保険における損得論

保険加入（保険商品購入）において一般消費者・利用者がまず考えることは、保険加入の損得であろう。保険の損得論には2種類あり、日本人に特徴的な一つの保険損得論は「掛け捨て」という言葉が象徴しているという。もう一つは加入した場合、自分が有利になるか不利になるかという損得論である。

「掛け捨て」とは、保険事故が発生しない場合に保険料は返還されないことを意味するが、もしも事故発生すれば保険金が給付されるという確約（経済的保障）は得ていたのであるから、経済合理性や保険の基本原則の面からみれば、決して損してはいない。しかし「捨てる」という言葉が暗示しているように、「無駄になった、損をした」と考えるというのである。日本人は特にこの傾向が強いといわれる。

もう一つの損得論は、自分が不利に扱われることが明らかな場合である。それは社会保険などで近年特に注目されるようになったが、かつては今ほど社会保険の損得論は強くなかったように思う。強者から弱者へ、若壮年から高齢者への所得再分配といえば、多くの国民はそれなりに納得した。それでも加入を自由にすれば、不利な者は加入したがらず、空洞化し、制度として存続し得ない可能性もある。だからこそ社会保険の大部分は強制加入にしているのである。しかし最近は世代間格差や不公平感によって国民年金などの未納・未加入が社会問題化していることを考えると、近年の損得論を再検討する必要があるかもしれない。（このコラムについては、田村〔2006、pp. 1-18〕を大いに参照させていただいた。）

●●●●●●●●●●●●●●●●●●●●●●●●●●

2）保険料・保険金の関係と保険の基本原則

(1)　表定保険料と純保険料の関係

さて、私たちが保険に加入する場合に支払う保険料は、正確には**表定保険料**（保険会社などの民間保険の場合は「**営業保険料**」）という。表定保険料は**純保険料**と**付加保険料**からなっており、純保険料と呼ばれる部分が最終的に保険金として給付されるために徴収される。付加保険料は私的保険の場合、保険経営に必要な諸費用、安全割増や一定の利益などで構成され、純保険料に対して一定割合を上乗せする仕組みになっている。

この純保険料と付加保険料の割合は保険の種類や目的によって異なる。たとえば、損害保険として身近にある火災保険や任意の自動車保険などは5：5から7：3程度になっているという。特に最近では**保険料率**（ここでは「保険の価格」と考えてもよい）の自由化によって、付加保険料部分が減少傾向にあ

図表Ⅰ－2－4　表定保険料、純保険料、付加保険料の関係

表定保険料 （営業保険料）	＝	純保険料 （net premium） 保険金に回される部分	＋	付加保険料 （loading） （保険経営に必要な費用+安全割増し+利益など） 純保険料に一定割合を上乗せする部分

私的保険

	4　：　6		（未経験の新種保険は付加保険料部分が大きい。それは安全割増を高く見積もるからである）
	↓		
一般的に	5：5	～　7：3	自由化によって付加保険料の競争激化注）
例外	7：3	～　9：1	（自賠責保険、地震保険など：ノーロス・ノープロフィット原則）

社会保険　10　：　0　（原則として）
（しかし徴収費用問題や積立金運用の失敗など、多くの問題点もある）

注）インターネットの保険料比較サイトによれば、定期保険や第三分野の保険を中心に、10～15％という付加率の保険もある。ただし比較サイトがあまりにも多いので、ここではあえてURLを明示しない。

（筆者作成）

る。なお、私的保険の中でも強制保険である**自賠責保険**や、強制ではないが住宅の火災保険に原則自動付帯（事実上は任意付帯）となっている**地震保険**などは**ノーロス・ノープロフィット原則**（保険で利益を上げず、また損失も生じないように仕組むという原則）から、その割合は7：3から9：1程度になっている。社会保険では原則としてすべての保険料を給付に回すことを基本としてきた[8]。つまり両者の割合は原則的には10：0である。しかも多くの社会保険では国庫負担や地方負担部分も加わるため、純保険料以上の給付が行われていることになり、本来的には国民にはきわめて有利な保険なのである。

8　田中角栄内閣（1970年代）以降の度重なる法改正によって、被保険者や国民に有益と思われる場合には、しだいに保険料や積立金の一部を各種の事業に用いることができることになった。その結果、1980年代にはグリーンピアなどと呼ばれる大型レジャー施設に大金を投入したり、官僚の天下り先として利用されたりして、最終的には巨額の赤字を計上した。しかもそれらの施設が1990年代後半に運営困難になると、大部分を二束三文で売却し、国民のために積み立てられていた年金資産を大幅に減少させて社会的問題にもなった（http://ja.wikipedia.org/「公的年金流用問題」について）。

(2)　純保険料の算定モデルと保険の基本原則

上述のように、純保険料を算定できれば、付加保険料はそれに各保険事業主体が独自に一定割合を上乗せ（load：付加）すればよい。したがって、純保険料をどのように算定するか理解できれば、入門的には十分である。

その算定法とその意味を最も簡単に示したのが保険の第一原則「**給付・反対給付均等の原則**」であり、それを数学的に示した19世紀の数学者レクシス（Lexis, W.）の名前をとって「**レクシスの原理**」とも呼ばれている。それを数式で示せば、

$p=\omega Z$：「給付・反対給付均等の原則」または「レクシスの原理」

　　↑　　　↑　　　　　　＝**保険の第一原則**

保険金（額）　純保険料　（ただし、p：純保険料、

ω：事故発生確率（危険率）、

Z：支払われるべき保険金または保険金額）

となる。

この給付・反対給付均等の原則で注意すべきことは、最初の「給付」が保険者として支払うと約束した保険金または保険金額であり、その対価として「反対給付」である保険料を支払うということを意味している点である[9]。だからこそ、市場における保険金と（純）保険料の等価交換性を意味しており、保険金に対する当然の権利性も意味するのである。しかも個々の事故発生確率（危険率）ω に応じた負担により、各消費者を公正・公平に扱う保険料の公平性、適正性（契約者平等待遇の原則）も意味している。このような意味から、給付・反対給付均等の原則が保険の第一原則といわれるのである。

ところで、支払われるべき保険金（保険金額）あるいは経済的保障としての必要額は保険消費者と保険者の両当事者の合意によって決めればよいが、純保険料算定で最も重要となる事故発生確率（危険率）ω はどのように算定されるのであろうか。そこで重要なのが数学者ベルヌーイ（Bernoulli, J.）が証明した**大数の法則**（law of large numbers）である。確率は一般に数学的確率

9　これらの点については庭田（1995、pp. 79–82）に負っている。

と経験的確率に分けることができる。それらを最も簡単に示せば、

$$\text{数学的確率} = \frac{\text{特定事象の数}}{\text{起こり得る事象の数}}$$ （例：さいころ、トランプ）

$$\text{経験的確率} = \frac{\text{特定事象の発生数}}{\text{試行回数（または観察回数）}}$$

である。そして大数の法則は、試行回数を増やすにつれて一定値に近づくこと、さらに究極的には（∞回繰り返すと）数学的確率＝経験的確率になるという法則である。

しかも、特定事象の発生割合（相対頻度）＝$r／n$（n：試行回数、r：特定事象発生回数）であり、保険の場合、n はほぼ同じ事故発生確率を持った加入者を集団とすることから、「**危険団体**（risk group）」とも呼ばれる。加えて、大数の法則で測定された ω と「事故発生数／保険加入者数」は相対頻度として近似（$\omega \fallingdotseq r／n$）できる。したがって、

$$p=\omega Z \fallingdotseq \frac{r}{n}Z \quad \rightarrow \quad np=rZ\text{：総収入保険料＝総支払い保険金}$$

となる。これを「**収支相等の原則**」といい、**保険の第二原則**とする。給付・反対給付均等の原則を維持すれば、収支相等の原則も維持できる。しかし逆は必ずしも成立しない[10]。それは第二原則が個々の事故発生確率を反映していないからである。

ただし、保険経営側にとっては、第二原則が重要になる。なぜならば、個々の加入者の事故発生確率が必ずしも保険料に反映していなくても、収支相等さえすれば保険経営が維持できるからである。しかも保険経営側としては、$np \geqq rZ$ すなわち総収入保険料≧総支払い保険金であることを望む。そうすれば利潤をより多く得られるからである。このような意識があまりにも強くなると、払うべき保険金の削減や不払いなどにつながる恐れもある。

いずれにしても、このような方法でより正確に保険料算定をするのが現代保険であり、統計・数理などから年金なども含む各種保険料や準備金等を算

10　この点だけをとってみても「給付・反対給付均等の原則」の重要性が理解できるが、「収支相等の原則」を保険の第一原則とする文献も多い。この点については本書Ⅰ部6章で再検討する。

定する専門家を**アクチュアリー**（actuary）という[11]。

3）(純)保険料の種類

(1)　個別保険料方式

個別保険料は現代における私的保険の代表的な保険料算定方式で、個々の加入者の事故発生確率（ω）に応じた保険料、すなわち**給付・反対給付均等の原則**（$p=\omega Z$）をできる限り貫こうとするものである。これによって加入者への公平性・公正性を維持しようとしている。そのためには ω をできるだけ正確に把握して危険団体を構成することが重要になる。しかし実際には、個々の ω に対応しようとすればするほど、測定が不正確になる。それは大数の法則と矛盾するからである。つまり、危険同質（ω がほぼ同じ）で大量の加入者を確保することは困難になる。そのため、保険者側はできる限り同質の加入者を選ぶ**危険選択**（risk selection）が重要になる。実務ではこのプロセスを**アンダーライティング**という[12]。だからこそ多くの保険において、被保険者や契約者に、加入しようとする保険に応じて自らの状態や状況について保険者に正しく伝えなければならない**告知義務**が課されているのである。

個別保険料の例としてよく挙げられるのが、死亡保険における**自然保険料**と**平準保険料**の関係である。図表Ｉ－２－５からもわかるように、平準保険料は若いうちに年をとったときの分まで保険料を負担するため、保険者側には余分な資金が入る。このため後述の積立方式でなくても保険資金が形成され、金融機能を持つことになる。しかし加入時には保険料を高く感じることにもなるので、加入意思は弱くなる。そして当然のことであるが、平準保険料も加入年齢が上がれば上がるほど高くなる。

また、任意の自動車保険を例にすれば、運転者の年齢も契約者との関係も問わず誰が運転してもよいという条件で加入すれば、保険料は最も高くなり、

11　保険数学（アクチュアリー学）に興味があれば海老崎（2009）がわかりやすい。さらに高度なことに興味があれば京都大学理学部アクチュアリーサイエンス部門（2012）を薦める。ただし、きわめて専門的で難解である。

12　アンダーライティング（underwriting）とは本来「保険引受」を意味する言葉である。この点については保険の歴史でもう少し詳しく述べる機会がある。

図表Ⅰ－2－5　自然保険料と平準保険料の関係

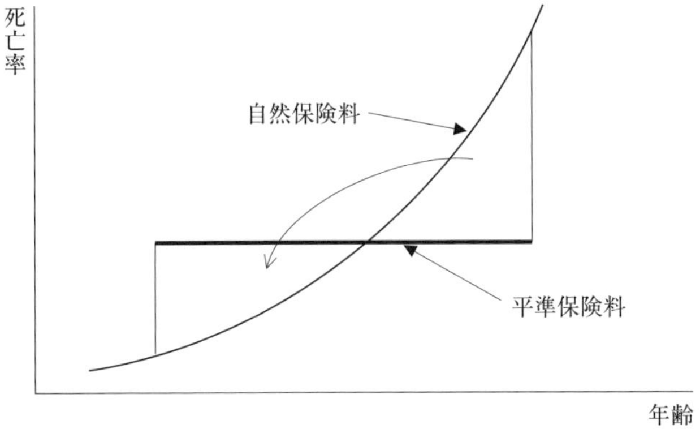

（筆者作成）

年齢制限や、運転者限定、事故歴（無事故割引・事故割増）、さらには走行距離などを限定すれば、保険料が安くなる。

(2)　平均保険料方式

平均保険料は以下の式で示したように、個々の事故発生確率を無視し、予測される総支払い保険金を加入者全員で平等に負担する方式である。しかし収支相等の原則は維持されているので、保険としては運営可能である。しかも事故率が高く、保険料負担能力が低い者が有利になる。このようなことを保険による**所得再分配**という。

$$\text{平均保険料} = \frac{\text{予測される総支払い保険金}}{\text{加入者数}} \left(P = \frac{rZ}{n} \ \text{より正しくは} \ P = \frac{\Sigma Z}{n} \right)$$

平均保険料方式は主として、社会保険（国民年金・介護保険）などの公的保険で用いられるが、**自賠責保険**も年齢や事故歴などとは無関係に、用途と車種によって保険料を一律にする「車種別平均保険料」が採用されている。

そして所得再分配機能をさらに高め、経済的弱者をより有利にするために**所得比例方式**に変形する場合もある。公的医療保険や雇用保険などもこの方式が用いられている[13]。

13　公的保険、特に社会保険おける所得再分配や未納問題などについての詳しい説明は本書Ⅳ部1章および3章に譲る。

図表Ⅰ－2－6　一般的な平均保険料と所得比例のモデル

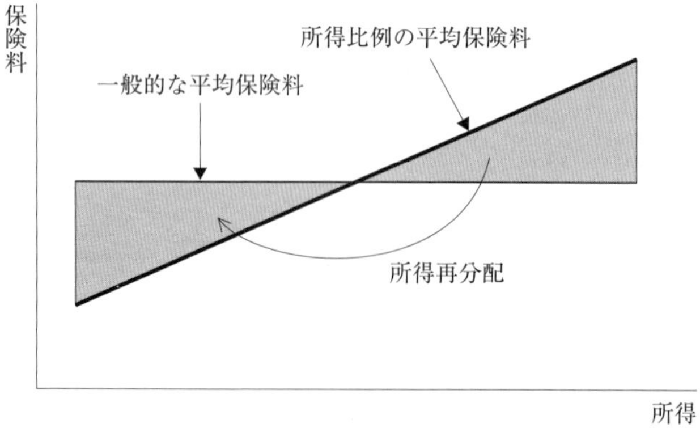

（筆者作成）

図表Ⅰ－2－7　賦課方式の年金保険のイメージ

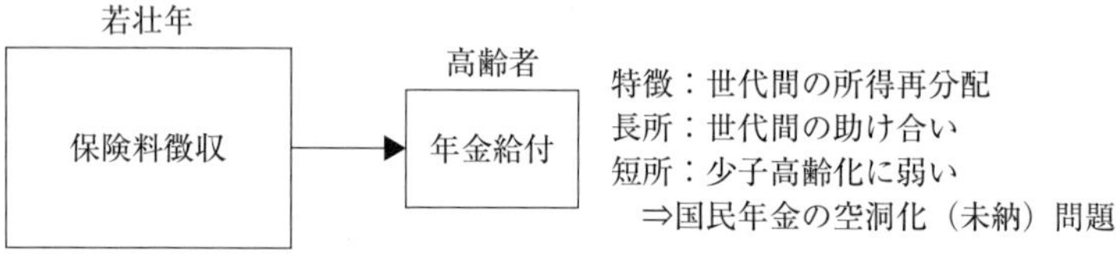

（筆者作成）

(3)　その他の保険料方式

その他には、**積立方式**と**賦課方式**という区別をする場合もある。積立方式は預貯金などとほぼ同じで、貯蓄型保険や私的年金（個人年金）などに用いられる。特徴としては、インフレに弱く（価値の目減り）、また予測より運用成果が低い場合、目標額に達しないという弱点もある。しかし基本的には貯蓄と同様の私有財産であるから、原則的にはすべて自分のものとすることができる。つまり所得再分配の要素はない。

これに対し賦課方式は、予測される総給付額をある集団から徴収し（ある集団に賦課し）、必要とする集団に給付する方式と考えてよい（図表Ⅰ－2－7）。この方式は国民年金などで実施されており、世代間の助け合い（所得再分配）として機能している。しかし少子高齢化にはきわめて弱く、保険料の未納問題も深刻化してきた。そのため保険料方式の再検討も議論されている。

4）保険給付の種類

保険事故発生に対する給付は、**現金給付**と**現物給付**の２種類がある。大部分の保険では保険金としての現金給付がなされるが、その現金給付の方式も２つに分けることができる。一つの方式は、保険事故が発生した場合、生じた不利益とは無関係に、あらかじめ約束した一定額を給付する保険で**定額保険**といわれる。これは私的保険においては生命保険に採用されている。もう一つは生じた不利益に応じて給付される保険金が変化する保険で**不定額保険**といい、損害保険に採用されている。

それに対して現物給付は、無形のサービスを含むモノが給付される保険であり、公的保険の医療保険や介護保険を思い浮かべると理解できよう。現物給付を含めて考えると、これらの医療保険や介護保険も不定額保険と考えられる。超高齢化時代を迎え、現物給付の重要性が高まっており、現金給付と現物給付の選択や組み合わせなども発展する可能性がある。ただし新保険法では、損害保険においては現物給付を否定していないが、生命保険（第三分野を含む）では現物給付を認めていない[14]。しかしこの点については今後とも注視する必要がある。

練習問題

1　経済的保障の三層構造と保険の関係について述べ、保険の主要な種類について概観しなさい。
2　保険の仕組みを詳しく述べ、給付・反対給付均等の原則と収支相等の原則について説明しなさい。
3　保険料の種類について例を挙げながら説明し、所得再分配機能についてあなたの意見を述べなさい。

14　生命保険の現物給付禁止については今井他（2011、p. 225）および山下他（2019、pp. 53–54）。

■引用・参考文献

今井薫・岡田豊基・梅津照彦著（2011）『レクチャー新保険法』法律文化社
卯辰昇著（2012）『原子力損害賠償の法律問題』金融財政事情研究会
海老崎美由紀著（2009）『保険データの読み方と考え方―数式を使わない統計分析の基礎コース』保険毎日新聞社
大谷孝一編著（2012）『保険論（第3版）』成文堂
貝塚啓明他編（2005）『金融用語辞典（第4版）』東洋経済新報社
京都大学理学部アクチュアリーサイエンス部門編（2012）『確率で考える生命保険数学入門』岩波書店
原子力損害賠償実務研究会編（2011）『原子力損害賠償の実務』民事法研究会
下和田功編著（2014）『はじめて学ぶリスクと保険［第4版］』有斐閣ブックス
田村祐一郎著（2006）『掛け捨て嫌いの保険思想』千倉書房
中矢一虎著（2009）『貿易実務ハンドブック』中央経済社
庭田範秋著（1995）『新保険学総論』慶應通信
山下友信・竹濱修・洲崎博史・山本哲生著（2019）『保険法（第4版補訂版）』有斐閣
「日本経済新聞」（2013年1月15日付）
「公的年金流用問題」について（http://ja.wikipedia.org/）

3章

保険の歴史と現代的視点[1]

〈キーワード〉
冒険貸借、海上保険、資本主義、ロンバード商人、ロイズ、火災保険、ロンドン大火、ニコラス・バーボン、生命保険、生命表、社会保険、産業革命、社会主義、ビスマルク、抛銀（なげかね）、福澤諭吉、保険法、保険業法

1　海上保険の歴史—最初にリスク認識をした商人たち

近代的保険の起源は**海上保険**（marine insurance）に求められ、さらにその起源は古代ギリシャ・ローマ時代に遡ることができるという。当時から**地中海貿易**では、foenus nauticum（英語では bottomry）といわれる「**冒険貸借**（**海上貸借**）」が行われていた。これは船主および（または）荷主と金融業者との金銭貸借の一種で、たとえば船主が航海のために借り入れた金銭について、航海が無事に成功したときは高利を付けて返済するが、海難などによって船や積荷が失われた場合、返済義務が免除されるという契約であった。ここには融資機能だけでなく、航海業者・貿易商人からみれば危険転嫁機能があり、金融業者からみれば危険負担していることがわかる。

どのようにしてこのような制度が生まれたのか明確な記録はないが、商人（特に貿易商人）たちは利潤追求を目的としてきわめて**資本主義**的な意識で行動していたため、**リスク**を必然的に認識していたと考えられる。したがって彼らにとっては自己責任に基づくリスク対策が必要であり、金融業者にとっても大きな利潤獲得機会（一航海当たり金利は22～33％程度であったといわれる）と

1　保険の歴史全体（特に私的保険）については、逐一参照ページは明示しないが、レインズ（1985）によるところ大である。

コラム ●●●●●●●●●●●●●●●●●●●●●●●●

なぜ歴史を学ぶのか

「なぜ歴史を学ぶのか？」そんなことはいまさらいうまでもないかもしれないが、ここで再確認しておくことも無駄ではないであろう。科学とは一般に特定現象・事象に関する因果関係や法則性を探ろうとする学問である。自然科学においては、特定現象について同一条件で何回も観察可能であったり、実験可能であったりする。他方、社会現象を研究対象とする社会科学では実験可能性はほとんどなかった。そのため、過去の現象を調べ、同一条件ではないにしても、類似現象を集積する。そのようなことから、社会科学の一つの方法論として、「歴史→理論→政策(または予測)」という考え方を築き上げた。歴史的事実の集積から因果関係や法則性を探り、それを理論として構築していく。その理論に基づき、現在問題となっている現象について分析し、今後どうすべきか、または選択種としての政策を示していくのである。

したがって保険の歴史でも、「いつ起きたか」よりも、「なぜ起きたか」が重要になる。つまり事実の時系列的な羅列としての歴史を学ぶのではなく、歴史から「なぜ」ということを学ぼうとする態度が重要なのである。そしてここまでに述べられてきた理論的内容について、歴史的に再確認してほしいのである。

2章までに、リスクの最も基本的な広義の意味や、保険はリスク対策として必要とされたことも理解した。本章ではどんな保険がなぜどのように誕生したのか、資本主義的経済活動とリスク認識の必然性の観点から再確認してほしい。

保険の歴史を詳しく述べる前に、保険誕生の順番をあえて明らかにしておく。海上保険→火災保険→生命保険→社会保険の順であるが、なぜこのような順番で誕生し、発展したのか、それを常に意識しながら保険の歴史から学んでほしい。

●●●●●●●●●●●●●●●●●●●●●●●●●●

なったと考えられる[2]。

しかし13世紀初頭（1230年ごろ）、ローマ法王**グレゴリウス9世**（Gregorius IX）が、利息はキリスト教の教えに反するとして教会法で**徴利禁止令**（**利息禁止令**）を発したため、冒険貸借も実質的に禁止された。そこで冒険貸借に代わる制度として考案されたのが、無償貸借や売買を擬装して危険負担機能のみを取り出した海上保険であった。

2　木村他（2006、p.6）では22～33.3%とされ、大谷他（2012、p.206）や木村他（2011、p.54）では、24～36%とされている。なお、高校の世界史教科書（「世界の歴史」編集委員会（2017、pp.23-33）にも記されているように、古代ギリシャはポリス（都市国家）における市民の直接民主制が有名であり、貿易も盛んな海洋国家であった。また、その後覇権を握ったローマ帝国もギリシャを範にして民主制や私有財産制が確立されており、貿易も盛んに行われた。

たとえば売買を擬装した場合、元金融業者（後の**個人保険業者**）が船舶や積荷を買い入れる契約を結ぶが、その代金は航海が失敗した場合のみ支払われ、航海が成功した場合はこの売買契約を無効とする。これだけでは元金融業者の利益にならないため、船主や荷主はその約束の対価として前もってプリモ（primo：「前もって払う金」という意味）という一定の金銭を支払った。「前もって一定の金銭を支払っておけば、航海が失敗し船舶や積荷が失われた場合、それらの代金が支払われる」制度、つまり保険である。現在も保険料のことを英語で**プレミアム**（premium）というが、その語源もここにみられる。

このような海上保険は14世紀中ごろには地中海貿易の中心であったイタリアで確立され、特に北イタリア（ロンバルジア地方）出身の**ロンバード商人**（Lombard merchant）と呼ばれる人々がこれを行っていた。逆にいえば、教会法の抜け道として100年以上かけて海上保険を作り上げたことになる。このことからも、リスクはあっても貿易やこの種の金融がいかに利潤追求として魅力的であったか想像できよう。そして貿易や経済の中心が変遷・拡大するにつれて、個人保険業者としてのロンバード商人たちも移住し、ポルトガル、スペイン、フランス、オランダ、イギリス、ドイツなど、ヨーロッパ各地に海上保険を伝えていった。

現在でも保険の中心的存在として世界的に有名な**ロイズ**（Lloyd's）は、**個人保険業者**や貿易業者がよく集まったロンドンのロイズ・コーヒーハウス（Lloyd's Coffee House）に起源がある。その店主ロイド（Lloyd, E.）の死後も個人保険業者は同コーヒーハウスに常時集まり、ロイズの個人保険業者として活躍した[3]。そして彼らの継続的な努力と国家経済への貢献によって、1871年には国会制定法に基づき、**ロイズ保険組合**（Corporation of Lloyd's）となることが認められた。ロイズは1992年に法人会員を認めるようになったが、それまでは純粋な個人保険業者の集団であり、現在でも世界各国で用いられる海上保険約款はロイズのそれにならっている。しかし現在では新たな個人会

3　現在でも保険業者のことを英語でアンダーライター（underwriter：「下に書く人」という意味）というが、彼ら個人保険業者が保険を引き受ける際に、契約書の一番下にサインしたことに由来している。なお、ロイズの詳しい説明は本書Ⅱ部1章に譲る。

員の加入は認められておらず、近い将来に個人保険業者としてのロイズは消えゆく運命にある[4]。

2　火災保険の歴史─経済的自由の拡大と私有財産の増大

現代の私たちの常識から判断すれば、人々の生活にとって火災は海上危険よりも身近な危険（peril）であるように思われる。それにもかかわらず**火災保険**（fire insurance）の誕生が海上保険よりも大幅に遅れたことは興味深い。その理由は、中世以前において**資本主義**的精神に基づく経済活動の範囲が商人に限られていたからである。つまり、人々の経済的自由の獲得とそれに基づく利潤追求および私有財産蓄積の一般化が火災保険の誕生および発展の原動力となったのである。

火災保険の誕生については、中世商工業者の同業組合である**ギルド**に端を発し、特にドイツ方面では16世紀中ごろ以降急激に発展した火災危険だけの相互救済を目的とした**火災ギルド**（Brandgilde）にその起源を求める説もある[5]。確かにドイツの火災保険はギルドから生まれ、17世紀中ごろの公営火災保険、18〜19世紀にかけての火災保険会社の台頭と続き、わが国の明治期における火災保険導入にも影響を与えている。

しかし現代の火災保険のルーツとしては、17世紀中ごろ以降のイギリスを挙げるのが一般的であろう。1666年に発生した**ロンドン大火**（The Fire of London または The Great Fire）は4昼夜にわたってロンドンの85%を焼き尽くした近代都市型大火であった[6]。その惨状をみた建築家であり医師でもあっ

4　木村他（2011、p.77）。なおロイズジャパンの情報によると、2016年現在の個人保険業者の人数は288人にまで減少しているという。

5　このようなドイツ説については、木村他（2006、pp.11-22）に詳しいが、同書でもイギリス説を支持している。

6　ただし、奇跡的にも人的被害はほとんどなかったといわれる。なお、ここでいう近代都市とは多くの自由な市民で構成され、私有財産の塊（かたまり）として存在する都市を指す。それに対して中世的な都市は宗教者や王侯貴族が中心であった。また、ロンドン大火以降はロンドンのような大都市では木造建築がしだいに禁止されていった。その考え方はヨーロッパ全体にも広がり、現在私たちがみるような石造り・煉瓦造り中心の都市に変貌していった。なおロンドン大火とその後の詳しい経過については大橋（2017）を参照されたい。

図表Ⅰ－3－1　保険の歴史年表（欧日比較）

概略的世紀	事　項
紀元前～13世紀	地中海貿易で冒険貸借（bottomry）が盛んに行われる（ただし、その起源は不明）
13世紀初期	ローマ法王（グレゴリウス9世）が徴利禁止令（利息禁止令）を発布
(1230年ごろ)	冒険貸借も事実上禁止
14世紀中期～	イタリア：世界最古の保険証券
15世紀	イタリアの政治・経済力弱体化（ローマカソリックの衰退）
15～16世紀	ポルトガル、スペインの発展（大航海時代へ）。フランス、オランダ、イギリスなども発展
	イタリアを中心に活動していたロンバード商人（個人保険業者）も各地に移住、海上保険を伝える
1588	スペインの無敵艦隊、イギリス攻撃に失敗(イギリスがしだいに世界進出：7つの海の覇者へ)
	以降、イギリス(ロンドン)がロンバード商人の一大拠点に発展＝海上保険の中心地に発展

西　暦	ヨーロッパ（一部アメリカを含む）	西暦・時代	日　本
17世紀	農奴の解放、自由市民の増大により都市の発展	安土桃山時代	朱印船貿易 「抛銀(なげかね)」が行われた
1666	ロンドン大火（近代都市型大火＝私有財産の喪失）	江戸時代	鎖国によって抛銀も消滅 国内交易(廻船問屋)：海上請負
1681	世界初の火災保険会社（Fire Office）設立	1657	明暦の大火→町火消しの制度導入
	このころ、ロンドンでコーヒーブーム：喫茶店増大	幕末	開国　日米和親条約
		1854	その後、横浜で欧米保険会社活動
1688 (1685？)	ロイド　ロイズ・コーヒーハウスを開店 貿易商人やロンバード商人のサロンとして発展	1867	福澤諭吉『西洋旅案内』で「災難請合（イシュアランス）の事」として、日本に初めて保険を紹介
1689	フランスがトンチン年金実施	1868	大政奉還（1867）→明治時代へ
1693	ハレー　世界初の生命表（ブレスラウ表）発表		慶應義塾・福澤門下が保険会社設立運動
		1873	保任社が海上請負を実施
1706	世界初の生命保険会社、アミカブル社設立	1877	第一国立銀行が「海上受合(うけあい)」を実施
1713	ロイド死去。その後も個人保険業者が結集 1871年国会制定法に基づき「ロイズ保険組合（Corporation of Lloyd's)」となる	1878	ドイツ人教師マイエットが火災保険（公営）の必要性を建白するが、認められず
1762	近代的生命保険会社、エクイタブル社設立	1879	東京海上保険会社設立（日本初の海上保険会社）
	このころ火災保険会社が私設消防隊を保有	1881	明治生命保険会社（日本初の生命保険会社）
18世紀末～19世紀	産業革命の時代へ	1887	東京火災保険会社（日本初の火災保険会社）
1776	アダム・スミス（Smith, A.）『国富論（諸国民の富）』	1890年代	保険会社の濫設と倒産多発の時代
19世紀全体	欧州全体で保険会社の濫設・淘汰の時代 しだいに国家による保険政策(保険規制)の実施へ	1899	保険法を含む商法を施行
		1900	保険業法による保険事業規制開始
		1912	大正時代（大正デモクラシーの時代）
19世紀初期	労働者の窮乏化→機械打壊し運動（ラダイト運動）	1920年前後	社会主義運動活発化
		1923	関東大震災
19世紀中後期	社会主義思想の台頭(マルクス「資本論」：1867～1896）労働組合運動がイギリスを中心に各国で始まる	1925	治安維持法（社会主義運動弾圧）
		1926	昭和の時代
19世紀末	大不況(1873～1896)	1927	労働者対象の健康保険法実施（1922制定）
1862～71	プロシャからドイツ連邦へ、鉄血宰相ビスマルク就任	1931	労働者災害扶助法
		1938	国民健康保険法
1878	社会主義者鎮圧法	1939	保険業法大改正（戦時体制へ）
1883	疾病保険法（健康保険法）	1941	労働者年金保険法（第2次大戦の時代）
1884	災害保険法（労災保険法）	1944	厚生年金保険法
1889	老齢年金法（老齢・障害年金保険法）	1945	終戦（無条件降伏）：保険会社も壊滅的打撃
20世紀初期	イギリス・フランスその他のヨーロッパ諸国も社会保険導入→資本主義国家的危機脱出へ		
1929	大恐慌→アメリカ：ニューディール政策		
1935	アメリカで社会保障法成立		

（筆者作成）

たといわれる**ニコラス・バーボン**（Barbon, N.）とその仲間3名が海上保険を陸上の火災に応用することを発案した。そして1681年9月に世界初の営利的火災保険会社**ファイアオフィス社**（Fire Office）を設立し大成功した。また、相互扶助的なロンドン市営の火災保険（Corporation of London）も同年11月に設立された。しかしリスクが大きい公営事業に対して多くの反対もあり、成功しなかったという。それに代わるように非営利・相互主義の**フレンドリーソサイエティ社**（Friendly Society）が1684年に登場し成功を収めた。18世紀になると、建物などの不動産だけでなく、建物内の収容動産・家財などにも火災保険の範囲が拡大した。こうしたイギリスの成功によって18世紀後半にはヨーロッパ各地やアメリカにも火災保険が普及していった。

イギリスの火災保険普及過程でもう一つ興味深いことは、各火災保険会社が保険サービスの一環として私設消防隊を持って消防活動をしていたことである。ただしこの消防隊は、自社の被保険者の建物が火災ならば消火活動をするが、そうでなければ引き上げてしまうというものであった。私設消防隊の設置自体はマーケティング戦略としてもかなり優れているが、このような点が問題視されたため、1833年に全社の消防隊を統合し、1866年（ロンドン大火の200周年）ロンドン市に寄付され、世界初の公的消防隊となった。

19世紀には産業革命による経済の飛躍的発展の結果、私有財産が増加して個人のリスク認識も高まり、火災保険も急激に普及していく。しかし保険企業の統計的基礎が不十分なことも手伝って、自由競争の中で火災保険企業の濫設と淘汰が繰り返された。そこにおいて保険消費者も、保険企業の支払不能や倒産によって多大の悪影響を被り、国家による保険政策（保険規制）の必要性も高まっていった。

3　生命保険の歴史―生命の経済価値と人間の寿命

人類の誕生以来、人々は病気や老いそして死という危険と隣り合わせにすごしてきた。したがって、老後や遺族のための相互救済制度を生命保険の一種とみるならば、その歴史は遠く遡ることになる。たとえば、ローマ帝政時代に兵士たちの遺族に弔慰金を給付する**コレギア**（collegia）という兵士組合も存在していたし、中世のギルドでもこのような救済制度があった。しかしこれらの原始的保険類似制度が進化して近代的生命保険に変化・発展したのではない。

現代社会においては一家の経済的主柱が早世したり重病を患うことは、最も容易に認識しやすい危険であろう。しかしすでに述べたように、封建時代以前には家長の早世もリスクとは認識されなかった。それは、一家の経済的安定は世襲制や共同体の保護などによって確保し得たからである。この点は封建社会が長く続いたヨーロッパも基本的に同じである。したがって、年代的には多少のずれがあるとしても、生命保険も**資本主義**的経済社会の中で生成・発展したと考えるべきであろう。つまり、人々の死や老化が所得獲得能力の喪失や減少を意味し、経済的不利益と認識されて初めて**生命保険**（life insurance）が真の意味で必要になる。このような意味での経済的保障手段として生命保険が本格的に広く利用されるようになったのは19世紀以降である[7]。

しかし単に生命保険会社の誕生というならば、1706年設立の**アミカブル社**（Amicable Society）にまで遡ることができる。アミカブル社は年齢区分をしない**平均保険料方式**を採用して出発した。それに対して、科学的確率計算に基づいた**平準保険料方式**を採用した近代的生命保険会社の誕生は、1762年の**エクイタブル社**（Equitable Society）の設立に待たねばならない。近代的生命保険会社の誕生がこのように遅れたのは、人々の生死がリスクとして認識されるのが遅かったことに加え、合理的な保険料算出の基礎となる統計的確率が利用できなかったからでもある。

天文学者として有名な**ハレー**（Halley, E.）が人の寿命について統計的に研究し、世界初の**生命表**（「**ブレスラウ表**（Breslau table）」）を発表したのが1693年であった。そしてその生命表の考え方を応用し、平準保険料方式に発展させたのがドドソン（Dodson, J.）であった。しかしアミカブル社はドドソンの

7　所得獲得能力と生命価値の歴史的研究については、田村（2008、pp. 17–34）に詳しい。そこでは上述のような考え方がイギリスを中心としたヨーロッパではなく、紆余曲折をへてアメリカで発展したことも述べられている。新世界アメリカが最初から自由の国すなわち資本主義国として出発し発展したことを考えると、うなずける内容である。

コラム ●●●●●●●●●●●●●●●●●●●●●●●●

近代的生命保険に先んじた終身年金としてのトンチン年金

トンチン年金はそれを発明したナポリ出身のトンチ（Tonti, L.）の名に由来している。このトンチン年金は1689年にフランスの財政難を救うために採用されたことで有名で、以下のような方策である（オランダは1670年採用）。

まず国家が債券（国債）を発行するのだが、その出資者を年齢別に区分してその区分に応じた一定の利子を毎年出資者に支払う。ただし、その利子を受け取れるのは生存している出資者に限るという条件がついているのである。そうすれば生存している限り（＝終身で）利息配分を受け取れるだけでなく、1人当たりの毎年の受取額は増加する。なぜならば、どの年齢階層でも毎年死亡者が発生しその分の利息配分が生存者に移転されるからである。そして生存者がいる限り継続され、出資者全員が死亡した時点で打ち切られる。しかもその国債の元本は返済しないという条件がついているのである。だからこそ国家の財政難の救済策にもなるのである。このような国債発行は大いに人気を博しただけでなく、その後に展開される生命保険の普及にも大いに役立ったといわれる。つまりトンチン年金が保険思想の普及を促したとも考えられるのである。

しかしトンチ本人はフランス宮廷の内情を暴露したことにより1669年に捕えられバスチーユの監獄で1695年ごろにその生涯を終えている。つまりトンチ自身はトンチン年金の実施を知らなかったかもしれないのである。

（このコラムについては、水島一也訳、ブラウン〔Braun, H.〕*Geschite von Lebensversicherung und Lebensversichierunstechnik*『生命保険史』明治生命100周年記念刊行会　1983年12月 pp. 75-82に追うところ大である。）

●●●●●●●●●●●●●●●●●●●●●●●●●●

科学的方式を受け入れず、彼の死後に設立されたエクイタブル社によって初めて採用され、近代的生命保険会社が誕生した[8]。富裕階級が主要加入者となったエクイタブル社の成功により、イギリス各地で生命保険会社も増加し、18世紀末から19世紀にかけてヨーロッパやアメリカにも普及していった。なお、コラムでも述べたように、近代的生命保険に先んじて実施された**トンチン年金**が保険思想を高め、生命保険普及に果たした役割は大きい。

しかし19世紀後半から20世紀初めにかけてイギリスやヨーロッパだけでなく、アメリカでも生命保険の普及過程で濫設と不誠実な経営による支払不

8　ただし、アミカブル社はエクイタブル社設立後も存続し、自社独自の生命表に基づいて平準保険料方式を採用したのが1777年であった（横尾　1978、p. 16）。このようなことを考えると、寿命に関する科学的な考え方が人々に受け入れられるためには、現代からみれば予想外に時間がかかったといえる。

能や破綻が相次ぎ、社会問題となったことは同様であった[9]。

4　社会保険の歴史―資本主義経済の発展と社会保険の関係

社会保障・社会保険の詳しい歴史やその展開については本書Ⅳ部1章に譲り、ここでは社会保険誕生の歴史を簡単にたどることにしよう。**社会保険**（social insurance）を最初に実施したのはドイツである。

18世紀後半からイギリスで始まり19世紀全体を通じてヨーロッパ全体で展開された**産業革命**は生産性の向上に多大の貢献をしたが、労働のあり方にも大きな影響を与えた。一般に産業機械の導入は熟練労働の不要化をもたらす。当時、労働貴族とまで呼ばれた高賃金の熟練労働者たちは、産業革命の中でその地位がしだいに低下し、都市に流入する未熟練労働者の過剰によって低賃金を余儀なくされていった。これに対して当初、労働者たちはその原因を産業機械の導入に求め、機械打壊し運動（19世紀初期の**ラダイト運動**が有名）が各地で発生した。しかしこれは労働者の待遇改善にとってほとんど無意味であった。そして19世紀全体を通じて労働者階級の相対的窮乏化が進み、1873年ごろから20年余り続いた大不況（the great recession）がそれに拍車をかけた。このような中で労働者たちは、当時台頭し始めた**社会主義**思想に力を得て、団結によって資本家や国家に交渉力を持とうとしたのである。このような状況はまさに資本主義国家の危機であった。

その当時、後進資本主義国であったドイツは大不況の影響をまともに受け、労働者は窮乏を極めた。そして社会主義運動の高まりは新生ドイツに危機的状況をもたらした。そこで鉄血宰相といわれた**ビスマルク**（Bismarck, O.E.L.F.）は1878年に**社会主義者鎮圧法**を制定し、徹底的に弾圧したが鎮静できなかった（1890年に撤廃）。そこでビスマルクは労働者を懐柔する政策を並行的に実施したのである。これを**飴と鞭の政策**という。そのために彼が実施したの

9　生命保険の普及過程については下和田（2014、pp. 108–112）に詳しい。なお、アメリカではあまりにも多くの破綻が相次いだため、1905年にいわゆるアームストロング調査が行われ、1906年にはアメリカ初の保険規制ともいうべきニューヨーク州保険法の制定につながった（詳しくは亀井　2005、pp. 234–235）。

が、1883年の疾病保険法（健康保険法）とそれに続く災害保険法（労災保険法）、老齢年金法などの一連の社会保険法であった。これらの対策によって後進資本主義国といわれたドイツは国家的危機から脱出できたのである。労働者救済のために公的扶助ではなく、社会保険という「保険」を用いたのはそれなりの理由があった。その理由を読者なりに考えていただきたい。そうすればビスマルクがとった方法の賢明さが理解できるであろう。

当時最先進国であったイギリス・フランスなどは救貧制度もあり、相対的に労働者の生活状態もよかったため、体系的な社会保険の確立は20世紀初頭になったが、その成立の背景はドイツと類似していた。

以上のように、資本主義国家の危機的状況を救うために、社会保険という「保険」が用いられたことは注目に値する。これが20世紀にはさらに発展し、1929年の大恐慌（the great depression）を契機に**ニューディール政策**の一環としてアメリカで1935年に成立した社会保障法（Social Security Act）につながった。そして20世紀半ばからは、社会保険を中核とする社会保障の実施が先進国の責務にもなっていった。

5　日本における保険の歴史

記録によれば、わが国の慶長時代の朱印船貿易で、**抛銀（なげかね）**という冒険貸借とよく似た制度が行われていた。また鎖国によってこの制度が消滅してからは、海上請負という保険類似制度が廻船問屋で行われていたという[10]。しかしこれらが現代の保険に発展したのではなく、**福澤諭吉**がその著**『西洋旅案内』**で「災難請合の事（イシュアランス）」と題して、生涯請合（うけあい）、火災請合、海上請合として各保険を紹介したのが近代保険導入の契機となった。

そして四方を海に囲まれた島国という地理的条件もあって、海上保険の必

10　木村他（1993、p. 40）。同様の指摘は大谷（2012）、木村他（2006）、（2011）でもみることができる。この点は脚注11についても同様である。

要性がより早く認識され、1873年に**保任社**によって海上請負という名で実施された。しかしこれは成功せず、1年ほどで消滅した[11]。しかし渋澤栄一が1873年に設立した第一国立銀行が1877年に「海上受合（うけあい）」という名で再開し、2年後の東京海上保険会社（現東京海上日動）の設立とともにその業務を譲り渡した。これがわが国の海上保険の始まりである。

火災保険も維新後の啓蒙などによってその必要性が少しずつ認識され始めた。特にドイツ人教師パウル・マイエット（Mayet, P.）は日本の火災被害の多さに驚き、母国の公営火災保険にならって、強制の火災保険実施を政府に建白した。しかし強制や公営に対する疑問および政変などの混乱によって実現しなかった。その後1887年の東京火災保険会社（現損保ジャパン日本興亜）の設立を機に、火災保険会社が次々と設立されていった。しかし火災保険会社乱立の中で、安易な保険料率引下げ競争が起こり、保険会社の支払不能や倒産が相次いだ。その結果、消費者にはいうまでもなく業界内にも大きな悪影響をもたらした。

生命保険会社は、福澤門下の保険会社設立運動の成果として1881年に設立された明治生命（現明治安田生命）が最初であった。その後設立が相次いで1880年代後半には300社近くに及び、支払不能や倒産も多く、火災保険と同様に苦い経験をした。

それに対して政府は、**保険法**を含む商法を1899年に施行し、保険事業を取り締まる**保険業法**も翌年施行して、不良保険事業の一掃に力を入れた。

また、明治政府が富国強兵・殖産興業を国是とした資本蓄積を急ぐあまり、新たに形成された資本家たちは労働者に低賃金と長時間労働を強いていた。しかし**社会主義思想**が紹介された明治末から大正時代にかけて労働運動が高揚し、国家的危機が認識された。これに対して政府は、工場および鉱山労働者を対象とした健康保険法を1922年に制定し、関東大震災の混乱もあって1927年に実施した。しかしその間の1925年には治安維持法を制定し、社会

11　保任社の約款はロイズの保険証券を模範にしたといわれる（大谷　2012、p. 215）。日本がこのように早くロイズを模範としたことは注目に値する。

主義運動や労働運動を徹底的に弾圧した。その後1931年には労働者災害扶助法、1938年には国民健康保険法、1941年に労働者年金保険法、そして同法は1944年には厚生年金保険法に改定された。しかし日本の場合、これら一連の社会保険（特に年金保険）による労働者の生活保障は名目的で、保険料徴収が戦費調達手段として利用されたことは決して忘れてはならない。

練習問題

1　海上保険の知識を十分に持っていた個人保険業者たちは、なぜ火災保険に気づかなかったのか。もし、気づいていたとすれば、なぜ実施しなかったのか、ぜひ考えてもらいたい。

ヒント：彼らは火災保険の可能性は知っていたが、あえて実施しなかった。

2　資本主義国の危機的状況に際し、ドイツはなぜ公的扶助のような制度ではなく、「保険」という制度を用いたのか。

ヒント 1：大不況下の後進資本主義国ドイツには国家として金がなかった(国庫負担は不可能)。

ヒント 2：資本主義的経済活動と保険の関係は？

3　日欧の保険の歴史を比較して、その類似性と相違について述べなさい。

■引用・参考文献

大谷孝一編著（2012）『保険論（第3版）』成文堂
大谷孝一・中出哲・平澤敦編（2012）『はじめて学ぶ損害保険』有斐閣
大橋竜太著（2017）『ロンドン大火　歴史都市の再建』原書房
木村栄一他著（1993）『保険入門』有斐閣
木村栄一・野村修也・平澤敦編（2006）『損害保険論』有斐閣
木村栄一・大谷孝一・落合誠一編（2011）『海上保険の理論と実務』弘文堂
亀井利明著（2005）『補訂版　保険総論』同文舘出版
下和田功編（2014）『はじめて学ぶリスクと保険（第4版）』有斐閣ブックス
「世界の歴史」編集委員会編（2017）『新もういちど読む山川世界史』山川出版社
田村祐一郎著（2008）『いのちの経済学』千倉書房
浜矩子著（2009）『ザ・シティ』毎日新聞社
ブラウン，H著　水島一也訳（1983）『生命保険史』明治生命
横尾登米雄編（1978）『保険辞典（改訂版）』保険研究所
レインズ，H. E. 著、庭田範秋監訳（1985）『イギリス保険史』明治生命

4章

保険理論の動向とその発展

〈キーワード〉
保険経済学、経済的保障機能、金融機能、キャッシュフロー・アンダーライティング、社会経済的限界、保険技術的限界、危険の三原則、経済的限界、アドバースセレクション、逆選択、モラルハザード、道徳的危険、法律的・倫理的限界、再保険ネットワーク、デリバティブ、ART、代替的リスク移転、フィンテック、インシュアテック、P2P（p2p）保険、オプション

1　保険理論の動向

保険に関する初期の研究では、保険契約およびその内容を示す保険約款の側面から法律的な定義や解釈問題が重視され、保険法学が中心であった。しかし現代社会で私たちが保険に求めることは、家計や企業・組織の経済的保障の達成であると同時に、保険が市場取引を中心とした経済現象であることから、経済学的研究が中心になってきている[1]。

保険の経済学的研究を最初に行ったのはドイツであるが、保険学を保険法学、保険経済学や、保険数学、保険医学などの自然科学に基づく総合科学であるという立場をとっていた。しかし諸科学から必要な部分を切り取った集合科学は単なる知識の寄せ集めであって、技術論にすぎないという批判があった。そのため、保険法学と並行して保険経済学と保険経営学を樹立する方向に進んでいった。

他方、英米仏などではこれらの枠にとらわれない海上保険論、火災保険論、生命保険論、社会保険論、新種保険論という各論的研究が進むと同時に、リ

1　保険学研究の歴史展開ならびに動向については、庭田（1995）「第１章」および亀井（2005、pp. 3－8）に負うところ大である。

スクと保険の関係や経済学の分野で独自の研究がなされていった。特にアメリカでは、リスクマネジメントと保険の関係に加え、ミクロ経済学の中で不確実性・リスクを中心に、1970年代以降に保険市場の分析が盛んに行われ[2]、金融論や金融工学の発展と相まって、21世紀になってもその発展は著しい。また、ヨーロッパでは1990年代以降EUによる市場統合が進み、各国の保険政策・保険規制ならびに国民経済という側面からの研究も発展してきた。しかし2016年6月に行われた国民投票の結果いわゆるブレグジット（Brexit：英国のEU離脱）の決定および2019年12月の総選挙で保守党が圧勝し、2020年1月末日のＥＵ離脱を決定したため、EUと英国の関係や保険規制などがどうなるか注視していく必要がある。

わが国の保険研究は初期のドイツの影響を強く受け、いまだに科学性・統一性を欠いている。たとえば、保険の経済学的研究という場合、保険本質論・保険学説という名の下に、「保険とは何か」という保険の定義付け論争が長く行われ、経済現象としての保険や保険市場の研究は大きく立ち遅れた。しかし最近では、保険経済学を中心にして、これを補助し強化する理論を補助諸学とする保険学の体系化が少しずつ進み、**保険経済学**を「狭義の保険経済学」と「**保険経営学**」に分け、他方で制度論的研究も続けられている[3]。

2　保険の主要機能

保険理論では、保険の機能を経済的保障機能と金融機能の二大機能に分類するのが一般的で、前者は本質的機能、後者は副次的機能とも呼ばれる。

1）保険の経済的保障機能

経済的保障とは、現在の経済状態を将来にわたって維持・向上させるために障害となるリスクを軽減・除去し、安定した経済活動の確保を意味する。

2　この点に関する詳しい説明については田畑（1996）を参照されたい。

3　本書もこのような保険学体系を意識して構成されている。それに対して、伝統的な総合科学論を意識して構成されているのが、近見他（2006）および（2016）である（「はしがき」参照）。なお、保険の定義論争に関する新たな見解が宇野（2012）「第１章」によって展開されている。

保険はこのような意味で経済的保障を達成するためのきわめて合理的な制度である。なぜならば、リスクを事前に保険者に移転・転嫁する[4]ことによって確定的に費用化し、適時適量の経済的保障が確保できるからである。加えて、その保障を得るための経済的負担は最小限に抑えられる。

保険はこの**経済的保障機能**によって、現代社会でさらに多様な機能を発揮する。たとえば、銀行などから融資を受ける場合、担保物件に火災保険を付けたり、生命保険に加入することで信用を高めることができる。企業などではリスクを事前に費用化することによって、長期計画の実現可能性を高め、企業自体のリスク負担に対する原価の増大を抑制することもできる。その結果、最終的には自社製品やサービスの安定供給にもつながる。また、保険による経済的保障が確保されなければ、有形・無形の商品生産、船舶や航空機および自動車の運行やそれらによる物流も不可能であろう。

2）保険の金融機能

保険は銀行などの金融機関とほぼ同じ**金融機能**も持つ。契約者から集められた保険料（特に純保険料）は最終的には保険金として給付されるが、そこにはタイムラグがある。生命保険では**平準保険料方式**の採用や積立部分のある長期契約が多い。そのため保険料の集積からなる巨額の保険資金が形成され、長期安定資金としての性格が強い。また、保険料率自体が**予定利率**（積立部分のある保険であらかじめ契約者に約束した保証利率）で割り引かれているため、健全な保険運営のためにも一定以上の運用収益を上げなければならない。したがって保険企業は保険料から得られた保険資金を有価証券や不動産投資あるいは融資など、各種の方法で運用する。保険企業が**機関投資家**として注目されるのもこのような性質による。また、日本人の貯蓄意識の強さから、1970年代以降損害保険でもいわゆる掛け捨ての短期保険に加え、貯蓄性のある長期の積立型保険に関心が集まった時期もあり（1990年代初めまで）、そこでも金融機能の発揮が期待されていた。

4　井口（2008、pp. 70–71）によれば、保険会社はリスクを「保険契約者間で分散しているだけであり、保険契約者から保険会社へ移転しているのではない」という鋭い指摘もある。

さらに欧米では、保険市場の自由化とそれに伴う競争激化によって（1970年代以降）、純保険料部分の赤字を金融機能で得られる利益で補填するという**キャッシュフロー・アンダーライティング**（cashflow underwriting）という方法もとられ[5]、副次的とされてきた金融機能が保険企業の存続に深く関わってきた。しかしＩ部5章で詳しく述べるように、1990年代のバブル経済の崩壊とその後の長期不況の中で、資金運用の失敗も加わって多くの保険企業が支払不能・倒産に追い込まれていったことは忘れてはならない。

3　保険の限界とその対応

1）保険の限界

保険はリスクに対する経済的保障達成のための手段であるが、あらゆる社会やリスクに対応できるものではない。ここでいう**保険の限界**とは、保険としての成立可能・利用可能な範囲ないし境界を意味する。そして保険の限界は4種類に分けると理解しやすい。すなわち社会経済的限界（または経済社会的限界）、保険技術的限界、経済的限界、そして法律的・倫理的限界である。

(1)　社会経済的限界

社会経済的限界とは、保険必要の大前提で、その社会が保険を必要とする経済構造であるかどうかを意味する。リスク対策として保険が必要とされるためには、保険の歴史からも明らかなように、リスクとしての危険認識が必然化し一般化する社会でなければならない。つまり、**資本主義**的経済構造でなければならない。封建的な社会構造ではリスク認識は必然化されず、また、かつてのソビエト連邦や自由化以前の中国、つまり社会主義国・共産主義国では、原則として保険は否定されていた。しかし経済の自由化すなわち資本主義的な経済活動が認められると同時に、さまざまな保険事業が開始され、急速に発展してきている。

5　この点について詳しくは石田・庭田（2004、pp. 36-37）を参照されたい。

(2)　保険技術的限界

次に保険制度内の限界として**保険技術的限界**がある。保険制度を維持するためには、**大数の法則**に基づく事故発生確率（危険率：ω）が測定可能でなければならない。その上で**給付・反対給付均等の原則**（$p=\omega Z$）を確保しながら、収支相等の原則を満足させる必要がある。したがって、統計データが不十分であったり、発生回数の少ない事象については、大数の法則が適用しにくいため保険化の困難さが伴う。たとえば、地震や津波、噴火などの自然災害や原子力事故、戦争やテロなどの確率測定はきわめて難しい。

また、予測される不利益の大きさ（Z）が経済的（金銭的）に測定可能かどうかという面でも限界がある。たとえば交通事故被害者やその遺家族が味わう肉体的苦痛や精神的苦痛などについても金銭的評価は難しいであろう。

もう一つの技術的限界は、保険運営可能性の問題、つまり**収支相等の原則**（$np=rZ$）の維持可能性の問題である。大型タンカー事故による海洋・海岸の油濁損害や建物のアスベスト被害あるいは原子力事故など、一度発生すれば各方面に巨大損害をもたらす集積的危険、あるいは発生地域や時期が集中し損害額も巨額に達する集中的危険（地震や異常気象など）を想像してほしい。最近ではこれらの事象に伴うリスクを総称して**CAT リスク**（catastrophe risk の略語：破局的危険という意味）ともいうが、これらによる経済的不利益の総額は、予測をはるかに超えるほどの巨額に上る可能性がある。その結果 $np \ll rZ$ となり、保険企業の支払不能・倒産を招く恐れもある。このような保険技術的限界を超える事象については保険企業として保険金支払責任を負わない**免責危険**とすることが多い。つまり保険から排除しているのである。

また、保険では**危険の三原則**（危険同質性の原則、危険大量の原則、危険分散の原則）が達成されない場合、事故発生確率（危険率）の高い者（**バッドリスク**〔bad risk〕:「不良危険」ともいう）が積極的に保険に加入しようとする**逆選択**（**アドバースセレクション**：adverse selection）が生じ、保険経営を不可能にする。そのため、多くの保険では加入者の危険測定を正確にするため、加入者が自らの状況・状態について正直かつ正確に保険者に伝える**告知義務**が課されている。

(3)　経済的限界

経済的限界は、リスク対策としての保険が他の対策と比べて経済的（economy：安価）で経済的合理性があるかどうかという点である。保険は、できるだけ同質の加入者で（**危険同質性の原則**）、しかもできるだけ多くの加入者を（**危険大量の原則**）、地理的にも時間的にもより広範囲から集めて（**危険分散の原則**）、**危険団体**（加入者の集団）を維持しなければならない。

そのためには、より多くの経済主体が保険料負担に納得し合意する必要がある。つまり**利用可能性**（availability）を高めることを常に意識する必要がある。その点、上述のCATリスクは、保険料としての合理性はあっても、多くの経済主体にとっては保険料負担できないこともあり得る。つまり人々の**保険料負担可能性**（affordability）も考慮する必要がある。加えて、個々の加入者の扱いについて公平性・公正性も確保されていなければならない。これらのどれを欠いても、安定的な保険制度として維持できなくなる。公的年金の未納問題なども、ある面ではこの経済的限界に関わるものといえよう。

(4)　法律的・倫理的限界

保険技術的かつ経済的には保険化可能であっても、保険は自ら保険の限界を画することがある。それが**法律的・倫理的限界**である。つまり、その事象（peril）やそれに伴うリスクを保険化することによって公序良俗を強く損なったり、社会や経済に大きな悪影響を与えると考えられる場合、保険化しないのである。たとえば、企業倒産に対処する保険（一応「倒産保険」と名付けよう）は、つくろうと思えば可能である。企業の平均寿命もかなり正確に予測できるし、業種別や規模別の負債総額あるいは債務超過額なども予測可能である。しかしこのような倒産保険を実施した場合、現代社会における健全な企業活動・経済活動を大きく損なう可能性があろう。

また、ある危険を保険化することによって、加入者自身が意図的・意識的に危険率を増大させたり、社会悪を増長させるような**道徳的危険**（**モラルハザード**：moral hazard、実務では和製英語で**モラルリスク**ともいう）を誘発しやすい場合も同様である[6]。

2）保険の限界克服とその対応

保険の限界を超える事象についても、保険化されている例は数多い。たとえば、地震、噴火、津波や風水雪害などの巨大な自然災害、巨大な人災ともいうべき戦争や原子力事故に対応する保険、海外進出企業のある面では投機的危険ともいうべき投資損害や海外貿易で生じる損害に対応する貿易保険、あるいは生命保険では道徳的危険の一種である自殺についても、ある一定条件下で保護されることがある。

このような保険の限界への対応は、私的保険の場合、保険企業の社会的ニーズに応えようとする積極的姿勢と保険企業の資金力・担保力（保険金支払い能力、ソルベンシー〔solvency〕ともいう）の向上や安定が挙げられよう。また、不断の統計的データの集積・整備と、ITおよびICT（情報通信技術）の発展による保険技術ならびに予測能力の向上の成果でもある。この点については、IoT（Internet of Things：インターネットとあらゆるモノを結びつけて利用すること）の進展といわゆるビッグデータ（big data：きわめて大量の情報収集・分析）およびそれらの利用が、**フィンテック**（FinTech：ファイナンスとITの合成語）や**インシュアテック**（InsurTech : insuranceとITの合成語）の急速な発展と結びつき、保険の限界克服に新たな可能性をもたらすことも考えられる。この他に、保険企業間を含む世界的な**再保険ネットワーク**が保険企業の担保力を格段に高めた[7]。

さらに、国民経済的な視点あるいは経済政策的な面から、国家の介入や援助によって保険化することも多い。**地震保険**、**貿易保険**、**農業保険**、**預金保険**などがその例である。また、社会保険の一つである雇用保険も民間保険企業の限界を超えている保険といえよう。

6　このような点から日本では保険化されていないが、欧米では保険化されている例として誘拐保険（kidnap insurance, ransom insurance：身代金保険）を挙げることができる。

7　再保険の発展とその限界については田畑（1993、pp. 151–155）を参照。なお、再保険の一種であるファイナイト利用によって、2001年の9.11アメリカ同時多発テロ事件の結果、日本の大手保険会社が倒産している。ファイナイトについて詳しくは、田村（2002、pp. 111–112）を参照されたい。なお、東日本大震災でもロイズを含めた世界的再保険ネットワークが大きな機能を果たした。

3）保険に代わる新たな対応とその問題点

上述のように保険の側から限界克服のための努力が継続的に行われていることは高く評価できる。しかし保険側としてどんなに努力しても保険化不可能な事象やリスクもたくさんある。その代表的な例が**CATリスク**といわれる巨大リスクであり、しかもその**間接損害**はさらに不得意である。

保険、特に損害保険は一般に**直接損害**を対象としてきた。つまり、火災保険であれば、住宅やその収容動産そのものが火災などのペリルによって直接的に損害を受けた場合に保障（この場合、実務では**補償**ともいう）するのである。したがって、工場が火災によって休業した場合の損害（休業損害）などの間接損害は別の損害として考え、特約で保護する場合はあるが、多くの場合このような間接損害は保険の限界を超えるものとして扱われてきた。

ここで地震について考えてみる。本来、工場などの一般物件は地震保険の対象外であるが[8]、耐震構造などによって震度6強でもほとんど直接損害は生じないとしよう。しかし近隣の道路や交通機関が長期間麻痺し、従業員も通勤できず、長期休業を余儀なくされ、損害が巨額になることもあり得る。

たとえば東京ディズニーランド（以下、TDLという）では、このような間接損害によるリスクについて本社（オリエンタルランド）でも認識していたが、保険では対処不可能であった。この種のリスクに対し、保険に代わる対応手段としてアメリカで開発されたのが、**ART**（alternative risk transfer：**代替的リスク移転**）という新たな制度である。以下ではARTを理解するためにTDLが阪神大震災を契機に1999年から採用したARTの例を簡単に示してみよう[9]。

TDLは地震発生などによって長期休業に追い込まれて生じる不利益の可能性（リスク）に対応するため、あらかじめ債券を発行する。この債券発行のために証券会社や保険会社が幹事となる特別目的会社（SPC：Special Purpose Company）を設立し、そこから世界中の投資家に債券を買ってもらう。債券は借金の証券であるから、一般的には元本に利子を付けて返済しなければな

8　企業などの一般物件に関する地震保険特約もある。しかし事故発生率が高いと予測されている地域（関東地区や東海地区）の引受を停止している保険会社も多い（高橋　2012、p. 36）。

9　この点については土方（2001、pp. 89-98）による。ここでは元本リスク型債券（catastrophe bond：CATボンドや大災害債という）について取り上げた。

らない。しかしARTでは、この返済について特別の条件が付けられている。もしも一定期間中に一定以上（TDLでは震源からの距離とマグニチュードを採用）の地震が起こらなければ、元本に加え一般の債券よりも高い利子を付けて返済する。しかし、期間内に一定規模以上の地震が発生した場合、元本および利息の全部または一部の返済義務が免除されるという条件を付けるのである。投資家としては一般の債券よりもARTの方が大きいリスクを負うが、その代わり一定以上の地震が生じなければ得られる利益も大きい。このような形で世界中にリスクを分散して特定のリスクに備えるのがARTで、保険に代わる**金融派生商品**（デリバティブ：derivative）ということができる。

これを応用すれば、夏場に冷夏で利益が減少する可能性に備えたり、冬にスキー場で雪が降らないことによるリスクに備えたりすることもできる。このような金融派生商品を天候デリバティブ[10]ともいう。とにかくARTの応用範囲は広く、1990年代以降各種の分野で世界的な広がりをみせていった。そして20世紀末最高の金融商品の発明であるとも評価されてきた。

しかしここまで保険理論を学んできた私たちにとっては、ARTは決して20世紀の発明ではないことがわかるであろう。これは紀元前から行われていた冒険貸借にそっくりなのである。金融工学とITを駆使し、科学的な装いをしただけの投機的金融商品にみえるのは筆者だけではないであろう。

しかもARTで注意すべき点は、不利益が生じたかどうか、また不利益の大きさとは無関係なことである。最初に約束した条件（たとえば、地震で「震源から半径50 km以上100 km以内でマグニチュード7以上」と決める）さえクリアーしていれば、不利益の有無や大小に関係なく、債務の返済免除（または一部免除）になるのである。逆にいえば、実際に約定の事由によって投資対象に不利益が生じなくても、投資家は大きな不利益を被ることになるのである。

このような考え方がさらに発展し、アメリカを中心に金融デリバティブブームというべき時代が20世紀末から21世紀初めに訪れた。そしてサブプライムローン問題に端を発した**CDS**（credit default swap：債務返済不能に対する保

10　天候保険もあるが、ここでは保険デリバティブというARTを説明した。なお、最近ではARTも含めた金融手法によるリスクファイナンスをARF（alternative risk finance）ともいう。

コラム ●●●●●●●●●●●●●●●●●●●●●●●●●

ますます多様化、複雑化、巨大化するリスク

ソブリン・リスク（sovereign risk）という言葉を聞いたことがあるだろうか。この言葉を有名にしたのは、2009年10月ギリシャの財政赤字過小評価発覚を契機にユーロ危機にまで発展したギリシャ危機である。しかし1000兆円超の国債残高を有し、さらに財政赤字が増加し続けるわが国も大きなソブリン・リスクを抱えているといえる。しかしこのようなリスクは保険では当然対処できない。

また、本文にも登場したCATリスクも「破局」を意味するcatastropheからきており、保険の限界を超えるリスクである。CATリスクは巨大地震、津波や原子力事故だけでなく、巨大台風・ハリケーンなどによる巨大損害、地球温暖化リスクなどもあり、ますます巨大化傾向にある。この他にも2001年9月11日に発生した米国同時多発テロ事件で忘れられないテロ・リスクは、今や世界各地をまさに恐怖（terror）に陥れている。そのような中でわが国は一方で世界一安全・安心な日本を標榜しながら、他方で政府と損害保険業界が協力し2020年の東京五輪に向けたテロ保険創設構想が打ち出されるといわれていたが（「日本経済新聞」2015年10月19日付）、これが具体化されたか定かではない。

しかし、これらのリスクは各国の経済運営や国家政策と複雑に絡み合ってきているというのが現状である。COP（国連気候変動枠組条約）などが目指す二酸化炭素排出量規制問題も2015年12月には一応の合意をみたが（COP21）、2017年2月にはアメリカのトランプ大統領がこのパリ協定からの離脱を表明し、問題はますます複雑化している。

その他に近年注目されているのは、自動車技術とICTやAIの発展による自動運転自動車の実用化である。完全自動運転になった場合の交通事故とその賠償責任などはどうなるのであろうか。近未来において自動車保険は現在の姿のままでは維持できないことだけは確実であろう。

このように多様な激変の中で、保険で対処できるリスクと保険の限界を超えるリスクが今後どのような方向に向かうのか、ぜひ関心を持っていただきたい。

●●●●●●●●●●●●●●●●●●●●●●●●●

証保険的な証券）の無制限な発行が2008年9月の**リーマン・ショック**とそれに続く世界的な金融の大混乱に結び付き、加えて100年に一度といわれる経済不況に追い込まれた原因の一端になったことは忘れてはならない。

また、TDL（現TDR）が利用してきたCATボンドなどのARTは、不利益の有無や大小に無関係に発動するなどの投機的問題もあるためか、2010年に至っても世界的には大きな伸びを示していなかった。しかし少なくとも2012年以降は増加傾向にある。ただし、最近では巨大リスクのヘッジ手段として、伝統的な再保険、ARTとしてのCATボンド、同等のリスクを交換し合うリスクスワップ等のベストミクスを追求する方向にあるという[11]。

なお、必ずしも保険の限界との関係ではないが、現在の保険者（保険会社）の存在を脅かすような保険（あるいは保険類似制度というべきか）が登場してきているので、それを最後に簡単に説明しておこう。それは**P2P保険**（またはp2p）という制度（peer to peer insuranceの略語：peerとは「対等の同士」とか「仲間」という意味）である。これは**インシュアテック**の発展によって登場した方法で、特定の仲間同士が金銭を出し合ってプールし(事前でも事後でも構わない)、仲間の誰かに特定の事故が発生した場合、必要な金額の全額または一部を給付するものである。その場合、事故発生当事者に給付を行うか否か、あるいはいくら給付するかについては、代理店として機能する保険会社等が決める。そして必要となる保険料はP2Pの会員全員がSNSなどのネットワークを通じて負担する。このネットワークをブロックチェーン化すれば、仲間以外の侵入は阻止することができる。そしてプールされる金額が不足することも想定して、保険会社と提携したり再保険を利用することもあるという。このような方法は正にインシュアテックの発展によってもたらされたもので、ICTの発展によってますます広がりをみせているという。欧米では2010年以降から登場し、最近の中国では、従来型の保険事業の発展もさることながら、P2Pの発展も著しいという。日本では2020年1月にサンドボックス制度（政府による新分野開拓に向けた規制緩和の1つで、実証実験的に新事業を認める制度）を使って開始された。それが今後どのように展開するか注目に値する[12]。

11　竹井（2011、p. 58）。TDLは2001年に東京ディズニーリゾート（TDR）となり、ARTが満期を迎えた2004年にその利用を停止した。しかしARTに代わるリスクファイナンス手法によって東日本大震災後も手元流動性の問題はなかったと報告している（株式会社オリエンタルランド 2011、p. 2）。この種のリスクファイナンスがTDRで行われ、他企業でも広がりをみせていることについては高尾（2007、p. 99）、最近のリスクヘッジ手法については松尾(2013、pp. 111-113)に詳しい。なお、最近では日本の損害保険会社もCATボンドを発行するようになっている。

12　牛窪賢一（2018）、吉沢（2019）に依拠するところ大である。なお、P2Pにおいてアドバースセレクションやモラルハザードがどうなっているのかについても注視する必要があろう。なぜならば参加者が増大するにしたがって仲間意識が希薄化するからである。

4）不確実性の経済学と保険理論

すでに述べたように、保険はリスクに対処するための制度であるから、リスクに対する保険学者の関心は強く、リスクの性質や分類などの研究は盛んであった。他方、経済学（特にミクロ経済学）は市場参加者の完全知識・完全情報（あらゆることを知っていること）を前提とし、その結果、市場参加者の完全予見（あらゆることを予見できること）まで想定していたため、将来に関する不確実性・リスクの概念はなかった（図表Ⅰ-4-1）。したがってリスクに対処するための保険にも関心が薄かった。このようなことから、「保険は経済学の継子（ままこ）である」という時代が長く続いた。

しかし1970年代以降アメリカで急速に発展した**不確実性の経済学**（または**情報の経済学**）では、市場参加者の完全知識・完全情報の前提を緩和した。その結果、不完全知識・不完全情報の市場参加者には不完全予見しかできず、そこに必然的に生じてくる不確実性（＝リスク）の研究がさかんに行われるようになった。その成果によれば、**期待効用**（expected utility）理論を援用して**危険回避者**（risk averter）という概念を明確にし、保険加入行動の経済的合理性を明らかにした[13]。そして保険市場の理論的分析では、保険が自由市場

図表Ⅰ-4-1　情報の経済学からみたリスク認識と保険の必要性

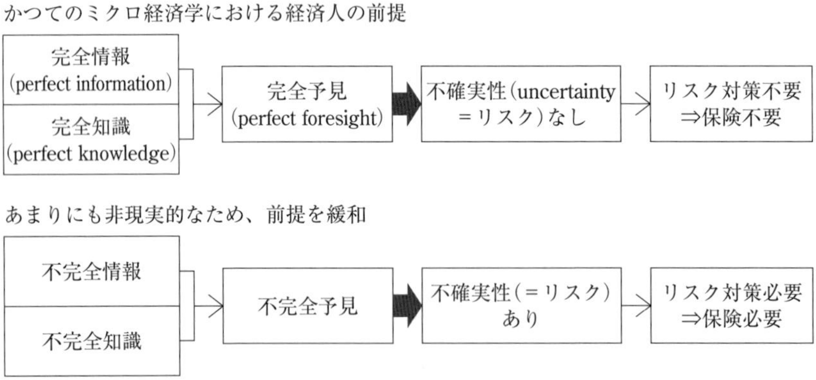

（筆者作成）

13　この点については田畑（1996、pp. 69–75）において簡単な数理モデルで説明している。

で取引される場合、市場均衡は得られず、したがって保険市場は失敗（market failure：**市場の失敗**）する可能性を内在しているとした。

その原因は、**情報の非対称性**（asymmetry of information：一方が十分な情報・知識を持っているのに対し、相手方は不十分な情報・知識しか持っていないこと）を利用して保険の買い手が**アドバースセレクション**（逆選択）や**モラルハザード**（道徳的危険）の行動に出て、保険の市場価格（保険料率）を禁止的水準（支払うのが不可能な水準）にまで引き上げてしまうからである。つまり、保険の買い手は自らの状態や特徴を十分に知っているのに対し（**完全情報**）、保険の売り手である保険者側は買い手の情報を十分に入手できず（**不完全情報**）、ここに情報の非対称性が生じる。買い手側は自らの効用・満足を高めるために、この情報の非対称性を利用し、売り手側にわからないように保険を悪用したり（＝モラルハザード）、保険者が予測した確率（ω）よりも高い者（**バッドリスク**）が積極的に加入する傾向（＝アドバースセレクション）が強くなる。その結果、保険料率の引上げを余儀なくされる。しかし情報の非対称性がある限り、この悪循環から抜け出すことはできず、自由な保険市場は失敗してしまうのである。

不確実性の経済学でこのような結論に至るのは、その基になるミクロ経済学が極大利潤・極大効用を追求する**経済人**（homo oeconomicus : economic man）を前提としているからである。この種の研究成果はエージェンシー理論やゲームの理論の中でさらに精緻化され、保険理論だけでなく金融論、労務管理論など、幅広い分野に応用されている。

他方、保険理論では、保険加入行動についてはリスク認識が必然化する社会であれば保険加入動機は高まり、経済発展や所得水準の上昇によって保険は発展すると考えてきた。また、モラルハザードやアドバースセレクションが多発すれば、保険の限界を超える可能性があるという認識はあったが、それらの多発は保険制度内で大部分を未然に防ぐことができるという、経済学とは正反対の考えを持っていた。それは保険理論が、保険の買い手である契約者や被保険者の**最大善意性**（utmost good faith）を暗黙的に前提としていたからである。このような前提条件の相違を無視して経済学の成果を保険理論に安易に援用することは適切ではない。

しかし最近は保険理論と経済学の接点を求め、従来の保険理論を再検討しながら新たな方向に進む努力が傾注されている。また、モラルハザードやアドバースセレクションの概念はさらに一般化され､特にモラルハザードは「**倫理の欠如**」として広く知られるようになった。しかも21世紀になって発覚し社会問題ともなった保険会社による**保険金不払い問題**やそれに引き続いて損害保険業界で発生した保険料取りすぎ問題（過徴収問題）など[14]は、保険市場参加者の最大善意性の前提を保険者側から崩壊させた現象と考えることもできる。他方、経済学の分野では、規制緩和・自由化促進の中で発生したリーマン・ショック以降、道徳観や倫理観を一切持たない経済人を現実の経済でも是認しすぎたという反省が生じている。そのような状況の中で、経済学と保険理論の融合が進みつつあるというのが現状であろう[15]。

5）保険とオプション[16]

保険の仕組みを最も単純に示せば、$p=\omega Z$ と表すことができ、これを**給付・反対給付均等の原則**ということは、すでに述べた。ただしこのモデルでは、損害保険におけるいわゆる全損については理解できるが、分損に対する損害塡補については理解しにくい。

これに対し、近年急速に発展している金融理論から保険を見直すと、保険

14　この点についてはⅠ部6章でさらに詳しく述べる。

15　このような現状を理解するには、いわゆる「行動経済学」が役に立つが、関連文献が多数あるため例示しない。この行動経済学の中で最近ではプロスペクト理論という分野がさらに発展し、新たな方向への理論展開とその実践的応用が急速に進んでいる。別の新たな展開として『アイデンティティ経済学』（2011）を挙げておく。この著者アカロフはレモンの原理（Principle of Lemons）で保険市場におけるアドバースセレクションの必然性と市場の失敗を明らかにしてノーベル経済学賞を受賞している。同書では、CDSやリーマン・ショックでgreed（強欲）ともいわれたゴールドマン・サックスにおいてさえ、1970年代当時の行動規範・第一原理が「顧客の利益が常に最優先。経験によれば顧客に十分奉仕することでわれわれ自身の成功が自然についてくる。…（中略）…わが社の社員は仕事においても私生活においても、高い倫理基準を維持することが期待されている（p. 6）」として、企業と従業員の倫理的考え方の重要性がアイデンティティの経済学で明らかにされていく。

16　保険とオプションの関係を日本で最初に理論的に説明したのは高尾（1998）であろう。以下の記述も同書によるところ大である。また石田・庭田（2004、pp. 40–41）も参照。ただしここでは、オプションを発行する側ではなく、利用する側のポジションから説明している。

が**オプション**（option）の一種であることがわかる。そして、保険消費者側からみると損害保険の大部分は**プットオプション**（put option）と見なすことができる。オプションは前述の**金融派生商品**の一種で、権利に関する取引を指す。つまり、あるモノ[17]を一定期間内に一定量を一定価格で買う権利や売る権利を取引することをいう。買う権利の取引を**コールオプション**（call option）、売る権利の取引をプットオプションという。オプションは本来**リスクヘッジ**（risk hedge）[18]のために考え出された取引法であるが、**レバレッジ効果**（leverage effect：「てこの原理」のように、自己資金の何倍もの運用が可能なこと）があるため、投機的取引にも用いられ金融市場の不安定化要因ともなっている。

ところで、一般の商品も金融商品（通貨、株式、債券など）も、その市場価格は常に変動しており、それが企業の利益・不利益にも大きな影響を与えることがある。たとえば（図表Ⅰ－4－2）、ある輸出業者が1ドル＝100円の時期に10万ドル（円換算で1000万円）の取引が成立したと想定しよう。輸出代金として10万ドルを受け取るのは当然であるが、実際の代金受取りの時期に、為替レートが1ドル＝100円である保証はない。1ドル＝110円という円安になっているかもしれないし、逆に1ドル＝90円の円高になっているかもしれない。円安であればこの場合、1100万円の売り上げになり（両替手数料は無視している）、100万円を余分に手に入れることができる。しかし1ドル＝90円の円高であれば、100万円値引きして売ったのと同じことになる。この場合、受け取ったドルを1ドル＝100円で売る権利（プットオプション）を持っていれば、110円の円安の場合はそのまま換金し、90円という円高の場合はオプションの権利を行使するのである。そうすれば、円安による利益は自分の手元に残し、円高によって生じる不利益は排除できることになる。もちろんこのオプション取引についても、あらかじめ取引価格が設定される。それがオプション価格であるが、これを数学的にモデル化したのが**ブラック＝ショールズ式**（ブラック＝ショールズ・モデル）[19]である。

17　金融分野では通貨、株式、債券などを指すことが多いが、本質的に有形・無形かは問わない。
18　リスクヘッジとは、リスクを遮断して安定を得ることを意味するが、最近では「保険つなぎ」という表現も使われる。しかし保険理論から考えるとこの用法が正しいようには思えない。

図表Ⅰ-4-2　プットオプションと損害保険

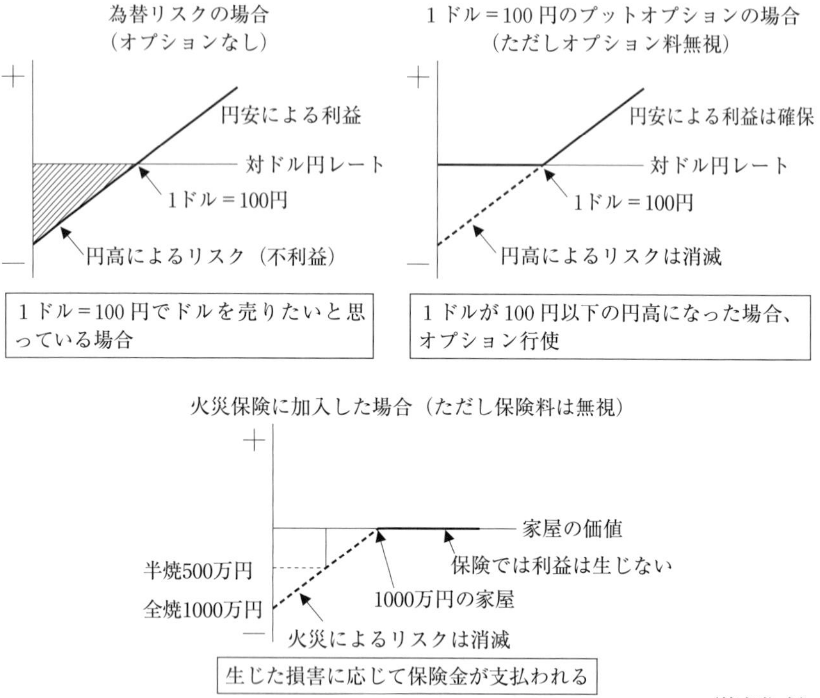

（筆者作成）

ここで火災保険を想定してみる。保険価額1000万円の家屋に保険金額1000万円の**全部保険**を付けたとする。全損・分損を問わず火災による損害が発生すれば、保険金請求権が生じ（この権利が重要）、全損であれば1000万円の請求権がある。これは、灰になってしまった0円の家屋を保険会社に1000万円で売る権利が生じたと見なすことができる。したがってオプションにおいて値下がりしたときにあらかじめ約束した金額で売る権利を確保したこと、つまりプットオプションとまったく同じであろう。分損についても同様に考えることができる。半焼で500万円の価値になってしまった分の損失額（500万円）を保険金請求権という権利行使で、理論的には1000万円に

19　この数式はきわめて難解なので理解する必要はないが、詳しくは石田・庭田（2004、pp. 256–257）を参照されたい。

回復できるのである。このような権利を得るために支払うのが保険料である。

ブラック=ショールズ式に基づくオプション価格では、リスクの測定について**ボラティリティ**（volatility）[20]を用いるので、大数の法則を用いて予測する事故発生確率（ω）とは異なる部分もある。また、損害保険では保険事故発生によるマイナスの変動はあるが、プラスの変動はないので、保険契約によって買い手側に利益が生じる可能性はない。つまり保険契約は、買い手側には利益が生じることのないという条件で、プットオプションの限定型と見なすこともできるのである。

練習問題

1　保険理論の発展方向と保険の二大機能について説明しなさい。
2　保険の限界を簡単に説明し、限界の克服方法や保険の新たな可能性について考えなさい。
3　保険に代わる新たなリスク対策について説明し、それに対するあなたの考えを述べなさい。
4　リスク対策としての保険とオプションの関係を述べ、デリバティブを含めて保険の未来について考えなさい。

■引用・参考文献

アカロフ, G. A.・クラントン, R. E.著、山形浩生・守岡桜訳（2011）『アイデンティティ経済学』東洋経済新報社（Akerlof, A. G. & Rachel, E. K.〔2010〕*Identity Economics: How Our Identities Shape Our Work, Wages, and Well-Being*, Princeton University Press.）
井口富夫著（2008）『現代保険業研究の新展開』NTT出版
石田重森・庭田範秋編著（2004）『キーワード解説　保険・年金・ファイナンス』東洋経済新報社
牛窪賢一グループリーダー主任研究員（2018）「インシュアテックの進展―保険の事例を中心に―」『損保総研レポート』第124号、損保険事業総合研究所
宇野典明著（2012）『新保険論』中央大学出版会
大谷孝一・中出哲・平澤敦編（2012）『はじめて学ぶ損害保険』有斐閣ブックス
亀井利明著（2005）『保険総論（補訂版）』同文舘出版

20　金融理論でいうボラティリティは、予測される変動幅としてのリスクを指す。一般的には過去の金融市場における変動幅の標準偏差として捉えることが多い（石田・庭田　2004、p. 257）。

高尾厚著（1998）『保険とオプション』千倉書房
高尾厚（2007）「地震リスクと経済的保障の可能性―オリエンタルランドの地震リスクマネジメントの変容過程」『保険学雑誌』第597号、日本保険学会、pp. 87-101
高橋康文著（2012）『地震保険制度』金融財政事情研究会
田畑康人（1993）「『保険危機』の経済分析」『三田商学研究』36巻1号、慶應義塾大学商学会、pp. 147-164
田畑康人（1996）「保険理論としての経済学の出発点」『保険研究』第48集、慶應保険学会、pp. 59-78
田村祐一郎編（2002）『保険の産業分水嶺』千倉書房
近見正彦他著（2006）『新・保険学』有斐閣アルマ
近見正彦・堀田一吉・江澤雅彦編（2016）『保険学［補訂版］』有斐閣ブックス
庭田範秋著（1995）『新保険学総論』慶應通信
土方薫著（2001）『総解説　保険デリバティブ』日本経済新聞社
松尾繁（2013）「損害保険会社における巨大リスクの引受け」『保険学雑誌』第620号、日本保険学会、pp. 97-116
株式会社オリエンタルランド（2011）「地震リスク対応型ファイナンスによる資金調達のお知らせ」コード番号4661、東証第Ⅰ部（これは投資家向けの情報公開資料である）
竹井直樹（2011）「自然災害とリスク管理：損害保険会社の場合―地震・津波災害を中心に―」日本損害保険協会（これは竹井氏が講演会等のために作成した資料で公開されていない）
吉澤卓哉（2019）「情報社会の急激な進展による保険制度における『信頼』の変容―インシュアテックが保険制度における『信頼』に与える影響―」令和元年度日本保険学会大会共通論題報告①
「日本経済新聞」（2016年2月8日付）

5章

保険事業と国家による保険政策[1]

〈キーワード〉
自由放任、パレート最適、価値循環の転倒性、将来財、保険監督行政、実質的監督主義（実体的監督主義）、護送船団体制、カルテル体制、新保険業法、競争原理、早期警戒システム、ソルベンシー・マージン基準、セーフティネット、届け出制、ブローカー制、逆ザヤ、破綻前予定利率引下げ

1　国家による保険政策・保険規制の必要性

経済的自由（**自由放任**：laissez faire＝レセフェール）を基本理念とする経済社会、すなわち**資本主義**的経済社会にあっては、個々の経済活動に対する国家・政府の干渉（規制）を最小限にとどめることが基本政策となる。それは人々の自由な意思によって財・サービスが取引されれば、市場機能によって最適な資源配分がなされるという予定調和の考え方が根本にあるからである。つまり、市場に参加する経済主体が十分な知識・情報を有し、当事者間の対等で円滑なコミュニケーションの下に、自由で合理的な取引が行われるのであれば、そこで達成される均衡はいわゆる**パレート最適**（他の誰かの効用・満足を減少させない限り、それ以上の効用が増大しない状態）であると考えられているのである。

保険も歴史的にみれば、自由市場で取引される他の一般の財やサービスと何ら異なることはなかった。しかし自由と自己責任に基づく経済活動の浸透によるリスク認識の一般化と、保険の必要性ならびに保険需要の増大、そし

1　以下は田村（2002）「第6章第2節」（田畑担当箇所）をよりわかりやすく加筆・修正したものである。

図表Ⅰ-5-1　一般の財・サービスと保険の相違（価値循環の転倒性）

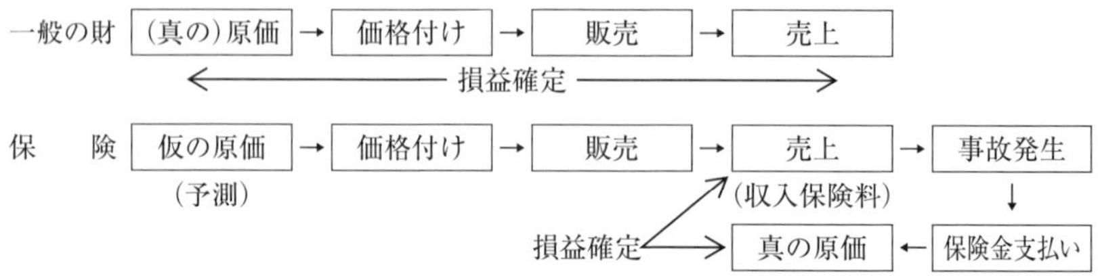

（筆者作成）

て保険事業への無制限な参入が事情を一変させた。

保険事業は他の一般的な産業と異なり、事業開始時にほとんど資本や設備を必要とせず[2]、また、最初に収入がもたらされ、最後にしか真の原価がわからないという「**価値循環の転倒性**」[3]（「**原価の事後確定性**」ともいう）があるため（図表Ⅰ-5-1）、きわめて参入が容易であった。それと同時に参入後も顧客獲得のために、詐欺的勧誘や安易な価格競争（料率引下げ競争）が行われやすい。実際、泡沫会社の乱立と過度の料率引下げ競争、詐欺的勧誘、自律性を欠いた放漫経営の結果、保険企業の支払不能や倒産が多発した時期が、特に19世紀後半から20世紀初めにかけて各国にみられた[4]。

保険企業の支払不能・倒産が消費者に与える影響は、他の一般の企業倒産と比べ、その性質が大きく異なる。一般企業が倒産した場合、そこで購入した財やサービスの効用はすでに消費者が受け取っているので、消費者に関する限り大きな問題は生じない。しかし保険企業が支払不能・倒産した場合、その消費者は**将来財**（future goods：購入してすぐに満足や効用が得られるのではなく、将来的に効用が得られる可能性のある財）として期待していた経済的保障を失い、以後の生活や経済活動が困難に陥ってしまう可能性がある。それだけでなく、善良な経営で信用を築き上げつつあった他の保険企業も連鎖的に信用を失い、保険業界全体にも悪影響を及ぼす可能性もある。経済活動の自由と自己責任

2　このようなことから、「保険は紙と鉛筆の産業である」ともいわれてきた。
3　「価値循環の転倒性」という言葉は水島（1979）『現代保険経済』初版以来用いられたが、それまでに用いられていた「原価の事後確定性」よりも筆者にとってはきわめて印象的であった。
4　これらの点については、カーター（1984、p.16）や田村（1985、pp.140–141）に詳しいが、本書Ⅰ部3章2、3、5も参照されたい。

の一般化により、保険消費者が富裕階層や企業から多くの一般家庭へと拡大していく時期に、**自由放任**による自律性を欠いた保険企業の支払不能・倒産が相次ぎ、それが社会問題化したことから、国家による保険政策・保険規制の必要性が認識されていったのである。

2 保険政策の具体化としての保険監督行政とその特徴

保険政策の具体化としての保険行政には、保険消費者および公共の利益を保護し、保険制度ならびに保険事業が引き起こす弊害を軽減・除去する目的で行われる**保険監督行政**と、保険を普及させ、保険制度や保険事業を助長させるための**保険助長行政**がある。日本の助長行政の具体的な例として、広くは経済政策、個別的には社会政策、産業政策、金融政策などの観点から実施される貿易保険、社会保険、農業保険、預金保険など、各種の公的保険や私的保険事業の担保力を維持・向上させるために行われる国家による再保険などを挙げることができよう。

しかし、従来から保険理論で重視されてきた分野は、国家による保険事業規制としての保険監督行政である。それは助長行政が主として保険事業以外の他の政策目的を意図しているのに対し、保険監督行政は歴史的にみても、保険制度、保険事業に固有の政策目的で実施されてきたからである。そして保険監督行政の種類は図表Ⅰ－5－2のように分類される。

形式的監督主義は自由主義の理念に根ざし、国家による干渉・監督を最小限に抑えようとする点に特徴がある。すなわち市場機能と保険事業者の自主

図表Ⅰ－5－2　保険監督行政の種類

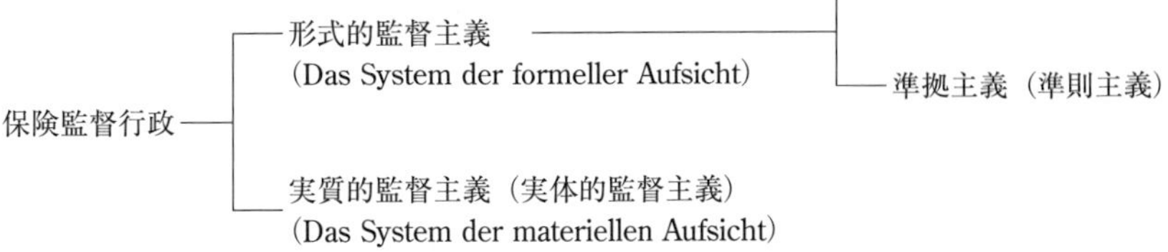

（筆者作成）

規制と自律性に信頼を置き、最終的な判断は消費者・国民が行う。国家はそのための補助的な役割をするにすぎない。形式的監督主義は、かつてイギリスやオランダが採用していた保険企業の業務内容・事業結果などを公示すれば足りるという**公示主義**と、保険企業の開業や事業継続について守るべき一定の準則（法に準ずる規則）を国家が定め、この遵守を求めると同時に国家が審査権を有するという**準拠主義**（**準則主義**）に分類される。しかし現在では公示主義を採用している国はなく、形式的監督主義を2分類することは、歴史的・理論的意義はあるが、現実的な意義は薄らいでいる。しかも1980年代までは準拠主義を採用していたイギリスやオランダもEUによる市場統合の結果、加盟国の規制・監督についても統一性が求められ、以下に述べる実質的監督主義の傾向を帯びるようになってきている。実際、EU加盟国の保険規制の基本的な領域はEUの保険関係規制（Regulation）および指令（Directive）によって、各加盟国とも基本的に同一の内容・水準で国内法制化が図られ、ますます統一化・共通化が進んでいる[5]。ただし2016年5月のイギリスの国民投票によるEU離脱（いわゆるBrexit）決定と2020年1月末からの実施によって、保険政策がどのように変化するか注視する必要がある。

実質的監督主義（**実体的監督主義**）は**免許主義**とも呼ばれることがある。それは事業開始時に国家または地方政府からの免許取得を義務付けられているからである。そして監督官庁は事業開始後も保険事業全般にわたり厳格な監督・検査権を有し、不正や公共の不利益の防止に努める。この方式はEUを含むヨーロッパ各国やアメリカ、カナダ、および日本を含むアジア各国で採用されている。ただし実質的監督主義でもカナダやアメリカの一部の州のように、きわめて準拠主義に近い国もあれば、ドイツやフランスのように相対的に厳格な監督を行ってきた国もある。そのような中でわが国は、他に例をみないほど厳格で細かな規制と監督を行ってきたことで有名であった。

5　損害保険事業総合研究所研究部（2012、p. 22）。

3　20世紀末までのわが国の保険政策の特徴とその問題点

ほぼ20世紀全体を通じたわが国の保険規制の内容については、**保険業法**（1939年3月公布、翌年1月施行。以下、**旧保険業法**または旧法とする）に集約されている。旧法は最初（1900年）に制定された保険業法を全面改定したものが基本となっていた。もちろん旧法も全面改定以来20回以上の改定がなされているが、基本的な考え方は変更されてこなかった[6]。

それによれば、保険企業の自由参入は認められず、免許取得が大前提になっている（旧法第1条：この点は新法でも同じ）。この免許申請には、保険事業全般に関するきわめて詳細な内容を明らかにした「基礎書類」を添付し、これに対して当時の監督官庁であった大蔵省の厳重な審査の結果、大蔵大臣から免許取得することになっていた。保険事業の経営形態・組織形態については、株式会社と相互会社の2種類に限定し（同法第3条）、保険事業およびそれに付随する金融事業以外の禁止はもちろん（同法第5、6条）、生命保険と損害保険の兼営も禁止されていた（同法第7条）。加えて事業開始後も大蔵大臣は、当該保険事業に関する報告徴収、検査、監督、命令の権限を有し（同法第8、9条）、基礎書類に示された内容を変更する場合、常に大蔵大臣の認可を受けなければならなかった（同法第10条）。

そして保険募集については、1948年制定の**保険募集の取締に関する法律**（昭和23年法律第171号：いわゆる**募取法**）によって、保険募集人と保険代理店による募集に厳しい監視の目が向けられ、刑罰法規としての性格が強く、欧米では一般的な**ブローカー制**や通信販売は認められていなかった。

これに加え、損害保険事業にあっては、**独占禁止法の適用除外**とされ（昭和22年法律138号、旧法第12条3に追加）、**損害保険料率算出団体に関する法律**（昭和23年法律第193号）に基づいて、主要な損害保険料率はカルテル的に決定することが許された。しかもそれら団体によって算定された保険料率（**算定会料率**）については、算定会加盟の全損害保険会社はその料率の採用・遵

6　旧保険業法の内容については、安居（2006、pp. 3-6）および石田（1986、1992）に負う。

守義務を負うことになっていた。また、生命保険においても、死亡率などの統計的基礎として保険会社統一の**全会社生命表**が用いられるだけでなく、**予定利率**、**予定事業費率**などの保険料率算定の基礎については大蔵省の認可事項となっており、事実上強制されてきた。つまり、生命保険の場合も、結果的には損害保険と同様に**カルテル体制**にあったということができる。

しかも、知識・情報そしてアイデアからなる保険において、消費者ニーズに即した新たな保険を販売しようとしても、そこには国家による**認可制**が立ちはだかり、全社一斉認可の傾向が強く、開発利益を享受し得る状況にはなかった。その結果、保険企業からは開発意欲も失われ、消費者ニーズに合った保険も開発されにくい状態が続いていた。その結果、各社が扱う保険の商品種類もほとんど同じであった。

したがってわが国では、生命保険・損害保険を問わず、ほぼ同様な保険が市場に出回るだけでなく、同種・同一の保険については、どの保険会社と契約しようと、理論的にはその保険料率は同じであった。つまり、各保険会社の経営効率格差は何ら保険料率には反映されず、消費者に対しても価格選択の余地を与えていなかった。積立部分（貯蓄部分）のある保険においては、保険料の事後調整としての**契約者配当**について、企業間格差はわずかにみられたが、ここでも大蔵省による配当認可制があって、完全自由化にはほど遠かった[7]。これらの点については、わが国で営業活動を行う外資系保険会社も**外国保険事業者に関する法律**（昭和24年法律第184号）によって、日本の保険企業と同様な扱いを受け、自由な活動は大幅に制限されていた。

このような保険規制に基づくわが国保険業界の**カルテル体制**を、**護送船団体制**（**護送船団行政**）という[8]。それは保険料率（**カルテル料率**）を決定する際に、最も非効率な企業が経営可能な水準に料率を設定し、これを全会社が遵守しながら業界全体として進んでいくことを表している。護送船団体制を維持することによって、最も非効率な企業であっても料率引下げ競争による支払不

7　わが国におけるこのような料率規制とその変化については水島（2002）「第3部Ⅳ・Ⅴ」に詳しい。
8　このような護送船団体制・カルテル体制については銀行・証券など他の金融業界も同じであった。

図表Ⅰ－5－3　カルテル料率の決定モデルとそのレント

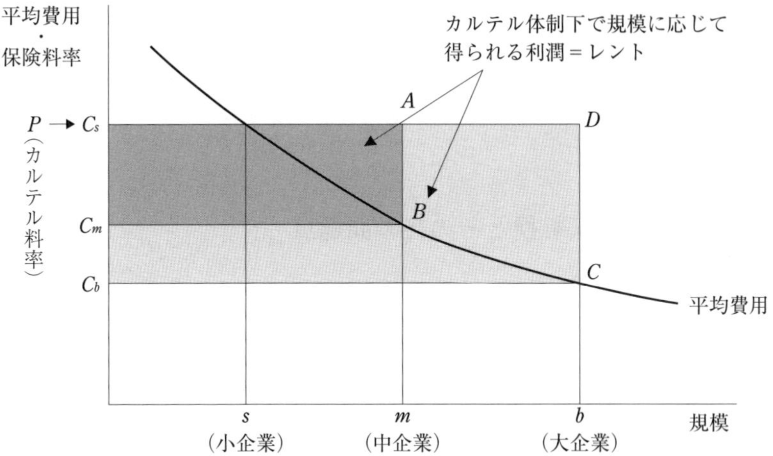

・面積C_sC_mBA：中企業がカルテル料率によって得られるレント
・面積C_sC_bCD：大企業がカルテル料率によって得られるレント

（筆者作成）

能・倒産という経営危険にさらされることはなく、その結果として、消費者保護も達成されることになる。他方、カルテル体制下における相対的な大企業は、いわゆる**規模の経済性**（economies of scale：生産量や販売量などを増大するに従って平均費用が低下する傾向）によって、無条件に**超過利潤**（**レント**：rent）を享受することができる（図表Ⅰ－5－3）。

このような護送船団体制下にあれば、最終的に保険消費者の保護は確かに達成される。しかし、そこにおける消費者保護の費用は消費者自身が負担しており、それが実質的には保険企業・保険業界の保護を第一とし、しかもその保護の費用が相対的大企業のレントにつながっていた。この点に、わが国の保険規制・保険行政の最大の問題があったと考えられる。つまりわが国の保険行政は、消費者保護を名目にしながら、「これまで一貫して、国家経済的な視点から採られて来たのであって、…（中略）…保険企業の維持、財政体質の強化ということもまた、国家の財政・金融政策の一環として、保険会社を保護・育成するという機能の中でのみ果たされてきた」[9]という鋭い指摘を否定できない。金融自由化によって**業際競争**（生損保間だけでなく、証券や銀行など隣接他業界との競争）も活発化し、経済の自由化、グローバル化そして情報化が著しく進展していった1980年代後半から90年代を通じ、金融業界を含む保険業界が戦時体制・戦後体制ともいうべき旧態依然とした規制下にあることは、もはや許されない状況にあったといえよう。

4　保険政策の大転換とその後の問題点

上述のような問題点を抱えていたそれまでの保険政策と、日本保険市場の閉鎖性に対して海外（特にアメリカ）から激しい市場開放要求を受けた。そのような状況の中で、1994年3月に決着した日米保険協議の結果もあって、わが国政府も保険政策大転換の必要性をようやく認識し、1995年に保険業法を56年ぶりに大改正した（以下、「新保険業法」または「新法」とする）。そして**新保険業法**を1996年4月から施行した。その後、橋本政権においてさらに金融の自由化・グローバル化に対応するために、「フリー、フェア、グローバル（Free, Fair, Global）」の三大目標を掲げた**日本版金融ビッグバン**が同年12月から実施され、21世紀に向かって前進することになったのである。

新法は本文だけでも330条を超える膨大な法律である。以下では条文の順番と一致しないが、その中でもきわめて重要と思われる内容を新旧比較対照しながらみていこう（図表Ⅰ-5-4）。

まず、保険業法の目的については、旧法には明確な規定はなく、新法によって初めて契約者等の保護という目的が明示された。しかし消費者保護が必ずしも第一目的となっていないことには注意しなければならない。それは一方で旧法時代の保険募集の取締に関する法律（募取法）を新法に取り込み、他方で一定の知識と情報収集能力および判断力のある消費者、自立できる消費者・契約者を育成するという意図が込められていると考えられる。

保険事業については旧法では生損保を完全に峻別し、**兼営禁止**であった。しかし新法では、生命保険を**第一分野**、損害保険を**第二分野**、それまで事実

9　庭田（1992、pp. 71-72）。

図表Ⅰ－5－4　新旧保険政策（保険業法）の比較

事項	旧保険業法（1996年3月以前）	新保険業法（1996年4月以降）
目的	明確な目的規定なし	保険事業の健全・適切な運営、保険募集の公正性を確保し、保険契約者等の保護、国民生活の安定と国家経済の発展に資すること
保険事業	生損保の峻別＝生損保兼営禁止（第三分野については規程はなく、事実上、生損保における取り扱いを黙認）	生保（第一分野）、損保（第二分野）、第三分野の保険を明記。第三分野を生損保に正式解禁。兼営禁止を緩和し、子会社方式による相互参入を認める
商品規制	主要な保険商品、保険料率の認可制＝護送船団体制	一部「届け出制」を認める。保険会社の新商品開発と販売について、届け出のみで可＝商品開発競争、料率競争可
保険料率	損保：独占禁止法の適用除外＝算定会料率（遵守義務） 生保：全会社生命表（利用義務）	損保：算定会を名称変更＝損害保険料率算出機構：標準料率の算出（参考料率） 生保：標準生命表（標準積立金算定用）
資産運用	厳格な政府規制＝「財産利用方法書」の提出、原則としてここに書かれた以外の運用を認めない	原則として資産運用の自由化を認め、遵守すべき最低限のみ規程
経営形態・組織形態	会社形態で、株式会社・相互会社の2種類のみ。また、株式会社の相互会社化のみ規定	子会社方式による兼営および株式会社・相互会社双方に持株会社方式および相互会社の株式会社化を認める
意思決定と責任追及	相互会社については社員の3/100以上の同意がなければ責任追及不可	社員および株主の単独訴権を認める
契約募集	募集人（営業職員・外務員）、代理店中心主義：欧米で認められるブローカー制や通信販売は認めない	ブローカー制（保険仲立人）や通信販売を認める
他業態の参入	原則として認めず、銀行、証券、保険会社の峻別	銀行による保険の窓口販売から始め、信金、証券会社へ拡大。少額短期保険業者を規定(2005)
比較情報	全面禁止	消費者の選択に有利な情報提供であれば可
早期警戒システム	原則として定期的な検査のみで、具体的な対応はなし	ソルベンシー・マージン基準を導入し、％表示をして、それを公開。200％以上：健全な会社、100％以上200％未満：注意・指導、0％以上100％未満：業務改善命令、0％未満：業務停止命令、破綻宣告
支払不能・倒産対策	基本的には想定せず。万一倒産した場合、国家の強権による強制合併を示唆。しかし憲法違反の可能性あり	セーフティネット（安全網）の導入 「契約者保護基金」(日産生命の破綻で機能停止)、「契約者保護機構」設立。しかしその後の相次ぐ生命保険会社の破綻で資金枯渇、事実上機能できず。緊急対策として相互会社にも会社更正特例法の適用（2000）、および破綻前の予定利率引下げを認める（2003）

出所）旧保険業法については石田（1986、1992）、その他を参照し筆者作成。

上黙認していた医療保険や傷害保険などを**第三分野の保険**として新法に規定し、生損両方に正式に解禁した。

保険商品規制では、主要な商品の内容（保険約款）および保険料率の**認可制**を前提としていた旧法に対し、新法では一部**届け出制**を認めた。これによって保険会社の商品開発と販売についても規制緩和され、新商品開発や料率競争を促進する方向に舵をきった。

上述のような商品規制の緩和から、保険料率についても**算定会料率**や**全会社生命表**を廃止、すなわち**護送船団体制**を放棄し、それぞれ**標準保険料率**や**標準生命表**として、参考基準や標準積立金算定用とするだけにとどめ、料率に関する**競争原理**の導入を明確にした。しかも資産運用についても、原則として運用の自由化を認め、遵守すべき最低限の規制のみにとどめた。

保険の経営形態・組織形態については、新たに**子会社方式**や**持株会社方式**を認めただけでなく、**相互会社の株式会社化**を認めた点は注目に値する。

契約募集については、募集人（営業職員・外務員）および代理店方式が中心で、欧米で広く認められている**ブローカー制**や通信販売は認められていなかった。これが海外からの参入規制としても大きく立ちはだかっていたが、新法では両者とも認め、ブローカーについては**保険仲立人**という新たな名称で規定した。これによりロイズ・ブローカーや海外の大手専門ブローカーだけでなく、日本の商社などが保険ブローカーとしても参入できる道を開いた。

旧法では銀行・証券・保険という区別は厳格で、相互参入は認められていなかった。しかし1980年代に国債などの窓口販売（これは一種の証券業務）を相互に認めたのを始め、銀行による保険の窓口販売なども認め、さらに拡大する方向にある。また、2005年には根拠法のない**無認可共済**について規制を強化して原則禁止すると同時に、新たに保険業法で**少額短期保険業者**としての道を開き、従来にはない保険開発の可能性も広げた。わが国の場合、このような少額短期保険業者からいわゆる**マイクロインシュアランス**（micro insurance）としての発展可能性もある。これは最近、特に新興国市場で発展しており、保険金額はきわめて少額ながら低保険料の保険で、多くの低所得者層に保険保護を提供したり、従来の保険を補完する役割も果たしている[10]。

保険商品や保険会社の比較情報については全面禁止であったが、新法では消費者の選択に有効・有利な情報であれば可能になった。その結果、現在ではインターネット上だけでなく来店型の店舗でも各種の保険比較情報が簡単に入手できるようになっている。

保険企業の健全性と**早期警戒システム**という考え方は、旧法には見当たらない。なぜならば、**護送船団体制**によって保険企業は絶対につぶれないと想定されていたからである。しかし新法では**ソルベンシー・マージン基準**（保険金支払い余力に関する基準）を導入し、それを％で表示した上で公表するようにした。ソルベンシー・マージン比率の算定方法を最も単純に示せば、

$$\text{ソルベンシー・マージン比率} = \frac{\text{各種準備金を含む資本の部に示される資産総額}}{\left(\begin{array}{l}\text{通常の予測を超える保険リスク、経}\\\text{営リスク、資産運用リスクの総額}\end{array}\right)\times 0.5} \times 100$$

となる。つまり考えられるリスクがすべて発生しても保険会社が有するすべての資産を充当すれば支払える水準が200％となる[11]。そのため200％以上を健全な会社と判断することにした。100％以上200％未満の会社には注意ならびに改善計画の実施命令を出して早期警戒し、０％以上100％未満には各種の業務改善命令などを発する。そして０％に達しない場合は業務停止命令と破綻宣告を行うことになっている。

旧法では上述のような理由から、支払不能・倒産対策も当然想定されていない。しかし万一支払不能・倒産に陥った場合には、国家の強権によって国家が指定した保険会社に契約を包括移転させ、強制的に合併させることを示唆していた。しかしこれは憲法違反の疑いもあるという指摘もあった[12]。他方、新法では消費者保護の側面から**セーフティネット**（**安全網**）の考え方を

10　マイクロインシュアランスの概況については鐘ヶ江（2007、pp. 175–203）が詳しい。その後の経過については損害保険事業総合研究所研究部（2011、p. 54）に簡単に述べられている。なお、2013年以降には日本の保険会社が海外でマイクロインシュアランスとマイクロファイナンス（低所得層向けの融資）とを組み合わせて、医療保険などを提供する例も見られるようになった。

11　より詳しくは石田・庭田（2004、pp. 80–81）を参照されたい。ただし、分子の資産や分母のリスク項目の見直しは2009年にも行われ、2011年3月期からは新基準による公表が行われている（米山　2012、pp. 214–216）。

12　この点については石田（1986、pp. 110–126）に詳しい。

導入し、最初に全社出資の**契約者保護基金**を設置した。しかし戦後初の生命保険会社の破綻事例となった日産生命の破綻（1997年4月）によってその基金は枯渇した。そのため全社の出資だけでなく政府援助も視野に入れた**契約者保護機構**を設立したが、その後相次いだ生命保険会社の支払不能・倒産によって、事実上その機能を失っている。その結果、契約者保護機構に頼らない緊急の破綻処理策として、2000年には相互会社にも会社更生法を適用させる特例法（**会社更生特例法**）を導入し、さらに2003年には**破綻前予定利率引下げ**も認めるようになった。

5　21世紀の保険政策と新たな課題

新保険業法施行による保険政策の大転換は、バブル経済崩壊による長期不況の真っ只中に行われた。そのため逆ザヤ問題で苦しんでいた生命保険業界にとっては二重苦・三重苦となった。つまり、バブル期以前に金融商品としての有利性をアピールした高金利の**一時払い養老保険**の満期が次々と訪れる一方、公定歩合は銀行を中心とする金融機関保護のために大幅に引き下げられ、証券市場も低迷を極めた。そのため資金運用難によって**逆ザヤ**は増加するばかりであった。そのような中で**護送船団体制**に終止符が打たれ、商品内容や料率面での競争時代に突入したのである。その結果（図表I-5-5）、新政策実施後1年余りの1997年4月、戦後初の日産生命の破綻に始まり、2001年3月までに、内国系生命保険会社20社中、実に7社が破綻に追い込まれ、損害保険会社も1社（第一火災）が破綻した。そして2008年にはさらに生命保険会社1社が破綻している。規制緩和・自由化の中で発生したこのような状況は、19世紀末から世界的に見られた保険会社の自律性を欠いた経営の横行と大量破綻を彷彿とさせる。なお、この間の2001年11月に中堅の損保会社（大成火災）が破綻して会社更生手続を開始した。しかしこれは同年9月11日にアメリカで起きた同時多発テロの影響によるものであって、新政策への転換とは無関係である。

初期の破綻で問題となったことは、セーフティネットとして最初に設けら

図表Ⅰ－5－5　破綻生命保険会社の最終処理

	日産生命	東邦生命	第百生命	大正生命	千代田生命	協栄生命	東京生命	大和生命
破綻時点	1997年4月	1999年6月	2000年5月	2000年8月	2000年10月	2000年10月	2001年3月	2008年10月
債務超過額	3,222億円	6,500億円	3,200億円	365億円	5,950億円	6,895億円	731億円	643億円
セーフティネットからの援助額	2,000億円	3,600億円	1,450億円	262億円	なし	なし	なし	278億円
新予定利率	2.75%	1.50%	1.00%	1.00%	1.50%	1.75%	2.60%	1.00%
責任準備金削減率	削減なし	10%削減	10%削減	10%削減	10%削減	8%削減	削減なし	10%削減
早期解約控除期間	7年間	8年間	10年間	9年間	10年間	8年間	11年間	9年間
控除率	15～3%削減	15～2%削減	20～2%削減	15～3%削減	20～2%削減	15～2%削減	20～2%削減	20～2%削減
引受会社	あおば生命	GEエジソン生命	マニュライフ・センチュリー生命	あざみ生命	AIGスター生命	ジブラルタ生命	太陽生命大同生命グループ（T&Dグループ）	ジブラルタ生命
出資会社	仏アルテミス	米GEキャピタル	加マニュライフ・ファイナンシャル	大和生命、ソフトバンク・ファイナンス	米AIG	米プルデンシャル	同上	米プルデンシャル

出所）小藤（2001、p. 37）を公表データに基づき一部加筆修正。

れた**契約者保護基金**は日産生命1社の救済にも不十分な役割しか果たせず、**予定利率**引下げや**責任準備金の削減**によって契約者に負担を負わせたことである。そしてそれが前例となり、その後の破綻についてはすべて契約者負担を既成事実としていった。自立する契約者育成を目標の一つとする新保険業法・新政策の意図は理解できるとしても、護送船団体制下にあって会社の比較情報もない時代の契約者に責任の一部を転嫁したことは必ずしも正当とはいえない。なぜならば、消費者・契約者にとって唯一の企業判断基準というべき公表されていたソルベンシー・マージン比率は、破綻の直近までほとんど200%を超えていたからである。

また、セーフティネットが**契約者保護機構**に改められても、2000年8月の大正生命の破綻によって事実上資金が枯渇し、援助できない状態に陥ってしまった。そのためもあって緊急に**更生特例法**として相互会社にも会社更生

コラム ●●●●●●●●●●●●●●●●●●●●●●

忘れてはならない保険金不払い問題と保険料過徴収問題

Ⅰ部の最終章に入る前に読者と一緒に考えてもらいたいことがある。それは2004年秋に発覚し、その後社会問題にまでなったいわゆる「保険金不払い問題」である。このような問題が起こったことは保険研究者としても本当に残念で、講義のために学生の前に立つことさえはばかられたことを思い出す。なぜこのようなことが起こったのか、内部事情を知らない単なる一研究者には明確にはわからない。

しかし、「不払い」や「支払い漏れ」に対して当該会社や生損両保険協会は一様に、「保険の自由化以降、各社が新たな保険を提供し、各種の特約が付加されるようになった結果、保険が複雑すぎてわかりにくくなってしまった」という理由を挙げていた。一研究者として客観的な立場から判断すれば、「一般消費者に対し、専門家である保険会社自身が理解できないような複雑な保険商品は扱うべきではない」と考える。

ところで、不払い問題が発覚し始めたころは、新聞やその他のマスコミでも、「保険金不払い」として大々的に報道していたのに、しだいに「保険金支払い漏れ」という表現が多くなっていったように思う。このような報道に接したとき、筆者は以下のように感じたのである。

「不払い」という場合は、保険会社側に何らかの意図があると推定され、社会的にも非難すべき事柄として金融庁もマスコミも捉えているように感じる。それに対して、「支払い漏れ」と表現される場合には、保険会社側としては「保険金を支払いたい」と考えていたにもかかわらず、「何らかの不可抗力や思いもよらない過失・不注意によって、支払えなかった」というように感じられた。日本語の表現は曖昧で、書き手や報道主体がどのように考えているか明確にはわからない。

その後2006年以降は多くの損保会社が保険料を過徴収していたことが発覚した。そして2008年までに過徴収が判明した会社が20社以上に上ったことも決して忘れてはならない。

●●●●●●●●●●●●●●●●●●●●●●●●●

法を適用し、会社自らの判断で破綻の道を選択する方法がとられた。また、逆ザヤ問題で苦しむ保険会社を救う目的で、上述のように**破綻前予定利率引下げ**も認められることになった。しかしこの方法が現実的であるかどうか、いまだに議論が分かれるところである。

確かに自立する新しい消費者の育成は不可欠であるが、新政策の中でそれを具体的にどのような形で育成するのか必ずしも明確にされていない。また、契約者側に自己責任として破綻責任の一端を負担させるとすれば、経営者側はそれ以上の自己責任を負うのが当然であろう。しかし2008年10月の大和生命の破綻においても経営責任を追及する調査が行われたが、「元役員らの経営状況とその時々の経営判断には種々非難し得る点が認められるものの、刑事上の責任を問うべき非行は認められず、民事上の責任についても…（中略）…、同役員らの責任を追及するには及ばない」[13]という調査結果が公表された。つまり、明確な形で経営陣の責任負担がなされたことはほとんどないのである。

旧法に基づく20世紀の規制・監督は、監督者である国家もチームの一員として機能してきたように思われる。しかし21世紀に保険規制、特に保険監督行政で求められることは、日本人が一般的にイメージする「監督（スポーツなどの監督）」ではなく、市場参加者（プレーヤー）を監視（モニター）し、アウトやセーフ、あるいはサッカーなどで出されるイエローカードやレッドカードを出せる公正かつ公平な審判（レフリー）としての役割なのである。

練習問題

1　国家による保険政策（保険規制）の必要性について詳しく述べなさい。
2　わが国の旧保険業法に基づく保険政策を詳しく説明し、それに対するあなたの考えを述べなさい。
3　新旧保険政策を比較し、特徴と問題点を考えながら、今後の保険政策および保険企業のあるべき姿について考えなさい。

■引用・参考文献

石田重森・庭田範秋編著（2004）『キーワード解説　保険・年金・ファイナンス』東洋経済新報社
石田満著（1986）『保険業法の研究Ⅰ』文真堂
石田満著（1992）『保険業法の研究Ⅱ』文真堂
カーター，R. L. 著、玉田功・高尾厚共訳（1984）『保険経済学序説』千倉書房
鐘ヶ江修（2007）「マイクロインシュアランスの概況と規制の課題について」『損害保険研究』第69巻第3号、損害保険事業総合研究所、pp. 175–203

13　生命保険協会（2009、p. 205）。なお、この経営責任調査委員会は前最高裁判所判事を委員長とするものであったことも記されている。

小藤康夫著（2001）『生保危機の本質』東洋経済新報社
生命保険協会編（2009）『生命保険協会百年史』生命保険協会
損害保険事業総合研究所研究部（2011）『損保総研レポート』第 94 号、損害保険事業総合研究所
損害保険事業総合研究所研究部（2012）『欧米主要国における保険募集・保険金支払に係る規制と実態』損害保険事業総合研究所
田村祐一郎著（1985）『経営者支配と契約者主権』千倉書房
田村祐一郎編（2002）『保険の産業分水嶺』千倉書房
庭田範秋編（1992）『保険経営学』有斐閣
水島一也著（2002）『現代保険経済（第 7 版）』（初版は 1979）千倉書房
安居孝啓編著（2006）『最新保険業法の解説』大成出版社
米山高生著（2012）『リスクと保険の基礎理論』同文舘出版
「日本経済新聞」（2012 年 11 月 14 日付）

6章

保険とその将来展望

〈キーワード〉
保険金不払い問題、モラルハザード、倫理の欠如、情報の非対称性、保険金請求主義、コンプライアンス、法令遵守、コーポレート・ガバナンス、企業統治、CS、顧客満足、給付・反対給付均等の原則、保険の第一原則、アカウンタビリティ、説明責任

1　保険金不払い問題と保険企業のモラルハザード

保険政策の大転換と相次ぐ保険企業の破綻の中で、保険業界は21世紀を迎えた。2001年を完了目標と定めた**日本版金融ビッグバン**の後も、金融自由化や経済のグローバル化はますます進み、規制緩和が繰り返された。それにもかかわらず日本経済は、失われた10年あるいは20年といわれるように[1]、根本的な形で景気回復基調に乗ることはなかった。

そのような状況の中で2004年秋に発覚したのが、ある生命保険会社による**保険金不払い問題**であった[2]。この会社に関しては**告知義務違反**を理由とした解除権の乱用が明らかになり、2005年初旬に監督官庁である金融庁から厳しい処分が下された。しかしその後、金融庁の命令によって調査が進め

1　少なくともバブル経済崩壊以降「失われた20年」（朝日新聞「変転経済」取材班、2009）といわれ、2018年2月現在も年率2％のインフレ目標は達成できていない。2012年に復活した自民党安倍政権下で「三本の矢（金融政策、財政政策、成長戦略）」という新政策（いわゆるアベノミクス）が打ち出され、年率2％の物価上昇を目指すことになった。そして2015年9月には「新三本の矢（強い経済、子育て支援、介護離職ゼロ）」が打ち出され、そのために「一億総活躍社会」を実現し、2020年までにGDP600兆円を達成目標とした。加えて2016年1月末には日銀が日本初のマイナス金利（－0.1％）を2月16日から導入することを決定した。そして2017年10月の解散総選挙で政府与党は圧倒的な勝利をおさめ第三次安倍内閣が発足した。これらが日本経済および保険事業に及ぼす影響を注視する必要がある。

られるにつれて、解除権の乱用以外でもきわめて多くの不払いが発覚し、不払い問題は当該会社に限ったことではないことが明らかになった。つまり、ほぼすべての生命保険会社で同じようなことが行われ、しかも損害保険でも各種の形で全社的に不払いが行われていたことが明らかになったのである。

確かに21世紀になって、ほとんどあらゆる産業分野で企業の不祥事が続発したことは事実である。当時の不祥事で記憶にあるだけでも、原子力発電所の事故隠し、狂牛病（BSE）や鶏インフルエンザの感染隠し、耐震構造偽装、自動車やその他のメーカーの欠陥隠し、企業による粉飾決算と公認会計士によるその黙認、有名料亭や食品にまつわる各種の偽装・改ざんなど、数え上げればきりがない[3]。

このような不祥事が多発するにつれ、その原因を企業による「**倫理の欠如**」としての**モラルハザード**に求める風潮が強くなっていった。つまり、**情報の非対称性**を利用し、相手（消費者）にさえわからなければ、それを利用して自分（自社）に利益誘導を図るのである。相手の無知・不知を利用するところに、経済学的なモラルハザードの意味が残っていると同時に、人間としての倫理観や道徳観に反するという意味が込められているのであろう[4]。

しかし保険金不払い問題で特徴的なことは、生損保を問わずほぼ全社がこれを行っていたことである。なぜこのような保険金不払いが全社的に発生したのか、その原因は必ずしも明らかにされていない。一つには戦後一貫して

2　詳しくは石田（2008、pp. 111–118）「第6章」（田畑担当箇所）を参照。なお、2012年11月にかんぽ生命の10万件約100億円の保険金支払い漏れ（不払い）が発覚している。かんぽ生命については旧日本郵政時代（2003〜2007年）にも約26万7000件、352億円の不払いがあった。しかも本書Ⅰ部2章注4で述べたように、2019年6月には契約募集で新たな問題が発覚し、社会問題となったため、12月27日に金融庁から3ヶ月の契約募集停止命令が出たことも忘れてはならない。

3　2007年の日本を象徴する漢字が「偽」であったが、それを選定した漢字検定協会自体が所得隠し等で翌年処分されている。その後もこのような事件が相次いでいるが、2015年には大規模建設工事に伴う免震偽装や基礎工事における杭打ちデータ改ざん、あるいはドイツの世界的に有名な自動車メーカーによる排ガス偽装問題なども起こっている。そして2017年10月末には、日産やスバルの無資格者による長年の最終完成検査の発覚や、神戸製鋼所の製品データ改ざん問題が発生し、その後も他企業でこれと同種の不祥事が相次いでいる。

4　そこでは、モラルハザードを保険理論本来の「道徳的危険」と訳すのではなく、「倫理の欠如」として一般化されていったことは興味深い。この点についての是非に関しては、田村（2008、pp. 5–39）に詳しい。

とられてきた**護送船団体制**から保険政策が大転換されても、保険業界全体がその変化を十分に認識できなかったのかもしれない。つまり、国家の指示に常に従うだけで十分であった時代が長すぎ、横並び意識で同じ発想しか持ち得ない業界体質から抜け切ることができなかったともいえる。また、自由化による商品開発や価格競争の中で、消費者ニーズに対応するという大義名分によって、商品内容を複雑化し、保険会社の従業員でも内容を十分に理解できないまま販売に踏み切ったことも挙げられる。そのような状態であったならば、募集人や代理店が十分な商品知識を持てなかったことも事実であろう。加えて、保険金請求に対する企業内のチェック体制が不十分であったことなども指摘できる。

しかしここで最も重要なことは、経済学的意味でも保険理論的な意味でも、保険企業としてモラルハザード（**道徳的危険**）を引き起こしたという事実を素直に受け入れることではないだろうか。たとえば、旧保険法時代から続く**保険金請求主義**を当然のこととし、請求権が生じていると容易に推定できる契約についても、請求がなければ放棄したものと見なす風潮が蔓延していたとすれば、それがまさにモラルハザードなのである。

保険は消費者にとって複雑でわかりにくい商品であると、以前から繰り返し指摘されてきた。それにもかかわらず、保険をさらに複雑にすれば消費者に理解できるはずはない。しかも保険金を請求する多くの場合、消費者は緊急かつパニック的な状態に陥っているときでもある。保険金請求時に消費者がこのような状況にあることも保険会社・保険業界は知っていたに違いない。

もしそうであるならば、旧保険業法ならびに旧保険法時代に培われた保険業界における常識について真摯に反省すべきである。それを基に真の消費者意識や消費者主権の考え方を保険会社全体が共有しながら消費者保護の意識を高めることができれば、消費者からの信用もしだいに回復し、保険業界としても新たな展望が開ける可能性もあろう[5]。**CS**（customer satisfaction：**顧客満足**）を高めることなどは、外部からいわれなくても当然のことである。前章

5　田畑・岡村（2011）「第10章」（田畑担当部分）において、保険消費者の概念や消費者主権と保険企業の関係ならびに保険企業の将来像について再検討している。

コラム ●●●●●●●●●●●●●●●●●●●●●●●

保険を取り巻く環境の激変とその対応

少子高齢化や人口減少という変化については、誰でも思い浮かぶであろう。これらが社会保障・社会保険だけでなく、国家財政に与える影響は予想をはるかに超えているかもしれない。しかし人を対象とする生命保険業界においては、これらの変化については織り込み済みであると信じたい。その対応の一つがグローバル化を視野に入れた国外進出や海外企業提携やM&Aであろう。この点については損害保険業界も先行的で、同様な対応が目立つようになっている。

しかしここで重要なことは、保険事業に関する国際規制がますます強化される方向で世界的に動いている点である。本書では国際規制について詳しく述べる余裕はなかったが、読者には強い関心を持っていただきたい。そこで一言だけ付言すれば、国際規制とそのコンプライアンスの重要性であろう。わが国保険規制と国際規制が一致していればよいが、そうとは限らない。その場合、グローバル企業は国際規制を最優先することが不可欠になる。そこでは、かつて全社的に行われた保険金不払い（支払い漏れ）などのモラルハザードは、決して許されない。

この他には、テロや地球温暖化を含めた世界的なリスクの巨大化傾向もある。日本国内の動きとしては2015年10月から導入されたマイナンバー制度や2020年以降の完全実施が銀行や保険会社にも予想外の影響を及ぼすかもしれない。また、技術進歩が与える影響はどうであろうか。ITやICTの発展はハッキングや情報漏洩など負の影響もあるが、AIと自動車技術の発展と相まって完全自動運転車はもはや実現も近い。そのような中で交通事故と賠償問題はどうなるのであろうか。加えていわゆる**フィンテック**（FinTech）とその一部をなす**インシュアテック**（InsurTech）の急速な発展によって、保険業界を含む金融業界全体が大転換期を迎えているという。

この他にも各種の環境変化があるであろう。しかしその変化はみようとしなければみえないし、知ろうとしなければ知らないままで終わってしまう。

●●●●●●●●●●●●●●●●●●●●●●●●●

でも述べた2017年3月に「顧客本位の業務運営に関する原則」が金融庁から示されたのは、保険業界を含む金融業界で必ずしもこの点の大きな改善がなかったことを暗示しているとも考えられる。ただし保険の場合、顧客とは誰を指すのか再検討する必要もあろう。企業が企業として自律的に経営をする**コーポレート・ガバナンス**（**企業統治**）の重要性もいわれて久しい。また、**法令遵守**という**コンプライアンス**も、法治国家であれば、あまりにも当然のことである。法令は守るべき最高限ではなく、最低限であるという認識もこれからの保険企業には不可欠であろう。

以上のようなことを保険業界・保険企業が抱える真の問題点として捉え直し、各企業独自の経営戦略に結び付けることができれば、保険企業によるモラルハザードの問題も、経済学の前提を超えて克服することができる可能性もある。

2　保険の第一原則への回帰の必要性―保険は誰のために存在するのか

I部2章でも述べたように、**保険の第一原則**は「**給付・反対給付均等の原則**」である。この点については筆者が45年以上前の大学時代に保険の入門的科目で庭田教授から教わったことでもある[6]。しかし、その当時も、そして現代でも大部分の保険入門書において、**収支相等の原則**こそが保険の第一原則として述べられているか、最初に紹介されているのが現状である[7]。

収支相等の原則を保険の第一原則とすれば、保険経営が成り立つことが最も重要で、保険契約者・保険消費者・顧客については第二義的とならざるを得ない。そして保険企業が経済学的な意味の企業として存在するならば、利潤追求を第一義的に考えるので、$np=rZ$ よりも $np>rZ$ を望むことになろう。そうであれば、モデル上で考えると、保険料 p を引き上げるか（あるいは契約者にわからないように余分にとるか＝保険料の過徴収[8]）、加入者数 n を増大させるか、あるいは保険事故発生数 r を少なくするか、支払うべき保険金 Z を少なくするしかない。保険の飽和化、長期不況や人口構造の変化（少子高

6　これらの点については庭田（1966、pp. 193-196）、同（1974、pp. 282-285）などにも詳しい。なお、この点については石田（2008、pp. 126-129）で筆者も強く指摘した。

7　中には「収支相等の原則」をもって、保険または保険運営の「必要十分の原則」としている文献もあるが、収支相等の原則を保険の第一原則あるいは最初に紹介している最近の文献があまりにも多いので、ここではあえて例示しない。「給付（・）反対給付均等の原則」を第一原則あるいは最初に説明している文献として、水島(2006)の初版から第8版まですべて、林(2003、pp. 12-16)、大谷（2012、pp. 26-27、同書〔2007、第1版〕からすべて）などを挙げることができる。なお、もはや古典の域に達する文献の中で収支相等の原則を第一原則としているものとして佐波（1951、p. 51、97）がある。逆に「給付反対給付均等の原則こそ保険の本質」としている文献として、西藤（1960、pp. 84-85）を挙げておく。

8　実際、保険料の取りすぎ（過徴収）問題も2008年に明らかになり、2009年に見直された。しかし2015年2月にはデータの入力ミス等で新たに2社が過徴収していたことが明らかになり、金融庁から注意を受けた。

齢化や人口減少）によって加入者数 n の増加が望めず、**競争原理**導入の結果、p の引上げが困難だとすれば、どうするであろうか。

結論は簡単である。r を少なくするか、保険金 Z を減少ないし0にすればいいのである。保険制度内または企業努力で r を少なくできないとすれば、支払うべき保険金を削減するか、支払わないようにすればよいのである。収支相等の原則を第一原則と考えていれば、本来なすべき給付すなわち保険金支払いの約束をおざなりにすることが、理論的には容易に想像できる。多くの保険経営者、従業員が収支相等の原則が保険の第一原則と考えていたとすれば、「保険企業あっての保険」という発想が常識になっていても何ら不思議ではない。

しかし、保険は誰のために存在するのか[9]。いうまでもなく、利用者、消費者、顧客、国民のために存在するのである。この点は、保険事業が公的であるか私的であるかを問わない。利用者を無視・軽視して保険は存在し得ないし、存在価値もない。給付・反対給付均等の原則を第一原則と考えれば、あまりにも明らかなことであろう。また、私的保険事業の中で、その事業者が内国系か外資系かあるいは制度共済系や少額短期保険業者かも一切問わない。保険理論の最も基礎である現代的保険の第一原則が給付・反対給付均等の原則であること、そして前者の「給付」が保険金を指し、その対価として保険料を支払うことをここで再確認し、保険事業者全体がこの第一原則に回帰していくことがきわめて重要であろう。そうすれば、現在、私的保険事業で注目されているキーワード、**CS**や**コンプライアンス**、**コーポレート・ガバナンス**、情報開示（**ディスクロージャー**）あるいは**アカウンタビリティ**（**説明責任**）の問題解決にもつながるであろう。

保険事業の規制緩和と競争激化の中で、わが国の保険企業・保険業界は保険の第一原則を誤解し、軽視あるいは無視してきたといわざるを得ない。それが全社的に発生した不払い問題、そして保険料取りすぎ（過徴収）問題に

9　このような発想による文献が筆者の論考（石田　2008〔9月〕、pp. 127–128）とほぼ同時期に出版されている。詳しくは出口（2008：ちなみに出版は11月）を参照されたい。なお同出口（2009）でも収支相等の原則は述べられているが（p. 23）、給付・反対給付均等の原則については述べられていない。

もつながったともいえる。**自由放任**を主張した経済学の祖アダム・スミスの「見えざる手（invisible hand）に導かれて」[10]という言葉はあまりにも有名であるが、この点についてスミスは「正義の法をおかさない限り」[11]という前提条件を付けていたことを忘れてはならない。

国民の所得増加が期待できず、消費者・国民の人口が減少すれば、国内市場を中心とするあらゆる産業はそのままでは衰退せざるを得ないであろう。21世紀のわが国保険市場は、まさにそのような状況にある。しかし各保険企業・保険業界の不断の努力と革新によっては保険市場が活性化する可能性もあり、その中で保険政策が相互関連を持ちながら自立する消費者が育っていけば、その事実と成果によって保険理論的にも新たな展開の可能性が出てくるであろう。

上述のような考え方に基づく保険業界全体の動きを、東日本大震災直後からの対応からみてとることもできる。損害保険業界では損害保険協会が先頭に立って震災直後から「そんがいほけん相談室」を設け、一刻も早い状況把握、親身の問い合わせ対応、迅速な保険金の支払いを表明した。また、生命保険協会でも地震による免責条項等の適用除外、保険金支払いに関する必要書類の一部省略など、素早い対応を行っている[12]。しかも生損保各社は、他の一般の保険分野でも、保険金請求があった場合、請求漏れがないかどうか精査し、必要と思われる場合には保険金請求勧奨まで行うように変化してきている。2016年4月に発生した熊本地震でも、きわめて迅速に同様な対応が取られたという。このような対応が単に不払い問題によって失った信用回復の手段としてではなく、「保険は誰のために存在するのか」を再認識した結果であるとするならば、人口減少時代にあっても保険業界の未来は決して暗いものではないであろう[13]。

10　スミス（2007、下巻 p.31）。ちなみに「見えざる手」という言葉は上下巻の中でこのページに用いられているだけのようである。

11　スミス（2007、下巻 p.277）。

12　東日本大震災直後からの保険業界の対応については、「東日本大震災特集」編集委員会（2012）がきわめて詳しい。

13　人口減少と保険事業の関係については田畑・岡村（2011）全体で多面的な検討が行われている。

加えて、ここ数年で大幅に増大している生損両保険業界の海外進出とその活躍は、国内市場の深耕策と合わせて実施されれば、さらなるシナジー効果を生む可能性もある。実際2016年以降保険会社の海外進出や海外保険会社の買収や提携には目を見はるものがある。これは大手保険企業だけに当てはまることではない。中小会社もその独自性と特徴を発揮すれば、さらなる発展も期待できる。

しかしここで注目すべきことは、保険業界の監督機関でもある金融庁が2016年9月に策定した「保険会社向けの総合的な監督指針」と、2017年3月末に公表した「顧客本位の業務運営に関する原則」である。詳しいことは公表資料に譲るが[14]、保険監督にあたっての基本的考え方として(1)検査部局との適切根連携、(2)保険会社との十分な意思疎通の確保、(3)保険会社の自主的な努力の尊重、(4)効率的・効果的な監督事務の確保の4つが挙げられている。そして後者の「顧客本位の業務運営に関する原則」を以下の7つにまとめ、その原則に従って具体的にどのような業務改善や業務運営を行ったか、保険事業者に公表するよう求めている。「顧客本位の業務運営に関する原則」とは、1．顧客本位の業務運営に関する方針の策定・公表、2．顧客の最善の利益の追求、3．利益相反の適切な管理、4．手数料等の明確化、5．重要な情報のわかりやすい提供、6．顧客にふさわしいサービスの提供、7．従業員に対する適切な動機づけの枠組み等の整備、である。

そして2018年2月には同一タイトルで新たに「保険会社向けの総合的な監督指針」を公表した。しかしそこに書かれている基本的考え方は2016年に示された4つと全く同じである。ただし、監督上の評価項目を見ると、1）経営管理、2）財務の健全性、3）統合的リスク管理態勢、4）業務の適切性、5）その他として企業の社会的責任（CSR）や報酬体系などが挙げられている。

これらの内容を見ると、1996年の保険業法大改正で大きく転換された国家のレフリーとしての役割をさらに進め、保険会社の自主性に基づく自由で

14　金融庁（2016）、金融庁（2017、pp. 1–6）。なお金融庁（2018）は上述の他に2019年6月にも同指針の一部改定（案）を提出したが、上述した部分に関する大きな変更はなかった。

公正な業務運営を求める姿勢を示した大きな政策変更といえる。この新政策が保険事業を含めた金融システム全体およびその利用者・消費者にどのような影響を与えるか、今後も注視していく必要がある。

この政策転換は表面的には国家による監督強化に見えるが、モニターとしての監視者の立場をさらに明確した上で、保険会社の自主性尊重と自己責任の時代になることを意味しているのである。自由と自己責任はリスクとしての危険認識の必然性につながることは本書I部1章1節で詳しく述べたが、今後は保険会社自身があらゆるリスクにいかに対処し発展しうるか、それが試される時代になるであろう。自由とはきわめて素晴らしいものである同時に、きわめて厳しいものであることも決して忘れてはならない。

練習問題

1　保険金の不払い問題や損保業界で発生した保険料過徴収問題を含め、保険企業によるモラルハザードについて考え、その後に策定された「保険業界向けの監督指針」なども踏まえながら今後どうあるべきか、あなたの意見を述べなさい。

2　保険の第一原則について再確認しながら、保険は誰のためにあるのか、また、今後どのようにあるべきか、東日本大震災や熊本地震以後の保険業界の対応その他も踏まえ、あなたの考えをできるだけ具体的に述べなさい。

3　金融庁による「保険会社向けの総合的な監督指針」を踏まえ、保険会社が今後どうあるべきか、できるだけ具体的に述べなさい。

■引用・参考文献

朝日新聞「変転経済」取材班編（2009）『失われた〈20年〉』岩波書店
石田重森編著（2008）『保険学のフロンティア』慶應義塾大学出版会
大谷孝一編著（2012）『保険論（第3版）』成文堂
西藤雅夫著（1960）『保険の経済理論』法律文化社
佐波宣平著（1951）『保険学講案』有斐閣
スミス，A. 著、山岡洋一訳（2007）『国富論（上・下）』日本経済新聞出版社
田畑康人・岡村国和編著（2011）『人口減少時代の保険業』慶應義塾大学出版会
田村祐一郎著（2008）『モラル・ハザードは倫理崩壊か』千倉書房
出口治明著（2008）『生命保険はだれのものか』ダイヤモンド社

出口治明著（2009）『生命保険入門（新版）』岩波書店
庭田範秋著（1966）『保険理論の展開』有斐閣
庭田範秋著（1974）『現代保険の課題と展望』慶應通信
林裕著（2003）『家計保険と消費者意識』税務経理協会
「東日本大震災特集」編集委員会編（2012）『保険業界の闘い―東日本大震災特集』保険毎日新聞社
水島一也著（2006）『現代保険経済（第8版）』（初版は1979）千倉書房
金融庁（2016）「保険会社向けの総合的な監督指針」（https://www.fsa.go.jp/common/law/guide/ins/01.html）
金融庁（2017）「顧客本位の業務運営に関する原則」（https://www.fsa.go.jp/news/28/20170330-1/02.pdf）
金融庁（2018）「保険会社向けの総合的な監督指針」（https://www.fsa.go.jp/common/law/guide/ins/01.html）

II部

経済社会と保険経営

1章

保険の経営体と現代的対応

〈キーワード〉
保険企業間形態の類似の原則、ロイズ、ネーム、アンダーライター、シンジケート、保険引受団体、相互保険組合、協同組合保険、少額短期保険業者、認可特定保険業者、株式会社、相互会社、追補義務、保険金削減条項、脱相互化、コーポレート・ガバナンス、利益相反、実費主義、無認可共済、キャプティブ

1　保険の経営体の諸形態

保険業の経営形態は、国によって若干の相違はあるが、およそ図表Ⅱ－1－1のように分類される。企業形態や経営組織は、それぞれの歴史的背景や経営理念が反映されているため、違いがあるものの、制度・経営の安定化のために保険技術の基礎にある「**大数の法則**（law of large numbers）」を発揮さ

図表Ⅱ－1－1　保険業の経営形態

- 保険業の経営形態
  - 私営保険
    - 個人・特定法人（ロイズ）
    - 組合（相互保険組合、制度共済、企業内共済など）
    - 会社
      - 株式会社（商法準拠の営利法人）
      - 相互会社（業法準拠の非営利法人）
      - 少額短期保険業者（登録制）
      - 認可特定保険業者（認可制）
      - キャプティブ
  - 国・公営保険
    - 官庁
      - 地方自治体（共済）
      - 国家機関（公的保険）
    - 法人企業

出所）庭田（1970、p. 244）を一部修正して筆者作成。

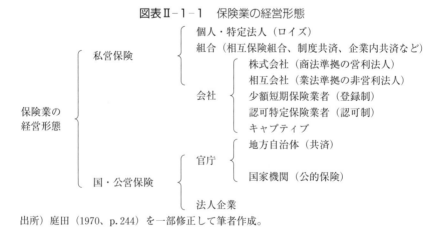

せなければならないことに変わりはない。このため、営利・非営利を問わず保険・共済はともに潜在的に経営拡大志向を持っており、社会保険といえどもその例外ではない。その結果、私営保険（私的保険）はこの経営規模の拡大志向が強まるにつれて企業形態間の特色が薄れ、相互に似通ってくる「**保険企業間形態の類似の原則**」[1]が働きだす。

2　私営保険

1）個人保険業者　ロイズ

Ⅰ部3章にも記されているように、**ロイズ**（Lloyd's of London）の歴史は古い。現在のロイズは、イギリスのロイズ法（Lloyd's Act 1982）に基づき、ロイズ評議会（Council of Lloyd's）によって統治される特殊法人である[2]。ロイズは伝統的に**ネーム**（name）と呼ばれる個人のメンバー（**個人保険業者**）で構成される集合体で、保険の引受については無限責任を負っていたが、現在では有限責任の法人メンバーが中心になっている[3]。また古くからメンバーは保険を引き受けるときに保険証券の下に自署したため、**アンダーライター**（underwriter）と呼ばれている。しかし、個々のアンダーライターは直接には保険取引を行わず、アクティブアンダーライターあるいはリーディングアンダーライターが大小のグループすなわち**シンジケート**（syndicate：**保険引受団体**）を形成してそこに出資し、ロイズ公認のブローカー（Lloyd's Broker）が申し込んできた保険を共同で引き受け、その出資割合に応じて責任を負う仕組みになっている。このシンジケートはマネージング・エージェント（managing agent）が運営・管理する[4]。また、保険を引き受ける場所をアンダーライティング・ルーム（underwriting room）といい、公認ブローカーとアンダーライタ

1　庭田（1979、p. 207）。
2　松岡（2009）を参照されたい。
3　2003年3月6日以降、新規の無限責任個人メンバーの受入れは停止されている（松岡　2009、p. 54）。
4　Lloyd's Annual Report 2018によれば、2018年末現在でシンジケート84、マネージングエージェント55、ブローカー303、であった（p. 10）。

ーしか立ち入ることを許されず、顧客は入室できないことになっている。しかし、現在ではルーム以外にもチャネルが開かれるようになった。なお、今日のロイズはその特徴であった無限責任を負う個人メンバーはほとんどいなくなって有限責任の法人が中心になっており[5]、一般の保険会社や再保険会社と大きく異なる存在ではなくなりつつある。

2）組合組織

組合組織とは、私的組合が経営主体となって保険事業を営む形態の総称である。**相互保険組合**とは、地域や職域に限定された比較的少数の組合員が相互に保険を行う組合のことであり、協同組合などの団体組織が共同事業として行う共済事業（**協同組合保険**）も含まれる。相互保険組合は規模が小さく範囲も限定されていたため、近代保険の保険技術、財務原則などを満たすことがしだいに困難になり、その多くは衰退していった。現在では船主のための日本船主責任相互保険組合や小型船舶相互保険組合などの他、公営保険としての健康保険組合などがある。

共済は、一定の目的を共有する個人や中小企業などが集まって協同組合を設立し[6]、その趣旨を盛り込んで保険事業を営む形態であり、契約者は特定少数（もしくは特定多数）である。事業ごとにそれぞれ特別法で定義されるような規模の大きな共済を根拠法に基づく共済または**制度共済**といい、根拠法のないいわゆる小規模の共済を**無認可共済**（ただし、違法ではない）という。

なお、根拠法に基づく共済は、現在では新保険法により保険と同様に取り扱われるようになっている[7]。代表的な共済としてはJA共済（農業協同組合）、全労済（全国労働者共済生活協同組合連合会）、都道府県民共済（全国生活協同組合

5　Lloyd's Annual Report 2014によれば、個人メンバーは全体の約11％（うち無限責任個人メンバーは2％）にすぎず、38％は外国保険業者、47％は英国国内法人メンバーであった。なお2016年現在において、全メンバー数2046のうち、個人は288であった。現在は非公表。

6　1921年、賀川豊彦（神戸消費組合：神戸生協）、那須善治（灘購買組合：灘生協）を嚆矢とし、同年には道家斉、佐藤寛次が「協同組合による保険経営の思想」を明確に打ち出していた。日本共済協会（2015、pp. 34–36）。なお、2016年にドイツ政府の申請により、日本を含む世界の協同組合に対し「協同組合の思想と実践」が国連・ユネスコの無形文化遺産に登録された。共済総研レポートNo.152（2017、56頁）。

7　新保険法第2条1号。

連合会)、CO・OP共済（日本生活協同組合連合会）などがある。これらは協同組合法に基づいて運営される非営利の相互扶助の保険であるとされ、戦後から高度成長期までは民間保険のアウトサイダーとしての拮抗力を保ってきた。しかし、自由化以降は規模の肥大化につれてそうした拮抗力も徐々に薄れ、2010年4月の保険法施行の下では保険と同様に取り扱われるようになり、実態的には営利保険と大きな差異は認識されにくくなっている[8]。

3）会社組織

日本の保険監督法である保険業法は、保険事業体を**株式会社**[9]または**相互会社**に限定している。相互会社は保険業にのみ認められた企業形態であり、他業にはみられない。株式会社と相互会社の基本的な相違は、図表Ⅱ－1－2に示される通りである。相互会社は法的には非営利組織体であるが、剰余金や基礎利益の増加すなわち収益性を追求しており、創設当時はともかく、現在においては株式会社と大きな違いはみられなくなっている。

図表Ⅱ－1－3（表中、新保険業法とあるのは1995年改正後の保険業法であり、旧法とあるのはそれ以前のものである）について、特に注意すべきは**保険金削減**の条項（旧第46条）の削除と剰余金の内部留保（**保険業法施行規則**第29条）の改定である。前者は相互会社の根幹をなす部分であったので、削除されたことにより大きく後退したと見なされた。その後2003年の改正で予定利率の引下げが可能になったため、実質的には保険金額削減効果を生み、旧法が事実上復活した形になった。後者については、高度成長期には剰余金の90%以上が契約者に社員配当されていたが、それが80%以上とされ、さらにこの改正によって20%以上、つまり最大80%未満が内部留保可能になった。これにより、逆ザヤの補填に大きな道が開かれたものの、実際にはバブル崩壊以降

8　ただし、民間保険会社では本体での生命保険、損害保険の兼営（第三分野保険を除く）が禁止（保険業法第3条3項）されているのに対し、共済は保険業法に縛られないため、生命共済や火災共済などが同時に販売できるところが大きく異なる。

9　現行会社法上の株式会社（会社法第2条1号）であって営利を目的とする社団法人。ただし外国の法令に準拠して設立された法人その他の外国の団体であって、会社と同種のものまたは会社に類似する外国会社を含む。

図表Ⅱ-1-2　株式会社と相互会社の比較

	株式会社	相互会社
目的	利潤追求	相互保険
設立法規	商法（会社法）	保険業法
法的性格	営利法人	非営利（中間）法人
保険関係	営利保険	相互保険（非営利保険）
構成員	社員（＝株主）	社員（＝保険契約者）
意思決定機関	株主総会	社員総代会
議決権	一株一票	一人一票
資金	資本金	基金
担保力	資本金と剰余金	基金、のちに剰余金
保険料	契約時（前払確定主義）	事後精算（有配当保険）
損益と責任	株主に帰属（株式配当） 有限責任	社員に帰属（契約者配当） 無限責任（有限責任に変更）
商品特性	短期の無配当保険	長期の有配当保険

出所）庭田（1989、p. 55、p. 140）等に基づいて筆者作成。

図表Ⅱ-1-3　相互会社の理念と現実

	理念型もしくは旧法	現実（新保険業法）
経営のあり方	社員自治	経営者支配
実費総額の相互分担制	追補義務あり	追補義務なし（旧第 31 条削除）
保険金削減（旧第 46 条）	あり	なし（旧第 46 条削除）
追補義務（保険料の追加負担）	あり（無限責任）	なし。**安全割増**を含んだ前払い保険料を限度とする有限責任に変更
剰余金	契約者に配当	内部留保・契約者配当
剰余金の内部留保（第 58 条、施行規則第 29 条）	90%以上を社員配当	20% 以上を社員配当[注] 80% 未満を内部留保可
目的（消費者側）	相互扶助	相互会社との取引の対価としての保障
目的（企業側）	相互扶助	実態として収益追求
取締役の責任追及における代表訴権（第 51 条）	3 /100	社員の単独権（株式会社と同様）
社員総（代）会	社員自治が行われる	開催が難しい（形骸化）
組織変更	相互会社化のみ可能	株式会社化も可能（1995 年改正）
組織拡大化	大型化	大型化志向強化

注）保険業法施行規則第 29 条の改正（2002 年 3 月）により、社員配当割合の下限が 20% に引き下げられたため、剰余金のうち、80% を上限として配当に回さないで内部留保（主として逆ザヤの補塡）し、経営強化を図ることが可能になった。
出所）堀田・岡村・石田（2006、p. 207）「第 8 章」（岡村担当箇所）。

コラム ●●●●●●●●●●●●●●●●●●●●●●●●●

保険相互会社の契約者は経営者をコントロールできるか？

保険会社の構成員を「社員」という。この「社員」は、いわゆる「会社員（従業員）」ではなくて会社の「所有者」のことである。したがって、保険株式会社の「社員」は「株主」であり、保険相互会社では「契約者」ということになる。

さて、この社員が保険会社の経営をコントロールするにはどうしたらよいか。ハーシュマン（Hirshmann 1970）はこれを「発言と退出（voice and exit）」という方法を使って有効に行えると主張した。つまり、株主総会でまず発言し、それでダメなら退出するのである。この場合の退出は自分が所有している株を売却するという意味である。確かに株主総会での議決権は1株1票であるため大株主には発言力がある。そして小株主でも自分の株を売却すればそれなりに経営者に圧力をかけることができるであろう。しかしこれは契約者が株主であることが大前提になっている。

では相互会社でも可能であろうか。相互会社の場合にはまず1人1票である上、社員総代にならないと社員総代会での発言力はほとんど生じない。さらに退出しようにも契約を解約すると解約控除で不利になるし、健康状態によっては他の会社に加入できる保証もなく、結局は諦めるか解約するかの選択が残るだけである。つまり相互会社の契約者は株式会社と同じことはできないのである。

●●●●●●●●●●●●●●●●●●●●●●●●●●

に契約した契約者からの相対的に高い保険料による内部補塡（内部補助）で埋められている。

保険の自由化以降、日本でも相互会社の**株式会社化**（demutualization：**脱相互化**）が進んでいる[10]。このような状況の背景について簡単に整理すると、以下のようになろう[11]。①業際競争、業界内競争の激化による資金調達の必要性。②グローバルレベルでの保険・銀行などの業態をクロスした成長競争、あるいは生命保険・損害保険の保険グループ化のための急速なM&Aの資金調達。③海外進出や積極的かつ多面的な戦略のための企業体質の柔軟化など、主として資金調達や経営の柔軟性の強化やM&A戦略からの要請。さらには

10　経営破綻した保険相互会社はすべて株式会社が救済・継承している。この他、大同生命保険（2002年）、太陽生命保険（2003年）、共栄火災海上保険（2003年）、三井生命保険（2004年）、第一生命保険（2010年）がそれぞれ株式会社化した。

11　田中（2002、p. 13以下）、古瀬（1989、p. 181以下）、庭田（1992、p. 26以下）。

④世界的金融状況の悪化から生じた資産運用収益の減少から有配当保険における逆ザヤ問題が経営を圧迫しているため、短期・無配当保険に比重をかけた戦略的転換。⑤**コーポレート・ガバナンス**についても、経営者支配が強い相互会社より株式会社の方が透明性が高いこと[12]、などが挙げられる。

他方、株式会社（化）のデメリットとしては以下の4点が挙げられる。

①**剰余金**や**基礎利益**の帰属をめぐって、保険契約者と株主が利害対立することが第1に挙げられる。株主が存在せず契約者と所有者が同一人である相互会社においては、こうした**利益相反**は完全に回避される。②組織変更に伴い、株式が配分される契約者とそうでない契約者との間で格差が生ずることがある。特に株式が配分されない契約者は移行後の経営について参加する権利が閉ざされてしまうことになる。③個々の契約者持分の配分の困難性や組織変更に伴うコストの問題など、簡単には解決しない問題が多い。④株式化することでM&Aの対象になる可能性が生じる。

生命保険株式会社が平準化された保険料率を長期間固定することは、不確実要素を増大させることになるので、企業形態になじみにくい。株主は、一般に短期利益を志向するからである。仮に計算基礎を保守的にして安全割増を大きくしたとしても、契約期間が長くなるほど保険料の過払い分を事後的に精算・補正する仕組みが必要になる。株主が短期的な収益を要求する株式会社にとっては短期で無配当の保険が、契約者が長期で安定した保険を要求する相互会社では長期の有配当保険が、それぞれ経営体と商品の性格が適合しているといえる[13]。

保険会社の形態についてはその有利性についてさまざまな角度から研究されているが、総じていえることは、現在の株式会社への組織変更の流れはグローバルな経済環境変化への対応策であるといえよう。その場合のキー概念

12　これまで、相互会社の独立性を問われる閉鎖的な総代選定や総代会運営への批判があったが、金融庁も総代選出手続きと総代会運営の改善を指導しており、相互会社は保険に通じた学識経験者や一般契約者を総代候補とし、総代会の議事録等を公表するなど、徐々に開かれた総代会になっている。

13　Smith & Stutzer（1990）。相互会社と株式会社が市場で共存しているのは、配当の有無に加え、保険契約者のリスク選好をめぐる製品差別化現象であるとの指摘がある。茶野（2002）。なお、Ⅱ部4章の図表Ⅱ－4－7も合わせて参照されたい。

は収益性と効率性である。他方、組織理念や組織目標に目を転じると、相互会社の理念はできるだけ安価な**実費主義**で契約者に長期保険を提供することであり、不確実な要素をはらむ長期的な保険契約を事後的に補正できる契約者配当と平準保険料方式は、保険の仕組みの中でも特筆すべき叡智に基づく仕組みであるといえる。さらに環境による違いはあるが、欧米などでは健康保険や損害保険については相互会社の方が運営コストなど効率的な場合があるともいわれており、生命保険ではあまり顕著な差がないともいわれているようである[14]。欧米の生命保険業界では上位企業はすべて株式会社または株式会社化を完了しているが、日本では相互会社が上位にランクインしている。

4）少額短期保険業者と認可特定保険業者

無認可共済の移行・廃止に伴い、保険業法上の保険業の中に、一定事業規模の範囲内で少額かつ短期の保険の引受のみを行う**少額短期保険業者**を新たに加えた[15]。少額短期保険業の業務内容については、保険契約者等の保護の観点から、事業開始に当たって一定の保証金の供託や、資産運用規制、保険募集登録制度、情報開示などについて保険会社と基本的に同じ規制・制限が適用される。最低資本金等は1000万円、年間収受保険料は50億円以下（超える場合は、保険会社の免許取得が必要）、保険期間は損害保険2年、生命保険・第三分野保険1年、保険金額の総額は1000万円（一人の被保険者について、保険金額の範囲が80万円から1000万円かつ総額1000万円）以下であることなどの制限がある。

ところで、根拠法のない共済には「任意団体による共済」と「公益法人による共済」とがあった（その他には企業内共済[16]などがある）。前者は2008年度

14 「相互会社が一方的に減っていくということが歴史的必然であるという証拠は見いだせない。」（田中　2002、p. 38）。

15 金融庁「少額短期保険業者登録一監」によると、少額短期保険業者は、2019年8月30日現在で102社（うち株式100、相互0、NPO 1、共済1）あり、生損の兼営が可能である。移行時の経過措置による特定保険業者（無認可共済）は、2008年度末までに移行しない場合、原則として2009年度末で共済の管理を終了したが、一部は経過措置として当分の間継続することができた。

16 保険業法で規制対象外となっている「列挙された共済」には企業内共済の他に労組内共済、キャプティブ、PTA共済、町内会共済などがある。日本少額短期保険協会（2017)。

図表Ⅱ－1－4　保険会社・制度共済・少額短期保険業者・認可特定保険業者の比較

	保険会社	制度共済	少額短期保険業者	認可特定保険業者
保障の対象	不特定者	特定者	不特定者	特定者
監督官庁	金融庁	各省庁	金融庁	公益法人は旧主務官庁その他は金融庁
根拠法	保険業法	各法	保険業法	保険業法
組織形態	株式・相互会社	協同組合	株式、相互、NPO、共済など注)	一般財団・社団法人 公益財団・社団法人
資格	生・損保免許	共済規程承認	登録	認可
募集人登録	必要	必要	必要	不要
責任準備金	あり	あり	あり	保険料積立金など
情報開示	義務	義務	あり	なし
セーフティネット	対象	対象外	対象外	対象外
資本金	10億円	なし	1000万円	純資産1000万円

注）2006年4月の改正保険業法施行時に特定保険業を行っていた法人（NPO含む）は株式会社または相互会社に限らなくても可という経過措置がある。
出所）金融庁「少額短期保険業制度について―移行期間終了に伴う注意点など」、「公益法人が行う保険（共済）事業について―保険業法との関係」、日本少額短期保険協会（2015）などに基づいて筆者作成。

までに①②③を選択して少額短期保険業者に、また、後者は2013年度までに④⑤⑥を選択して**認可特定保険業者**に制度移行することになった[17]。今後は両者ともに保険業法の対象になる。

①保険会社もしくは少額短期保険業者になる。

②保険会社もしくは他の共済に事業譲渡する。

③規模を1000人以下に縮小する。

④公益財団法人・公益社団法人になる（税制優遇はあるが、規制が強い）。

⑤一般財団・一般社団法人になる（税制優遇は少ないが、規制が緩い）。

⑥通常の一般会社になる。

なお、④の公益財団法人は、不特定かつ多数の者の利益の増進に寄与する

17　稲垣（2010、p. 2）。また公益法人（特例民法法人）の事業種別のべ法人数2万360のうち、共済・補償などの事業は876（全体の4.3%）である。内閣府（2010、p. 18）。2019年10月7日現在7法人である。

法定23種の事業（非営利）を行う事業が全体の50%以上占めなければならないという、厳しい制約がかかっている。

そもそも無認可共済は違法組織ではなく、根拠法が存在しないために保険と同等の行為を行っても規制・監督することができなかったため、詐欺的行為などを行う事業者から消費者を保護するための措置であった。しかし、問題がなかった共済もすべて括って保険業法の下に置くことにより、これまで非営利の共済としてその組織設立の理念と相互扶助の理念に基づいていた共済までが営利保険業化されてしまい、共済本来の経営理念が希薄化するのではないかという危惧が生じている。

ところで、本来の保険会社とは異なるが、企業保険市場の変動に対応するための代替手段として1980年代から登場した**キャプティブ**（captive）保険会社（あるいは単にキャプティブ）について触れておきたい[18]。

キャプティブとは、一般の企業（企業グループ）が自社（自社グループ）のリスクを専門に引き受けるための子会社（SPC：Special Purpose Company：特別目的会社）として設立した特殊な形態の会社のことであり、自家保険会社ともいわれる。通常、キャプティブ・ドミサイル（captive domicile）と呼ばれる、キャプティブを積極的に誘致する国・地域（たとえば、英領バミューダや英領ケイマン諸島などの租税回避地域など）に設立される。単一の企業・企業グループによって設立されるものを**ピュア・キャプティブ**（pure captive）、資本関係のない集団により設立されるものを**アソシエーション・キャプティブ**（association captive）、他のキャプティブの一部を借り受けているものを**レンタ・キャプティブ**（rent a captive あるいは**保護セル**）という。リスクの管理が十分にできる場合には保険よりもコストが安いため、急速に増加しており、2017年度には世界で6647のキャプティブが設立されている[19]。

18　日本のキャプティブは、法律により海外直接付保が禁じられているため、「フロンティング・カンパニー（日本国内での営業免許を持つ保険会社）」を通じて海外に出再しなければならないことになっている。このため、ART（Alternative Risk Transfer：代替的リスク移転）からみると、キャプティブは「リスク保有（ARTに含まれない）」なのか「リスク移転（ARTに含まれる）」なのかで意見が分かれることがある。

3　公営保険

公営保険の事業形態は、国家自らが保険事業を経営する場合と、地方自治体などが経営主体となって保険事業を経営する場合とがあり、広く公的保険ともいわれている。前者は厚生年金や国民年金などの公的年金、労働者災害補償保険等の社会保険・**社会政策保険**、森林保険や**貿易保険**等の**産業保険・経済政策保険**が挙げられる。後者は国家が直接保険を経営せず、保険の全般的な制度や組織を法令で規定して費用の一部負担や補助、再保険などを行い、経営は公的な各種保険組合や共済組合が担当している。

公営保険はその社会政策的根拠、経済政策的根拠のいずれにしても重要な領域である。公的年金やかつての**簡易保険**（industrial insurance）[20]もそうであるが、保険を通じて蓄積された膨大な資金が財政投融資を通じて国民経済の牽引的役割を果たしてきたことも重要である。

練習問題

1　株式会社と相互会社という保険会社の企業形態とそれぞれが取り扱う保険商品特性の関係について説明しなさい。説明に当たって、「保険期間」や「契約者配当」の観点を含めて説明すること。
2　株式会社における契約者と株主の「利益相反」とは何かを説明し、利益相反を回避する方法についてあなたの考えを述べなさい。
3　相互会社が組織変更し、株式会社化しようとする理由について述べなさい。

■引用・参考文献

稲垣信博（2010）「共済事業を運営する公益法人に迫る 2 大規制」『NRI knowledge Insight（10 年春特別号）』Vol. 19
亀井克之（2006）「フランスにおける保険マーケティングの新展開―CSR（企業

19　キャプティブはアメリカでは特殊な形態の保険会社として認識されているが、日本では保険法上は「保険」であっても保険業法上の「保険会社」ではない。SOMPO 未来研究所（2019、p. 15）。なお、Ⅲ部 1 章でも述べられている。
20　株式会社かんぽ生命の前身である簡易保険も、労働者を対象とする産業保険でありかつ国家が経営する私保険であった。

の社会的責任）と製品安全マネジメントに関する一考察」『損害保険研究』第68巻第1号、損害保険事業総合研究所、pp. 1-47
木村栄一著（1985）『ロイズ・オブ・ロンドン』日本経済新聞社
JA共済総合研究所（2017. 8）『共済総研レポート』No. 152
久保英也著（2003）『生命保険ダイナミクス』財経詳報社
損害保険事業総合研究所（2008）『損保総研レポート』第85号
III 米国保険情報協会・損保ジャパン日本興亜綜合研究所（現SOMPO未来研究所株式会社）訳『インシュアテンス　ファクトブック』（各年度版）
田中周二編（2002）『生保の株式会社化』東洋経済新報社
茶野努著（2002）『予定利率引下げ問題と生保業の将来』東洋経済新報社
内閣府（2010）『特例民法法人白書（平成22年度）』
日本少額短期保険協会『少額短期保険ガイドブック』（各年度版）
日本共済協会『日本の共済事業ファクトブック』（各年度版）
庭田範秋著（1970）『保険経営論』有斐閣
庭田範秋編著（1989）『保険学』成文堂
庭田範秋編著（1992）『保険経営学』有斐閣
古瀬政敏著（1989）『アメリカ生保会社の新経営戦略』東洋経済新報社
堀田一吉・岡村国和・石田成則編著（2006）『保険進化と保険事業』慶應義塾大学出版会
松岡順（2009）「現代のロイズ―ロイズの組織とその仕組み」『損保総研レポート』第90号、損害保険事業総合研究所、pp. 51-80
Hirshmann, A. O.（1970）*Exit, Voice and Loyalty: Responses to Decline in Firms, Organizations and States*.（三浦隆之訳〔1975〕『組織社会の論理構造』ミネルヴァ書房）
Smith, B. D. & Stutzer, M.（1990）Advers Selection, Aggregate Uncertainty, and the Role of Mutual Insurance Contracts, *Journal of Business*, Vol. 63, pp. 493-511.
金融庁「公益法人が行う保険（共済）事業について～保険業法との関係～」（http://www.fsa.go.jp/ordinary/ins_koueki/index.html）
金融庁「少額短期保険業制度について―移行期間終了に伴う注意点など」（http://www.fsa.go.jp/ordinary/syougaku/index.html）
金融庁「特定保険業者に関する移行期間終了に伴う監督上の留意事項について」（http://www.fsa.go.jp/news/19/hoken/20080307-3.html）
Lloyd's Annual Report 2014（http://www.lloyds.com/annual_report2014）
Lloyd's Annual Report 2016（http://www.lloyds.com/annual_report2016）

2章

環境変化と経営戦略

〈キーワード〉
アンゾフ、ポーター、ファイブフォース、バリューチェーン、ブルー・オーシャン、組織は戦略に従う、経験効果、プロダクトライフサイクル理論、コア・コンピタンス、資源依存型経営戦略、成長ベクトル、市場浸透戦略、新市場開拓戦略、多角化戦略、IAIS、ICP、IAIIs、G-SIIs、ニッチ市場（会社）

1　経営戦略の変遷と特徴

経営戦略とは、企業が将来こうありたい、こうなりたいと描く理想の状態に向かう方法論と捉えることができる。そこでまず一般論として、アメリカを中心とする1950年代から2000年代にかけての主な経営戦略の変遷について概略を追ってみよう（図表Ⅱ－2－1）。

1960年代は、アメリカの経営学者**アンゾフ**（Ansoff, H. I.）を中心とする企業経営の**多角化**がアメリカの経営戦略の主要なテーマであった[1]。その後70年代になるとアメリカ経済は景気停滞とインフレに陥り、多角化し肥大化した事業体をどう管理するかが大企業の共通した課題になった。そこで事業体への投資に明快な解を導くためのプロダクト・ポートフォリオ・マネジメン

1　アンゾフは意思決定を戦略（商品と市場に重点を置く）、管理（組織編制および資源分配）、運用（予算編成および直接管理）に分類している。また、チャンドラー（Chandler〔1962、有賀訳2004〕）は、企業経営史の研究を通じて戦略と組織の関連には段階的な発展があるとし、企業の戦略プロセスを、①量的拡大（管理部門の重要性）、②地理的拡散（地域ごとの組織いわゆるグローバル化）、③垂直統合（開発や生産等の垂直職能を統合化することによる職能制組織の生成）、④製品多角化（事業部制組織、新市場新商品）の4段階に分類した。そして戦略のプロセスの違いに応じて組織構造が変わって行くという現象から「組織は戦略に従う」という命題を導き出した。筆者は保険業における現状に照らせば、第3章の「販売チャネル」の組織改革について、チャネル改革の背後にある戦略（成長戦略）への変更が読み取れるとの認識にある。

図表Ⅱ－２－１　経営戦略の変遷

年　代		主　な　内　容
1950–60年代	チャンドラー アンゾフ	**「組織は戦略に従う」**、職能別組織から事業部制へ 多角化（市場商品－成長マトリクス）
1970年代	ボストン・コンサルティング・グループ	多角化し肥大化した事業体への経営理論の模索 **経験効果**[1]、**プロダクトライフサイクル理論**[2]
1980年代	ポーター	**ファイブフォース**、バリューチェーンの応用、３戦略（コストリーダーシップ、差別化、集中化）
1990年代	ハメル＝プラハラード 日本型経営	**コア・コンピタンス**、ナレッジマネジメント **資源依存型経営戦略**（組織内部の経営資源の活用）
2000年代	キム＝モボルニュ	**ブルー・オーシャン**　低コストと付加価値の同時達成の可能性を追求（ポーターのレッド・オーシャンに反論）

注）１　経験曲線効果（experience curve effect）は、1960年代にボストン・コンサルティング・グループが示した経験則で、累積生産量や経験の増加に伴い単位当たり生産コストが減少するというものである。なお、経験曲線は、生産だけではなく流通、補給、保険その他にも使える概念である。
　　２　生保商品のライフサイクルについては、岡村（1992）、p. 31を参照されたい。

（筆者作成）

ト（product portfolio management）が企業に取り入れられ始めた。80年代に入ると、**ポーター**（Porter, M.）は業界内外の競争的脅威による自社の競争戦略を導く**ファイブフォース**（Five Forces）、３つの基本戦略、**バリューチェーン**（value chain）の概念を用いて競争戦略の理論や競争優位の戦略を提唱し、企業経営に広く応用されていった。

90年代以降は、自社の持つ経営資源（ヒト、モノ、カネ、知識、情報、ノウハウなど）をベースにして戦略を内面的に形成する**資源依存型経営戦略**などが注目された。さらに2000年代に入ると、ポーターの競争戦略であるレッド・オーシャン（red ocean：血まみれの競争）に対して**ブルー・オーシャン**（blue ocean：きれいな競争）の観点から、製品の価値と製品コストは必ずしも相反しないという批判的な分析のフレームワークが提示された。これらの戦略が複雑に混ざり合って今日に至っている。

2　保険業の成長戦略

アンゾフ（1988）は、企業が存続・成長していくための条件として戦略と組織の適合性を挙げ、戦略は企業が環境に適合するための基本であるから、戦略と組織の整合性が組織の目標達成には不可欠であるとした。また、戦略は組織行動における意志決定のために策定される方針の一つであるとしている[2]。そして、戦略を構成する要素として、①商品市場分野、②成長マトリクス、③競争上の優位性、④多角化によるシナジー効果の4つの基準を「**成長ベクトル**」を用いて説明している。「成長ベクトル」は、図表Ⅱ－2－2に示すように商品と市場を軸にそれぞれ既存商品・既存市場・新商品・新市場の 4 つのマトリクスに分け、それに伴う4つの戦略を最終的に多角化へ導くものである。

1）市場浸透戦略（penetration strategy）

現在の市場でいかにしてシェアを拡大するかの戦略で、既存契約者への保障額の増額や競合他社からの契約者の獲得、販売促進や顧客サービスの充実、商品の品揃えの充実などが挙げられる。

①保障額の増加：特約の新規開発などは、保障そのものの見直しや保険料の見直しなどが志向されている現状では容易ではない。

②競争他社の契約者の獲得：商品比較のための比較情報の標準化、保険料や保障額を見直したい契約者に対し、高付加価値の保険あるいはシンプルで低価格の保険等を開発することによって他社から契約者を獲得するものであり、契約の乗り換えも含む。

③非加入者の説得[3]：潜在的需要層とは異なり、新規開拓・販売コストが

図表Ⅱ－2－2　アンゾフの成長ベクトル要素

	商　　品	
市　　場	既 存 商 品	新　商　品
既存市場	市場浸透戦略	新商品開発戦略
新 市 場	市場拡大戦略	**多 角 化 戦 略**

出所）Ansoff（1988）rev. ed. p. 109. に基づいて作成。

2　アンゾフ（1988）（初版は1965年）。本章では1988年の原書改訂版を用い、併せて広田（1985）の邦訳を参考にしているが、引用は原著改訂版による。また、原書では製品（product）であるが、保険との関係で商品（commodity）とした。原書改訂版 p. 103. および p. 115.

嵩むので、余裕がある場合に限られる。

この戦略は既存の商品と既存の市場で成長を果たそうとするものであるから、市場内での需要の成長がいまだ衰えていないことが前提となる。

2）新市場開拓戦略（market development strategy）

現在の保険商品または改良した保険商品を新市場に振り向けて市場を拡大する戦略であり、その典型的な例は保険の国際化である。ただし海外進出などで量的拡大効果を図るとしても、多額の資金が必要であることに加え、現地の国民性や参入規制状況、異文化の壁などの課題を克服する必要がある。

①潜在的顧客の発見：高齢者のニーズ（介護保険等）や保険離れの若者のニーズ（シンプルで低価格の保険）などの調査と発見。

②新しいチャネルの構築：直販、通販、インターネット販売、銀行等の金融機関、商工会や税理士会などに特化した販売チャネルなどの構築。

③新しい販売地域へ進出：海外進出が中心となる。ただし日系現地企業の後追い型ではなく、現地市場の開拓が望まれる。

3）新商品開発戦略（new product development strategy）

新商品開発は、いわゆる品揃え拡充策であり、既存商品を基軸として同一顧客層に対する多様な商品を提供して新商品による乗り換えを行うことである。シェア拡大のために既存のチャネルと新規の顧客を利用することで販売コストの低減を図ることが目指される。しかし、これまでの保険契約の乗り換えの多くが逆ザヤ対策であったことは記憶に新しい。

①担保範囲の拡張や改善、特約の機能追加による既存商品の改良。

②保険と金融またはその他のサービスの融合商品を既存市場で販売。

③これまで市場になかった新型の生・損保融合商品、医療保険や利率連動型終身保険（医療特約付）など、保障内容だけではなくその他の機能や利便性などを追加することも含まれる。

3　どのような商品であっても、強固な意志で購入しようとしない顧客層をラガードという。

4）多角化戦略（diversification strategy）

一般に多角化には**関連多角化**と**非関連多角化**がある[4]。関連多角化は、経営活動におけるノウハウやスキルの共有、**コア・コンピタンス**（core competence：経営資源の中核）の強化、経営資源の効率的配分・生産性向上などを複数事業間で行い、それぞれのコア・コンピタンスを共有することにより既存事業間のシナジー効果を狙うものである。特に規模の経済が働くところでは有効であって、生保・損保の各社がそれぞれ子会社を資本提携してぶら下げたり販売チャネルを共有したりするのはこのためである。これにより、生保と損保の垣根は事実上なくなることになるであろう。近年では生保が生保子会社を、損保が損保子会社を支配下に置く傾向が見られる。

これに対し非関連多角化は、事業リスクの分散、資金管理の効率化等により主として事業リスクの分散を図ることであるが、同時に多様なリスクを抱え込む恐れがあるため、ERM（Enterprise Risk Management）などの統合的リスク管理ができていないとかえって失敗する可能性が高い。

ところで、アンゾフが主張した多角化は、主に新商品で新市場に参入することであった。経済成長が著しく非関連多角化が主流であったアンゾフの時代（1960年代のアメリカ）とは異なり、現在の日本での事業の多角化は、兼営と兼業が禁止されている保険業では持株会社制度・ホールディングス化などを除き、それほど多くのバリエーションは望めない。さらにアンゾフが想定していた多角化による事業リスクの分散効果も、逆にこれまでの事業活動とは全く異なる事業活動を行うことによる新たなリスクの発生が逆作用する可能性がある。現在の環境下での保険業は、本来の業務に密接に関連した関連多角化が適しているといえる。

①既存商品との関連商品：生保、損保それぞれで傘下に子会社を置いて生損融合商品や各商品の販売方法の適合化を図る。

②既存市場との関連市場：生損相互乗り入れや生保系損保子会社、損保系生保子会社、少額短期保険業者との提携や子会社化によるクロスセリン

4　野村総合研究所（2008）。

グ、海外の保険会社との業務提携や子会社化などを行う。

③新商品を新市場に投入する：ニッチ市場がこれにあたり、保険業においても生・損保市場でそれぞれ展開されている。生保（損保）親会社による損保（生保）子会社の設立による生損保融合のクロスセリングだけでなく、生保親会社による生保の子会社、損保親会社による損保子会社による新たな販売チャネルの構築なども挙げられるが、そもそもニッチ市場は少額短期保険業者が得意とする分野である。

5）保険会社の海外進出との関係

人口減少による国内市場の縮小を打開する手段として、海外市場への進出、特に現地市場の新規開拓が進められている。しかしこれまで損保会社が積極的であったのに対して生保会社は立ち後れていたと言わざるを得ない。現在では大手の生保会社も中国、インド、タイなどのアジア市場へ積極的に進出している。生保会社は自由化前までの長期間にわたる保護行政の下にあったため、国内市場中心のビジネスモデルからの早期脱却とグローバル市場への対応に出遅れただけではなく、海外からの参入圧力が強まって逆に外国資本による M&A に直面したり、またその逆の状況が生じたりしている[5]。

これらの点に関し、金融庁は国際的な金融規制に対応して保険会社の海外進出と大手保険会社の経営戦略における海外事業戦略の位置付けなどをモニターしており、今後その傾向はますます強まると予想される。

損保会社は、大手3グループの海外進出が際立っており、各グループの全体に占める海外事業での割合が急速に伸びている。東京海上日動は1兆4279億円で全体の30.4%、MS&ADは3929億円で全体の8.8%、損害保険ジャパン日本興亜は2966億円で全体の10.4%といずれも順調に海外事業への進出が進んでおり、特に東京海上日動の海外進出が顕著である[6]。

5　外資系の保険会社のうち、変額年金や自動車保険などですでに日本市場を撤退した会社もある。なお、各社の状況は当時の当該会社のディスクロージャー資料等による。

6　東洋経済（2016）「週刊東洋経済臨時増刊号、2016年版生保損保特集」p.75。なお、「海外事業に従事する人材の確保・育成等をどのように行っているか、また、買収後の海外拠点は実効的に管理されているか等について、確認する」。金融庁（2017、p.24）。

3　環境変化と保険会社への競争圧力

1）保険業を取り巻く４つの環境変化

日本の保険業の経営戦略・競争戦略を概観するために、保険業を取り巻く環境と保険市場に及ぼす競争的脅威や圧力について、ポーターの**ファイブフォース分析**（five forces analysis）の考え方を用いて検討してみよう[7]。図表Ⅱ-2-3は、保険業をめぐる５つの競争圧力・脅威（(1)(2)(5)は内的要因、(3)(4)は外的要因）に、それを取り巻く４つの環境（(A)～(D)）を加えて保険業界の全体的な構造を俯瞰したものである。この図は、保険業にとって重要な(A)社会環境（人口減少社会）から時計回りに各環境を検討し、それに影響を受ける競

図表Ⅱ-2-3　保険業界を取り巻く環境とM．ポーターのファイブフォース

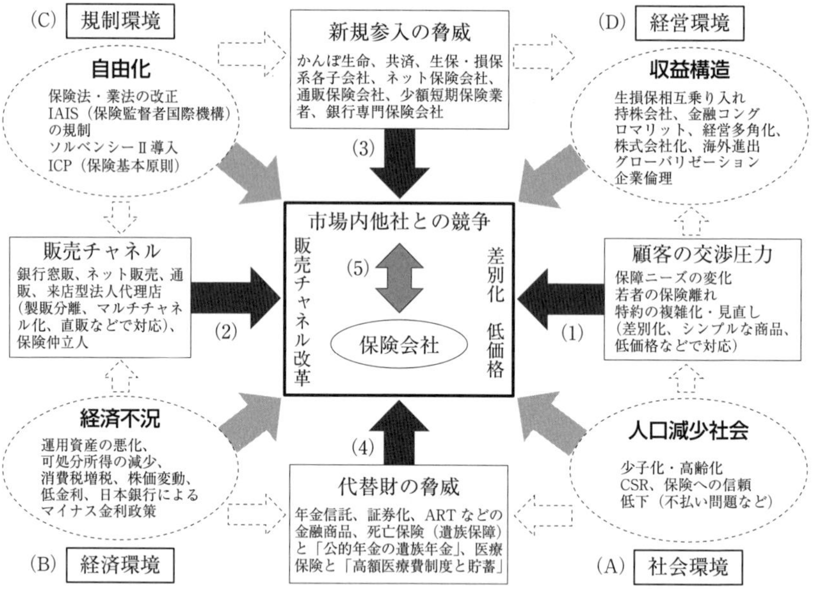

出所）Porter（1980、p.4）、同（1985、p.12）および田畑・岡村（2011、p.281）に基づいて筆者作成。

7　以下は田畑・岡村（2011）「第11章」（岡村担当箇所）に依拠している。ポーターはハーバード大学教授で、一般業界の収益性を決める５つの要因（脅威）に基づいて業界の構造分析を行い、その手法としてファイブフォース分析を提唱した。現在では古典的分析手法となっているが、1980年代以降世界的に広められ今も根強い支持者層がある。

争圧力を考えると理解しやすい。

(A)　社会環境

図に示すように、人口減少社会は保険業だけではなく多くの産業に影響を及ぼしている。特に保険業では少子高齢化、家族構成の変化、女性の社会進出などによって保障ニーズが変化し、若者の保険離れなど商品戦略や販売チャネル戦略の変更が余儀なくされて、新しいビジネスモデルの模索が求められている。またこれまでの保険業の行動から、契約者の保険への不信感（不払い問題に象徴されるような保険業のあり方）やCSRへの意識が高まってきている。当然のことながら経済環境との関連も大きい。

(B)　経済環境

家計はデフレ経済による可処分所得の減少や消費税増税により保険料や保障の見直しを行っている。保険会社はマイナス金利政策の影響で長期にわたる低金利や国内外の金融環境の悪化により運用資産が劣化し、同時に金融商品としての魅力が減じたことから苦しい環境に置かれている。

政府は「三本の矢」（大胆な金融政策、機動的な財政出動、成長戦略）を掲げて経済改革に取り組んできたが、金融緩和による円安・株高により回復の兆しは見えかけてきたものの、財政再建や成長政策では十分な効果が得られていないと判断し、「新三本の矢」（生産性向上を目指す強い経済、出生率向上のための子育て支援、社会保障改革）を打ち出した。しかし社会保障の充実と財政再建の両立など、先行きの不透明感はいまだ拭いきれていない。

(C)　規制環境

自由化による販売規制や参入規制の緩和は、保険会社の価格競争や商品開発競争を激化させ、消費者保護や競争による消費者利益の期待とセーフティネットの整備拡充をもたらした。同時に経営の健全性、ソルベンシー・マージンの強化、海外進出やM&Aに関する原則の構築が進められている。

国際的な金融規制の検討の枠組み（ComFrame）を作るため、金融安定理事会（Financial Stability Board : FSB）に**保険監督者国際機構**[8]（International Association

8　世界の金融安定への貢献や効果的渇国際的に整合的な保険監督の促進などのため、世界140カ国以上の保険監督当局等（日本は金融庁）の下で監査原則や基準、指針などが決められている。

of Insurance Supervisors : IAIS）が置かれ、**保険基本原則**（Insurance Core Principles : ICP）に基づいて**国際的に活動する保険グループ**（International Association of Important Insurers : IAIIs）や**国際的に活動するシステム上重要な保険会社グループ**（Global Systemically Important Insurers : G–SIIs）に対し、国際的に統一された経済価値ベースでの資本規制や、国際規制の導入、法令遵守などが強化された。この結果、日本国内でも保険法および保険業法の改正が行われるなど環境整備の重要性が増してきている[9]。

(D) 経営環境

保険会社の収益は保険収益と金融収益で構成される。保険会社はまず事業コストの削減が求められ、合併、統合、業務提携が進行している。海外進出や海外での合併や統合による規模格差の拡大が業界再編成を促し、業界を二極化の方向へ向かわせており、保険産業の構造が変わる可能性は大きい。また、第三分野を含め、これまでのような生保と損保の垣根は事実上なくなり、生保と損保の融合商品、家計のライフコンサルティングやリスクマネジメントなどのサービスが提供されるようになってきている。

金融収益は、どうしても各保険会社の運用能力や資産ポートフォリオの内容、運用資産規模に左右されてしまう。逆ザヤ問題は、バブル期以前の長期有配当保険の比重が大きかった相互会社に重くのしかかり、無配当保険を主力商品にしている会社（その多くがいわゆるカタカナ生保や株式会社）の負担はそれほど大きくはないことから、相互会社と株式会社ではどちらが効率的か、という議論がなされているが、決定的な結論には至っていない[10]。

2）保険会社に脅威をもたらす内外の５つの要因

(1) **顧客からの交渉圧力**（内的要因）

国内市場では人口減少による市場の縮小が始まり、これまでの死亡保障のメインターゲットであった団塊世代が高齢化し、核家族化の進行と女性の社

9　特に重要な点は、IAIS が日本の生保業に対し、標準生命表の見直しや死差益の適正化を求めており、この規制が 2019 年に導入される見込みであったことである。Ⅱ部５章参照のこと。
10　この点に関し、企業形態と商品の特性から、相互会社には有配当保険が、株式会社には短期保険がそれぞれ親和的であるといえる。Ⅱ部５章の図表Ⅱ－５－７を参照されたい。

会進出による女性の所得増加なども加わって、死亡保障（遺族保障：家族のための保険）から年金や医療保障などの生存保障（自分のための保険）へシフトするなど、契約者のニーズの変化も大きな圧力の要因になっている[11]。生存保障へのシフトはこれまで生保会社の基礎利益の中心的存在であった死差益が減少することを意味し、また医療保障は給付金支払いが嵩んで収益に繋がりにくいことなどから、これらが経常利益に与える影響を軽視することはできない。また若者には商品内容が複雑で難解な高価格の特約（高付加価値）多重型保険商品を敬遠する傾向が見られ、若者の保険離れと相まってシンプルで低価格の商品を求めるニーズや「かゆいところに手が届く」式の**ニッチ会社**が登場し、大手保険会社への圧力になりつつある。

(2)　**販売チャネルからの交渉圧力**（内的要因）

大手生保会社は今後も高付加価値型商品と大量の営業職員を要する販売チャネルが基幹販売チャネルになるであろう。しかし個人情報保護とセキュリティ強化の観点から今までのような職場での勧誘は困難になっており、このような傾向を反映して、**独立代理店**や来店型ショップ、ネット販売等の販売チャネルが登場し、その交渉圧力も一段と強まっている。そのため、既存の大手保険会社としても通販系やネット系の販売チャネルの導入も考慮しなければならなくなり、実際に大手生の生保会社や損保会社などは子会社を通じてこれらのチャネルを導入している。また、銀行窓販の販売実績が良好なことから、銀行からの代理店手数料の増額要求などによる販売圧力も強い。

(3)　新規参入の脅威（外的要因）

新規参入の脅威は参入障壁の高さによって決まる。参入障壁には、規模の経済性が働くか否か、必要資本の大きさ、確立されたブランドに対する顧客のロイヤリティの有無、規制緩和の程度などがあり、これらの条件によって当該市場への参入の難易度が異なってくる。自由化はこの参入障壁を著しく低めた。その結果、外資系保険会社、国内最大規模のかんぽ生命（世界第3

11　保障のニーズが死亡保障から生存保障に変化したにもかかわらず、銀行窓販などを通じて年金（定額・変額）を主力商品としていた外資系会社が市場から撤退するなど、金融収益をビジネスモデルに取り入れている会社の多くが資産運用面での困難に直面している。

位)、生保系損保子会社、損保系生保子会社、ネット販売専門の保険会社、保険業法に縛られない制度共済（農林水産省所轄のJA共済、厚生労働省所轄の全労災など)、少額短期保険業者等が続々と参入してきている[12]。

(4) 代替品またはサービスによる脅威（外的要因）

既存の保障商品や貯蓄性の高い商品・サービスとは異なるものでありながら、これらと同等かそれ以上の価値を持つ商品やサービスの存在が保険市場に対する競争圧力になりうる。たとえば信託銀行の企業年金や個人の信託年金等である。また、医療保険のように公的医療保険の高額医療費制度と貯蓄の組み合わせなども脅威の要素になる（p. 126 のコラム参照)。場合によっては死亡保障（遺族保障）と公的年金の遺族年金も競合の対象になる。損保では損害保険とART（証券化や金融派生商品など）とが競合する可能性が高い。

(5) 市場内での既存企業間の競争関係の強さ（内的要因）

一般に、同業者が多い、同規模の会社が多い、固定コストが高い、撤退障壁が高いなどの業界は競争圧力が高い。また規模の経済性を追求するため、競争相手の買収（大手では2015年の日本生命による三井生命の買収）や業務提携、さらには少額短期保険業者の併合が行われる可能性が大きい。そうなると事業多角化やグループ化が加速し、生命保険市場では損保系生保との間の競争が激化して、業界再編成に向けての内部圧力が高まると考えられる。

4 今後の展望[13]

これまで見てきたように、日本の保険会社を取り巻く環境とりわけ人口減少化傾向は決定的で、保険市場の縮小化は避けられない状況にある。保険政策、保険行政の中心課題は、保険の**成長政策、安定政策、公正政策**の3点である。本章は経営戦略が主題なので、保険業の成長政策を中心に考えてきた

12 2019年10月現在、日本で営業している生命保険会社は42社（うち国内保険会社41社、外資系生保会社1社）であり、損害保険会社は54社（うち国内保険会社32社、外国保険会社21社、免許特定法人1－ロイズ）である。また少額短期保険業者は102社存在する。金融庁「免許・許可・登録等を受けている業者一覧」

13 以下の記述は田畑・岡村（2011、p. 299以下）第11章岡村担当箇所に大きく依存している。

が、保険契約者保護の要請が強まっており、IAISが求める国際的な規制枠組みと保険基本原則の下で、保険取引に係る保険の公正政策に重点が移り、公正な保険取引と契約者保護が一層強化される傾向にある。

そこで、今後は生保会社も損保会社も国内の保険契約者の信頼を回復することに全力を傾注するとともに、前記の課題を含めた次の5つの成長政策に関する戦略的課題に取り組む必要があろう。

①国内保険業の合理化・効率化（ローコスト・オペレーション、特に販売チャネルの合理化による経費の削減と付加保険料の圧縮）。

②生保系損保子会社、損保系生保子会社それぞれの新分野開拓（第3分野を含む）や生損融合商品の開発の強化。1996年に生命保険（損害保険）親会社がそれぞれ損害保険（生保）子会社を通じた相互乗り入れを始めて20年以上経過した。その結果は、生保系損保子会社として新設された6社のうち5社は撤退し、現在残っているのは、企業向けに団体傷害保険などに特化した明治安田損害保険会社のみである。これに対し、損保系生保子会社11社ほぼ順調に業績を伸ばし、現在に至っている。

③生保会社の海外進出、特にアジア市場の開発・確保。ただし、アジアは高いGDP成長率と良好な人口構造に加え保険普及度が低いため今後の成長が見込める等のメリットはあるが、規制の壁、コミュニケーションの壁、異文化の壁等の障壁もある。また保険先進国からのノウハウの学習も重要である。この分野は損保が先行し、生保は立ち後れている。

④金融収益の確保。今後、金融状況が好転すればより重要になる。しかし、マイナス金利政策の影響で資産運用環境は一層厳しくなっている。特に生保は標準責任準備金の積立に使用される標準利率が2016年に改定され、また標準生命表も2018年に改定されたので、資産運用と保険料率の決定は一層厳しい環境になると予想される。

⑤関連事業への進出。損保ではリスクコンサルティングなどのリスクマネジメント事業への積極的進出。特に介護保険分野などへの進出に力を入れている。生保は現在のところ現物給付が認められていないので、介護分野等への現物給付を含めた事業進出が課題になっている（保険法や保険

業法により、給付方法や事業範囲に制約がある)。

保険会社の組織変更や販売チャネルを含む組織の改革・再構築は、チャンドラーの言葉を借りるまでもなく、背後にある戦略の変化を物語っている。現在、多くの保険会社が販売チャネルをビジネスモデルの中核に据え、収益獲得のための積極的な商品開発と販売チャネルの改革・新構築を目指しており、とりわけ商品の特性にマッチした販売チャネルごとのマルチチャネル化が各社のビジネスモデルになりつつあるのも、戦略策定の過程であろう。

このような市場内部での競争戦略について、ブルー・オーシャンの視点から興味深い方向が示唆されている[14]。ブルー・オーシャンは、視点を供給側から需要側へ、また競合他社との競争から新しい需要や市場を見つけ出すための価値の創造へと戦略転換することを目指している。その根底にあるのは、市場の構造が変わるのであれば競争ルールも変わるとする考えである。ブルー・オーシャン戦略は一見**ニッチ会社**の差別化戦略のように見えるが、あくまで「高付加価値を持つ新市場の創造」に力点が置かれており、「高付加価値と低コストとはトレードオフの関係にある」とするポーターの命題を乗り越えようとする試みである。

前述した②の保険子会社の例で見ると、損害保険市場より生保市場の方がはるかにブルーオーシャンだったようである。生保系損保子会社がうまく行かなかった原因の一つに損害保険における事故処理体制の脆弱性と管理システムの古さ、さらには親会社の名声(生保のブランド)への過信、日米保険協議による第三分野市場開放の凍結(アメリカからの要求による5年間の凍結)、1997年の日産生命の破綻に端を発する保険危機の到来などが大きな障害となった。

このとき、大手生保が大量の生保販売員を用いた販売チャネルで収益力の高い定期付終身保険にこだわっていたのに対し、損保系生保の多くはそうした販売チャネルを持たないがゆえに逆に低解約返戻金型の保険料の低い定期

14 キム・モボルニュ(2005)。ブルー・オーシャンとは、市場の既成概念から離れ、既存市場の商品やサービスから何かを「減らす」「取り除く」ことで競合他社よりもコスト面で優位に立ち、何かを「増やす」「付け加える」ことにより顧客の価値を高めることで、新たな需要・価値を創出する戦略である。たとえば、ソニーのウォークマンは重いスピーカーとアンプを取り除き、ヘッドフォンと携帯できるアンプや音楽のデジタル化により爆発的な販売を記録した。

保険を導入するなど、一種のブルーオーシャン状態を想像することができたためと考えられる。

生保商品における商品やサービスについて、従来の標品傾向から少し角度を変え、何かを減らして何かを付け加えることにより、コスト面で競合他社よりも優位に立ち、かつ顧客の商品価値を高めることができた一例であろう。

産業の魅力の度合は企業の努力次第で変えることができるとするブルー・オーシャン戦略の下では、魅力のある産業、魅力のない産業などの区別はあまり生じない。これは保険業についても当てはまり、保険会社の多様なビジネスモデルは、このことに対する一つの回答である。しかし、やがては新規参入や既存企業の模倣により革新性が失われていき、結局はポーターが主張する相手を打ち負かすための血みどろの競争、すなわちレッド・オーシャンになる宿命を負わされているとの指摘[15]もあるので、保険業の将来は弛まぬ努力にかかっているといえよう。

練習問題

1　経営戦略の変遷と保険業の戦略の策定について、まとめてみよう。
2　ポーターのファイブフォースと保険をめぐる環境について、図表Ⅱ－2－3を文章化できる工夫をしてみよう。
3　ブルー・オーシャンの考え方に基づいて、保険商品の開発についてどのようなアイデアが考えられるか、各自考えてみよう。

■引用・参考文献

阿部義彦・池上重輔（2008）『日本のブルー・オーシャン戦略』ファーストプレス
石田成則編著（2009）『保険事業のイノベーション』慶應義塾大学出版会
石丸正芳（2009）「銀行等の保険募集解禁とルール構築」『生命保険経営』第77巻1号、生命保険経営学会、pp.3-24
菊澤研宗（2008）『戦略学　立体的戦略の原理』ダイヤモンド社
田畑康人・岡村国和編著（2011）『人口減少時代の保険業』慶應義塾大学出版会
野村総合研究所（2008）『経営用語の基礎知識（第3版）』ダイヤモンド社

15　菊澤（2008、p.80）。なお、筆者の認識では、個別企業の成功例を帰納法的に積み上げ、共通因子を取り出して一般化しようと試みているのであるが、結果の後追い的な感じは拭いきれない。

出口治明著（2009）『生命保険はだれのものか』ダイヤモンド社
東洋経済新報社『週刊東洋経済臨時増刊生保・損保特集』（各年度版）
キム，W. C. ・モボルニュ，R. 著、有賀裕子訳（2005）『ブルー・オーシャン戦略　競争のない世界を創造する』ランダムハウス講談社
ハメル，G. ・プラハラード C. K. 著、一条和生訳（1995）『コア・コンピタンス経営―大競争時代を勝ち抜く戦略―』日本経済新聞社
堀田一吉・岡村国和・石田成則編著（2009）『保険進化と保険事業』慶應義塾大学出版会
Ansoff, H. Igor（1988）, *Corporate Strategy,* rev. ed., Penguin Buisiness Management.（アンゾフ，H. I. 著、広田寿亮訳〔1985〕『企業戦略』産業能率大学出版部）
Chandler, A.（1962）, *Strategy and Structure: Chapters in the History of the Industrial Enterprise*, MIT Press.（有賀裕子訳〔2004〕『組織は戦略に従う』ダイヤモンド社）
Porter, M. E.（1980）, *Competitive Strategy: Techniques for Analyzing Industries, and Competitors,* The Free press.（ポーター，M. E. 著、土岐坤・服部照夫・中辻萬治訳〔1995〕『競争の戦略（新訂版）』ダイヤモンド社）
Porter, M. E.（1985）, *Competitive Advantage: Creating and Sustaining Superior, Performance,* The Free press.（ポーター，M. E. 著、土岐坤・中辻萬治・小野寺武夫訳〔1985〕『競争優位の戦略』ダイヤモンド社）

3章

保険販売チャネルの現状と課題

〈キーワード〉
IFA（独立金融アドバイザー）、独立代理店、一社専属代理店、乗合代理店、保険ブローカー、保険募集の取締に関する法律、非価格競争、人海戦術、ターンオーバー、募集体制三カ年計画、バンカシュランス、銀行の窓口販売、圧力販売、クーリングオフ、保険仲立人、誠実義務、ベストアドバイス、募集に関する三大権限、アクチュアリー、体制整備義務、顧客本位の業務運営

1　販売チャネルの整理と類型

1）販売チャネルの種類

図表Ⅱ－3－1は各国の生命保険・損害保険それぞれの主要な販売チャネルと主力保険種目についてまとめたものである。主力保険種目はいわば各国保険業の戦略商品であるので、こうした戦略商品を効率的に販売するにはどのような販売チャネルのシステム構築が必要であるかが各社の重要な経営課題となり、ビジネスモデルの中心になるであろう。

生命保険の販売チャネルはある程度国内環境の影響を受けるため、各国の環境に適合した最適の販売チャネルが存在していると思われる。しかし大きな流れについては一定の共通条件があるであろう。以下では生命保険業にドメスティックな要素があることを認めつつ、共通要素を整理する。

2）販売チャネルの種類とビジネスモデル

生命保険の販売チャネルは、図表Ⅱ－3－1に示すように①独立代理店、②一社専属営業職員、③**IFA**（Independent Financial Adviser：**独立金融アドバイザー**）④銀行の４つに大別される。日本は一社専属営業職員が中心であり、イギリ

図表Ⅱ－3－1　主要各国の主力商品と主要な保険販売チャネル

（かっこ内数字は収入保険料に占める割合）

		アメリカ	日本	イギリス	フランス	ドイツ
生命保険	主力チャネル	独立代理店（51%）ダイレクト販売（38%）	一社専属営業職員（約68%）独立（乗合）代理店（32%）	IFA（独立金融アドバイザー）（78.3%）代理店（18%）	銀行（61%）ダイレクト販売（17%）	独立代理店（39%）銀行（25%）
	主力商品	個人年金（30.4%）生命保険（20.4%）	医療保険（24.9%）終身保険（17.6%）	一時払生命保険（45.3%）一時払個人年金（38.9%）	元本保証型（65%）ユニットリンク保険（19%）	ユニットリンク保険（23.7%）個人年金（20.3%）
損害保険	主力チャネル	独立代理店（51.4%）ダイレクト販売（46.1%）	代理店（91.4%）ダイレクト販売（8.0%）	ブローカー（52.4%）ダイレクト販売（28.3%）	総代理店（専属）（34%）直販制保険相互会社（32%）	一社専属代理店（44.8%）保険ブローカー（28.4%）
	主力商品	自動車保険（40.9%）住宅所有者保険（15.2%）	自動車保険（48.3%）火災保険（14.1%）	自動車保険（31.8%）財物保険（27.2%）	医療・傷害保険（28.5%）自動車保険（28.0%）	医療保険（34.9%）自動車保険（25.5%）

注）1　生命保険：日本（かんぽ生命を除く）・アメリカは2017年度、イギリス・フランス・ドイツは2014年度。損害保険：イギリス・フランスは2015年度、ドイツは2014年度、アメリカ、日本は2018年度。なお、各国の統計処理の違いにより小数点以下で統一されていない。

2　表中、ダイレクト販売は、通信販売、一社専属代理店、インターネット販売等を含む。

3　イギリス生保市場は投資性の高い商品が主流で、投資アドバイスを伴う商品は、IFA（Independent Financial Adviser：独立金融アドバイザー）を通して取り扱われている。

4　フランスの直販制保険相互会社（sociétés d'assurances mutuelles sans intermédiaires）は、代理店を用いずに主に社員が直接販売を行う会社であり、特定の職業団体の構成員に低保険料で保険を販売する目的で設立され、個人分野の自動車保険および住宅保険でシェアが高い。

出所）日本損害保険協会（2017）『ファクトブック　日本の損害保険』、III 米国保険情報協会・SOMPO未来研究所株式会社訳（2019）『インシュアランス　ファクトブック2019』、生命保険協会（2019）『生命保険の動向（2018）年版』、Fédération Française de L'Assurances（2015）、GDV（2016）、高森・内田（2017）。

スはIFAが中心である。ただし、IFAは一種のブローカーと見なされることがある（図表Ⅱ－3－2のC群）。

損害保険の販売チャネルは、①**独立代理店**（independent agent）、②**一社専属代理店**（career agent）、③**保険ブローカー**（insurance broker）、④ダイレクト販売（直販）の4つに大別できる。

図表Ⅱ－３－２　販売チャネルのタイプ別行動様式とビジネスモデル

	A群	B群	C群
販売チャネルの種類	①一社専属営業職員 ②一社専属代理店 ③ダイレクト販売 ④直販制保険相互会社	①独立代理店（乗合代理店） ②銀行	①独立金融アドバイザー ②保険ブローカー
誰を代理するか	所属会社	どちらかといえば顧客	顧客
保険会社の商品を販売する力	かなり強い	普通（ただし手数料による）	中立を堅持
他社の比較情報	ない方が販売しやすい	ある方が販売しやすい	ある方が販売しやすい
ビジネスモデル	製販一体型	製販分離型	製販分離型
営業職員特化型 代理店特化型 金融機関特化型 家計分野特化型 顧客・商品特化型 非対面型	・大量の自社営業職員による規模の経済性追求 ・専属営業職員、専属代理店による高付加価値商品やコンサルティングサービスなどを付加	・商工会、税理士会などを対象としたチャネルに特化し、営業職員による中小企業保障に特化 ・来店型代理店（多品種・乗合型の対面販売による比較販売） ・銀行窓販（代理店）メガバンク、地方銀行、全国信用金庫協会等を専門に特化 ・インターネット上で契約完結できる	

出所）出口（2008、p. 12、15）、田畑・岡村（2011、p. 297）「第11章」（岡村担当箇所）を参照して筆者作成。

図表Ⅱ－３－２の下部は、各販売チャネルの類型とそれに関係する代表的な行動様式とビジネスモデルを表している。すべてに当てはまるわけではないが、**比較情報**のあり方などをみると、保険会社の商品販売戦略と営業職員や代理店（専属・乗合）手数料をどのようにリンクさせ、それが主力商品の販売にどのようにドライブをかけていたのかが理解できる[1]。そうしてみると、A群（一社専属制）もさまざまな問題点が浮かび上がるが、B群（乗合代理店など）、C群（どの保険会社からも中立）および後述する「人を介さない販売チャネル」であるインターネット販売（ダイレクトを含む）などと比較すると、そこから

1　乗合代理店の「手数料の開示問題」が俎上に上っている。金融庁金融審議会（2012、p. 4）。乗合代理店は、中立とされながらも顧客に最善の商品をアドバイスする法的義務を負っておらず、募集手数料が高い商品を選んで売っているのではないか、と顧客に疑いが生じても（利益相反の）検証の手段がない。この点については、顧客からの委託として厳しい規制がかかっている（顧客の求めに応じて手数料を開示する）保険仲立人とは異なる。手数料開示も含め、この差を埋める議論がなされているが、2016年の業法改正においても結論には達していない。

得られる示唆は大きいといわざるを得ない。

2　営業職員による保険販売

日本でも生命保険業の草創期から昭和初期にかけては販売チャネルの主役は代理店であった。当時は保険の知識がほとんどない者が多く、農村部などでは保険会社にとっても保険の普及のために土地の有力者やいわゆる土地の名士に生命保険募集を委託していた。やがてこうした副業の代理店では十分な活動は望めなくなり、徐々に専門的な営業職員（外務職員）を自社チャネルで育成しだしたのである。

第2次大戦後、高度成長期には日本経済の方向と足並みを揃えた形で、保険需要と保険の労働供給が車の両輪のように回りだした[2]。つまり、高度成長による所得の増加があり、生命保険業への労働供給面においては大量の家庭婦人（低賃金の労働供給源）が存在し、需要面では人口成長の著しい進展があったからである。しかし、保険はきわめて合理的な制度でありながら、それを商品に仕組む段階で確率・統計の数理的処理から生じる難解な料率（価格）体系に悩まされ、さらには金融機能も加わって、契約者にとって物価や金利の判断などをも強いられるという困難さがつきまとう商品でもあった。

このような背景があって、契約者保護のためという理由付けの下に保険業はしばらくの間（1996年の自由化まで）生命保険・損害保険ともに価格競争は行われていなかった。この時点では保険の募集・販売はいわゆる**非価格競争**（価格競争を伴わない販売競争）であったため、大量のマンパワーを導入した**人海戦術**による**ターンオーバー**が確立していたのである[3]。

いかに当時が低賃金であったとしても、毎年約30万人から40万人の新規採用者にかかる教育コストだけでも相当な額であったろうし、この数字はほ

2　この時期に生命保険募集にデビッド制度（1951年）を導入し、一定地域に営業職員を配置し、月掛け保険料で募集・集金などを行う方式が採用された。

3　ターンオーバーとは、1970年ごろから1973年をピークとする毎年約40万人規模の大量の脱落による業務廃止と新規採用との繰り返しの現象のことである。庭田（1992、p. 34）「第2章」（岡村担当箇所）を参照されたい。

とんど事業費を通じて付加保険料に反映したと考えられる。現在に至っても少なくとも10万人程度のターンオーバーが生じており、年度末登録者数は減少しつつあるとはいえ、そのコスト負担は相当大きいものといえよう。

このターンオーバー問題を改善するため「**募集体制三カ年計画**（**募体三**）[4]」が1976年から開始され、以降第4次まで12年かけて取り組まれ、ようやく一定程度沈静化した。このように、営業職員を主体とする生命保険の伝統的な販売チャネルは幾度となく効率化の名の下に改革を迫られてきたが、現在に至っても必ずしも満足な結果が得られるような状況には至っていない。

ターンオーバー問題は、保険会社だけではなく契約者にとっても大きな負担になっている。営業職員に支払われる報酬は、その大部分が初期の保険料のうち新契約費から充当される。出来高給では所得が一定しないため、多くの保険会社では営業職員の固定給部分の比重を上げる方向にある。しかし、それでは付加保険料部分が嵩み、価格競争で不利になってしまう。また、十分な教育や訓練や販売経験を積む前に退社した営業職員が残した契約には、無理な募集によるものもあるかもしれず、そうした契約は早期解約や早期失効に至るケースが多くなることが予想される。そうなると今まで投じたコストを回収することが困難になり、契約者にとっても保険会社にとってもコスト面での悪循環に陥ることになってしまうのである。

これに対し、新規参入した保険会社や外資系の会社のように販売チャネルや商品構成に特化した保険会社の場合には、当初から大量の営業職員を抱えるような重いコスト構造ではなかったので、法人代理店や銀行の窓口販売ではこのような現象は制度的にも生じにくいといえる。

3　代理店による保険販売

自由化に伴い、商品の多様化が一段と進展してきたため、消費者は多くの

4　募集体制三カ年計画は昭和51年（1976年）に昭和50年保険審議会答申に基づいて導入された。この骨子は、①外務職員の新規登録数は昭和50年実績を上回らない、②機関職員について一定の育成率を達成する、③13カ月目継続率について所定の目標に達成する、であった。

種類の保険商品から選択できるような利便性を求めるようになってきた。そうなると伝統的な**一社専属代理店**では商品の種類が限定されているので、多くの商品から選択できるような**乗合代理店**（複数の会社の商品を取り扱う、いわゆる独立した保険ショップ）が求められるようになってくる。それだけではなく、情報技術や業務ネットワークなどの操作に対応できないような代理店に対する効率化の圧力が一段と高まり、特に高齢化した個人経営の専業代理店の淘汰や一社専属代理店の統廃合がますます加速してきている。

日本の損害保険業（2018 年度）は、収入保険料の 91.4% を代理店経由で得ており、ダイレクトルートは 8.0%、保険仲立人は 0.6% ときわめて少ない。

損害保険の代理店実在数は、1996 年の新保険業法の施行によって生損の相互乗り入れが可能となったことを受け、生保営業職員が大量に損保代理店登録したため、1996 年度には 62 万 3741 店のピークに達した。その後、保険業法が改正されて生保会社本体が損保代理店になることができるようになったため、生保営業職員による損保代理店が大量に廃止された結果、2001 年には 34 万 2191 店にまで減少し、その後も減少し続け 2018 年度末は 18 万 319 店となった。

一般的には日本の損害保険業における代理店の主流は副業代理店（2018 年度 81.3%）であり、また一社専属代理店（同 77.2%）であると判断できる。そして副業代理店のうち自動車関連（自動車販売、自動車整備工場）の代理店が 2018 年度で 52.3% を占め、次いで不動産業（賃貸住宅取り扱い会社、住宅販売会社）が同 11.4%、その他などが同 7.4% となっている。

このように、代理店ではまだまだ専業の乗合代理店の比率が低く、自動車関連の事業でかつ特定の損害保険会社 1 社に専属する代理店が多いことから、効率的な販売チャネルの構築は改善されるべき点が多い[5]。

募集従事者については、2001 年に銀行等の金融機関に販売が解禁されたため、銀行員等の募集従事者が急増して 157 万 5195 人に達した。その後増え続けてはいるが、2008 年ごろからはその伸びは鈍化し、2018 年度末は 206

5　日本損害保険協会（2019、p. 70）。

万4308人であった[6]。

現在日本の代理店業が抱えている問題は少なくないが、そのうち最も深刻な問題が非自立的代理店への経営資源の非効率な投入の克服問題である。具体的にはいわゆる①損保会社の「販売経費の二重構造」問題、②代理店の高齢化問題[7]、③欧米のような製販分離への移行の遅れが挙げられるであろう。これらの問題は、これまでの代理店に対する、①代理店経営のコンサルティング、②代理店が行うべき顧客への損害対応の代行・補助・指導など、③顧客への説明責任の肩代わり、さらにはかつてのカルテル料率時代の名残である「質より量」の経営体質からの脱皮の遅れなどをその原因としている。

また、その他の構造的な問題としては、こうした非効率な個人代理店の多くが個人分野の自動車保険を取り扱っている割合が高いことが挙げられる。近年の自動車販売の落ち込みの影響に加え、細分化料率を導入した自動車保険やインターネット等による低ローディングの自動車保険に押されて経営体質の改善が進まないままになっていることもその一因となっている。

これからの損害保険代理店は、低価格の保険あるいは金融アドバイスやリスク・コンサルティングなどの高付加価値サービスが要求されてくるであろう。商品の多様化だけではなく顧客のニーズも多様化し、またそれに応じて販売チャネルも多様化してきているのである。

4　銀行の窓口による保険販売—日本の状況

日本の銀行の窓口における保険の販売はかつては禁止されていたが、段階的に解禁され2001年4月の第1次解禁（住宅関連信用生命保険）から始まり2007年12月の第4次（全面解禁）で完了した。

現在では銀行業・証券業等に対しても保険募集が全面的に解禁されている。したがって、銀行等は、一定の条件を満たせば、生命保険会社の委託を受け

6　日本損害保険協会（2019、p.71）。
7　日本でもそうであるが、アメリカでも小規模経営の代理店の高齢化が問題になっているようである。詳しくは池田（2009、p.16）を参照されたい。

コラム ●●●●●●●●●●●●●●●●●●●●●●

医療費用をめぐる預金と保険の融合

保険と金融の融合が進化し「預金」と「保険」を組み合わせた、1階が預金（医療費専用預金）で2階に高額医療用のストップ・ロス保険が乗っている、2階建てのハイブリッド商品がアメリカで注目されている。

日本にはないが、アメリカで2004年にスタートしたHSA（Health Saving Account：医療貯蓄口座）と呼ばれる、預金と保険をセットにした医療費専用の特化商品であって、銀行が積極的に取り扱っている。銀行と提携した損害保険会社も銀行の窓口でストップ・ロス保険（預金残高を上回る費用に対する保険）を販売できるので、いわば双方にメリットになることも予想できる。

銀行が主役であるこの医療貯蓄口座は、預金の引き出し条件が、入院や治療などの医療費、病気予防や健康増進に使う費用などに制限（その分金利が高い）されている、いわば「医療費専用預金」であり、医療費が少額である場合には1階の医療費専用預金で賄い、預金残高を超える高額な医療費の場合には超過部分（ストップ・ロス）を2階の医療費用保険から支払うという仕組みである。保険の方は預金残高を上回る大きな医療費支払を保障することを目的としているので、預金額が多い場合は免責額が高く（補償金額が低く）、その分一般の医療保険と比べると保険料は安くなるところにその特徴がある。

日本にはまだ存在しないが、銀行が窓口となり医療保険を上乗せする少額短期保険会社を子会社に置いて、本来の保険と融合した貯蓄口座への進化が見られるかもしれない。日本版バンカシュランスである。最近のFinTech（金融工学・金融技術）の著しい発展を見れば可能であろう。（本書Ⅱ部2章のポーターの「代替財の脅威」や本書の積立型保険のコラムも併せて参照されたい。）

（注）橋爪健人「保険会社と銀行が激突する日がやって来る 保険の世界に銀行という「黒船」が到来したら？」『東洋経済　オンライン版』（2015年11月11日）を参考にした。

●●●●●●●●●●●●●●●●●●●●●●●●●

た**生命保険募集人**、損害保険会社の委託を受けた損害保険代理店、少額短期保険業者の委託を受けた**少額短期保険募集人**としてすべての保険契約の締結の代理・媒介を行うことができるようになった。さらに保険仲立人として原則すべての保険の媒介を行うことも認められている[8]。

ここで銀行の窓口販売の長所と短所をまとめると、次のようになる[9]。ま

8　保険業法第275条1項、保険業法施行規則第212条、保険業法施行規則第212条の2～5。詳しくは石丸（2009）を参照されたい。

9　石田（2008、p. 8）。

ず、メリットについては、①消費者・顧客の選択肢が拡大すること。②預金・保険・証券のワンストップ・ショッピング化が容易になること。③効率化による費用節約効果と保険料低廉化の可能性が生まれること。④新規需要の喚起とそれに応じた新商品開発の可能性があること。⑤金融全般に関する情報の伝搬が広まることなどが挙げられる。

また、銀行にとっても、保険取り扱いによる手数料収入が確保され、取り扱い商品の拡大による顧客層の拡大が見込まれて収益機会が増大すること、銀行業の本業とのシナジー効果により、顧客の資産管理をめぐる各種のサービスやライフイベント等を通じたマネー・コンサルティングサービス等の付加サービスが可能になること、何よりも保険を通じた顧客との長期的関係が構築できること、などが期待できる[10]。

デメリットについては、契約時に十分な説明がなされるかどうか不安があることや、銀行による**圧力販売**・抱き合わせ販売（住宅ローンなど）が行われる可能性があることなどが挙げられる。

これまで銀行の個人年金販売では変額年金の比重が高かった。しかし、銀行は1998年12月に開始された投資信託の取り扱い経験があるのでリスク商品の知識はあるとみられていたものの、変額年金や一時払い終身などの保険はハイリスク・ハイリターンの商品である上、マイナス金利政策の影響や**クーリングオフ**の対象になっていなかったこともあり、現在は低調である[11]。

こうした不安に対して以下のような弊害防止策が講じられている[12]。

(a)圧力販売防止については、取引上の優越的な地位利用による募集行為を禁止し、募集時に前もって保険契約が銀行の取引行為に影響を与えない旨の説明を書面で実施させる。

(b)融資先などへの強引な販売を規制する。融資先の個人や50人以下の小事業主に対する保険募集を、手数料を得て行うことを禁止している。

(c)銀行業務で知り得た情報（預金、金融取引）を用いて、顧客の事前同意な

10　東洋経済新報社（2009、p. 44）を参照されたい。

11　変額年金については、最大手だった米ハートフォード生命や三井生命が撤退し、さらに住友生命も銀行の窓口販売専用に開発した一時払い型の変額年金保険の販売を停止した。

12　詳しくは家森（2009、p. 66）を参照されたい。

しに保険募集に利用することを禁止し、また、顧客の健康状態などに関する情報を保険募集や融資の際の判断に利用させない。

しかしながら、銀行が取り扱う保険の収入保険料は、生保会社の収入保険料に占める割合を増やしているため、今日では銀行からの手数料をめぐる圧力が保険会社の重荷になってきている。

5　販売チャネルとしての保険仲立人制度

保険仲立人（**保険ブローカー：insurance broker**）は、1995年に改正された保険業法に基づき、国際的整合性を確保しつつ販売チャネルの多様化と競争促進による利用者の利便性の向上を図るために導入された制度である。

保険仲立人は、欧米では保険募集の中心的な存在になっており、保険会社から独立した立場で保険契約者と保険会社の間に立って、契約者のために最適な保険契約が締結できるようにすることを職務とする。保険仲立人は、保険代理店、保険代理人とは異なり、保険会社とは委託契約を交わしておらず、顧客から**指名状**（保険仲立人として、その保険仲立人を選定したという証）を受けて、指名保険仲立人として行動する。顧客のために保険契約の媒介となって保険設計を行うため、保険契約の条件などを見直して適正な保険金額を算定したり、場合によっては当該保険が不要である旨を誠実に提案するなどの**誠実義務**（**ベストアドバイス**）を負っている。

この指名状により保険仲立人は次のような権限を持つ[13]。①顧客の保険プログラム作成のために、顧客の関係取引先に対して、リスクの調査・分析に必要なデータの提供や協力を求める権限、②媒介した契約者が付保している保険会社から過去の事故履歴、既払い・未払い保険金の状況などの情報開示を受ける権限、③保険契約条件の確認、変更、確定、増額、減額、払済み、返戻金算出、解約等に関して引受保険会社と直接交渉する権限、④新たな保険契約の引受について、保険会社から見積りをとる権限、⑤現在の保険契約

13　一般社団法人「日本保険仲立人協会」（http://www.jiba.jp）、その他の資料による。なお、2019年10月現在、保険仲立人登録数は52社である。

の内容、保険料率、保険料算定方式や現在の補償内容の詳細について調査する権限、⑥引受保険会社から被保険者負担額または財務上の資料等顧客の情報の開示を受ける権限、である。

保険仲立人は保険会社から独立した中立的な立場で業務を行うため、保険会社から委託されている損害保険代理店とは異なり、①**契約締結権**、②**保険料受領権**、③**告知受領権**等の**募集に関する三大権限**[14]を持たない。さらに当該仲立人が受け取る手数料や報酬その他の対価や媒介する保険会社についての情報などは、要求があれば契約者に開示しなければならない（保険業法第297条）という義務を負っている。

6　その他インターネットおよび通信販売（インターネット専業型[15]）

保険のインターネット契約とは、個人情報を入力して必要な条件を選択して資料請求する方法や、インターネット上でそのまま契約できる仕組みのことである。定期保険や医療保険、自動車保険など生命保険・損害保険両分野で普及してきている。

ところで、日本人の生命表（死亡表）、罹病率・入院率等の変数などについては、専門の**アクチュアリー**（actuary : 保険計理人）[16]が計算し、最終的に金融庁が確認した「**標準生命表**」に生命保険各社の経験を加味したものを採用しているため、アンダーライターが行う危険選択によほどの差が出ない限り、純保険料部分については他社と大きく異なるものではない（保険会社の能力にあまり左右されない統計や確率に基づく数値で、いわゆる外生変数）。

しかし付加保険料は保険会社の経費がダイレクトに反映される部分であり、営業職員という人を介する場合とそうでない場合の経費の差が顕著に現れる

14　生命保険募集人（媒介）と代理店（代理）では取り扱いが異なるが、実際にはほとんどの生命保険募集人や代理店は損害保険代理店と異なり、代理の権限を有せず媒介するだけのようである。
15　東洋経済新報社（2009、pp. 58-60）を参照されたい。
16　アクチュアリーとは、生存・死亡や事故等の発生率を確率論や統計学を用いて解析して保険料率等を算出したり、発生確率を評価してそれらの影響を軽減することも含めて考える専門家のことである。

部分である。インターネット販売では人件費や事務処理のための固定費が少なくて済み、店舗代などの物件費やシステムコストも安いので、その分全体として相対的に低い保険料で保障を提供することができ、場合によっては4～5倍異なることがあるといわれている[17]。

ライフネット生命（2008年5月営業開始の独立系インターネット専業会社）の場合は、付加保険料を全面的に開示し、付加保険料の透明性を強調した上で、その低価格性を消費者に訴求しているところに特徴がある。

アクサダイレクト生命[18]（インターネット専業会社）はライフネットと異なり、保険金額2000万円以上の高額契約に高額割引を導入し、インターネット上で契約から成約まで可能なところに最大の特徴がある。口座振替を導入し維持費が低いので付加保険料部分も当然に低くなっている。

大手生命保険会社の子会社である生命保険各社（通信販売型ダイレクト生命保険）の場合は、インターネットでの購買が一般的に普及しているところに着眼し、通信販売に抵抗感を持たない若年層を中心に、保険のコストを見直したい顧客層を取り込もうとしている。通信販売は基本的には紙をベースにしたビジネスモデルで、現状では資料郵送型であるといえる。

損害保険分野におけるダイレクト販売（インターネットなど）による収入保険料は全体のわずか8％程度にすぎず[19]、90％超の代理店に大きく差を開けられている。主たる商品は自動車保険で、歴史的には外資系のアメリカンホーム（1997年、2016年事実上撤退）を皮切りに、チューリッヒ（1999年）、アクサダイレクト損保（1998年）、国内損保系のソニー損保（1999年）、SBI損保（2006年）、3メガ損保系の三井ダイレクト損保（1999年）、セゾン自動車火災（2006年、損保ジャパン日本興亜グループ、2019年そんぽ24〔2014年〕を合併）、イーデザイン損保（2009年、東京海上グループ）が設立された。しかし、低価格を武器にしているにもかかわらず、その普及は遅々として進んでいない。

17　東洋経済新報社（2009、p. 59）。

18　2010年2月16日にSBIホールディングス株式会社が保有する株式55％すべてをアクサジャパンホールディング株式会社に譲渡して2010年5月にネクスティア生命保険株式会社に、2013年にアクサダイレクト生命保険株式会社に社名変更した。

19　日本損害保険協会（2019、p. 71）。

7　販売チャネル改革の課題と展望[20]

第1に、保険会社は販売コストの上昇や空費化を抑え、事業費の引き下げが急務になっている。生保会社は特に専属営業職員のターンオーバーの抑制（定着率の向上）が求められ、損保会社も代理店の合理化・効率化による「**販売経費の二重構造**」（4章 p. 142参照）の解消が必須になっている。

第2に、銀行の代理店手数料の増嵩が挙げられる。銀行窓販による収入保険料の増加の実績が販売チャネル側の圧力を高めるからである。銀行窓販は、将来銀行が保険会社を子会社化する**バンカシュランス**（bancassurance）へ移行する可能性も秘めている。日本ではまだヨーロッパのような地位には至っていないが、将来的には金融コングロマリットとして、銀行が保険会社を、保険会社が銀行をその傘下に置くようになる可能性はあるといえる[21]。

第3に、非対面型販売の課題としてアドバースセレクションやモラルハザードの抑制が挙げられる。また、ネット上で契約を成立させる場合のセキュリティや高齢者等のデジタルデバイド（情報格差）の問題もあり、なりすまし契約の防止のための認証の強化などITの成果が急がれている。

第4は、対面型販売の独立系代理店や来店型ショップによる比較情報の有効性を高める必要があることである。比較情報の標準化や共通プラットホーム化が十分に整備されておらず、代理店・顧客双方が商品の適切な比較を行えるような状況にはなっていない。その上、代理店側の手数料が顧客には不明なため、顧客の側に立つのか高い手数料の保険会社の商品を販売しているのか、の判断をつけにくいこともある。

これらの点を踏まえ、問題を含む募集のあり方についての2014年の保険業法の改正は大きな改革を迫る厳しいものとなった。金融庁は委託型募集人だけでなく、乗合代理店の保険募集にも厳罰化の姿勢で臨んでおり、2014年の業法改正で代理店の体制整備が進められることになった[22]。この改正の

20　田畑・岡村（2011、p. 294以下）。
21　保険会社が銀行を子会社化することをアシュルフィナンス（assurfinance）という。

ポイントの概要は次の３点である[23]。なお、(1)(2)は保険募集および保険販売に関する規制であり、(3)は保険募集人に対する規制である。

(1) 「**情報提供義務**」：複数の保険会社の商品を取り扱う乗合代理店は、比較可能な商品の全容を明示した上で、推奨理由をわかりやすく顧客に説明しなければならない（改正保険業法第294条１項)。ただし、手数料の開示は今回の業法改正では時期尚早として見送られた。

(2) 「**意向把握義務**」：顧客の意向を把握して、保険商品の提案から契約に至るプロセスまでも詳細に記録し、後で確認できるようにすること（改正保険業法第294条の２)。

(3) 「**体制整備義務**」：これにより保険募集人等は重要事項の説明、顧客情報の適正な取り扱い、委託管理を含めた業務の適切な運営を確保するための措置を講じなくてはならなくなった。

この他、契約締結後に行う更新や保険料の増減額など「契約保全」についても意向把握などを行うことが求められており、さらに親となる代理店が子の代理店にノウハウを提供するフランチャイズ方式にも適用され、親代理店側に「保険募集人指導」が義務として課せられることになった。

金融庁は、これまでの貯蓄性保険商品（一般の投資信託より手数料が高い）について、手数料ありきで顧客のニーズより販売側の論理で金融サービスを提供しているのではないか、との批判を受け止めて銀行や保険会社に注意を促した[24]。

２章の規制環境でも述べたが、金融庁はこれまでの行政姿勢を変更し、(実態的監督主義：保険自由化前の「裁量行政」「通達行政」、ルール・ベース：金融庁による

22　金融庁としては一社専属代理店であれば保険会社を通してコントロールすることが可能であるが、乗合代理店の場合は複数の保険会社と委託契約しているためコントロールすることが難しい状況にあるとし、直接立入検査をすることになった（改正保険業法第305条関係)。

23　細田浩史「保険業法等の一部を改正する法律の概要」『金融法務事情』2014年８月10日号、週刊ダイヤモンド編集部「改正保険業法の中身が判明　代理店を襲う淘汰の波」2014年３月22日号、東洋経済新報社（2015)。

24　金融庁「金融レポート（平成27事務年度)」p. 67。銀行窓販の主力商品で金融商品取引法の対象となる「特定保険商品」（変額保険、変額年金、外貨建て保険など）の保険（保険業法第300条の２）については2016年から開示されるようになったが、すべての保険の手数料が開示されているわけではない。

基準作りと処分行政）を変更し、プリンシプル・ルール（基本原則：金融庁による公正な業界育成）に舵を切った。そしてこれまでの**フィデューシァリー・デューティー**（Fiducially Duty : FD、「信義誠実」）を「**顧客本位の業務運営**」と名付けて、７つの基本原則を提示している[25]。

その中で、顧客の最善の利益を追求し顧客にふさわしいサービスを提供すること、複数の会社の商品を取り扱う代理店（銀行の窓販を含む）の手数料の明確化と説明責任、保険会社から独立し顧客の側に立った姿勢で親会社以外の会社の商品との間の利益相反を適切に管理（製販分離の方向）すること、などが重要な基本原則とされた。金融庁は、規則で行動を縛るより基本原則に照らした方針を策定させそれをチェックするという、行政任せの行動から自律的な行動による保険業界の育成へと方針を切り替えたのである。

これらに要するコストと労力は相当大きいと考えられるが、保険契約者を保護するためには是非とも必要なことであるといえよう。

練習問題

1　日本でなぜブローカー制度がなかなか定着しないのかについて、文化的要因などを考慮した上であなたの考えを述べなさい。

2　日本の生命保険の募集方法は圧倒的に営業職員によるものであるが、①この体制の長所と短所は何か、②またグローバル化の中で今後どうなっていくか、についてあなたの考えを述べなさい。

3　人を介さないインターネット販売（通信販売を含む）について、その①成長可能性と②限界について、それぞれ箇条書きで列挙しなさい。

■引用・参考文献

石田成則編著（2008）『保険事業のイノベーション』慶應義塾大学出版会

石丸正芳（2009）「銀行等の保険募集解禁とルール構築」『生命保険経営』第77巻１号、生命保険経営学会、pp. 3-24

金融庁（2016）「平成27事務年度　金融レポート」

25　金融庁（2017）「顧客本位の業務運営」平成29（2017）年３月30日に確定し公表。

金融庁（2017）「顧客本位の業務運営」（平成29年3月30日）
生命保険協会『生命保険の動向』（各年度版）
生命保険文化センター（2015）『生命保険に関する全国実態調査〈速報版〉（平成25年度）』
生命保険文化センター『生命保険ファクトブック』（各年度版）
III 米国保険情報協会・損保ジャパン日本興亜綜合研究所（現SOMPO未来研究所株式会社）訳『インシュアテンス　ファクトブック』（各年度版）
高森徹・内田真穂（2017）「イギリス、ドイツ、フランスの損害保険市場の動向とフランスの民間介護保険」『損害保険ジャパン日本興亜総研レポート』Vol. 70、pp. 74-96
田畑康人・岡村国和編著（2011）『人口減少時代の保険業』慶應義塾大学出版会
出口治明著（2009）『生命保険はだれのものか』ダイヤモンド社
東洋経済新報社『週刊東洋経済臨時増刊生保・損保特集』（各年版）
庭田範秋編著（1992）『保険経営学』有斐閣
日本損害保険協会（2017a）『バイヤーズガイド』
日本損害保険協会『ファクトブック　日本の損害保険』（各年度版）
保険研究所『インシュアランス生命保険統計号』（各年版）
堀田一吉・岡村国和・石田成則編著（2009）『保険進化と保険事業』慶應義塾大学出版会
金融庁金融審議会（2012）「保険商品・サービスの提供の在り方に関するワーキング・グループ（第4回事務局説明資料2）」（2012年9月27日）
日本損害保険協会（2017b）「募集形態別データ」（「募集チャネル別代理店数の推移」「募集チャネル別募集従事者数の推移「募集形態別元受正味保険料割合表」「代理店数、取扱保険料、募集従事者数の内訳」、日本損害保険協会HP）
Association of British Insurer（2015）*General Insurance Statistics: Total Market Statistics 2015.*
Fédération Française de L'Assurances（2014）*Tableau de Bord de l'assurance en 2015.*
GDV（2016）*Statistishes Taschenbuch der Versisherungswirtschaft 2016.*
Porter, M. E.（1980）*Competitive Strategy: Techniques for Analyzing Industries, and Competitors*, The Free press.
Porter, M. E.（1985）*Competitive Advantage: Creating and Sustaining Superior, Performance*, The Free press.

4章

損害保険業の収益構造
—保険収益を中心として

〈キーワード〉
アンダーライティング・サイクル、コンバインド・レシオ、市場のハード化、市場のソフト化、キャッシュフロー・アンダーライティング、投資依存型経営、損害率、事業費率、営業収支残、販売経費の二重構造、経常収益、経常費用、当期純利益、積立型保険、積立保険料等運用益振替、未経過保険料、支払備金

1　保険収益とアンダーライティング・サイクル

1）アンダーライティング・サイクルの発生過程

アンダーライティング・サイクルとは、損害保険業において周期的（5年から8年）に発生する保険収益の波のことをいう。この現象は古くから認識されてきたが、原因については諸説[1]があるため特定しにくい。

保険会社は、リスクを引き受けるために一定水準の剰余金（surplus）を確保していなければならない。この財務的クッションのことを引受キャパシティ（引受能力）という。キャパシティは、巨大損害が発生したり集積・累積リスクが実現したりすると減少し、引受能力が低下する。この場合、一般的には価格（保険料率）を引き上げることで対処することが多い。その他にも純利益の増加（リスクマネジメントの強化）、投資収益の確保、あるいは再保険やCAT Bond（catastrophe bond：キャットボンド）などを活用することによって

1　アンダーライティング・サイクルが発生する理由として、①価格競争説（competition theory）、②キャパシティ制約説（capacity constraints theory）、および保険業に固有の制度的要因（保険料前払い）によって次回の保険契約へのズレ込みから発生する、③会計サイクル説（accounting cycle theory）などが1970年代後半から注目されてきた。詳しくは庭田（1989、pp. 206–210）「第4章」（岡村担当箇所）、Cummins & Outreville（1987）、Wang et. al（2010）を参照されたい。

図表Ⅱ－４－１　アンダーライティング・サイクルの概念図

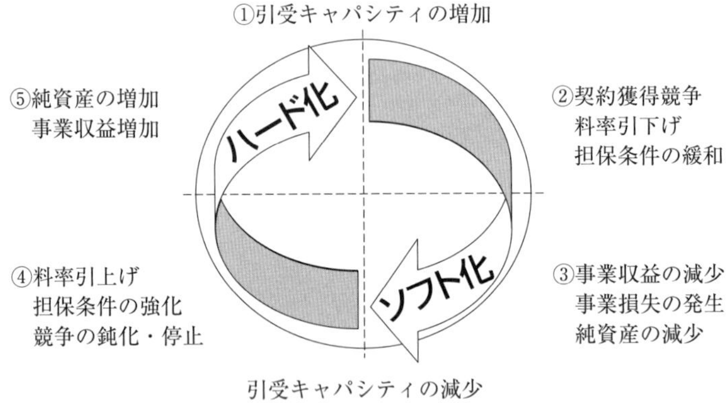

（筆者作成）

回復しようと試みられる。このように、アンダーライティング・サイクルは、多くの場合は剰余金の増減と料率（価格）競争による料率の引下げや引上げを行う行為から生じていると考えられる[2]。

以下、図表Ⅱ－４－１を用いてこの現象（①～⑤の循環）を説明する[3]。

①引受キャパシティ（引受能力）がある時期には、損害保険会社の純資産である契約者剰余金（policyholder's surplus）が増加し、競争環境が整う（供給過剰状態）。

②このため、「料率引下げ」および「アンダーライティング基準の緩和（引受条件の緩和・拡大）」を中心に競争が展開される。この状態を**市場のソフト化**または**ダウン・サイクル**期という。

③過大な料率の引下げが行われると、保険収益が減少する。この結果、損害率と経費率の合算値コンバインド・レシオ（conbined ratio：合算比率）が悪化して事業損失の発生へとつながる（引受キャパシティの減少）。

④保険会社の引受キャパシティが減少すると、上記のような競争は衰退し、競争環境の修正が始まる。アンダーライティング基準の引上げ・強化、

2　III 米国保険情報協会（2011、p. 42）。
3　図表Ⅱ－４－１で、上半分（適切な料率水準の領域）と右半分（適切なキャパシティの領域）の状態であれば市場は健全な状態に近いといえる（下半分と左半分はその逆）。

料率引上げなどにより**市場のハード化**が起こり、**アップ・サイクル**期（供給過少状態）に転じる。

⑤純資産の増加により再び競争環境が整えられる。

以下繰り返し①から⑤を循環する。

アンダーライティング・サイクルの発生は、「損害保険業に料率（価格）競争」が存在することを示すものであり、損害保険市場における企業数および競争や規制の状態を測る上でも重要な概念である。

2）アンダーライティング・サイクルが日本でみられにくい理由

①保険会社数の絶対数およびその変動が少ないこと。

②近年までの協定料率による過度の競争の抑制、および日本の損害保険市場では、料率自由化に伴う経年変化の観察データが不足していること。

③自動車損害賠償責任保険のように、一見して収入保険料に年度ごとの波がみられるが、これは本来の意味でのアンダーライティング・サイクルではない（自賠責保険は強制かつノーロス・ノープロフィットである）。

④日本の損害保険市場の「安定性」を評価することもできるが、反面、価格競争の抑制によるデメリットにも必ず留意しなければならない。

これらのサイクルを変調させるものとして、**キャッシュフロー・アンダーライティング**（cashflow underwriting）の存在を挙げることができる。そこで問題になるのは、料率設定に投資収益を見込むかどうかで波形が変わってくることである。本来の考え方からすれば、保険業の事業収益（保険収益）をみるための尺度であるから、投資収益は含まない。また、いわゆるロングテイル（賠償責任保険など、訴訟などのために事故から保険金支払いまでの期間が長い）保険や**遡及保険**（backdated insurance）により波長が狂うこともある[4]。

このように、サイクルの波形を乱す要因については、上記の保険収益と金

4　遡及保険とは、事故が発生した後に保険料を支払う保険のことである。賠償責任保険などで事故が発生し、保険金を支払うことになった保険会社から、予想される支払い保険金より低い保険料で、他の保険会社が保険金を支払うべき契約のロス・リザーブ（支払備金に相当）を買い取ること。その目的は訴訟が長期化すると予測し、その間に受け取った保険料を運用して投資収益を得ることにある。詳細は庭田（1989、p. 210）「第4章」（岡村担当箇所）を参照されたい。

融収益の関連をみなければならない。ここで重要なことは損害保険業の収益構造の理解である。そこで保険収益と金融収益の二大収益に分けて整理してみよう。まず、サイクルの本体は損害保険業の事業損益（保険収益）であるから、このサイクルの乱れを理解するために、変調する要因を整理して、タテ方向（すなわち収益または損失の程度）に関する要因およびヨコ方向（すなわち期間の長さ）に関する要因に分解するとわかりやすい。

タテ方向に関しては、巨大損害・巨大自然災害（台風、ハリケーン、トルネード、地震、大火災、航空機事故、2001年の9.11アメリカ同時多発テロ〔以下、同時多発テロ〕など）が挙げられる。またヨコ方向に関しては、期間のズレが主因であるからサイクル変動のタイミングなど、以下のような原因が挙げられる。

①保険収益の減少をカバーする金融収益の存在により、ダウン・サイクルからアップ・サイクルに移行する時期がずれ込む場合。

②新種商品やイノベーション（ITなど）による経営効率の改善によって、ダウン・サイクルからアップ・サイクルに移行する時期がずれ込む場合。

③競争制限的環境（規制など）によって、アップ・サイクルからダウン・サイクルへの移行がずれ込む場合。

なお、日本独特の積立型保険などの金融商品については、収入積立保険料等運用益が投資収益（金融収益）ではなく、保険収益にカウントされているので、①のように、サイクルの本体である保険引受収益の構造自体がこのことによって変容し「保険業の二大収益」の構造自体も変化することになる。

損害保険業の本質的業務が経済的保障（補償）というサービス提供にあるとするなら、派生的業務であるべき投資活動（金融収益）と区分すべきである（実際アメリカでは明確に区分されている。図表Ⅱ－4－3参照）。しかし、積立型保険の存在により保険収益にバイアスがかかり、本来業務と基幹収益の「ねじれ現象」が生じてしまっている。このことは重要な点であり、日本の損害保険業の本質的業務の中に投資活動（本章p.143に示す積立型保険の収入積立保険料等運用益の振替）を組み込んでいることを考慮してこの影響を除去しておかないと、日米の経営状況を直接比較できなくなることになる。

3）投資依存型経営

保険業の収益は保険収益と金融収益の二大収益で構成され、この２つを合計したものを損害保険業では総合損益または合算損益と称している。図表Ⅱ－４－２はアメリカ損害保険業の合算損益の変化を示したものである。合算損益（その他の雑収入等を調整した後の税引き後のもので、●のドットをつないだ線）は、保険収益である保険引受損益（契約者配当控除後のもので、■のドットをつないだ線）と金融収益である投資収益（投資経費等控除後のもので、▲のドットをつないだ線）を合算して得られる。合算損益は、金融収益（投資収益）の貢献により、保険収益の赤字を吸収してさらに全体として黒字にしていたが、2001年の同時多発テロによる保険収益の赤字を吸収できず、損害保険業全体として赤字が発生した。このため、保険引受の財務的クッションの役目を果たす**契約者剰余金**の積み増しも大幅に減少したが、2006年には大幅に改善した。

アメリカ損害保険業の保険収益の特徴は、2005年まで傾向線が緩やかなアンダーライティング・サイクルの波形を描いていること、およびほとんど

図表Ⅱ－４－２　アメリカ損害保険事業の事業成績（1983〜2017年度）（単位：10億ドル）

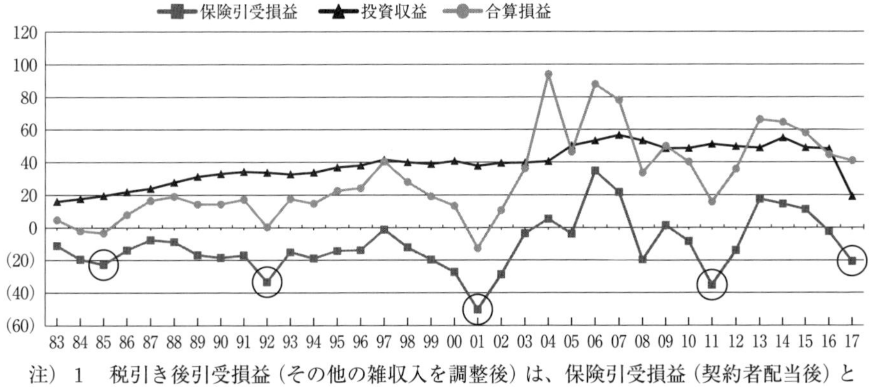

注）１　税引き後引受損益（その他の雑収入を調整後）は、保険引受損益（契約者配当後）と投資収益（投資経費控除後）を合算したもの。
２　各年度とも州基金を除く。

出所）*Best's Aggregates & Averages–Property/Casualty–United States & Canada*（各年度版）、III 米国保険情報協会・損保ジャパン日本興亜総合研究所（現SOMPO未来研究所株式会社）訳『ザ・ファクトブック』『インシュアランス　ファクトブック』（各年度版）に基づいて筆者作成。

の年が赤字であるところにある。また図中の丸で囲んである5カ所は、1980年代半ばの賠償責任保険をめぐる保険危機による赤字、1992年および2008年の巨大自然災害（ハリケーンや竜巻など）による赤字、2001年の同時多発テロによる赤字、2011年に生じた複数のトルネード（竜巻）損害の累積による赤字であって、それぞれ波形の底になっている。投資収益については緩やかな右肩上がりの単調増加傾向を示していたが、2005年以降は急激に増加している。

アメリカ損害保険業のように、巨額かつ恒常的な保険引受損失を堅調な投資収益で補塡し、全体として黒字に転じさせるような経営を**投資依存型経営**といい、投資収益の黒字を前提として赤字の保険引受を容認する経営行動をキャッシュフロー・アンダーライティングという。

2　保険収益とコンバインド・レシオ

損害保険業全体の収益は前述した保険収益と金融収益の合計であるが、コンバインド・レシオ（combined ratio：**合算比率**）は保険収益の状況を知るための簡易指標として優れた考え方である。

①収入保険料は理論的には「純保険料」と「付加保険料」に分解できる。

②「純保険料」は支払い保険金（＋損害調査費）に充当され、「付加保険料」は事業費・経費に充当される。

③「収入保険料」＝「純保険料」＋「付加保険料」について、両辺を収入保険料で除す。右辺第1項は$\frac{\text{純保険料}}{\text{収入保険料}}$、右辺第2項は$\frac{\text{付加保険料}}{\text{収入保険料}}$となり、前者は損害率（収入保険料のうちどれだけ保険金として支払ったか）、後者は事業費率または経費率（収入保険料のうちどれだけ事業費として使ったか）といわれる。

④コンバインド・レシオは、文字通り損害率と事業費率の合算値である。

$$1=\frac{\text{純保険料}}{\text{収入保険料}}+\frac{\text{付加保険料}}{\text{収入保険料}}=\frac{\text{支払保険金（＋損害調査費）}}{\text{収入保険料}}+\frac{\text{支払事業費}}{\text{収入保険料}}$$

図表Ⅱ-4-3　日米コンバインド・レシオの推移（2004～2016年度）

（%）

日本			
年度	正味損害率	事業費率	コンバインドレシオ
2004	63.6	32.6	96.2
2005	60.6	32.1	92.7
2006	62.0	32.2	94.2
2007	58.3	33.2	91.5
2008	66.6	35.1	101.7
2009	68.1	35.0	103.1
2010	67.5	34.6	102.1
2011	**83.4**	33.8	117.2
2012	70.4	33.0	103.4
2013	64.1	32.1	96.2
2014	62.3	32.2	95.5
2015	59.9	32.1	92.0
2016	63.4	32.1	95.5
2017	61.5	32.6	94.1
2018	69.1	32.5	101.6

アメリカ			
年度	正味損害率	事業費率	コンバインドレシオ
2004	72.7	25.2	97.9
2005	**74.6**	25.8	100.4
2006	65.2	26.4	91.6
2007	67.7	27.3	95.0
2008	**77.1**	27.5	104.6
2009	72.5	28.0	100.5
2010	73.5	28.3	101.8
2011	**79.3**	28.4	107.7
2012	**74.2**	28.2	102.5
2013	67.3	28.2	95.6
2014	68.7	27.8	96.5
2015	69.2	28.1	97.3
2016	72.3	27.9	100.2
2017	75.9	27.3	103.2
2018	－	－	－

注）1　アメリカ損害保険のコンバインド・レシオは、州基金および残余市場保険会社を除く、契約者配当前の数値。
2　太字　日本は「東日本大震災」、アメリカはハリケーン「カトリーナ（2005）、アイク（2008）、アイリーンおよびそれに伴う洪水（2011）、異常気象多発（2012）」等。

出所）日本損害保険協会『損害保険ファクトブック』（各年度版）、III 米国保険情報協会・損保ジャパン日本興亜総合研究所（現SOMPO未来研究所株式会社）訳『インシュアランス　ファクトブック』（各年度版）。

= **損害率** loss ratio + **事業費率** expense ratio
- ＞　100%（赤字）
- ＝　100%
- ＜　100%（黒字）

ここで、損害率[5]は「損害調査費」を含む場合と含まない場合の2通りの考え方があり、また事業費は「諸手数料・集金費＋保険引受に係る営業費・一般管理費」等を含む。

⑤この考え方は非常に応用範囲が広く、図表Ⅱ-4-3のように損害保険業全体の国際比較だけではなく、国内の損害保険業界内の各社比較、各保

険種目（自動車保険、火災保険など）の会社別の比較にも応用できる。

⑥この関係はあくまでも保険収益についての簡易指標であり、金融収益は含まれないことに注意を要する。

また、コンバインド・レシオからは「100%－コンバインド・レシオ」により**営業収支残**が得られ、かつその黒字や赤字の度合いを判定することができる。それだけではなく、図表Ⅱ－4－3からも読み取れるように、黒字である場合でも、損害率と事業費率のどちらの影響によるものなのかなどが分析できる。日米比較では、近年を除き、全体として日本は一貫して黒字基調でアメリカは赤字基調であった。また日本は損害率が低く事業費率が高いこと、アメリカは損害率が高く事業費率が低いことも特徴である。

コンバインド・レシオを引き下げて黒字化するには、基本的には分母になる収入保険料を増加させ損害率と事業費率を低下させることであるが、この双方のバランスを図りながら低下させなければならない。

経費率の引下げについては通常、価格競争が厳しい場合には経費率が圧縮されるので、経費率が低いことはそれだけ価格競争が激しいことを意味している。日本の場合に特に問題になっているのは、いわゆる「**販売経費の二重構造**」問題である。これは、保険会社の営業職員が代理店業務を代行・補助などすることにより、保険会社の経費と代理店の経費が二重化することを指している。保険会社にとって代理店問題の中心的かつ喫緊の改善課題である。

損害率の引下げについては、損害率が高いことは保険金支払い（総額）が大きいことを意味するが、この原因がアンダーライティングの脆弱性（リスク選択能力が低い）によるのか、保険金支払いが過多なのかなどの判断が必要である。逆に損害率が低い場合には原価相当分（純保険料）が高いのか保険

5　さらに詳しく述べると、損害率の計算は収支を発生主義的に捉えるか遠近主義的に捉えるかによって以下の3種の計算方法に分かれる。日本では一般的に①が広く使われている。①リトン・ベイシス（written basis）($\frac{\text{当該期間中の支払保険金}}{\text{一定期間中の収入保険料}}$)、②ポリシー・イヤー・ベイシス（policy year basis）($\frac{\text{当該年度契約の発生保険金}}{\text{当該年度契約の保険料}}$)、③インカード・ツー・アーンド・ベイシス（incurred to earned basis）($\frac{\text{当該責任期間中の発生保険金}}{\text{当該責任期間中の経過保険料}}$)。嶋倉（1982、pp. 77–83）、大谷（2007、p. 90）。

金支払いが厳しいのか、などの判断基準になるであろう。

アメリカの損害率については近年改善されつつあるが、依然として相対的に高い。これには複雑な理由があり、その主たる要因は自然災害の多さと医療制度にある。アメリカは日本と異なり公的医療保険・医療保障が制限[6]されていることが指摘されている。アメリカでは高齢者・障害者または低所得者が公的医療保障の対象となっており、ほとんどの者（65歳未満かつ低所得者でない者）は公的医療の対象にはならない（この点日本では国民皆保険の下で健康保険などが下支えになっているが、健康保険の赤字は深刻である）。そのため、アメリカでは公的医療保険に相当する部分の一部が民間医療保険（健康保険）で代替されるので、保険料が高く無保険者が比較的多いことでも有名である。これらの事情から、民間医療保険には絶えず保険料引下げ圧力がかかり、赤字になりやすいのである[7]。

日本の損害率については、2008年度以降、上昇傾向にある（2011年度に急上昇しているのは東日本大震災による）。この主たる要因は自動車保険と第三分野保険の損害率の上昇によるものと考えられる[8]。特に第三分野保険は損害保険の中でも「利得禁止」の原則が働きにくい領域であり、保険契約者・保険会社の双方にモラルハザードが生じやすい。契約者にとっては保険価額が不確定であるので契約時に高い保険金額を設定することが可能であるし、保険事故のコントロールも他の保険種目よりは心理的抵抗が少ないこともその理由の一つである。また、保険会社からすれば保険金支払い条件の厳格化に対する圧力が強いため、保険金支払いをめぐるトラブルが多発しやすくなる。

アメリカにおける多くの損害保険会社がコンバインド・レシオを保険業の

6　アメリカの公的医療保険はメディケアとメディケイドの2種類あるが、前者は65歳以上を対象とする高齢者と障害者のための医療保険であり、後者は連邦政府と州政府が共同出資する低所得層向けの「医療扶助」を指す。詳しくはⅣ部を参照されたい。

7　アメリカでは民間健康保険のほとんどを健康保険を主たる業務とする保険会社が引き受けている。生命保険会社や損害保険会社が健康保険を引き受けることはあるが、傷害・健康保険の区分に入るため、収入保険料の割合でみると、2017年度は健康保険会社が6701億ドル、生命保険会社が1908億ドル、損害保険会社が65億ドルであり、損害保険会社の役割は圧倒的に低い。III米国保険情報協会（2019、p. 49）

8　コンバインド・レシオの引下げを損害率の改善に求める場合、保険金支払いの厳格化が考えられるが、これが行きすぎると、近年問題にされている保険金不払いなどが生じやすくなる。

有効な指標としてきた背景には、投資収益が常に保険会社の総合収益の牽引車的役割を果たしてきたことが挙げられる。つまり、たとえコンバインド・レシオが100%を上回っていても（赤字）、いつでも投資収益でカバーできると考えているということである。

図表Ⅱ－4－3のコンバインド・レシオの値だけによる判断でも保険収益の黒字・赤字が大まかに判断できる。しかしながら経営の中身や質を知るためには、実はコンバインド・レシオを構成している損害率と経費率のバランスを分析することが重要であると理解すべきである。コンバインド・レシオの構成を分析することによって多くのことが引き出せるであろう。

3　日本の損害保険業の収益構造の特徴

1）損害保険会社の決算の仕組み

損害保険会社の決算の仕組みを概観するには、図表Ⅱ－4－4のように4つのブロックでみるとわかりやすい。ただし簡略化したイメージ図であるため会計学的に厳密であるとはいえないので注意を要する。

①まず、各ブロックをそれぞれ［1］保険引受収益、［2］資産運用収益、［3］保険引受費用、［4］資産運用費用、と示す。

②保険引受利益は［1］保険引受収益から［3］保険引受費用を控除して得られるので、図中でタテに［1］－［3］から「(a)保険引受に係る営業費および一般管理費」を控除し「(b)その他収支」を加えて得ることができる。

③資産運用利益は［2］資産運用収益から［4］資産運用費用を控除して得られるので、図中タテに［2］－［4］で得られる（ただし(a)を調整している）。

④**経常収益**は保険引受収益と資産運用収益の合計値であるから図をヨコにみて［1］保険引受収益＋［2］資産運用収益として得られる。

⑤**経常費用**も同様に費用の合計として［3］保険引受費用＋［4］資産運用費用で得られる。

⑥経常利益は経常収益から経常費用を控除して得られる。

⑦**当期純利益**は⑥経常利益に特別損益を加え、(c)法人税および住民税、法

図表Ⅱ－4－4　損害保険会社の決算の仕組み

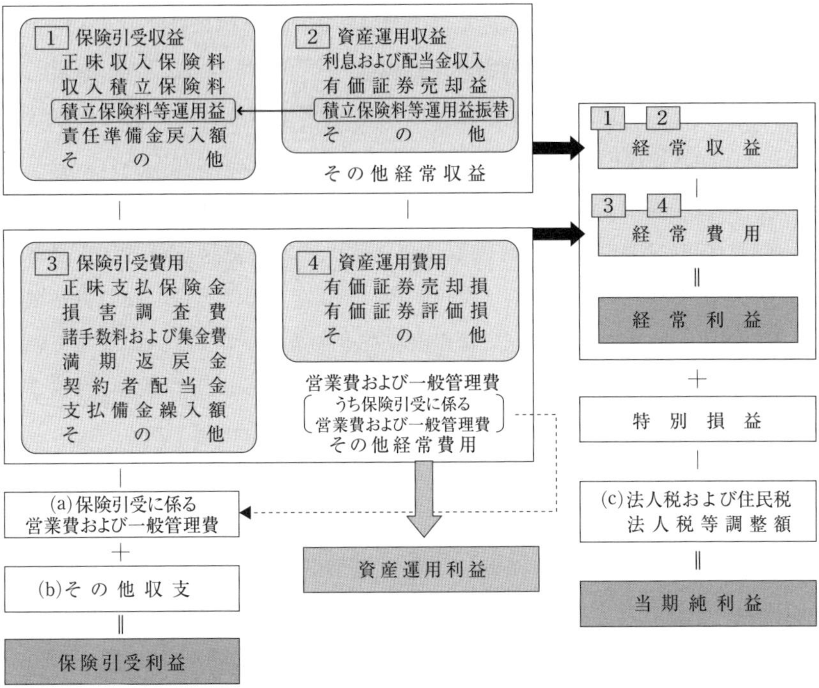

出所）損害保険各社の決算報告書およびディスクロージャー資料等に基づいて筆者作成。

人税等調整額を控除して得られる。

2）日本の損害保険の収益構造の特徴

日本の損害保険業の収益構造は、きわめて特異な構造になっている。その理由は、世界でも例のないわが国独特の**積立型保険**の存在によるものである。しかも収入積立保険料を運用して得られた収入**積立保険料等運用益**については、1981年度以前と1982年度以降について取り扱いが異なっており、この取り扱いの変更前後で明らかに収益構造が変化したからである[9]。その変化とは、1981年度までは積立保険料等運用益は事業外損益つまり資産運用収

9　詳細については、庭田（1989、p. 202以下）「第4章」（岡村担当箇所）を参照されたい。

益の中で取り扱われていたのであるが、1982年度以降はこれを事業収益つまりここでいう保険収益に組み込んだことである。具体的には図表Ⅱ-4-4の資産運用収益中の**積立保険料等運用益振替**（□で囲ってある部分）を示しており、このため、1982年度以降は本来なら資産運用収益の一部であるはずの積立保険料等運用益が、保険収益にカウントされるようになった。

この影響により1982年度以降は、保険収益がマイナスからプラスに転じている。1981年度以前は、保険収益がマイナスで金融収益がプラスであり、総合収益がプラスの産業であった点に関してはアメリカと同じ投資依存型経営であったといえよう。現在では保険収益も金融収益もプラスになっているため、典型的な投資依存型経営とはいえないであろうが、本質的には積立保険料等運用益の振替が保険収益に寄与していることは事実である。

積立型保険はその構造上、一契約の保険料中に占める積立保険料部分が圧倒的に大きく、全体の90%から95%を占めているといっても過言ではない[10]。掛捨型保険の資産運用原資は責任準備金（**未経過保険料**）と**支払備金**（事故が発生し保険金を支払うことは確定しているが、訴訟などで額が確定していない契約についての準備金）が中心であるが、積立型保険では保険料のほとんどを占めるのが積立保険料であるから、その運用原資も当然に大きい。

ではなぜこのような操作を行うようになったのであろうか。考えられることは、高度成長期において、積立型保険を導入することによって損害保険会社の金融収益の運用原資を増やすことと、他方で家計分野の保険の普及を図るという、一石二鳥の役割を果たす材料になり得たからであろう。これは企業物件に積立型保険が仕組まれていないことをみても明らかである。しかしながら、損害保険は合理的に考えれば経済的保障を得るための保険料を対価とする等価交換の費用であって、決して貯蓄ではないのである。

ところが残念なことに、家計においては今なお「掛け捨ては損」であるとか「事故が生じなくて保険金を受け取ることがなければ保険の効用がない」と受け取られることが多いようである。これは明らかに誤りである。積立型

10　積立型保険は損害保険業の経営を変容させたといえるが、これについては、岡村（1993）を参照されたい。

コラム ●●●●●●●●●●●●●●●●●●●●●●●●

積立型保険の保険性について

積立型保険は事故が生じた時は保険金が、事故が生じない時は満期返戻金がそれぞれ支払われるため、その機能が養老保険に似ているといわれる。これは明らかに誤りである。積立火災保険を例にとれば、家屋が全焼すれば火災保険金が支払われる。そして事故が発生せず満期になれば「**満期返戻金**」を受け取ることができる。ここまでは確かに養老保険と似ている。しかし火災保険金（契約金額の80％以上）を受け取った時点でこの契約は「全損失効」（契約終了）し、「満期返戻金」もこれまで積み立てた分も一切支払われない。これを知らない人はびっくりするだろう。

養老保険は生死混合（または生死合体）保険で事故は死亡と生存しかないから、死亡すれば「死亡保険金」、生存していれば「生存（満期）保険金」、つまり必ずどちらかの保険金を受け取ることができる。積立型保険の場合は、満期を条件とする満期返戻金（満期保険金といわないところに注意）なので、途中で「全損失効」すれば、満期にならない（掛け捨て状態）ため、満期返戻金は支払われないのである。ただし、これまでの積立金は事故が起きずに満期となる他の契約者の「満期返戻金」に上乗せ（いわゆるトンチン積立）され、保険会社が取得するわけではない。この確率は「契約残存率（＝火災発生率の裏返し）」であり、これがあるため銀行の定期預金等とは異なり、保険の仲間になるのである。すなわち、積立保険料に対応するリスクは、（火災保険など本体の）事故が発生しないこと（満期になる）であり、その確率は「契約残存率」である、と一応説明することができる。しかし、なぜ「満期保険金」ではなく「満期返戻金」なのかは、いまだ聞いたことがない。

●●●●●●●●●●●●●●●●●●●●●●●●●●

保険は確かに保険の普及には役立ったが、その反面、いわゆる「保険思想の普及」「保険の機能の理解」を大きく後退させてしまったといえよう。

他方、保険会社についてはどうか。積立型保険の導入により日本の損害保険会社の資産運用はその額において飛躍的に増加した。しかし、バブル崩壊後の金融機関全体の経営悪化の影響を受け、金融収益に過度に依存した保険会社は生命保険業・損害保険業を問わず経営を悪化させている[11]。そのため、積立型保険の元受正味保険料は、1996年の3兆1663億円をピークとして年々減少し、2018年にはピーク時の10分の1の3138億円になった[12]。

11　保険会社の経営破綻は生・損ともにすべて金融・資産運用関連であり、危険率測定の誤りによる経営破綻は一社もない。なお、近年は積立保険の販売停止が相次いでいる。

12　保険研究所（各年版）および日本損害保険協会（各年度版）による。

練習問題

1　アンダーライティング・サイクルの発生メカニズムを説明しなさい。
2　コンバインド・レシオの内容とその特徴を説明し、コンバインド・レシオの考え方はどういうことに利用できるのかを例を挙げて説明しなさい。
3　日米のコンバインド・レシオの違いから①日米の損害保険業の収益構造の違い、②日米の損害保険業の経営戦略の違い、③日米の損害保険市場の消費者（契約者）の損害保険に対する考え方の違いについて説明しなさい。
4　積立型保険の「積立保険料」部分について、これを保険料と考えるとき、①対応するリスクは何か、②なぜ「満期保険金」ではなく「満期返戻金」なのかについて、あなたの考えを述べなさい。

■引用・参考文献

大谷孝一編著（2007）『保険論』成文堂

岡村国和（1993）「積立型保険をめぐる損害保険の変容に関する考察」『三田商学研究』第36巻1号、慶應義塾大学商学会、pp. 165–184

嶋倉征雄著（1982）『損害保険料率算定の基礎知識』損害保険企画

III 米国保険情報協会・損保ジャパン日本興亜綜合研究所（現 SOMPO 未来研究所株式会社）訳『インシュアランス　ファクトブック』（各年度版）

日本損害保険協会『損害保険ファクトブック』（各年度版）

庭田範秋編著（1989）『保険学』成文堂

保険研究所『インシュアランス損害保険統計号』（各年度版）

水島一也著（2006）『現代保険経済（第8版）』千倉書房

Best's Aggregates & Averages – Property/Casualty – United States & Canada（1983–2016）A. M. Best. Co.

Cummins, J. D. & Outreville, J. F.（1987）An International Analysis of Underwriting Cycle in Property–Liability Insurance, *Journal of Risk and Insurance*, No. 54.

Feldblum, Sholom（2001）*Underwriting Cycles and Business Strategies*, CAS Proceedings.

Wang, S. S., Major, J. A., Pan, C. H. & Leong, J. W. K.（2010）*U. S. Property–Casualty: Underwriting Cycle Modeling and Risk Benchmarks*, Joint Reserch Paper of Risk Lighthouse LLC and Guy Carpenter & Company, LLC.

5章

生命保険業の収益構造

〈キーワード〉
危険保険料、積立保険料、保険料積立金、二大収益三利源、基礎利益、三利源、死差益（危険差益）、費差益、利差益、標準生命表（死亡保険用、年金開始後用、第三分野用）、規模の経済性、特化、予定利率、基礎利回り、割引率、契約者配当、高料・高配、低料・低配、無配当保険、標準利率、標準責任準備金制度、平準純保険料式（責任準備金）、チルメル式（責任準備金）、有価証券収益、解約返戻金、責任準備金繰入額、キャピタル損益、臨時損益

1　保険業の総合収益（二大収益）

保険業の収益構造は基本的には単純であり、保険部門と金融部門の収益を合算したものである。ところで保険料は純保険料と付加保険料[1]に分解でき、純保険料はさらに長期保険の場合には**危険保険料**と**積立保険料**（**保険料積立金**）に分解されるので、次のように表すことができる。

（営業）保険料＝「純保険料（危険保険料＋積立保険料）」＋「付加保険料」

保険業の業務の流れでみれば、保険収益は保険業の本来的業務から生じるものであって、保険料を受け取って保険金を支払い、さらに事業に要した費用を差し引いて残った収支残（ただし、未経過保険料を除く）である。そのため、純保険料は保険会社にとって保険の原価に相当する部分であるといえる。

保険収益は、危険差損益（生命保険では死差損益あるいは単に死差益ともいうが、第三分野保険については死亡のみではないので、厳密には危険差損益という方が正しい。しかし以下では慣例により死差益を用いることにする。）と費差損益とを合計したも

1　付加保険料は主として①新契約費、②契約維持費、③集金費などに充当される。②③は契約期間全期にわたって利用されるが、①新契約費は文字通り後年の分まで前借りしており、そのほとんどが初年度に営業職員の報酬として使用される。このため新契約が減少すると一時的に費用構造が改善するという奇妙な現象が生じる。

図表Ⅱ－5－1　生命保険会社の収益分析

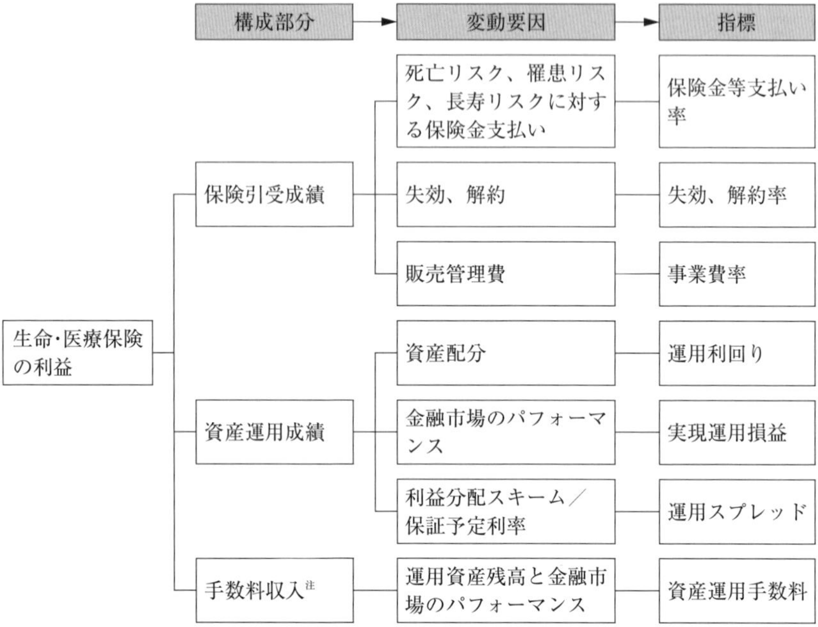

注）保険契約者が運用リスクを負担する貯蓄型の保険商品の場合、生命保険会社の主な収入源は手数料収入になる。
出所）*Sigma*（2012、p. 23）.

のである。契約者が支払う保険料は、保険金に充当すべき純保険料部分と経費に充当すべき付加保険料部分の２つに内部的に分解される（ただし、内訳は公表されていない。）。危険差損益はこの純保険料総額と支払保険金総額との差額であり、費差損益は付加保険料総額と実際に支払った経費との差額である。また金融収益は、収入保険料のうち、将来保険金として支払うまでの間積み立てておくべき「**責任準備金**」等を運用して得られる収益である。

以上を総合すると、保険業の収益は、保険収益（危険差損益、費差損益）と金融収益（利差益・投資収益）の「**二大収益三利源**」とまとめることができる（図表Ⅱ－5－1参照。同表中、「手数料収入」は便宜上、資産運用収益の一部と見なしている）。なお、以下において特に断りのない場合には、死差益、費差益、利差益（無配当保険の場合は資産運用収益）の用語を用いる。

2　三利源と生命保険会社の行動

①死差益、②費差益、③利差益の**三利源**（図表Ⅱ－5－2）は、生命保険業にとって基本的な利益源泉であるため、「**基礎損益**」といわれている。基礎利益は生命保険会社の基本的な収益力を示すフロー指標である。

1）死差益（危険差益）

死差益は、基本的には死亡率や生存率等の統計値に基づいて算出されるものであるので、保険会社は簡単に操作できるものではない。なぜなら、予定死亡率の基礎にすべき「生命表」[2]は、金融庁が定めた「**標準生命表**」（保険業法により、金融庁は生命保険各社の被保険者のデータに基づいて日本アクチュアリー会が作成した3種類の〈標準生命表〉を標準にすると定めている）を各社がそのまま使用するか、または自社の経験に基づいて若干修正して使用するからである。しかしまったく操作できないわけではない。危険分布の状態を勘案して、各社のアンダーライターがグッドリスク（平均より健康の者）を選択して引き受ければよいからである[3]（ただし選択にはコストがかかるので、過度な審査はかえって経

図表Ⅱ－5－2　三利源の構成

(1)基礎率 保険料算出のために予定している率	**●予定死亡率** 過去の統計をもとに、男女別、年齢別の死亡者数を予測し、将来の保険金支払いに必要な危険保険料を算定するときに用いる死亡率。	**●予定事業費率** 保険会社は保険業の運営上必要な経費をあらかじめ見込んで保険料の中に組み込んでいるが、この割合を予定事業費率という。	**●予定利率** 保険会社は資産運用によりあらかじめ一定の運用収益を見込み、その分保険料を割り引いているが、この割引率を予定利率という。
(2)実績 実際の保険業の支払い費用	●実績の死亡率 実際の保険金の支払い金額に影響する。	●実績の事業費用 経営努力などによってコントロールできる。	●実績の運用利回り 金融市場の動向などによって左右される有価証券等からの配当や利息収入等。
基礎損益	①**死差益**（損） 保険収益　(1)－(2)	②**費差益**（損） 保険収益　(1)－(2)	③**利差益**（損） 金融収益　(2)－(1)

（筆者作成）

2　日本アクチュアリー会の標準生命表のほかに、厚生労働省が国勢調査に基づいて作成する人口動態統計による「完全生命表」（5年ごとに作成する確定版）と「簡易生命表」（毎年作成する概数版）がある。

費が嵩み保険料が高くなる可能性がある)。

もう一つは保険技術上の重要事項である**大数の法則**を十分に発揮するような大量の契約を蓄積・確保することである。契約件数の拡大は保険経営にとって基本であり、保険技術的要請でもある。このことは公的保険でも逃れることはできない(公的保険は統計・確率の技術的安定を図るために強制保険化して大量の契約を確保している)。

これまでのことをまとめると、死差益はいわば予定死亡率に関わる危険保険料の関数であるから以下のような要因で変化する。①死亡率や生存率、入院率(罹病率など)の変化に敏感に反応する。②現在、生命保険会社の死亡率(生存率)は、定期保険、年金、医療保険等の第三分野の保険などで異なる死亡率が使用されているので、そうした商品の構成によっても死差益は異なるとされている[4]。③さらにアンダーライティングや支払い条件・支払い査定等の違いによっても異なる。

生命保険各社の予定死亡率の基準となる現行の標準生命表(2007)は、「死亡保険用」「年金開始後用」「第三分野用」の3種類あるが、死亡率の改善により11年ぶりに「死亡保険用」と「第三分野用」が改定されて2018年4月から適用されることになった(ただし、「年金開始後用」は据え置かれた)[5]。

バブル崩壊前の高い予定利率で設定した安い保険料の商品は、膨大な「逆ザヤ」を生じさせ、これを、「費差益」と「死差益」で補っていたのが大手生命保険会社にほぼ共通する構図であった。しかし、三利源が開示されたことで、生命保険会社の利益を支えているのが巨額な「死差益」であることが明らかになった。膨大な逆ザヤの発生の責任のすべてを保険会社に求めるには日本経済の構造的不況は重すぎたといえるが、企業努力の成果である費差

3　アンダーライティングで契約者のリスクを選別し、セグメント化して高リスク者、低リスク者などを選択した上で各保険市場を細分化するような設定ができればよいが、線引きが困難な上に市場そのものが制限される(大数の法則が不成立の恐れもある)。

4　第三分野に第三分野標準生命表が必要な理由については、第三分野保険の加入者のリスク特性として、健康に不安のある者が相対的に多い集団であるからとされている。

5　死亡保険の保険料は引き下げられ、第三分野保険は死亡率の低下と平均寿命の伸びが逆作用して引き上げられることになると予想されるが、その度合いは各社の経営努力により異なる。

益で逆ザヤを埋めることが本来のあり方であろう。とはいえ、図表Ⅱ－5－3とⅡ－5－4を比較してわかるように、逆ザヤを費差益では埋めきれず、死差益で埋めていたことは明らかである。

日本の生命保険会社は「高い（古いまたは安全割増を過大に設定した）予定死亡率を前提にした過大な純保険料率」によって死差益を確保し、利差損を埋めるという典型的な「**死差依存型経営**」を行っていたといえよう。

2）費　差　益

純保険料を源泉とする危険差益が保険会社にとっていわば全社ほぼ共通の原価に相当する外生変数に近いものであったのに対し、費差益は保険会社の経営の優劣が直接反映される部分である。特に競争が激しい場合に経営効率化で最初に圧縮されるのが付加保険料部分であり、これは費差益に直接影響を及ぼす。付加保険料の計算は項目が多く非常に複雑であるとはいえ、生命保険の場合には保険金額比例であることが多いので、契約金額が大きいほど付加保険料の実額部分が大きくなると考えてよい。

図表Ⅱ－5－5（なおⅠ部5章の図表Ⅰ－5－3も併せて参照のこと）は保険企業の長期平均費用曲線（longterm average cost : LAC）を簡略化して描いたものである。図は保険業の事業費部分に規模の経済性（規模の増大につれ長期の平均費用が低減すること）が働くことを仮定している（**L字型長期平均費用曲線**）。保険会社は製造業と異なり巨大な設備は必要としないし、かつては「人と紙の産業」といわれたが、インターネットとコンピュータ技術により「人も紙もほとんど不要」の産業になりつつある。つまり需要がある限り、規模が大きくなるほど製品一単位を生産するコストが右下がりに低下することを意味している。もちろん限界点はあり、それを超えると右上がりになる（図の点線）。

自由化以前は、価格競争が事実上行われず、経営効率の劣る企業群 S でもカルテル料率によって保護されて倒産せずに済んでいた（銀行や保険は倒産させないという旧大蔵省の金融行政方針）。この方針を「**護送船団体制**（方式）」という。自由化以後は、金融収益を除けば価格競争の焦点は新商品開発と経営の合理化・効率化（費差益の圧縮）に移行した。たとえば、図表Ⅱ－5－5の中

図表Ⅱ－5－3　バブル崩壊後の生命保険全社の基礎利益の内訳（単位：億円）

	年　度		1997年	1998年	1999年	2000年	2001年
全社	基礎損益		20,653	12,398	22,617	20,493	19,767
	内訳	死差益	27,108	25,377	25,177	25,195	27,067
		費差益	15,100	14,352	11,432	9,999	7,893
		利差益	▲1,555	▲27,332	▲13,993	▲14,706	▲15,198

注）生保45社の合計値、2005年3月以前は各社別三利源を非公表（現在でも非公表の会社あり）。

出所）金融庁・金融審第2部会資料（2001年5月）、「日本経済新聞」2002年10月7日（朝刊）等に基づいて筆者作成。

図表Ⅱ－5－4　生命保険大手5社の基礎利益（三利源）（単位：億円）

会　社	年　度		2011年	2012年	2013年	2014年	2015年	2016年	2017年	2018年
日本生命	基礎損益		5,443	5,465	5,924	6,790	6,981	6,349	6,682	6,782
	内訳	死差益	4,510	4,477	4,048	4,089	4,320	4,325	4,281	4,179
		費差益	615	670	727	795	656	541	368	261
		利差益	316	317	1,147	1,906	2,004	1,482	2,032	2,340
第一生命	基礎損益		3,024	3,416	3,998	4,582	4,654	3,921	4,290	4,791
	内訳	死差益	3,861	3,645	3,536	3,548	3,251	(3,218)	2,923	3,528
		費差益	386	373	(159)	(332)	(420)	(▲23)		
		利差益	▲904	▲612	280	692	978	721	1,367	1,253
明治安田生命	基礎損益		3,709	3,945	4,604	5,063	4,597	4,723	5,467	5,896
	内訳	死差益	3,035	2,983	2,875	2,928	2,679	2,816	2,889	2,754
		費差益	482	535	535	448	99	158	352	408
		利差益	192	425	1,193	1,686	1,819	1,748	2,225	2,732
住友生命	基礎損益		3,318	4,768	4,139	4,027	3,082	3,376	(4,256)	(4,034)
	内訳	死差益	不明	3,477	3,344	3,305	3,114	3,128	3,082	3,142
		費差益	不明	806	820	493	384	347	530	126
		利差益	不明	▲507	▲157	81	227	567	642	764
かんぽ生命	基礎損益		5,761	5,700	4,821	5,154	4,642	3,900	3,861	3,771
	内訳	死差益	3,819	3,852	2,904	3,420	3,668	3,114	3,203	――
		費差益	2,512	1,895	1,373	1,063				
		利差益	▲615	▲47	542	669	974	785	658	――

出所）生保各社決算公報資料に基づいて筆者作成（住友生命は2014年度より計算方法を変更）。表中、（　）内は筆者推計、その他2段枠は死差益と費差益の合算値のみ公表。

図表Ⅱ－5－5　保険業の規模と長期平均費用曲線

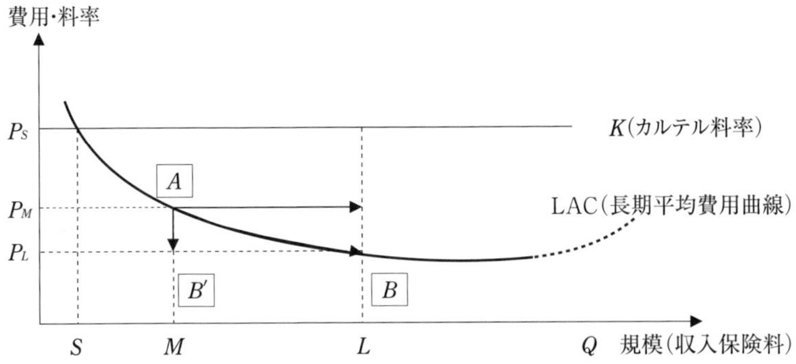

注）1　L字型の長期平均費用曲線（LAC）は、費用に関するイメージ表示である。
　　2　*K* はカルテル料率、*S*、*M*、*L*、は代表的な保険会社を示している。
出所）水島（2006）を参考にして筆者作成。

堅 *M* グループ内のA社の基本戦略は、費用を低減させていかに早く *B* または *B*′ に移行するかということであるから、LAC に沿って右下に移動するために水平方向（合併等による規模拡大）*B* か垂直方向（特化もしくは不採算部の切り捨てなど）*B*′ のいずれかの方向に向かうインセンティブが働く。

こうした**スケールメリット**（**規模の経済性**）を享受するために、中小規模あるいは大規模会社同士ですら合併やM&Aによって一挙に大型化してスケールメリットを働かせるか、または第三分野などの特徴のある保険種目に**特化**し不採算部門を廃止するなどして、経営規模の劣勢を克服しようとしたのである。商品面での特化だけではなく、セグメント化やマーケティングチャネル、他業との業務提携、企業イメージやレピュテーション（reputation：名声・評判。たとえば立派なオフィスや建物を建てることなど）も対象になるので、特化はさまざまな形で現れてくる。

3）利　差　益

利差益は資産運用の成果であり、生命保険会社にとってきわめて重要な利益源泉である[6]。契約者から集めた保険料を運用して運用収益を十分に獲得できれば、保険契約者の保険料負担を実質的に軽減することもできる。

資産運用原資の中心は責任準備金であり、いうまでもなく利差益は責任準備金と予定利率の関数である（この責任準備金は、後で述べるように、金融庁が定める標準生命表と**標準利率**に基づいて計算される標準責任準備金という）。生命保険商品に使用される予定利率を加重平均したものを**平均予定利率**というが、一般には単に予定利率といわれている。また実際に運用されて得られた運用利回りは、インカムベースで測られる利回りであり**基礎利回り**という。この基礎利回りが（平均）予定利率を上回る場合には利差益（順ザヤ）が生じるが、下回る場合には利差損（逆ザヤ）となり責任準備金積立不足が生じる。

利差益は、現実に得られた利息配当および配当金収入から資産運用に要した諸費用（責任準備金に繰り入れなければならない予定利息および貸倒引当金繰入額、投資用不動産減価償却等および資産運用費用等）を控除して得られる[7]。

ここで、責任準備金を運用する過程を定期死亡保険を例にして説明しよう（図表Ⅱ－5－6を参照）。定期死亡保険では、毎年上昇する自然死亡率に応じて（死亡）危険保険料率も増加するため、加齢につれて高齢期に加入しにくくなるという難点がある。そこで、長期の契約期間を前提とし、上昇する保険料率をこの期間で平準化した**平準保険料率**を用いると、高齢期の負担が自然死亡率ほど上昇しなくて済むようになる。ただし若年期に自然保険料を上回る平準保険料を負担しなくてはならないから、この超過部分を保険料積立金として積み立てて未経過保険料とともに責任準備金とし、これを運用するのである。

今、運用のことを考えない場合には、保険料の過払い部分と将来の過少部分が相殺されるように$A=B$のように配分すればよい。しかし実際にはこれを予定利率rで運用するので、$A<B$になる。これによりさらに平準保険料率は低下するのである。ただしこのときの平準保険料率の低下は、死亡率とは関係のない金利計算によるものである。実際には、金融庁が定めた標準生命表（標準死亡率）や標準利率などに基づいて計算された将来必要な標準責

6　資金運用収益は、基礎利益だけではなく、生命保険会社の自己資本（相互会社の場合は基金、価格変動準備金、危険準備金など）を運用して得られた自己資本運用益、キャピタル損益などから構成される。出口（2009、p. 37）。
7　運用スタッフの人件費は事業費に属するので、利益差には関与しない。出口（2009、p. 36）。

図表Ⅱ－5－6　平準保険料の仕組み

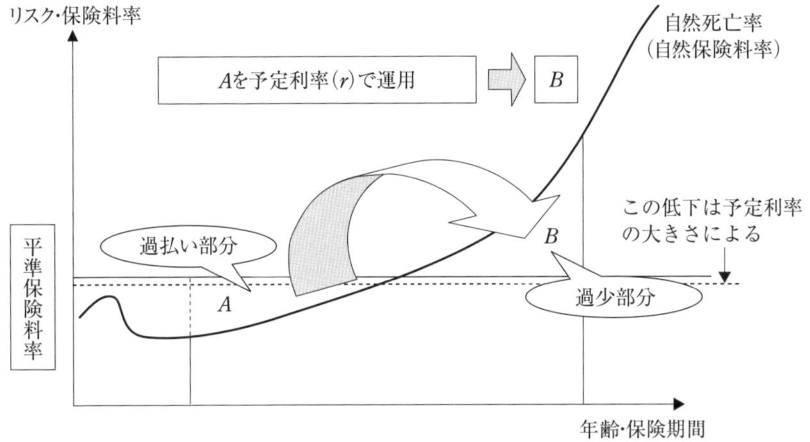

（筆者作成）

任準備金を現在価値（present value）に割り引くという手順を踏んでいるので、各保険会社の予定利率はこの標準責任準備金を現在価値に割り引いて各社の保険料率を計算するときの**割引率**（discount rate）に等しい。

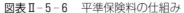

一般に予定利率を高く設定すると、責任準備金はより高い割引率で割り引かれるのでそれだけ小さくなり、図表Ⅱ－5－6（合わせて本書Ⅰ部2章の図表Ⅰ－2－5も参照のこと）の平準保険料率はさらに低下することになる（図の点線部分）。つまり、予定利率が高いと平準保険料率は低下し、反対に予定利率が低いと平準保険料率は（割引率が低いので）相対的に高くなる。しかし予定利率は将来を想定した予定利回りであるので、低い場合には実際の運用利回りとの差が大きくなるので保険料率は高くなるが運用益は大きくなる。逆に予定利率が高いと保険料率は低くなるが運用益は相対的に小さくなるので契約者配当も少なくなり、しかも逆ザヤにもなりやすくなる。

このように、「低予定利率」は「高保険料率」で「高い運用益（高い契約者配当）」になり、逆に「高予定利率」は「低保険料率」で「低い運用益（低い契約者配当）」になる。低い予定利率を用いることを「**高料・高配**」、高い予定利率を用いることを「**低料・低配**」という。高料・高配も低料・低配も死亡率などとの関連ではないので、理論的（数理的）には最終的には同じもの

コラム ●●●●●●●●●●●●●●●●●●●●●●●●

マイナス金利下における標準利率の改定と予定利率

日本銀行のマイナス金利政策を受けて、金融庁は2014年4月から一時払い保険の標準利率の見直しをこれまでの年1回から年4回に変更した。標準利率は、標準責任準備金を積み立てるときに使用される利率であって、標準生命表（標準死亡率）とともに標準責任準備金を積み立てる計算の主たる基礎率である。

他方、予定利率はこうして計算された標準責任準備金を各社が現在価値に割り引いて保険料を計算するときに使う利率であり、表現は似ているが標準利率とは別のものである（予定利率は保険種類ごとに、標準利率と同じか、または少し上乗せして使用される）。

金融庁は、2017年4月からこの標準利率について一時払い終身保険は0.75%を0.50%に、一時払い養老保険・個人年金等は0.50%を0.00%に、これら以外の定期保険等は1.00%を0.25%に引き下げたが、さらに2020年1月からは0%に引き下げた。また、これまでの責任準備金の積立は契約時の利率で計算（ロックイン方式という）されていたが、負債の時価会計の導入によって現在の利回りで計算しなければならなくなり、過去の高い利回りの保険契約についてはそれだけ多く責任準備金を積み増ししなければならなくなった。その結果、長期の保険の保険料は引き上げられることになる。

予定利率は契約時の利率が固定されて終了まで使用されるため、このギャップを埋めるために一層実際の運用利回りを挙げなければならなくなる。しかし、マイナス金利の下ではバブル期と違って大きな運用収益は望めない状況にある。

●●●●●●●●●●●●●●●●●●●●●●●●

になるはずであるが、相互会社と株式会社などのように契約者配当に対する考え方の違いや配当額の寡多によって異なることがある（図表Ⅱ-5-7）。

なお、有配当保険はその長期的性格から死亡リスクに安全割増を加えるので保険料率は高くなるが、短期の定期死亡保険のように安全割増を必要としない**無配当保険**は、低料・低配型の保険の行き着いた形で営業保険料が低くなる保険であるといわれている[8]。

図表Ⅱ-5-7　生命保険会社の企業形態と商品および契約者のリスク特性

企業形態	商品特性	配当の有無	予定利率	経営責任	契約者のリスク特性
相互会社	長期保険	有配当	使用	社員（契約者）	低リスク者（経営責任がある）
株式会社	短期保険	無配当	不使用	社員（株主）	高リスク者（経営責任は株主）

出所）Smith & Stutzer（1990）を参考にして筆者作成。

3　責任準備金と標準責任準備金制度

保険会社が受け取った営業保険料は、付加保険料を除いた純保険料部分のうち、保険期間が残っている部分については未経過保険料とし、また将来の保険料積立分に充当するために過大に徴収した部分についても保険料積立金として積み立てておかなければならない。簡単にいえば、将来の保険金支払いに備えるため保険会社が責任を持って積み立てておく準備金のことである。

この責任準備金について、金融庁は1996年の改正業法で**標準責任準備金制度**[9]を設け、その積立方式と計算基礎率をそれぞれ定めた。これにより積立方法は原則として**平準純保険料式**とし、計算基礎率は標準利率と標準予定死亡率（標準生命表）を用いて（標準）責任準備金を計算することになった。

責任準備金の計算に使用する標準利率[10]と保険料の計算に使用される予定利率は別の概念であり、標準利率の引下げは予定利率の引下げと必ずしもリンクしない。生命保険の責任準備金については、金融庁が定めた標準生命表に基づく標準死亡率や標準利率を用いて積み立てることが義務付けられている（保険業法第116条第2項）。しかし、保険料を計算するときに用いる予定利率などについてはこうした義務付けはないので、各社の経営判断により独自に予定利率を設定して標準責任準備金を割り引いて計算することが可能になっている。この結果、これまでは標準利率の引下げ時には保険料計算上の予定利率も連動して引き下げられることが多かったが、今後は各社の設定差が拡大することになり、今後は価格競争が強まることが予想される。

ところで、事業費に充当される付加保険料のうち、新契約費についてはその他の契約維持費や集金費と異なり、長期の契約期間で一定に配分・使用されるわけではなく、営業職員の報酬や証券作成、契約時の医的審査の費用な

8　出口（2008、p. 83）。

9　保険業法第116条第2項。ただし、保険期間が1年以下の定期保険、変額保険、予定利率変動型保険および外貨建保険などは対象外になっている。

10　標準利率の算出については本章のコラムを参照されたい。標準利率が2017年4月に1.0%から0.25%に引き下げられたことで予定利率の引下げなどで対応することになり、保険料が上がることになる。これまでの一連の標準利率引下げにより、一部の生保会社では2016年4月頃から一時払契約などの貯蓄性商品の販売抑制や販売停止が続いている。

ど高額の経費になって初回の付加保険料を超えることがある。こうして初回の保険料を超える部分については次回以降の付加保険料で充当することになる。ただしこの充当額は純保険料中の将来のための蓄積保険料（保険料積立金）部分を上限としなければならない。なぜなら、未経過保険料にまで及ぶと保険金の支払いに支障を来すことになるからである。

当然この部分は後年にわたって回収されることになるが、この転用部分をその後の付加保険料部分や責任準備金部分で償却する方法を**チルメル式責任準備金**[11]（チルメル式保険料積立金）という。この方法をとると経営が不安定になりやすいので、設立間もない会社や経営破綻した生命保険会社の場合など、特に保険業法に基づいて金融庁が認めた場合にのみ適用されることになっている。

4　生命保険会社の収益構造

生命保険会社の重要な項目として基礎損益と経常損益があり、

基礎損益＝危険損差益（死差損益）＋費差損益＋利差損益

経常損益＝基礎損益＋**キャピタル損益**＋**臨時損益**

と表される。キャピタル損益と臨時損益の項目については図表Ⅱ－5－8に示す通りである。

損益計算書では契約者配当は、「保険料収入、利息・配当収入、**有価証券収益**（有価証券売却益と有価証券評価益から同売却損、評価損を控除した金額）」を加えた金額から「保険金等の支払い、事業費、**解約返戻金**、**責任準備金繰入額**」を引いた残りの金額として表される。ここで、有価証券収益とは、保険会社に特有の性格のものであって、保険業法第112条評価益として、契約者のための準備金（責任準備金や契約者配当準備金）として特別に認められて評価益として計上できる性格の準備金である[12]。

11　ドイツ人のアクチュアリーでチルメル（Zillmer, A.）の考案によるもので、5年で償却する場合を5年チルメル、10年の場合を10年チルメル、全期間で償却するものを全期チルメルという。刀禰・北野（1993、p. 67）参照。

12　出口（2009、p. 45）。

この有価証券収益は、いわば株式の含み益の吐き出しに相当するものである。したがって有価証券含み益が厚い保険会社は、契約者からみて契約者配当を受け取ることができる可能性が高い会社として信頼されることになる。そこで、予定された契約者配当が困難になりそうな保険会社は、保有する株式の益出しによって有価証券収益を大きくすることが考えられる。

では、もし有価証券含み益が枯渇するか吐き出せなくなった場合には、ど

図表Ⅱ-5-8　キャピタル損益と臨時損益

	収　　益	費　　用
キャピタル損益	金銭の信託運用益 売買目的有価証券運用益 有価証券売却益 有価証券評価益 金融派生商品収益 為替差益 その他キャピタル収益	金銭の信託運用損 売買目的有価証券運用損 有価証券売却損 有価証券評価損 金融派生商品費用 為替差損 その他キャピタル費用
臨時損益	再保険収入 危険準備金戻入額 その他臨時収益	出再保険料 危険準備金繰入額 個別貸倒引当金繰入額 特定海外債権引当勘定繰入額 貸付金償却 その他臨時費用

出所）各社決算報告書等から筆者作成。

図表Ⅱ-5-9　経常損益・基礎損益と契約者配当

	死差益	費差益	利差益
保険料収入			
純保険料	(＋) ×××		
付加保険料		(＋) △△△	
利息・配当金収入			(＋) □□□
有価証券売却益			(＋) □□□
保険金・年金・給付金など	(−) ×××		
事業費		(−) △△△	
責任準備金繰入額(−)戻入額(＋)	(＋) ○○○		
キャピタル損益（有価証券収益[注]）			(＋) ○○○
契約者配当	×××	△△△	□□□

注）有価証券収益＝（有価証券売却益・評価益−有価証券売却損・評価損）

（筆者作成）

うするのであろうか。この場合には、図表Ⅱ－5－9で示すように、保険業法第116条の「保険契約に基づく将来における債務の履行に備えるため、責任準備金を積み立てなければならない」に基づいて、**責任準備金繰入額**を減らすか、場合によっては戻し入れるのである。有価証券収益と責任準備金繰入額を調整するという方法によって契約者配当が行えるとしても、それは健全なあり方とはいえないであろう。

練習問題

1　標準利率と予定利率の違いとそれぞれの役割について述べなさい。
2　図表Ⅱ－5－5をみて、大規模会社が小規模会社にM&Aを行う場合、および大規模会社同士が合併してメガ保険会社体制をつくろうとするとき、その最大の理由を述べなさい。
3　二大収益三利源についてまとめた上で、死差益が理論的には大きくならないことについて保険の原則との関係から説明しなさい。
　ヒント：日本の生命保険業は死差依存型経営といわれている。死差依存型経営とは、「死差益」が三利源のうち利差損（逆ザヤ）を埋める最大の利源になり、さらに全体として経営を引っ張っていることである。Ⅰ部で学んだ保険理論（収支相等の原則）に照らして考えること。

■引用・参考文献

金融庁（2003）「金融審議会金融分科会第二部会参考資料13－3」
金融庁（2016）「金融レポート（平成27年事務年度）」
金融庁（2017）「顧客本位の業務運営に関する原則」
小藤康夫著（1999）『生保の財務力と危機対応制度』白桃書房
新日本保険新聞社（2012）『主力商品の全て（平成24年度版）』
出口治明著（2008）『生命保険はだれのものか』ダイヤモンド社
出口治明著（2009）『生命保険論入門（新版）』岩波書店
刀禰俊雄・北野実著（1993）『現代の生命保険』東京大学出版会
水島一也著（2006）『現代保険経済（第8版）』千倉書房
生命保険会社各社のディスクロージャー資料（各年度版）
Smith, B. & Stutzer, M.（1990）Adrerse Selection, Aggregate Uncertainty, and the Role of Mutual Insurance Contracts, *Journal of Business*, Vol.63, pp.493–511.
Sigma（2012）No.1, Swiss Re. Co.

Ⅲ部

リスクマネジメントと保険

1章

リスクマネジメントと保険の関係

〈キーワード〉
リスクマネジメント、純粋危険、投機的危険、リスクコスト、保険管理型リスクマネジメント、経営管理型リスクマネジメント、リスク・コントロール、リスク・ファイナンシング、ART、BCP、ERM

1　現代社会のリスクとリスクマネジメント

1）現代社会のリスクと企業

企業活動は将来のキャッシュフローに影響を及ぼすような不確実性を伴う。自然災害や火災事故、賠償責任の発生により企業は経済的な損失を被る場合があるし、また投資活動で予期した収益（リターン）を得られない場合もある。こうした将来の見通しが不確実な事象を「**リスク**（risk）」と呼び、企業は組織内外の様々なリスクに直面している（図表Ⅲ－1－1参照）。

近年では、異常災害の発生やグローバリゼーションの進展、情報技術の高度化を含む環境変化により、企業のリスクは広域化・複雑化・巨額化している。たとえば、大規模な地震・台風の影響は被災地域の企業への損害に加えて、**サプライチェーン**（Supply Chain）を構成する他業種の企業活動にまで及んでいる。また、グローバル化は企業に海外進出の機会をもたらしたが、他方で進出先の政情・規制・市場の動向、さらにはテロリズムに企業はさらされるようになった。コンプライアンス違反や個人情報の流出といった企業不祥事はインターネットやSNSを通じて社会に即座に拡散され、企業の経営危機や企業倒産を招くこともある。

このようなリスクがもたらす事業への影響を小さくするよう、企業は戦略

図表Ⅲ-1-1　企業のリスク

企業	産業の分類	事業に係るリスクおよびリスク要因
A社	食品産業（食品加工）	原材料の調達価格、畜産物の相場変動、食品の安全性、金利・為替・株価の変動、自然災害、情報漏洩、コンプライアンス、環境問題など。
B社	食品産業（飲料水）	法的規制、訴訟リスク、原材料価格の変動、金利・為替・株価などの変動、人口動態の変化、他社との提携、食品の安全性、医薬品の安全性、環境問題など。
C社	自動車産業	各国の経済状況・政治の変動、資源エネルギーの価格変動、消費者のニーズの変化、金融リスク、販売金融事業のリスク、信用リスク、退職給付債務、品質保証、環境リスク、訴訟リスク、コンプライアンス、人材確保、レピュテーション、リコールなど。
D社	繊維業	市場の需要変化、金利・為替・株価などの変動、退職給付債務、国内外の規制、自然災害、事故災害、情報セキュリティなど。
E社	建設業	法的規制、情報漏洩、戦略リスク、事業・資本提携、協力会社への依存リスク、事故災害、環境リスク、金利リスク、自然災害リスク、退職給付債務、資材の調達価格・人件費の変動、不動産開発プロジェクトの遅延・中止・追加費用の発生、品質保証、虚偽の申告・偽装など。
F社	化学業	原材料の調達価格、為替リスク、エレクトロニクス関連事業の影響、金利リスク、国内外の医療政策・医療制度の改定、信用リスク、事業・資本提携など。
G社	機械業	金利・為替の変動、輸出・海外事業のリスク、退職給付債務、M&A、原材料の調達価格、商品価格リスク、法的規制、環境規制、人材確保、各種の災害（自然災害、パンデミック含む）、情報セキュリティなど。

出所）各社の有価証券報告書、ディスクロージャー資料を参考に作成。

的・組織的・科学的にリスクを管理するための企業活動、すなわち**リスクマネジメント**（Risk Management）を実践する。

2）リスクマネジメントの動向

保険活用がリスク管理の手段であることに着目すれば、海上保険が誕生した時代をリスクマネジメントの起源とみなせるかもしれない。しかし、企業のリスクマネジメントは、自然災害や海難事故の損害だけではなく、保険化できないリスクをも管理する現代的な企業活動である。それゆえリスクマネジメントの起源は20世紀以降の事例を通説としている[1]。

1　亀井（2014、pp. 28–30）。

コラム ●●●●●●●●●●●●●●●●●●●●●●●●

家庭のリスクマネジメントと保険の関係

家庭のリスクマネジメントは家庭生活を取り巻くリスクへの管理活動である。管理対象のリスクやリスク管理の取り組み方、組織的対応の有無などの点で企業のリスクマネジメントといくつかの相違点がある。

家庭のリスクマネジメントは世帯構成員の生活価値の影響を受けやすく、各家庭の目的に沿った個別的なリスクを管理する傾向がある。これはリターンを得るためのリスク管理に取り組む企業の行動原理と根本的に異なる。家族の協働を前提に少人数で対応を目指すことも、組織的な企業のリスク管理との違いである。

亀井・亀井（2009）は、家庭のリスクを金銭的な問題（家計リスク）に加えて、人間関係のもつれやひきこもり、不登校、DV（ドメスティック・バイオレンス）といった家庭問題（家庭の葛藤リスク）を含めて捉えて、家庭危機管理の展開を提唱した。家庭生活対策は家庭のリスク管理の特徴である。労働契約に基づく企業と従業員の関係と違って、葛藤を抱えながらも家庭生活は継続される。

家計リスクの管理活動は、ライフステージの移行とともに、その管理対象の優先順位を変えていく。たとえば世帯構成員の生活環境の変化にあわせて、結婚、出産・育児、住宅購入、退職後の生活費用などの金銭的負担が生じる。これらに加えて、日常生活での病気・怪我、賠償責任などの家計リスクを管理する。

限られた予算とノウハウの制約のために家計管理者の意識は、おのずとシンプルで利用しやすい保険活用へ向かう。近年では相続対策の生命保険信託の販売もあり保険管理の対象範囲は拡張している。家庭のリスクマネジメントにおいて保険活用への依存度はきわめて高いといえる。

リスクマネジメントの発展とともに、保険は企業のリスク管理上の技術的要素と見なされるようになった。他方、保険は家庭生活のリスク管理に必要な知識・技術を補完し、リスクマネジメントの普及を推進する役割を果たしている。

●●●●●●●●●●●●●●●●●●●●●●●●●●

たとえば、第一次世界大戦後のドイツで見られたハイパーインフレ下での**企業防衛**の活動は、保険を含む企業のリスク対策研究の端緒となった[2]。1950年代のアメリカでは、保険料の高騰と制限的な保険付保の影響により企業で保険管理部門の合理化が進んだ。

以降、企業のリスクマネジメントは実践的な管理手法を取り入れながら発展した。たとえば1966年のキューバ危機を機に、企業は**危機管理**（crisis

2　亀井・亀井（2005、p. 1）。

management)、経営危機管理を取り入れるようになった。やがて1970年代に入ると、企業は金融技術と安全管理を複合的に用いて、コスト管理の側面からリスク管理を行うようになった。保険管理を中心とする旧来のリスクマネジメントからの脱却が見られる。現在では、企業は組織全体の統治的なリスク管理や、リスクとリターンの視点に立った戦略的なリスク管理に取り組むようになっている。

このような企業のリスクマネジメントの手法や考え方の一部は、自治体経営や家庭生活でも活用されている。すなわち激甚災害に対する地方自治体の危機管理と防災・減災活動を含む自治体リスクマネジメントであり、家計管理、家庭生活管理を中心とする家庭のリスクマネジメントである。

企業活動から発展したリスクマネジメントは、様々な組織や個人のリスク管理の導入を促し、その裾野を広げている。

2　リスクの概念

前節では企業活動に伴う不確実な事象をリスク[3]と呼んだが、リスクの概念には複数の意味が含まれる。本節では、リスクの本質を中心にリスクとその関連の概念について確認しよう[4]。

1）ボラティリティ、結果の可能性、エクスポージャー

リスクには、企業のファイナンスや事業戦略の意思決定などに伴う**ボラティリティ**（volatility）の意味がある。ボラティリティは結果のばらつきの程度（結果の不確実性）を意味し、統計の標準偏差の尺度を用いて把握される。たとえば将来の株式銘柄の値動きの幅（ばらつき）が大きい場合、ボラティリティは大きく、その株価の変動リスクは大きいと把握する。同様に、金利変

3　保険契約では、保険付保の対象（保険の目的）をリスクと呼ぶことがある。

4　すでにⅠ部1章でリスクを学んだ読者は、本章での異なる説明に戸惑うかもしれない。しかし、同じテーマであってもアプローチや説明の仕方が異なることがある。Ⅰ部1章と本章を読み比べながら、なぜ同じテーマでも説明が異なるかを読者は考えてほしい。それが本書の企図するところである。

動や為替変動をボラティリティで捉えたものを金利リスクや為替リスクと呼ぶ。ボラティリティを用いるメリットは、異なる種類のリスクを比べられることである[5]。金融リスク管理は、ボラティリティを尺度に金利リスク、為替リスク、信用リスク、流動性リスクという異なるリスクを管理する。

もう一つの例を挙げよう。飲料メーカーの新商品戦略はボラティリティを伴う。飲料メーカーの予想に反して新商品の売上高が好調である場合や、売上高が予測より下回って研究開発・広告宣伝に投じた費用を回収できない場合がある。事業戦略の意思決定について、当初の予測と実際の程度の差、すなわち変動の幅をボラティリティとして表している。

次に、リスクには、ある事象が将来引き起こす**結果の可能性**（possibility）が含まれる。結果の可能性は確率を尺度にしてリスクを把握する。たとえば、台風や地震などの自然災害の損害が生じる確率が高い場合、自然災害リスクは大きいと捉えられる。保険は、企業に経済的損失をもたらす自然災害や海難事故、火災事故、交通事故、人間の死亡事故などを結果の可能性のリスクとして把握している。

最後にリスクを**エクスポージャー**（exposure）[6]として把握する場合をみよう。金融機関は、融資先の企業が、将来、債務不履行（デフォルト）に陥る状況にさらされている。エクスポージャーは、このとき金融機関が抱える資産の経済的損失の規模を指し、融資額の規模や融資期間によりエクスポージャーの大きさは変動する。エクスポージャーは風評被害といった実際に損害を算出することが難しいリスクに用いられている[7]。

リスク管理者はボラティリティ、結果の可能性、エクスポージャーの概念を区別し、各種のリスクの把握に努めなければならない。

2）リスクの分類

リスクの分類は企業活動を妨げるリスクを見つけ出し、それらを管理する

5　ラム（2018、pp. 34–35）。
6　しばしば「起こりうる」最悪の事態（probable maximum loss : PML）として定義される。ラム（2018、pp. 34–35）。
7　そのため風評リスクやその他のリスクは定性的に把握する。ラム（2018、p. 34）。

上で必須の知識である。以下に代表的なリスクの分類[8]を挙げよう。

(1) **静態的危険**（static risk）と**動態的危険**（dynamic risk）

これらのリスクは経済的変化の影響から経済的ニーズを必要とする分類基準である。静態的危険は、自然災害や個人の不注意によって損害を被る場合である。それに対して動態的危険は主として経済的変化に関わる。たとえば企業が調達する原材料の価格や研究開発による技術革新、市場で販売される商品の価格の変化、さらには消費者の嗜好あるいは収入や支出などである。

(2) **基本的危険**（fundamental risk）と**特殊的危険**（particular risk）

基本的危険と特殊的危険は、損害の生じる原因と結果の対象と特定の個別経済主体との関連から分類される。基本的危険は、インフレーションや失業、地震、戦争のような社会的・経済的・政治的変動から生じる危険である。企業や個人の制御はきわめて困難であり、その結果、多くの個別経済主体は経済的損失を被る。たとえば、経済状態の悪化により国民の所得が減少・停止・喪失するような場合には、政府の社会保障を中心に国民の経済的保障の達成が図られる。また伝染病のような爆発的に広がる**パンデミック**（pandemic）には公衆衛生上や医療上の緊急対応を要する。

これに対して特殊的危険は、たとえば住宅の火災のように、その所有者や賃借人、またその建物を担保とする個人に経済的損失が生じる場合である。このような特殊的危険に直面する個人は、私的保障として民間の保険を活用することで、リスクに対応できる。また、わが国の自動車保険のように、被害者救済という公的な意味合いの濃い自賠責保険（自動車損害賠償責任保険）と、民間の損害保険会社が扱う対人賠償のリスクについて基本的危険と特殊的危険を厳格に区別する事例もある。

(3) **純粋危険**（pure risk）と**投機的危険**（speculative risk）

純粋危険と投機的危険の議論は次の３つにまとめられる。すなわち①保険付保の可能性、②**大数の法則**（law of large numbers）の適用、③社会的便益・費用の観点に基づく両リスクの比較である[9]。

8　Vaughan & Vaughan（2008, pp. 5-8）.
9　Rejda（2018, p. 6）.

保険化が困難なリスクを除いて[10]、保険付保の対象は原則損失のみ生じる純粋危険に限られる。損失ないしは利得が生じる投機的危険はその対象ではない。また、偶然の事象について客観的確率の把握を可能にする大数の法則[11]は純粋危険への作用を前提としており、投機的危険に用いることは難しい。

マクロ的な視点に立てば、純粋危険は複数の企業に多様な経済的損失をもたらすことがある。たとえば自然災害により操業を停止した工場は、機械の修理費や従業員への休業補償といった経済的損失を被る。とりわけ工場の操業停止は取引企業の生産活動を妨げてしまう。東日本大震災の経験は商品供給をめぐるサプライチェーン管理および**事業継続計画**（Business Continuity Plan : **BCP**）の重要性を改めて確認する機会となった。

他方、投機的危険の影響は社会全体の便益・費用にまで及ぶことがある。たとえば研究開発の成功は消費者の需要を顕在化し、企業は収益増加の機会を得られるだろう。研究開発により社会にイノベーションが実現されるならば、消費者の効用は大きく引き上げられる。企業の研究開発行動は社会的便益の増大に間接的に貢献する。一方、研究開発の失敗は企業にその費用の負担を強いる。研究開発のリスクをヘッジできない企業は経営危機に陥るかもしれない。もし企業の破綻処理コストを社会で負担するならば、投機的危険は社会的費用の発生に作用するといえよう。なお、企業は**デリバティブ**（derivative）を用いて投機的危険をヘッジする。

3）ペリル、ハザード、ダメージ、ロス

企業が経済的損失を被るまでには、その直接の原因である具体的な事故・事象の発生があり、さらに時間を遡れば、それらの発生に影響を及ぼすよう

10　いわゆる保険不可能危険は以下にまとめられる。①危険率測定の困難な危険、②過大な危険・過小な危険、③発生頻度の高い危険・発生頻度の低い危険、④限定された地域に発生する危険・同時性の危険、⑤客観的な経済的評価の困難な危険である（庭田〔1989、p. 24〕「第１章」〔石田担当箇所〕)。

11　大数の法則をより詳細に述べれば、「個々には偶然（不確実）の事象も、これを集めて観察するか、あるいは多数回実験すると、一定の規則性を見出すことのできる性質」とされる。なおベルヌーイの大数の法則は以下の式で表される（庭田〔1989、p. 20〕「第１章」〔石田担当箇所〕)。

$$\lim_{n \to \infty} P_r \left\{ \left| \frac{r}{n} - P_r(E) \right| \leqq \varepsilon \right\} = 1$$

な状況が存在する。前者を**ペリル**（peril：**危険事故**）と呼び、経済的損失につながる具体的な事故を指す。後者は**ハザード**（hazard：**危険事情**）であり、ペリルの発生頻度やペリルより生じる経済的損失の大きさに影響を与える環境・事情を指す。ペリルの発生は対象物の物理的な機能の低下・喪失、すなわち**ダメージ**（damage）を引き起こす。損害保険は対象物の損害の態様を全損と分損とに区別している。これらの過程を通じて、企業は対象物の原状回復に要する費用や収益の減収を含む経済的損失、すなわち**ロス**（loss）を被ることがある。

これらを化学プラントの爆発リスク・火災リスクにたとえて考えよう（図表Ⅲ-1-2を参照）。化学プラントをもつサプライヤーは引火性の高い化学物質をもとに商品の原材料を製造する。それゆえサプライヤーはペリルである爆発事故・火災事故発生の可能性を抱えている。化学物質の保全管理やマニュアルの有無などは、ペリルを引き起こすハザードにあたる。たとえば化学物質の不適切な保管は爆発事故・火災事故の発生頻度を引き上げる。また緊急時の対応のマニュアルに不備があった場合、爆発事故・火災事故による工場・施設の損壊（ダメージ）の範囲は拡大しやすい。その結果、化学工場の修繕・プラントの修理、また取引先への不安定な製品供給による収益減少といった経済的損失（ロス）をサプライヤーは負担しなければならない。

このようにハザード、ペリル、ダメージ、ロスはリスクの発現を構成する要素であることから、それらの区別・確認はリスクの要因分析の精度を高め、事業活動におけるリスクの関わりを明らかにする。

図表Ⅲ-1-2　ハザード、ペリル、ダメージ、ロスの関連

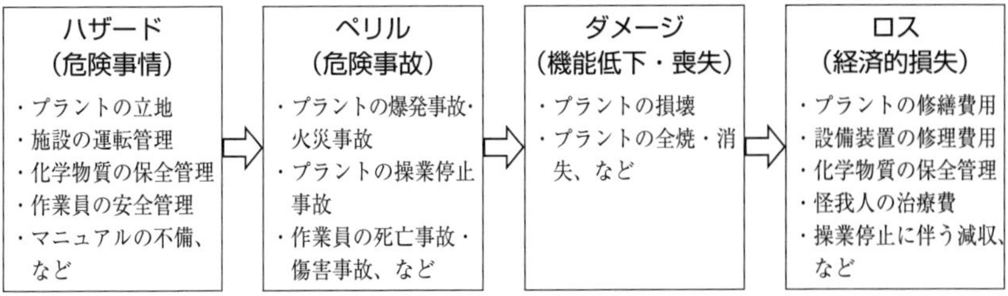

（筆者作成）

3　リスク管理のアプローチ

1）リスクマネジメント・プロセス

企業のリスク管理活動の原則は、科学的アプローチを重視し[12]、リスク管理を段階的に遂行することである。すなわち**リスクマネジメント・プロセス**（risk management process）の取り組みである。

リスクマネジメント・プロセスは、①リスクの発見・確認、②リスクの分析・測定、③リスク・マップの作成、④最適リスク処理手段の選択と実行、⑤リスク管理活動の評価と管理から構成される[13]。実務においては、企業の戦略によってプロセスは追加・変更されることがあるが、これらのプロセスを**PDCAサイクル**に応じて運用することで（図表Ⅲ−1−3 参照）、企業はリスク管理活動の質的内容を高めていく。

図表Ⅲ−1−3　リスクマネジメント・プロセスの基本イメージ

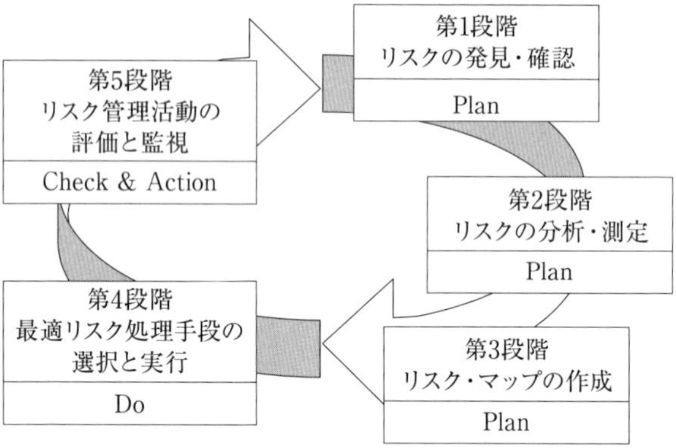

出所）小川、他（2013、pp. 5–13）および石名坂（2002、p. 35）を参考に筆者作成。

12　Vaughan & Vaughan（2008, pp. 16–17）.

13　リスクマネジメント・プロセスの各段階の要素は、石名坂（2002、pp. 34–43）を参考にした。なおドーフマン（Dorfman, M. S.）は、①エクスポージャー（exposures）の確認・測定、②リスク処理手段の選択、③リスクマネジメントのモニタリングを挙げている（Dorfman〔2008, p. 46〕）。また象徴的かつ抽象的な要素に集約すれば、①リスクの確認（identification）、②リスクの評価（evaluation）、③リスクの処理（control）であるという（亀井〔1992、p. 66 および同ページ注1〕）。

リスクマネジメント・プロセスの第１段階は、偶然の事故によって生じるリスクの種類や内容、経済的損失の規模（エクスポージャー）に関する情報をできる限り集めて、事業活動に影響を及ぼすリスクを特定化する取り組みである。

リスクに関する情報は、企業が保管する事故や損害の記録、契約書類、質問票・アンケート票の記録、決算報告書などの財務データを含む内部情報源と、業界団体や学会、テキストの他に、顧問弁護士やコンサルタントからの助言を含む外部情報源[14]から収集される。リスクの発見は、その後のリスク処理の策定に不可欠な要素であり、他の重要なリスクの見落としを防がなくてならない[15]。それゆえ実務では、リスクとそれに関連する情報を網羅的に集めた上で、情報を客観的に検証することが大切である。

第２段階は、収集した情報により特定したリスクを分析・測定する活動である。ここでは予測される事故の発生頻度と損害の程度を数値によってリス

図表Ⅲ-1-4　リスク・マップのリスク管理の一例

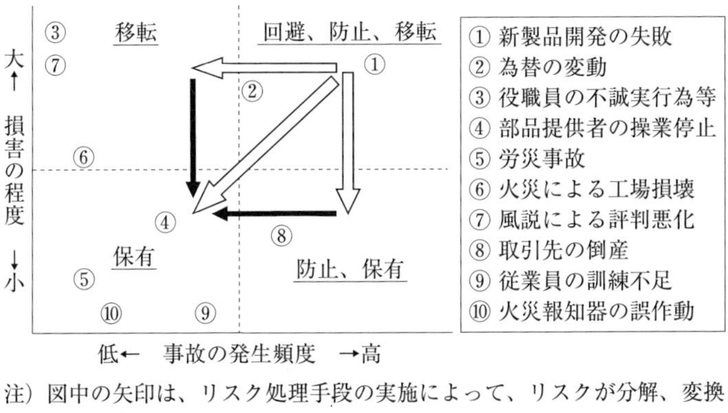

注）図中の矢印は、リスク処理手段の実施によって、リスクが分解、変換される方向を表す。

出所）後藤（2006、p. 29、図表 22.3）を加筆・修正。

14　森宮（1987、pp. 66–69）。

15　「例えば、市場価格の急騰は金融機関にとって市場リスクを生み出す。しかし、本当に怖いのは、市場価格の急上昇の影響で銀行の取引先がデフォルトすること（信用リスク）や、銀行のシステムにおける何らかの弱点が多額の取引量にさらされること（オペレーショナルリスク）である。」（クルーイ他〔2008、p. 13〕）。

クを可視化する。統計的な手法を使ったリスクの定量化や過去のデータに基づいた損失の予測などの手法が実務で用いられる[16]。

第3段階は**リスク・マップ**（risk map）の作成である。リスク・マップの作成は、縦軸に損害の程度、横軸に事故の発生頻度をとった図表上に、それぞれのリスクを配置した描写を基本とする（図表Ⅲ－1－4）。その目的は、先の段階で特定・分析されたリスクの種類や内容について、管理対象とするリスク（固有リスク）と企業活動の中で受容するリスク（**残余リスク**）を明確に分けることである。それゆえリスク・マップの作成には、経営者および利害関係者がそれらの内容を直観的に理解できるような視覚的な工夫が大切である。

第4段階は、管理対象のリスクへの処理手段を、費用対効果の面から適切に選択し、それらを実際のリスク管理で運用する活動である。リスク処理手段の分類は諸説あるが、大きく2つに分けられる。すなわち回避と防止を含む**リスク・コントロール**（risk control）ないしは**ロス・コントロール**（loss control）と、保有と移転を含む**リスク・ファイナンシング**（risk financing）の活動である。

第5段階では、一連のプロセスを監視（モニタリング）し、実践したリスク管理活動の成果について一定の評価を行う活動である。トップ・マネジメントにおいては、組織内のリスクマネジメントの運用成果と経営目標との乖離の程度を測り[17]、全体的なリスクマネジメント戦略の方向性を検証するための機会である。それゆえ検証結果の記録化・資料化を欠くことはできない。運用成果のフィールドバックは残余リスクを明確にし、継続的なリスクマネジメントを実現する。

なお、リスクマネジメントの国際標準規格であるISO31000：2018のリスクマネジメント・プロセスでは、関係者、担当者の間でコミュニケーションと協議を重ねることと、モニタリング活動に取り組むことを重視する（図表Ⅲ－1－5参照）。これらはリスク管理活動の実務に関わる組織内の相互理解を

16　後藤（2006、pp. 27–32）。
17　石名坂（2002、pp. 42–43）。

図表Ⅲ-1-5　リスクマネジメント・プロセスの国際規格（ISO31000）

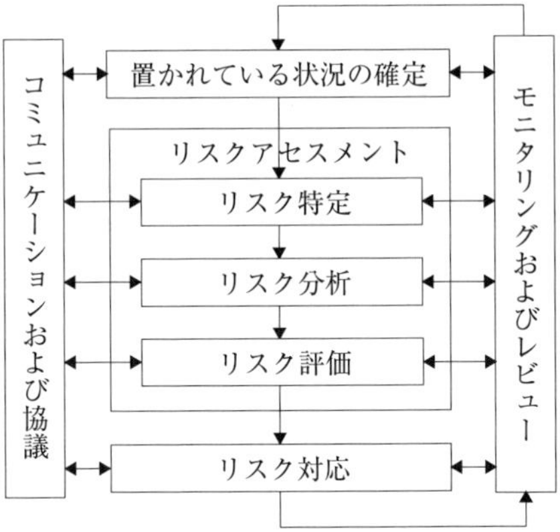

出所）東京海上日動リスクコンサルティング株式会社（2010）、p.5より抜粋。

促して、リスク管理活動のフィードバックの機会拡大に役立つ。

2）リスク処理手段の最適化

(1)　リスク・コントロールの手段

リスクの**回避**（avoidance）は、できる限りリスクを避けることであり、その目的はリスクを排除するために万全に対処することである。しかしながら、リスクの回避により企業はかえって経済上の不利益を被る場合がある。たとえば商品の配送について、リスクを避けて航空機での配送を取り止める場合、企業は代わりの配送手段を手配しなければならないし、追加の費用負担や機会費用が生じる。また、リスクの回避活動の結果、企業がリスクの影響から必ず解放されるとは限らない。

そこで、リスクの**防止**（prevention）を講じる必要がある。リスクの防止活動には、事故発生頻度あるいは損害の影響度を制御するための**予防**（prevention）あるいは損害の**軽減・鎮圧**（reduction）という取り組みがある。予防活動により企業はペリルの発生頻度を抑え込むことができる。たとえば従業員への予防接種は従業員を罹患から保護し、企業の生産性の低下を防ぐことにつながる。また、木造から鉄筋コンクリートへの建物の改築は企業の火災事故の発生頻度を抑制する。また損害の軽減・鎮圧の活動では、たとえば火災リスクの発生による施設の延焼を鎮火するための自動散水装置（スプリンクラー）や鉄製の防火扉などの設置が挙げられる。ただし、これらのリスクの防止活動は経済的負担の問題を伴い技術的にも限界がある。

(2)　リスク・ファイナンシングの分類

こうした技術的なリスク処理手段に対して、リスクの保有と移転は財務的・経済的な側面からリスク発生後の問題に対応する手段である。リスクの保有は、企業が経営管理上の目的をもって取り組む**積極的保有**と、後のリスク対応を要する**消極的保有**に分類される。積極的保有は、あらかじめリスクを認識した行為であり、損害に備えた事前の準備金の用意が該当する。それに対して消極的保有は、無意識にリスクの影響を受ける状態であり、損害を被った時点でリスクが認識される。

リスクの保有活動は企業の内部金融により財務上の損失を穴埋めする。たとえば財務上の貸倒引当金の計上は、貸付金の不良債権化（信用リスク、デフォルト・リスク）への備えである。その他、各種の準備金や**自家保険**（self-insurance）、内部留保などがリスクの保有の手段に含まれる。

とりわけ自家保険は自社内で保険料の相当分をプールする手段であり、従業員の災害補償や企業内福利厚生の充実に活用される。保険活用にかかる費用の抑制は自家保険の大きなメリットといえる。企業が保険会社に支払う保険料のうち純保険料部分は保険金の原資であり、付加保険料部分は保険会社の事務経費および利潤を含んでいる。自家保険を行う企業は、保険料のうち付加保険料に相当する部分を節約することができる。

ところで、自家保険と保険を比べると、ともに損害を塡補する点で類似している。ただし、自家保険では蓄積した保険料相当分を上回る損失を補填できない。この問題は準備金や引当金にも共通する。それゆえ企業は金融機関からの借入れや債券発行を通じた自己資本の調達（外部金融）を保有活動に組み入れてリスクに対応する。他方、相違点については、①保険が多数の契約者による経済上のつながりがあるのに対して、自家保険は企業単独の活動であること、②保険は確率計算に基づいた保険技術を利用しているが、自家保険は確率計算を適用されるほど多数の対象がないこと、③自家保険は公認された制度ではないので、保険と違って保険料相当分は損金算入されず、節税効果を得られないことが挙げられる。

なお自家保険の発展したスキームとして、子会社の保険会社を通じてリスクを処理する**キャプティブ**（captive）がある。キャプティブの形態は、親会社が単体でキャプティブ保険会社を活用するピュア・キャプティブ（pure captive）、複数の親会社が出資して、設立したキャプティブ保険会社を共同で利用するアソシエーション・キャプティブ（association captive）である。こうしたキャプティブ保険会社をバミューダ諸島など海外の租税回避地（tax haven）に設立することで、企業は税制上の負担を減らし、また資金を効率的に活用しながらリスク処理を行うことができる。

他方、リスク・ファイナンシングの手段にはリスクを**移転**（**転嫁**）する手法がある。リスクの移転は、商取引を通じて取引相手へリスクを移転する場合と、保険活用を通じた保険会社へのリスク移転がある。たとえば、外国で商品を買い付けた企業が船舶で輸送する場合、通常の貿易条件に基づく契約であれば、買主側の企業が輸送途中の海上のリスクをすべて負う[18]。ところが、自国の港に到着した船の上で商品を受け取るような商取引の場合（これを着船渡〔Ex ship〕という）、輸送上のリスクを売主側の企業が負担する。ただし、売主側の手配する保険やその他の諸費用を買主側の企業が負担するので、貿易取引にかかる費用は引き上げられる。企業は、商取引上の契約を通じて、リスクを取引相手に移すことができる。

他方、**保険**はリスク処理の中の主要な手段といえる。企業は保険料を支払い、保険を購入することでリスクを保険会社に移転する。加えて保険はリス

18　国際間の商取引は、慣例的に国際規約（インコタームズ〔INCOTERMS〕）の貿易条件に従って行われる。基本的な貿易条件には、FOB（Free On Board）、C&F（Cost and Freight）、CIF（Cost, Insurance and Freight）がある。貿易取引の代金には、船積原価（Cost：貨物の代金と本船への積込費用）、運賃（Freight）、そして貨物保険の保険料（Insurance）がかかる。FOBでは、買主が運賃と保険料を負担（売主は船積原価を負担）し、C&Fでは、売主が船積原価と運賃を負担する（保険の手配は買主の負担）。CIF契約は、船積原価、運賃、保険料のすべてを売主が負担する。なお輸送上のリスク負担については、いずれの場合も、本船へ貨物を積み込むまでが売主の負担であり、以降、貨物を輸出港で陸揚げするまでを買主が負担する。

クコストを算出しやすく、また予防活動との連携の容易さを備えている。保険の活用は生産活動で形成した資産を保持する企業の保全活動であり、リスク・ファイナンシングの主要手段として用いられる。

(3) リスク処理手段の最適化

リスク処理手段は、リスクマネジメント・プロセスにおいて事故の発生頻度と損害の程度を参考にしながら適切に選択・実行される。たとえば企業の労災事故発生の可能性は低く、また実際の経済的な損失はさほど大きくない。このようなリスク処理の状況は図表Ⅲ－1－6の1番目のケースであり、企業は積み立てた準備金などの保有で十分に対応することができる。

2番目のケースは、たとえば自動車の車両事故における小損害にみられる。頻繁に生じる小損害を保険付保する場合、高い保険料水準により企業の経済的な負担は増大する。小損害への保険付保は経済的な合理性を欠く。

なお、保険は損害の一定割合・一定金額を超過した場合に損害額を塡補する**小損害免責**（franchise）、あるいは損害の一定割合・一定金額を常に差し引いて塡補する**控除免責**（deductible）を用いることができる。これらは保険会社との間でリスクを部分的に共有する行為といえる。

3番目のケースでは、保険の活用が効率的である。事故の発生頻度が低いリスクの防止は、かえって費用負担を大きくする。4番目のケースでは、回避と防止、そして保険の活用によるリスクの移転が有効である。巨額の経済的損失をもたらす大規模なリスクに保有で対応することは難しい。

こうして企業は、リスクマネジメントの目的の下で、最適なリスク処理手

図表Ⅲ－1－6　リスク処理手段の最適化

	事故の発生頻度	損害の程度	リスク処理手段
1	低い	小さい	保有
2	高い	小さい	防止、保有
3	低い	大きい	保険が効率的
4	高い	大きい	回避、防止、移転・保険

出所）Rejda(2008, p. 52, Exhibit3. 3）および姉崎他（2005、p. 7、図1）（石田担当箇所）を参考に筆者作成。

段の組み合わせを考慮し、それでも対応できないリスクを明確にすることができる。

3）リスク・ファイナンシングの展開

リスクの発現により生じる財務上の損失について、企業はそれを補填するための資金調達、すなわちリスク・ファイナンシングに取り組んでいる。これまでみたようにリスク・ファイナンシングの手段は保有で活用される自家保険やキャプティブ、リスクの移転・ヘッジに用いられる保険や他の金融商品などがある。金融技術の発展とともに高度化・多様化したリスク・ファイナンシングの活用は統合的なリスクマネジメントの要諦となっている。

ところで企業の財務活動に関するリスクは、損失補填の機会を逸する**タイミングリスク**と、リスクの発生により企業価値の毀損をもたらす**バリューリスク**に分けられる[19]。タイミングリスクは財務上のキャッシュアウトフローがキャッシュインフローを上回る際に生じるもので、黒字倒産を引き起こす要因とされる。ファイナイト契約や非常時融資枠予約、非常時債券発行はタイミングリスクの移転手段であり、バランスシートの負債に対応する。

ファイナイト契約は、たとえば（再）保険会社が、契約者から引き受ける保険引受上のリスク（アンダーライティング・リスク）のうち、タイミングリスクに限定（finite）してリスクを引き受ける。ファイナイト契約のうちスプレッド・ロス契約は、将来の予想損害額の補填に必要な金額を一括前払いの保険料を払って用意するものである。スプレッド・ロスの仕組みをベースに期間中の保険料支払いを平準化したものや、後払いの保険料で対応するポスト・ロス・ファンディング・プログラムがある。ファイナイト契約は再保険と複合的に組み合わせることでリスク移転の効果を引き上げる。

非常時融資枠予約は、非常時の金融機関からの融資をあらかじめ約束する契約であり、非常時債券発行は非常時の発行債券の引受を約束する契約である。いずれも平常時に手数料を払って取り決める。

19　銀泉リスクソリューション株式会社（2014、p. 8）

他方、バリューリスクの移転手段には、非常時株式発行や非常時転換社債発行、保険リンク証券（CATボンド含む）のほか、保険デリバティブやマルチライン・マルチイヤーがある。非常時株式発行は非常時の株式発行を約束する契約で、バランスシートの純資産（資本金、資本剰余金）を厚くする。一方、平常時に発行した社債を非常時に資本として転換するものが非常時転換社債である。保険リスク証券は証券化を使った資金調達であり、保険デリバティブは一定の発動条件が生じたときに資金を支払う相対取引である。マルチライン・マルチイヤーは、異なる付保内容の保険を多数束ねてポートフォリオを組む契約で、さらに複数年契約を組み込んで時間的にもリスク分散を目指すことができる。保険リンク証券と、保険デリバティブ、マルチラインイヤーはバランスシートの利益剰余金に対応する。

リスク・ファイナンシングの計画では、リスクの特性や費用対効果、利害関係者とのリスクの負担割合などの視点から、様々なリスク・ファイナンシング手段の組み合わせを検証して意思決定につなげるべきである。

4）保険とART

リスク・ファイナンシングの主要手段である保険は、保険付保の対象を純粋危険に制限し、また大規模な損失の補塡に適していない。このような保険の限界に対して**代替的リスク移転**（Alternative Risk Transfer、以下**ART**）[20]の活用はリスク・ファイナンシングの対象範囲を広げ、保険の限界を克服する手段として期待される。

ARTは再保険の取引から派生した概念[21]であり、金融商品のヘッジ技術を用いたリスク移転を特徴とする。保険は契約上の事故発生を損害塡補の条件とするが、ARTは保険事故も資金調達の発動契機（トリガー）に設定することができる。それゆえ保険会社は、巨大リスクの対応や**アンダーライティング・サイクル**[22]の影響の緩和を図るために、ARTを用いた財務管理活動を行

20　本書Ⅰ部4章でもARTについて検討されている。本章とあわせて参照されたい。
21　日吉（2000、p. 19）。

っている[23]。

ARTの代表的な手法である**証券化**（securitization）の手法は保険リスクと適合しやすい。証券化は債務証券を集めて新たな証券を発行するもので、特別目的のペーパー・カンパニー（Special Purpose Company：SPC）の設立を通じて、投資家から資金を集めることができる。

証券化と保険の相違点は、債務証券の発行者の債務について移転が行われる点にある。保険では、保険契約の一方の当事者（契約者）が保険会社に保険料を支払い、他方、保険会社は将来保険事故が生じたときの保険金支払いを約束する。保険取引において、保険会社が発行する保険証券は保険金支払いの債務証券といえる。実際に保険事故が発生した場合には、保険金請求権の内容に従って、保険会社は契約者への保険金支払いの債務を履行する。

他方、証券化では、投資家は債券発行者に債券の代金を支払い、債券発行者は特定の期日に元本と利息の支払いを約束した債券を投資家に発行する。ただし、発行された債券には、債券発行者による元本没収の通知があった場合に、投資家に元本が支払われない条件が付帯される。債券発行者は、元本支払いに関する信用リスク（債務）を投資家に移転することができる[24]。

保険リスクを証券化した**保険リンク証券**（Insurance Linked Securities：ILS）の大部分はハリケーンや大地震といった異常災害の証券化である。これらは証券化の資金調達の契機（トリガー）にインデックスを利用しており、債券からの支払いと実際の損害額との差であるベーシス・リスクの最小化を図っている[25]。

ARTの別の手段であるデリバティブ取引は、株式や国債などの金融商品や原油などの原証券に対する派生商品として取引され、資本市場と接続している。その種類には先物取引や**オプション**取引、スワップ取引などがある[26]。

22　アンダーライティング・サイクルとは、保険引受料率の変更によって保険会社の事業収益の変動が規則的に変動する現象を指す。本書Ⅱ部３章を参照のこと。

23　わが国の代表的な例として、①東京海上日動の地震リスクの証券化、②損保ジャパンの台風リスクの証券化、③大成火災のテロリスクの再保険（ファイナイト取引）が挙げられる。

24　日吉（2000、pp. 101–104）。

25　青井・竹谷（2005、pp. 169–172）（酒井担当箇所）。

とりわけオプション取引は、先物や手持ちの資産などと組み合わせることによって、損失を伴う状況をほぼカバーする。また、プットオプションは損害保険との親和性が高く[27]、それゆえ天候デリバティブや地震デリバティブなどの保険デリバティブを保険会社は積極的に扱っている[28]。

天候デリバティブは、異常気象や天候不順により企業の被る売上減少などのリスクを低減する金融商品である。気象庁などの観測した平均気温が「当該平均気温とどの程度乖離したか」を損害の契機として設定する。具体的には、こうした平均気温との乖離の程度を暖房度日ないしは冷房度日として指数化し、予定された一定金額にこれを乗じた額を補償資金とする。保険と異なり、実際の損害額が確定されていなくとも、気象データが条件を満たしていれば補償資金が支払われる。このように天候デリバティブを含む保険デリバティブは**被保険利益**の概念を要しないなど保険と似て異なる部分があり、保険可能なリスク移転をめぐって保険との競合関係にある。保険市場の規模は保険契約者の保険料から形成されるが、金融市場は世界中の投資資金の集積であり、その規模は保険市場をはるかにしのぐ。

他方、この事実は、企業のリスク・ファイナンシング活動にARTと保険の併用が有効であることを示唆する。両市場からの資金調達は企業のリスク資本の効率的な管理に貢献するだろう。このような保険技術と金融技術の融合は、リスク管理のアプローチの多様化と高度化をもたらしている。

26　先物取引とは、将来の一定の時期に受渡しをする契約であり、受渡日までに反対売買すれば、契約価格と反対売買の価格の差額授受（裁定取引）をすることで取引が決済される。オプション取引は、原証券（国債や株式など）を売買する権利である。スワップ取引は、当事者間で、事前に取り決めたルールに従い求められたキャッシュフローを、決められた期間に、決められた回数交換する契約である。

27　損害保険とプットオプションの類似は本書Ⅰ部 4 章でわかりやすくまとめられている。

28　損害保険会社が保険と競合する保険デリバティブ商品を扱うことに、理論面から疑問が呈されている。石田（2008、pp. 13-14）（石田担当箇所）。

4　リスクマネジメントの範囲

1）リスクマネジメントの定義

リスク管理手段の発展により企業リスクマネジメントは、保険可能なリスクに加えて、組織内外の事故といった不確実な事象を管理するようになった。すなわち金融リスク、自然災害リスク、情報管理リスクなど特定の分野のリスクマネジメントである。この過程において保険管理は、リスクマネジメントの形態からリスク管理技術の選択肢として見なされるようになっている。

公的な組織や業界団体の定義に基づけば、企業リスクマネジメントは、事業におけるリスクとリターンの関係を重視することや、リスクの影響を積極的に制御する活動を指している（図表Ⅲ－1－7参照）。これらの内容は事業でテイクすべきリスクへの組織的・戦略的な対応であり、リスクより生じる財務的損失を事業収益で吸収することのみを目指すものではない。

本節では、リスクマネジメントの範囲を目的、形態、関連制度から明らかにする。

2）リスクマネジメントの目的

リスクマネジメントの目的は、損害の発生前後の目的と、企業の経済的価

図表Ⅲ－1－7　リスクマネジメントの定義例

組織・団体	定義
経済産業省	収益の源泉としてリスクを捉え、リスクのマイナスの影響を抑えつつ、リターンの最大化を追及する活動
中小企業庁	リスクを組織的に管理（マネジメント）し、損失等の回避又は低減を図るプロセスをいい、ここでは企業の価値を維持・増大していくために、企業が経営を行っていく上で障壁となるリスク及びそのリスクが及ぼす影響を正確に把握し、事前に対策を講じることで危機発生を回避するとともに、危機発生時の損失を極小化するための経営管理手法をいう。
国際標準化機構	（リスクについて、）組織を指揮統制するための調整された活動

（出所）経済産業省（2005）、中小企業庁（2016）、日本工業標準調査会審議（2019）より抜粋。

値に基づくものとに分けられる。さらに前者は**プリ・ロス**（pre–loss）と**ポスト・ロス**（post–loss）に分けられる。プリ・ロスの目的は損害発生の抑制や経営者の負担軽減、従業員の保護などを含む。たとえば、環境汚染により企業が将来巨額の賠償責任を負う場合を想定しよう。化学物質の適切な管理は、損害自体の発生・拡大を封じ込め、また経営者やリスクマネジャーを過重な精神的負担から解放する。また労働環境の整備や社会保険・賠償責任保険の加入は、従業員の安全確保を実現する。一方、損害発生後のポスト・ロスの目的は、持続的な企業成長や社会的責任の遂行を含む。たとえば、自然災害による事業活動の停止は、企業の市場の優位性を失うおそれがあるし、また公益性・公共性の高いインフラ事業では、社会的な機能の損失につながる。ただし、プリ・ロスおよびポスト・ロスは最も優先すべきリスクマネジメントの目的を明確にしていない。

他方、経済的視点に立てば、企業リスクマネジメントの目的は**企業価値の最大化**と深く関わる。企業が所有する財産への経済的損失により減少する企業の経済的価値（企業価値）は、企業が負担しなければならない**リスクコスト**（cost of risk）であり[29]、リスク処理費用も含まれる。企業のリスク処理をめぐるリスクコストの増減は、キャッシュフローの変動とともに、企業が発行する株式価格、すなわち企業価値の変動に影響を及ぼす[30]。

それゆえ企業は、リスクコストの最小化を目指して、リスク処理の意思決定を行う。リスクコストの最小化を伴う企業価値の最大化が、リスクマネジメントの目的である。これはリスクマネジメントの機能を経済的価値から捉えるアプローチであり、また、リスクマネジメントが企業に及ぼす経済的な効果を表している。

3）保険管理型リスクマネジメントと経営管理型リスクマネジメント

科学技術やリスク研究の発展に伴って、経営者のリスクマネジメントの認

29　Harrington & Niehaus（2004, pp. 2–3）.
30　Harrington & Niehaus（2004, pp. 21–22）.

図表Ⅲ－１－８　保険管理型リスクマネジメントと経営管理型リスクマネジメント

	保険管理型リスクマネジメント	経営管理型リスクマネジメント
目的	危険管理費用・保険管理費用の合理化と偶発事故からの企業資産の保全管理	企業リスクの対応と財務的安定性の保持を目的とする企業の維持管理
対象	純粋危険 （とりわけ付保可能危険）	純粋危険、投機的危険
内容	保険管理とそれに関連する防災管理	保険管理、防災管理、安全管理、キャプティブ管理、各種部門管理中の危険処理手段
位置付け	財務管理の一部 ライン組織	独立した部門管理 ライン組織
活動	業務的意思決定 危機管理マニュアルの活用	管理的意思決定 危機管理マニュアル内の活動
問題点	人的リスクの処理	投機的危険への関与の限界

出所）亀井（2002、pp. 21-22）より筆者作成。

識は深まり、企業リスクマネジメントの形態は多様化している。それらの分類はリスクの種類とマネジメントの要素の組み合わせに基づいて把握される。これを「リスク」と「マネジメント」の結合モデルという[31]。他方で、リスクマネジメントを財務政策的視点および総務部門での保険管理的視点、さらにファヨールの職能機能に基づくリスク・コントロール的視点を加えた３つのアプローチで捉えることがある[32]。ファヨールが提唱した経営職能（技術、営業、財務、保全、会計、管理）に従えば、リスクマネジメントは保全職能と見なされ、現在では労務機能における保険管理は不可欠な要素となっている。それゆえリスクマネジメントの分類は、現代的な管理活動における保全的要素を想定しながら[33]検討する必要がある。

リスクマネジメントの形態には、保険管理（insurance management）型リスクマネジメントや経営管理（business management）型リスクマネジメント、さらには経営戦略（management strategy）型リスクマネジメントなどがある。

31　亀井・亀井（2005、pp. 63-64）
32　森宮（1987、p. 9）。
33　亀井（2002、pp. 12-13）。

保険管理型リスクマネジメントは、企業のリスク対応の中心であった保険管理に由来し、自然災害などの保険付保可能なリスクを中心に扱う。それゆえ保険管理型リスクマネジメントは、自然災害対策の観点から保険管理とともに防災活動・減災活動の策定を重視する。

他方、経営管理型リスクマネジメントは、純粋危険だけではなく、一部の管理可能な投機的危険を含めたリスクに対処する。損失あるいは利得が生じ得る投機的危険は経営の意思決定と広く関わる。それゆえ経営管理型リスクマネジメントは、すべての管理職能におけるリスク管理活動を展開しなければならない。しかしながら、それは「全般管理部門や各部門管理部門の管理職能を越権することを意味するものではない。危険管理部門は…（中略）…リスク処理手段の選択について、純粋リスクを含めた全企業リスクに対する危険費用とのバランスで助言を行う範囲のかかわりをもつ」[34]ことにとどまっている。それゆえ経営管理型リスクマネジメントでは、企業リスクへの対応と財務的な安定を確保することが重視される。

なお、企業リスクマネジメントの形態は、企業組織の部門あるいは管理対象のリスクごとに個別化・専門化が進んでおり、経営者の戦略的な意思決定に関するリスクマネジメントや業務管理のリスクマネジメントなど多様な形態がみられる[35]。

4）内部統制

企業の不祥事や従業員の不正行為の枚挙に暇はない。**内部統制**（Internal Control）の運用[36]は、これらのコンプライアンス・リスクを管理し、社内統治の実行性を高めるための取り組みである。たとえば、監査人の誤解を誘発するような財務情報の改ざんを防ぐことは、経営外部から正常な企業活動を導くことにつながる。企業の財務情報は、経営者との利害調整を図ろうとす

34　亀井（1992、p. 63）「第 3 章」（姉崎担当箇所）。

35　リスクマネジメントの諸形態については亀井・亀井（2005、pp. 65-78）を参照されたい。

36　内部統制は企業の不正・不祥事を防ぐための体制・規則・手続きを指す。「業務における不測の事態に備える事前の安全装置（セーフガード）として機能する」（町田　2008、p. 20）。内部統制の標準的なモデルが次ページのCOSO I（内部統制に関する統合的枠組み）である。

る投資家・株主に対して、企業活動をモニタリングし、発生した問題を外部からコントロールするための機会を提供するのである。

アメリカの企業は1930年代から内部統制を運用しており、サーベンス・オクスレー法（SOX法、2002年）の施行により内部統制資料の開示が義務付けられた。企業の多くは、トレッドウェイ委員会組織委員会（The Committee of Sponsoring Organization of Treadway Commission：以下COSO）が公表するCOSO内部統制フレームワーク（COSO I）を事業評価に用いた。この事実はCOSO内部統制フレームワークに基づく内部統制モデルの普及を後押しした。

日本では、財務諸表の信頼性確保を企業に求めた監査基準の設定（1950年）を嚆矢とし、その後の新会社法、金融商品取引法の施行により内部統制が企業に導入された。日本版SOX法（J-SOX法）とされる金融商品取引法は、COSOのフレームワークに基づく内部統制制度を実施基準に適用している。

内部統制の目的は、①業務活動の有効性および効率性、②財務報告の信頼性、③事業活動に関わる法令等の遵守である。これらの実現に向けて、内部統制運用の基本的要素に①統制環境、②リスクの評価と対応、③統制活動、④情報と伝達、⑤モニタリングを遂行することが組み込まれている。

その上で次の取り組みが実務に求められる。①事業活動の有効性・効率性に対する内部統制の意義と効果について、従業員が適切に理解し、社内全体で共有すること、②業務プロセスに付随するリスクを適切に評価し、顕在化したリスクについて対応すること、③業務プロセスの遂行においては、上司の承認を受けることに加えて、部下が仕事をやり過ごすことがないよう統制活動を重視すること、④業務上の不正リスクを見落とすことのないよう、資産の保全活動とともに業務を日常的にモニタリングすること、⑤関連する情報を社内へ効果的にフィードバックできるようITを活用することである。

とりわけ内部統制の構築・運用には、社内の手続きを通じて業務プロセスを可視化することが大切である。組織内にある事業活動の阻害要素を見つけ出し、それらを適切な監査体制のもとで制御・統制していくのである。また**内部統制報告制度**（Whistle-Blowing System）の設置により、企業は組織内の不正リスクの発見・特定を迅速に行い、組織外への波及を抑え込むことも求め

図表Ⅲ-1-9　COSOフレームワークの改訂

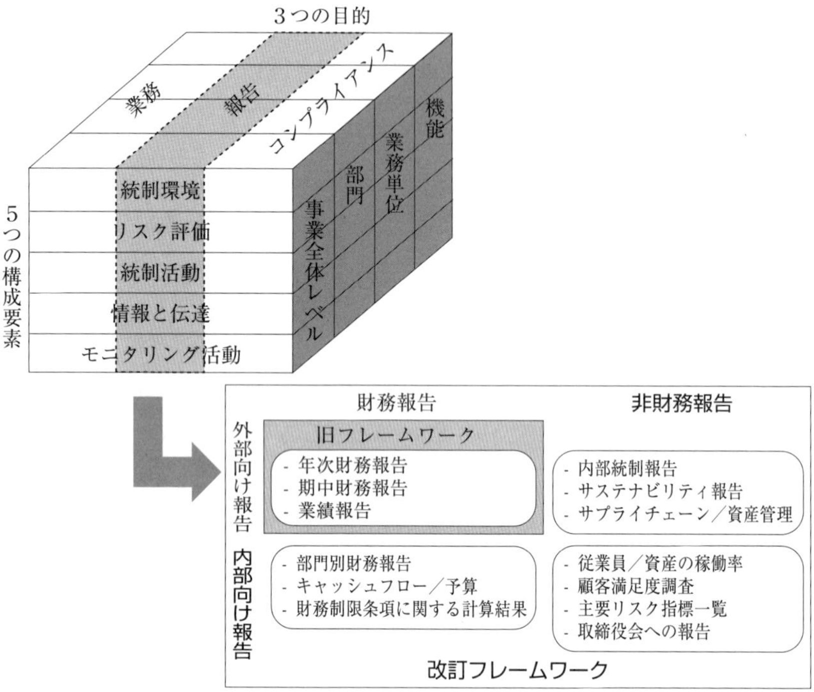

出所）PwC（2013）、p.5より抜粋。

られている。不正リスクを組織から取り除き、また監査人の適切な判断が可能な財務情報を公開、提供するための内部統制は、組織全体のリスク・コントロールといえる。

内部統制を運用する企業は、監査人から適切な評価を受けた内部統制報告書を株主・投資家を含むステークホルダーに公開し、彼らが求める期待と実際のギャップの解消に取り組まなければならない。また内部統制と監査が有効であれば、業務の不備・不正より生じるコンプライアンス・リスクやステークホルダーによる訴訟リスクを回避しやすくなる。さらに内部統制の構築・運用は、組織内の企業文化の成熟を促すことにもつながる。

近年のCOSO内部統制フレームワークの改訂（図表Ⅲ-1-9参照）は、企業の環境保全活動や社会貢献活動に関する情報開示を推進している。企業の社会的責任（Corporate Social Responsibility：CSR）を問うための非財務情報の信頼性を担保することは内部統制の課題である。

5）事業継続計画（BCP）のマネジメント

台風や大地震によるサプライチェーンの途絶は、メーカーや小売業のみならず被災地域の生活再建にまで影響を及ぼす甚大なリスクである。東日本大震災では、被災地域の部品・材料の生産能力が停止・喪失し、損壊した交通インフラにより物流網が寸断された。その影響は被災者の生活再建にまで及んだ。これを機に、サプライチェーン管理を重視する**事業継続計画**（以下 BCP）[37]の重要性が社会の中で改めて喚起されるようになった。

BCPの目的は企業の保有する資産や従業員の安全確保に限らない。業務を早期回復し、事業中断の損害軽減を目指すことが含まれる（図表Ⅲ－1－10参照）。BCPの対象は、大規模な火災事故や情報施設のシステムダウン、パンデミックといった不測の事態であり、これらを**重大インシデント**（危機的な発生事象）として把握する。

内閣府（2013）は循環的なBCPプロセスを規定している。具体的にみよう。①方針の策定では、経営者が定める事業継続の基本方針に基づいて、トップダウンによる推進体制を構築する。非常時の経営資源配分は経営者の意思決定事項とする。次いで、②重要業務の分析・検討に取り組む。具体的には、非常時から効率的に脱するための重要業務を定める。その上で、売上減少や損失拡大を含む事業中断の影響をリスク評価とともに測定し、復旧のボトルネック（重要資源）を制約とする重要業務の目標復旧時間（Recovery Time Objective：RTO）と、目標復旧レベル（Recovery Level Objective：RLO）を確定する。次に③BCPの戦略・対策の検討と決定を行う。業務拠点の確保、調達・供給の調整、人員の確保を戦略的に準備する。特にサプライチェーンの維持では、操業再開の時間短縮化のための生産施設の代替戦略を策定しなければならない。④計画の策定では、上記の戦略方針に従い、BCP、事前対策、教育・

37　内閣府（2013）、pp. 6-7。

訓練、見直し・改善の項目ごとに平常時あるいは非常時の対応計画を設計する。その上で、⑤事前対策及び教育・訓練の実施として、平常時より BCP の手順・マニュアルの検証を担当者が責任をもって遂行する。最後に、⑥見直し・改善は、これまでの BCP の運営を点検・評価し、明らかになった課題の解消に経営者が取り組むことで、事業継続マネジメント（Business Continuity Management：以下 BCM）の実行性を高めていく。

BCM の特徴はリスクマネジメント、災害対策、サプライチェーン・マネジメントの領域を横断的に統制し、非常時の業務復旧・事業再開を目指すことにある。サプライチェーンの維持は中小企業の参加なくして成立し難い。中小企業庁の委託調査によれば、事業継続計画（BCP）を「策定していない」と答えた中小企業の割合は全回答数の 64.4% に上っている[38]。中小企業が BCP を策定しない理由は、「BCP 策定にかかるスキル・ノウハウ不足」（49.3%）が最も多く、次いで「自社の規模・事業内容の上で特に重要ではない」（34.1%）、「人手不足」（31.7%）が挙げられている。

中小企業の BCM 導入促進は継続的な課題であるが、中小企業は平時の中核事業を重要事業とするため、大企業と比してボトルネックの割合は大きい。加えて、中小企業の多くは非常時の初動対応や防災・減災の訓練に経営リソースを優先して割くことができない状況にある。中小企業において、他の意思決定に先んじて BCP 構築を優先するインセンティブは小さいといえる。

BCP 導入にかかるマニュアルやガイドラインは公表されているが[39]、BCP に対する経営者の理解不足もあって[40]、中小企業への BCP の導入・定着には今少し時間を要するだろう。BCP に関する情報提供の充実や緊急時の融資制度の拡充、BCP 導入の費用支援策の強化といった中小企業へ BCP 推進策が求められる。他方、従業員への BCP のノウハウの付与は BCP の早期構築の問題を解消する可能性がある。就業後の従業員への研修を通じた BCP 教

38　なお回答のうち 80% を上回った業種は、小売業（80.9%）、宿泊業（83.3%）、生活関連サービス業（10%）、飲食サービス業（80.4%）であった。みずほ総合研究所（2016）を参照。

39　たとえば、中小企業庁（2012）がある。

40　藤江（2014、p. 80）

図表Ⅲ-1-10　事業継続計画の効果

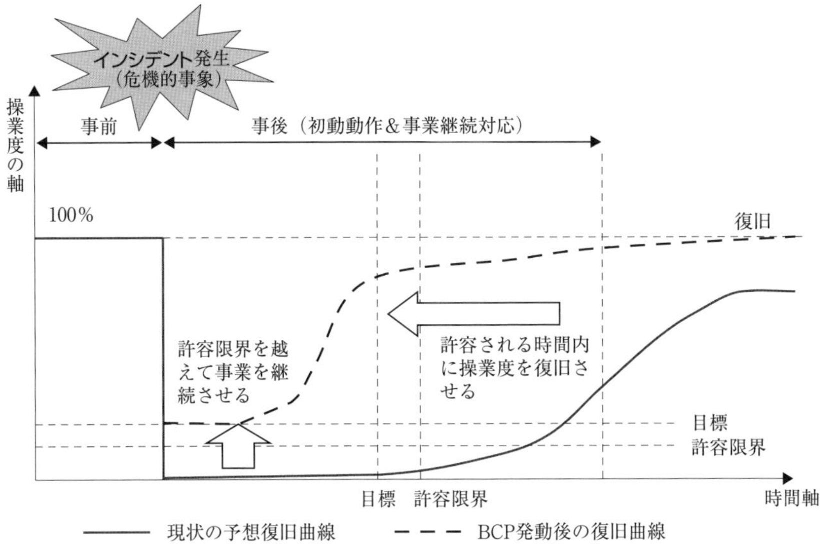

出所）内閣府（2013）、p.3、図1.1-1を一部修正。

育、さらには就業前のBCP教育の機会を増やすことは中小企業のBCP・BCMの導入を円滑にするだろう。大学・大学院などの高等教育機関におけるBCP教育、リスクマネジメント教育の実施が期待される。

6）統合リスクマネジメント（ERM）

近年、事業リスク（たとえば、市場リスク、信用リスク、オペレーション・リスク、保険リスク）を集約的に管理する**統合リスクマネジメント、全社的リスクマネジメント**（Enterprise Risk Management：ERM）を導入する企業が増えている。アメリカでERMが導入された背景には、連続的な不正会計事件に端を発して制定されたサーベンス・オクスレー法（SOX法）が影響している。ただしその以前にも、企業はリスクマネジメントと密接に関わる内部統制やコーポレート・ガバナンスの整備に取り組んでいたため、比較的容易にERMを受け入れていった。

日本では2000年前後よりERMを実践する企業が現れ始めた。アメリカ企業のERM導入の背景と異なり、不良資産の償却が収益を圧迫した反省から日本企業はERMに取り組んだ。これらの動きは海外事業をめぐる投機的危険を扱う商社で顕著であった[41]。

ERMの目的は次の3点にまとめられる[42]。①組織を設置し、集約的なリスク管理を実践すること、②それまで個別に管理してきた異なる種類のリスクをポートフォリオに基づいて戦略的に移転・ヘッジすること、③統合的なリスク管理を事業プロセスに組み込み、企業の収益性向上を図ることである。

これらを言い換えれば、①リスクとの対比で資本の充実を図ること（健全性)、②同様に収益の維持向上を図ること（収益性)、③企業価値の持続的な拡大を図ることである[43]。それゆえERMは全社的な管理体制を構築した上で、事業リスクと収益機会を統合的に管理するための経営活動といえる。

企業はERMに基づく資本の充実により企業の倒産リスクを引き下げ、事業の継続性を高める。資本およびリスク水準を適切に検証する「資本の十分性検証」はERMに不可欠の取り組みである。企業は財務諸表などを用いて資本の水準を把握する。また、過去の発生確率における一定の信頼水準に基づいてリスク水準を個別に算出し、それらを統合的に合算したリスク量として把握する。なお、保険会社はVaR（Value at Risk）によって測定したリスク量を用いて、リスクベースに基づいた保険料の算出が可能である（リスクベースプライシング）（図表Ⅲ－1－11参照）。

こうして企業は「リスク」、「リターン」、「資本」の関係を意識した経営を目指していく。これらは資本に対する利益を表すROE（Return on Equity：株式資本利益率）と、リスクに応じて確保可能な収益性を表すROR（Return on Risk）を用いて、リスクの対比による健全性と収益性の関係を表すことがで

41　日本貿易会（2001、pp. 5–20)。
42　杉野（2009、p. 11）ではERMの特徴をより詳細にまとめている。以下に抜粋すれば、①経営戦略と一体化していること、②環境適応性があること、③投機的リスクをも対象とすること、④無形資産に焦点をあてていること、⑤経営者にとってインセンティブが大きいこと、⑥リスクマネジメントを組織内のすべての人によるプロセスであるとすること、⑦規格化の動きがあることなどである。
43　米山・酒井（2015、p. 127)。これは東京海上グループによるERMの定義である。

図表Ⅲ-1-11　リスクベースプライシング

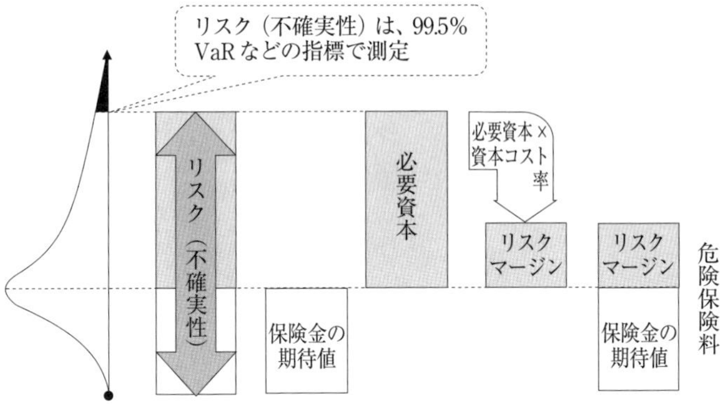

出所）米山・酒井（2015、p.141、図5－7）を抜粋。

きる。

$$\frac{\text{リスク}}{\text{資本}} \times \frac{\text{利益}}{\text{リスク}} = \frac{\text{利益}}{\text{資本}}$$

〈健全性〉　〈ROR〉　〈ROE〉

上記の関係に基づけば、企業は事業リスクの適切な測定を前提にして、①リスク発生時の損失を吸収し得るリスク資本を効率的に配賦し、②リスクに見合った収益（リターン）を確保することで、③資本の充実による健全性の強化を図ることができる（図表Ⅲ-1-12参照）。企業のERM導入は、防衛意識の下で発展してきた従来のリスクマネジメントから、リスクに対する必要資本量を確保した上で、収益（リターン）を目指して積極的にリスク・テイクする戦略的なリスクマネジメントの取り組みを推進する。

今後、企業へのERMの普及を目指すには、企業組織におけるERM体制の構築に要する費用および時間の問題を解消することが肝要と思われる。保険会社によるERM運営のコンサルティング事業の展開をはじめ、行政によるERM導入の支援策が期待される。

図表Ⅲ－1－12　ERM 経営のサイクル

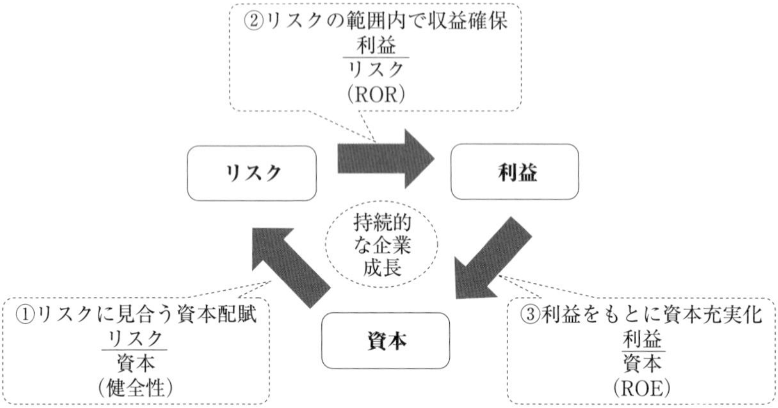

出所）米山・酒井（2015、p.129、図表5－1）を加筆・修正。

練習問題

1　任意の上場企業を複数選び、「有価証券報告書」にある「事業等のリスク」の項目から企業に固有のリスクとその対応について比較しなさい。

2　経営者がリスクマネジメントに取り組む理由について、リスクの多様化、規制の変化、ステークホルダーへの説明責任の要請といった外部環境の観点からまとめなさい。

3　自家保険と保険の類似点と相違点を述べなさい。

4　リスク発生時の資金調達をめぐる保険の限界と ART の有効性を述べなさい。

5　企業に ERM 導入するメリットおよびデメリットを説明しなさい。

■引用・参考文献

青井倫一・竹谷仁宏（2005）『企業のリスクマネジメント』慶應義塾大学出版会

姉崎義史他編著（2005）『現代保険学の諸相（松島恵博士古稀記念）』成文堂

石田重森・庭田範秋編著（2004）『キーワード解説　保険・年金・ファイナンス』東洋経済新報社

石田成則編著（2008）『保険事業のイノベーション』慶應義塾大学出版会

石名坂邦明著（2002）『リスク・マネジメントの理論（第8版）』白桃書房

小川浩昭・石坂元一・前田秀樹・石田成則・山崎修著（2013）『経営危機管理理論』三恵社

甲斐良隆・加藤義弘（2004）『リスクファイナンス入門』金融財政事情研究会
亀井克之著（2014）『現代リスクマネジメントの基礎理論と事例』法律文化社
亀井利明編著（1992）『保険とリスクマネジメントの理論』法律文化社
亀井利明著（2002）『危機管理とリスクマネジメント（改訂増補版3版）』同文舘出版
亀井利明・亀井克之著（2005）『リスクマネジメント総論（第3版）』同文舘出版
銀泉リスクソリューション株式会社（2014）『Risk Solutions Report』Vol. 8（https://ginsen-risk.com/narage/pdf_file/rsr_q_201407_008.pdf）
木村栄一・庭田範秋著（1986）『保険概論（新版）』有斐閣
クルーイ, M., ガライ, D. & マーク, R. 著、三浦良造訳者代表（2008）『リスクマネジメントの本質』共立出版
経済産業省経済産業政策局産業資金課編（2005）『先進企業から学ぶ事業リスクマネジメント実践テキスト』経済産業調査会
後藤和廣著（2006）『損害保険講座テキスト　リスクマネジメントと保険（改訂版）』財団法人損害保険事業総合研究所
下和田功編著（2004）『はじめて学ぶリスクと保険』有斐閣
杉野文俊（2009）「企業リスクマネジメントの史的展開に関する一考察」『専修商学論集』第89号、専修大学学会、pp. 103–125
隅修三（2010）「新しい時代の損保経営」『保険学雑誌』第613号、日本保険学会、pp. 1–9
中小企業庁（2012）『中小企業BCP対策運用指針（第2版）』（https://www.chusho.meti.go.jp/bcp/download/bcppdf/bcpguide.pdf）
中小企業庁（2016）『中小企業白書』（https://www.chusho.meti.go.jp/pamflet/hakusyo/H28/PDF/h28_pdf_mokujityuu.html）
東京海上日動リスクコンサルティング株式会社（2010）「リスクマネジメントに関する国際標準規格ISO31000の活用」『TRC EYE』Vol. 26（http://www.tokiorisk.co.jp/risk_info/up_file/201004301.pdf）
内閣府（2013）『事業継続ガイドライン（平成25年8月改定）』
内閣府（2014）『事業継続ガイドライン第三版　解説書』
日本工業標準調査会審議（2019）『JISQ31000（ISO31000）リスクマネジメント―指針』日本規格協会
日本貿易会（2010）「特集　商社とリスクマネジメント」『日本貿易会月報』第574号、日本貿易会、pp. 5–20
庭田範秋編著（1989）『保険学』成文堂
日吉信弘著（2000）『代替的リスク移転（ART）』保険毎日新聞社
藤江俊彦（2014）「中小企業における東日本大震災とBCP策定および実効性に関する問題」千葉商科大学経済研究所『国府台経済研究』千葉商科大学

町田祥弘（2008）『内部統制の知識（第 2 版）』日本経済新聞社
森宮康著（1987）『リスク・マネジメント論』千倉書房
みずほ総合研究所（2016）『中小企業のリスクマネジメントと信用力向上に関する調査報告書』(https : //www.meti.go.jp/meti_lib/report/2016fy/000521.pdf)
吉澤卓哉著（2010）『企業のリスク・ファイナンスと保険』千倉書房
米山高生・酒井重人編（2015）『保険 ERM 戦略』保険毎日新聞社
ラム，ジェームズ著、林康史・茶野努監訳（2008）『統合リスク管理入門』ダイヤモンド社
Crane, F. G (1984) *Insurance Principles and Practices*, 2nd ed., John Wiley & Sons, Inc.
Dorfman, M. S. (2008) *Introduction to Risk Management and Insurance*, 9th ed., Peason Education, Inc.
Harrington, S. E. & Niehaus, G. R.(2004) *Risk management and Insurance*, 2nd ed., McGraw Hill.（ハリントン, S. E.・ニーハウス, G. R.著、米山高生・箸方幹逸監訳〔2005〕『保険とリスクマネジメント』東洋経済新報社）
PwC（2013）「COSO 内部統制フレームワークの改訂」(https : //www.pwc.com/jp/ja/assurance/seminar/2013/assets/pdf/coso-internal-control130531-02.pdf)
Rejda, G. E. (2008) *Principles of Risk Management and Insurance*, Peason Education, Inc.
Vaughan, E. J. & Vaughan, T. M. (2008) *Fundamentals of Risk and Insurance*, 10th ed., John Wiley & Sons, Inc.

2章

損害保険の基礎と現代的課題

〈キーワード〉
被保険利益、保険価額、危険負担の一般原則、損害塡補の一般原則、危険普遍の原則、列挙責任主義、包括責任主義、免責事由、比例塡補、実損塡補、評価済保険、価額協定保険、保険代位、失火ノ責任ニ関スル法律、不法行為責任、債務不履行責任、付保割合条件付実損塡補特約、損害保険料率算出機構、超過損害額再保険契約、直接請求権、ノーロス・ノープロフィット、運行供用者、メリット・デメリット制、海固有の危険、共同海損、信義誠実の原則、金融コングロマリット、基準料率、地震再保険特別会計、保険プール、原子力損害賠償補償契約、原子力損害賠償責任、射倖契約、最大善意契約、保険金請求主義、ビッグデータ、AI、フィンテック、インシュアテック、自動運転車

1　損害保険の理論的構造

1）被保険利益

損害保険論を学習する際のきわめて重要な概念の一つに「**被保険利益**(insurable interest)」がある。被保険利益は抽象的な概念であって、「ある人とあるものの間にある、損害を被る恐れのある経済的利害関係」のことである。そして家計や企業などの経済主体に損害が発生した場合に、この損失を塡補する契約が損害保険契約である。

損害保険に被保険利益が必要とされるのは、利得禁止を主とする**モラルハザード**を抑制するためである。被保険利益は利得禁止と表裏の関係にあり、契約締結時においては利得禁止に反する行為を抑制し、損害発生時においては保険給付を制限する役割を果たしている。ただし、日本ではアメリカやイギリスと異なり生命保険については被保険利益を契約の要件としていない。

図表Ⅲ-2-1　損害保険の理論的構造図

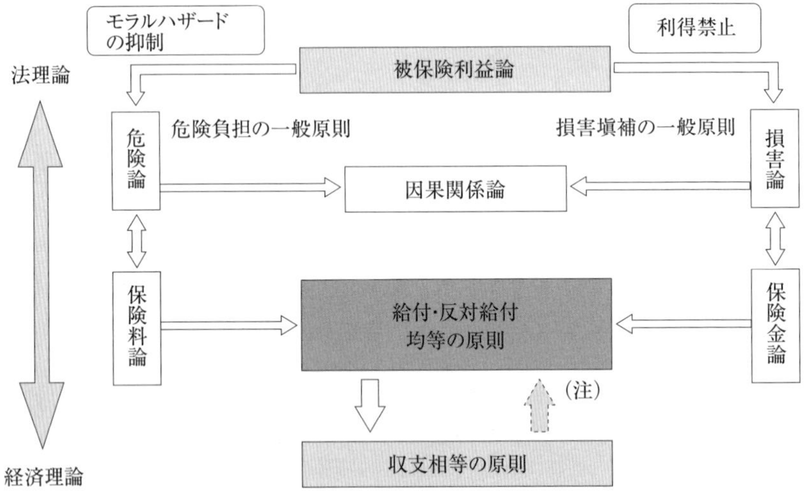

注）個別保険料のときのみ移行し、平均保険料のときは移行しない。
出所）庭田（1989、p. 187）「第4章」（岡村担当箇所）を修正して筆者作成。

被保険利益は金銭に評価できるものに限られ、これを金銭に評価したものを**保険価額**（insurable value）といい、保険金計算の際の基礎になる。

被保険利益は以下の3つの要件と8つの種類で構成される（図表Ⅲ-2-2）。

①金銭評価性：感情的・感覚的・宗教的・主観的なものは金銭評価困難。

②適法性：法令、公序良俗に反しない利益であること。

③確定性：被保険利益の種類・価額・帰属等が確定しているものでなければならないが、契約時には不確定であっても、損害発生時に確定できるものであればよいとされている（損失の時価評価：保険法第18条）。

被保険利益の種類は(a)積極財産①～⑥と、(b)消極財産⑦⑧がある。

(a)積極財産に関するもの：①所有利益（建物、家財、自動車の車両、機械など）、②収益利益（営業利益、家賃など）、③債権利益、④使用利益（賃借人の使用利益など）、⑤担保利益、⑥代償利益（前払運送賃など）

(b)消極財産に関するもの：⑦責任利益（法律上：賠償責任、契約上：再保険）、⑧費用利益（医療費用、臨時費用、捜索費など）、である。

なお、図表の第三分野保険には「**傷害疾病損害保険契約**」（保険法第2条7

図表Ⅲ-2-2　被保険利益等に基づく損害保険の分類

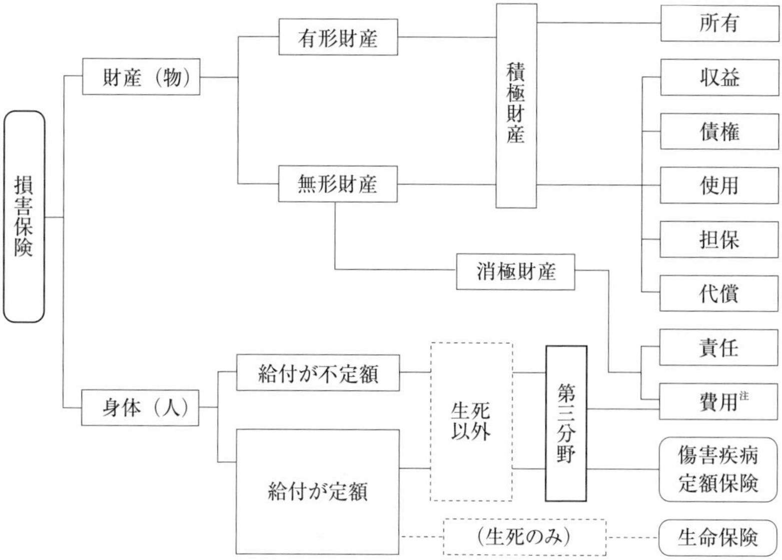

注）傷害疾病損害保険（損害塡補を行うものに限る）を含む。
出所）庭田（1989、p. 172）「第 4 章」（岡村担当箇所）、松島（2008、pp. 3–6）に基づいて筆者作成。

号）と「**傷害疾病定額保険契約**」（保険法第 2 条 9 号）とがある。傷害疾病損害保険契約は、損害保険契約のうち、保険者が人の傷害疾病によって生ずることのある損害（当該傷害疾病が生じた者が受けるものに限る）を塡補する契約であり、傷害疾病定額保険契約は、保険契約のうち保険者が人の傷害疾病に基づき一定の保険給付を行う契約である。したがって、前者は損害保険に固有の契約であり、後者は損害保険にも生命保険にも該当する契約である。

2）危険負担の一般原則とその例外

ある特定の保険における保険事故は、当該保険で担保する危険であり、その危険によって保険の目的に損害が生じた場合には、その危険の原因や結果の如何を問わず保険者は塡補責任を負わなければならないという考え方が原則であり、これを**危険普遍の原則**[1]という。しかし保険者は担保する危険を制限することによって特定の危険の負担を免れることができる。これを**危険**

の制限といい、危険普遍の原則の例外になっている。

保険者が担保危険を制限する方法については、**列挙責任主義**と**包括責任主義**の2種類ある。列挙責任主義とは保険証券に引き受ける危険のみを列挙する方法であり、包括責任主義とは危険普遍の原則に免責条項を設け、これを優先することで担保する危険を制限する方法である。これら両者は危険を制限する効果においてほぼ同様となるが、保険金請求の際の立証責任において大きく異なる。すなわち、列挙責任主義では請求する契約者側に立証義務があり、包括責任主義では保険者は**免責事由**を立証できない限り保険金を支払わなければならないからである。このため家計分野の保険は負担が少ない包括責任主義の保険が多く、企業分野の保険は列挙責任主義の保険が多い。

3）損害填補の一般原則とその例外

損害填補すなわち保険金を支払うときに保険契約者が利得するようなことがあってはならないため、損害填補は慎重でなければならないし契約者が負担する保険料も公平でなければならない。このため損害填補には以下のような一定の制約・原則が設けられている。

損害は**全損**（total loss：被保険利益の全部が滅失すること）と**分損**（partial loss：被保険利益の一部が滅失すること）に分けられる。また保険の目的（保険保護の対象となる財産）の価値のすべてを付保する場合と、その一部を付保する場合とがある。全部を付保することを**全部保険**（full insurance）、一部を付保することを**一部保険**（under insurance）という。全部保険と一部保険は保険者と契約者責任の分担割合を示すものであるから、全部保険の場合には生じた損害について保険者が100％填補責任を負い、一部保険の場合には保険者は**付保割合**（$\frac{\text{保険金額}}{\text{保険価額}}$）に応じた割合の損害を分担し、残りは保険契約者が損害を分担するという方法がとられる（保険法第19条）。この方法を**比例填補の原則**（principle of average）といい、損害填補の一般原則になっている。

損害填補のその他方法に、保険金額（契約金額）の範囲内で生じた損害（分

1　危険普遍の原則は、旧商法第665条に規定されていたが、新保険法では自明のことであるとした上で削除された（福田・古笛　2008、p.52）。

損）のすべてを保険者が塡補する**実損塡補の原則**（principle of non-average）がある。しかし、保険料を節約しようとして一部保険にしたときに、分損が生じても全部保険の場合と同額の保険金を受け取ることができるのであれば、保険料負担の公平性の観点からみて不合理であるという理由から実損塡補方式の保険は特約になっている（もちろん保険料は高くなる）。

4）損害塡補の一般原則の例外としての対応

保険価額は被保険利益を金銭に時価評価したものであり、契約時から損害発生時までの期間中に変動することがある。そのため、損害額を時価評価したときに契約時の実質的価値から増加または減少して、事後的かつ不可抗力的に**一部保険**または**超過保険**（over insurance）になることがある。超過保険は超過した部分のみ無効となって全部保険と同等となるが、問題はこうして不可抗力的に一部保険になるときであって、もし一部保険になって分損が生じたときは、上記の比例塡補で保険金を計算すると保険金額が実際の損害額を下回る可能性が生じ、自己負担を強いられることになる。このような事態から保険契約者を保護するため、以下の３つの措置が講じられている。

①期間中の保険価額が変動しないように、契約時にあらかじめ保険価額を固定して保険期間中一定にする。このような保険を**評価済保険**（valued policy）あるいは**価額協定保険**（agreed value policy）という。

②期間中に保険価額は変動するが、後述する**付保割合条件付実損塡補特約**や**新価保険**などで緩和する。

③比例塡補を廃して実損塡補にする（ただし保険料負担の公平性から保険料は比例塡補に比べて割高になる）。

これら３つの例外的措置によって、不可抗力的に一部保険化した場合の、分損時の比例塡補による不利益から保険契約者が保護されることになる。

なお、損害保険における利得禁止のもう一つの例として、**保険代位**（subrogation）が挙げられる。保険代位とは、保険金と残存物の価値、または保険金と第三者に対する賠償金請求の二重の取得を防止するため、保険会社が支払った保険金の範囲内で、被保険者が有する残存物や賠償請求権を保険会社が取得することである。これには**残存物代位**と**請求権代位**があり、保険法（2010年4月1日施行）で次のように定められている。

①残存物代位（保険法第24条）：契約者が有する残存物に価値がある場合、契約者が保険金と残存物を二重取得しないように、支払った保険金の範囲で残存物の所有権を保険者が取得する。

②請求権代位（保険法第25条）：第三者に対する賠償請求権など、被保険者（保険契約者）が第三者に対して有する請求権の二重行使を制限するため、支払った保険金の範囲内で契約者が有している第三者に対する請求権を保険者が取得する。

これらの方法によって損害保険における保険契約者の不当利得が制限され、損害保険が社会経済的に合理的に機能するように図られている。

2　火災保険

火災損害に対する経済的保障の欲求は古くから存在し、前近代的な制度を含めるとその歴史は非常に古い。現代の生活においても家計や企業の経済活動の円滑な遂行のためには火災保険は必要不可欠な存在になっているが、火災保険においては火災の定義については明記されていない[2]。

火災保険は、火災という危険によって生じた損害（直接損害）を塡補する保険であったが、現在では火災危険だけではなく落雷、破裂、爆発などを含み、水濡れや盗難などの損害や災害時の臨時費用、失火見舞金などの費用（間接損害）も特約で担保される。

注意すべきは、わが国で明治期に制定された**「失火ノ責任ニ関スル法律」**（明治32年3月8日法律第40号、以下、失火責任法）がまだその効力を有しており、諸外国とは異なる状況にあることである。失火責任法には「民法第709条ノ

2　火災保険において火災は定義されていないが、いわゆる「自力拡大説」が有力である。また、総務省消防庁防災課・消防庁長官通知によれば、「火災とは、人の意図に反して発生し若しくは拡大し、又は放火により発生した消火の必要がある燃焼現象であって、これを消火するために消火施設又は同程度の効果のあるものの利用を必要とするもの、又は人の意図に反して発生し若しくは拡大した爆発現象をいう（2004年4月の改正で「爆発現象」を加えている）」とされている。

規定ハ失火ノ場合ニハ之ヲ適用セス但シ失火者ニ重大ナル過失アリタルトキハ此ノ限ニ在ラス」とあり、火災を発生させ、隣家等に類焼を及ぼして損害を与えた場合であっても、故意または重過失ではなく過失によるときは、この法律により隣家等に対する損害賠償の責めを免れることになっている。このため、隣家からの類焼などの損害に備えるためにも火災保険は重要な自己防衛の手段になっている。もちろん重過失、故意の場合には失火責任法は適用されないので、民法第709条（「故意又は過失によって他人の権利又は法律上保護される利益を侵害した者は、これによって生じた損害を賠償する責任を負う」）の**不法行為責任**が適用され、損害賠償義務が生じる。

ところで、失火責任法は家屋等の所有者に適用され賃借人には適用されない。したがって、賃借人の場合には民法第709条ではなく民法第415条（「債務者がその債務の本旨に従った履行をしないときは、債権者は、これによって生じた損害の賠償を請求することができる。債務者の責めに帰すべき事由によって履行をすることができなくなったときも、同様とする」）の**債務不履行責任**が適用されるので、これに基づく原状回復の義務が生じる。これらを整理すれば以下のようになろう。

①失火の場合には失火責任法が民法第709条に優先され、損害賠償の法的義務は生じない。

②故意または重過失の場合には、民法第709条（不法行為責任）が適用されるので、生じた損害を賠償しなくてはならない。

③賃借人の場合には貸主・家主に対し民法第415条（債務不履行責任）が適用されるので、原状回復の義務が生じる。

火災保険は家計分野と企業分野に大別されるが、家計分野については住宅火災保険、住宅総合保険、団地（マンション）保険、**地震保険**などがあり、企業分野については普通火災保険（一般物件、工場物件、倉庫物件）、店舗総合保険、利益保険などがある。なお、通常、火災保険においては地震、噴火、津波を原因とする火災や損害などについては免責（相対免責）されているので、地震等に起因する損害については別途、地震保険（火災保険に付帯し単独での契約はできない）が必要である。

家計分野における火災保険の主な特約には、**価額協定保険特約**、**付保割合**

条件付実損塡補特約（80％コインシュアランス：coinsurance など）、破損・汚損損害担保特約、借家人賠償責任担保特約、個人賠償責任担保特約などの特約がある。火災保険で担保される損害は、火災保険の種類や各保険会社の商品内容によりさまざまである。ここでは付保割合条件付実損塡補特約を代表的な80％コインシュアランスを例にして説明する。80％コインシュアランスは、損害発生時において付保割合（$\frac{保険金額}{保険価額}$）が80％以上になっていれば、分損であっても比例塡補ではなく「実損塡補」するという仕組みである。さらに80％の条件を満たさない場合であっても、通常の比例塡補ではなく緩和された比例塡補（$保険金＝損害額\times\frac{保険金額}{保険価額\times0.8}$）が適用される。

80％コインシュアランスは、先に述べた保険者・保険契約者ともに責任のない、たとえばインフレのような保険制度外の原因によって生じた一部保険化と分損時の比例塡補の弱点を是正する仕組みの一つである。

新価保険とは、保険契約の際に**再調達価額**を導入し、インフレなどで建物の価格が新築時より上昇しても再調達金（時価評価）が不足しないようにする保険である。契約時の新価は、「再調達価額（新築価額×建築費倍率）」×「残価率（100％－経年減価率×経過年数）」（一般には、建築費倍率は1.24倍、経年減価率は年1.5％で計算する）で計算されるため、インフレの程度によって逆に利益が出ることがある。また、再調達価額で付保すれば契約時に「超過保険」となり、モラルハザードを生む可能性もある[3]。

火災保険は火災だけでなく台風や大雪など自然災害による建物の損害も補償している。近年は、竜巻や台風（猛烈低気圧を含む）、雹・水害などによる被害も相次いでおり、その損害額はここ5年間で以前の約3倍となった[4]。また、長期の契約はそれだけ損害リスクが高まり保険金支払額も増えるため、長期契約についてもこれまでの最長36年から最長10年になった。

3　このため、①50％以上減価している建物には再調達価額を適用しない。②30～40％減価している建物には再調達価額の80％を限度とする。③2年以内の復旧義務を課す。④損害発生時に「時価」分だけを内払いし復旧後に残額を支払う、などの抑制措置がとられている。

4　損害保険料率算出機構は2018年に料率決定の目安となる参考純率を全国平均で5.5％引き上げ、これを受けて損保各社も2019年10月に保険料を引き上げた（逆に引き下げられた地域もある）。

3　自動車保険

自動車が関わる交通事故は人身事故と物損事故に大別される。また、交通事故をめぐる責任についても、(1)刑事責任、(2)民事責任、(3)行政責任（処分）の3種類に分けられる。

(1)人身事故に関する刑事責任は、刑法第211条の業務上過失致死罪や同法第208条の2の危険運転致死罪、同法第211条第2項の自動車運転過失致死傷罪として刑事裁判で扱われる。あおり運転は危険運転の一種とされ、相手を死に至らしめた場合には上記の刑罰が、また相手方を死傷させる意図で故意（または未必の故意）に行った行為により相手を死亡させた場合は、殺人罪が適用されることがある。なお物的損害については、器物損壊罪（刑事責任）が適用される。

(2)民事責任は、人身事故や物損事故で民法第709条（一般不法行為責任）や同法第715条（使用者責任）に基づき、被害者が加害者（運転者またはその使用者）の責任を立証して損害賠償を請求することを指す。また、人身事故に限り運用される法律として自動車損害賠償責任法第3条（運行供用者責任）がある。なお、ひき逃げや無保険など自賠責保険が適用されない場合の措置として、政府による自動車損害賠償補償制度がある。この他、自動車の欠陥により人の生命、身体または財産に被害が生じた場合には、製造物責任法（Product Lability Law : PL法）によりメーカーに製造物責任が生じることがある。

(3)行政責任とは、道路交通法に基づいて公安委員会から免許の取り消しや停止の行政処分（同法第103条以下）を加害者が受けることを指す。

交通事故と自動車保険に関する問題の中心は、(2)民事責任における損害賠償に集約される。日本における自動車の運行に係わる保険は、前述した対人賠償責任のみを扱う強制保険の自動車損害賠償責任保険（自賠責保険）と、対人・対物の両者の賠償責任を扱う民間の任意の自動車保険とがあり、それぞれについては以下で述べる通りである。

わが国における自動車の運行に関わる保険は、強制保険である**自動車損害賠償責任保険（自賠責保険）**と**任意の自動車保険**の2種類に大別される。

1）自動車損害賠償責任保険

自賠責保険は自動車損害賠償保障法（1955年、以下自賠法）に基づき、自動車事故による被害者の救済を第一義的目的として導入された保険であり、民間保険会社が取り扱う保険のうちでも、きわめて特殊な性格を有する保険である。担保範囲が対人賠償責任のみであり、かつ死亡保険金3000万円、重度後遺障害保険金4000万円を上限とするため、その上乗せ・補完として位置付けられる任意の自動車保険との間で一部二重構造になっている。統合して一本化する議論が古くからなされてきたが、いまだ統合には至っていない。

自賠責保険は、次の5点をその主たる特徴とする。

①**準無過失責任原則**（自賠法第3条および同ただし書き）であること。

②被害者に保険金の**直接請求権**（自賠法第16条）があること。

③**強制保険**：保険契約者（自賠法第5条）、保険者（自賠法第24条）の双方ともに強制であること。

④**ノーロス・ノープロフィット**の運営原則（損失も利益も生じないように運営する原則）（自賠法第25条）であること。

⑤政府の「**自動車損害賠償保障事業**」（自賠法第71条）による自賠責保険と同程度の保障があること。

まず、①の準無過失責任原則とは、自賠法第3条に規定されているただし書きにある加害者免責の3要件が非常に厳しい内容なので、ほとんどの場合に加害者は賠償責任から免れられないからである。同法第3条は「自己のために自動車を運行の用に供する者は、その運行によって他人の生命又は身体を害したときは、これによって生じた損害を賠償する責に任ずる。ただし、

㈠自己及び運転者が自動車の運行に関し注意を怠らなかったこと

㈡被害者又は運転者以外の第三者に故意又は過失があったこと

㈢自動車に構造上の欠陥又は機能の障害がなかったこと

をすべて証明したときは、この限りでない」[5]と定めている（加害者免責の3要件）。加害者にとって㈠、㈡、㈢のすべてを立証することは容易ではなく、

5　自動車損害賠償保障法第3条に一部加筆（国土交通省自動車交通局保障課　2002、p.57）。

多くの場合には賠償義務を負う（ほとんど免責にはならない）ことになり自賠責保険が発動されるので、被害者は保険金を受け取ることができて救済される。

特に、運行供用者は(ハ)について、自動車の欠陥を立証すれば逆に免責要件を満たさなくなるという矛盾した状況になり、いわばメーカーの責任を肩代わりすることになる。このような免責3要件は、自動車による人身事故があればまず過失運転か自動車の欠陥として推定するという立場から、「立証責任の転換（無過失責任化）」ともいわれる。

また、運行の用に供する者（**運行供用者**[6]）や運転者などが自賠法上の賠償責任を負うべき責任主体であるが、この範囲は広く自家用自動車の所有者、タクシーや運送会社、レンタカーの借主（運転者とは限らないので注意）、自動車を預かった修理業者、運転代行業者などが含まれ、実際に運転していたバス、タクシー、社用車等の運転手の使用者が責任を負うことになる。

②被害者の直接請求権について。一般の損害賠償責任は民法第709条の過失責任主義により、加害者に過失がある場合に被害者がそのことを立証して初めて成立する。この場合には、保険金の流れとしては、加害者である賠償責任保険の被保険者が保険会社に保険金を請求することによって保険が発動するという、加害者のための賠償資力を担保する保険である。しかし、損害賠償をめぐって加害者と被害者の係争が長引いたりきちんと賠償がなされなかったりすることが起こり得るため、被害者が保険会社に直接保険金を請求してより確かな保護を受けることが期待できるようになっている。

③強制保険について。加入者に加入が義務付けられるのと同時に保険者にも引受が義務付けられるので引受拒否はできない。一般的には車検リンク制（自賠法第9条）などの手段が講じられている。交通事故は今や社会的問題であり、社会全体で取り組むべきものである。したがって、契約者の保険料負担をなるべく低くするため、強制化することによって、経費面でのスケールメリットが享受できるように図られているのである。

6　運行供用者とは、単なる運転者だけではなく、自動車の所有者およびその使用につき「運行支配」し、かつ「運行利益」を得ている者のことである。

図表Ⅲ－2－3　自賠責保険料の構成内訳

2019年4月　基準料率　2万5830円(自家用普通自動車24ヵ月)の内訳

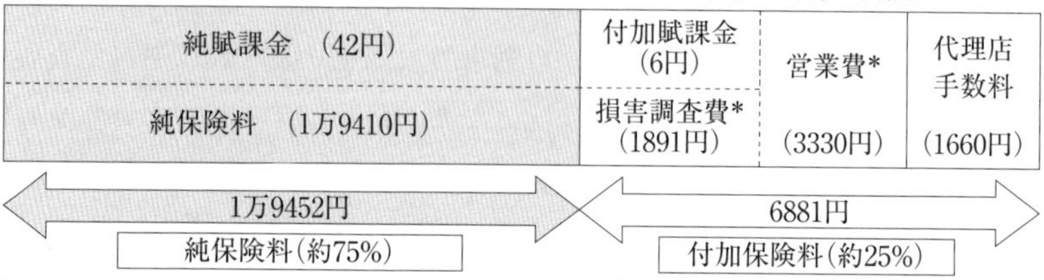

注）上図は車種別（全32種）基準料率の一部（自家用自動車）である。＊は全車種・全地域の平均値しか公表されていないので、基準保険料率の合計と一致していない。

出所）金融庁（2017、p.4）に基づいて筆者作成。

④保険料率はノーロス・ノープロフィットの運営原則と連動し、全加入者に一律の平均保険料率（基準料率）を課している[7]。④と③によりほぼすべての自動車が対象になると同時に最低限度の経済的保障が達成され、強制保険にすることで**逆選択**（アドバースセレクション）も抑制できることになる。

⑤政府の「自動車損害賠償保障事業」について。自賠責保険が発動しない可能性があるのは(a)ひき逃げなどで加害者が不明の場合、(b)加害者が無保険の場合、(c)加害者の故意の場合（免責）である。このような場合でも、被害者は泣き寝入りすることなく、自動車損害賠償保障事業に請求することによって自賠責保険と同等の保障が得られるようにするため、自賠責保険料の一部（保険金に充当される純保険料に相当する純賦課金、費用に充当される付加保険料に相当する付加賦課金）が充当されている（図表Ⅲ－2－3）。

2）自動車保険（民営・任意）

自賠責保険は対人賠償責任のみで構成されており、通常の自動車事故については十分な保障とはなりにくい。そこで、保障金額を増額し担保範囲を拡張するために、任意の自動車保険が商品化されている。任意の自動車保険はわが国の損害保険における収入保険料規模で最大の保険種目であり、以下の

7　自賠責保険料（自家用普通自動車24ヵ月）は2013年度の2万7840円から2017年4月1日に2万5830円に改定され、2019年度は据え置かれた。金融庁（2017、p.4）。構成内訳については一部未公表。

7つの保険を担保種目として複数種セットにして構成されている[8]。

①対人損害賠償責任保険：自賠責保険の上乗せ保障で、保険金額を自由に設定することができ、保険金額の設定上限は無制限。

②対物損害賠償責任保険：他人の財産に損害を与えた場合に、相手方から損害賠償を請求されたときの保険で、保険金額の設定上限は無制限。

③自損事故保険：被保険自動車に搭乗中の運転者や同乗者が自動車事故によって死亡、傷害、後遺障害を被った場合であって、この損害が自賠責保険の保障の対象にはならないとき（運転者自らの責任で相手に過失がないときなど）に保険金が支払われる。

④搭乗者傷害保険：被保険自動車に搭乗中の運転者や同乗者が自動車事故によって死亡、傷害、後遺障害を被った場合に保険金が支払われる。この保険金は、事故の原因や相手からの賠償金の有無に無関係（ただし被保険者の故意、地震などの自然災害を除く）に支払われる。

⑤無保険車傷害保険：被保険自動車に搭乗中の運転者や同乗者が自動車事故によって死亡、傷害、後遺障害を被った場合であって、相手方が無保険、当て逃げ、免責事由などに該当したことにより自賠責保険の保険金が支払われない場合や対人賠償保険金が十分ではない場合に、本来相手から得られたであろう賠償額との差額が保険金として支払われる。保険金額の上限は２億円。

⑥車両保険：偶然の事故によって被保険自動車に損害が生じた場合に、保険金が支払われる。またエコノミー特約（相手方が特定できる場合にのみ保険金が支払われる）による割引制度がある。なお、自動車の故障については偶然の事故とは見なされないので、保険金支払い対象にはならない。

⑦**人身傷害補償保険**：被保険自動車に搭乗中の運転者や同乗者が自動車事故によって死亡、傷害、後遺障害を被った場合に保険金が支払われる。この保険の特徴は、相手方との過失相殺を行わずに生じた損害額の全額が被保険者側の人身傷害保険から支払われるところにある。しかし保険

8　日本損害保険協会（2015、p.17）。

金を受け取ることによって利得する可能性があるため、保険金を支払った被保険者の保険会社は、相手方の保険会社が支払うべき過失相殺後の保険金相当額を被保険者から請求権代位する。

任意の自動車保険は、上記7つの保険のいずれかの組み合わせに特約をセットしたものとして提供される。基本的には、次の(a)から(c)の3種類を基本とし、さらに人身傷害補償特約、家族限定特約、運転者年齢条件付特約などの特約を設定することで担保の範囲を広げている。

(a)自動車保険（Basic Automobile Policy : BAP）：上記①②⑥のうち一つ以上を選択し、④をセットすることが可能。①を選択したときは③が自動付帯する。

(b)自動車総合保険（Package Automobile Policy : PAP）：上記①から⑤の他に⑥を任意設定したもの。

(c)自家用自動車総合保険（Special Automobile Policy : SAP）：上記①から⑥までを組み合わせたもの。

(d)自動車運転者損害賠償責任保険（ドライバー保険）：自動車を所有せず、レンタカーや他人の自動車を運転する人を対象にした保険。①から④にバイク（原付、自動二輪）特約をセットしている。

これまで自動車保険は基本となるリスクの階級幅が少なく、被保険者の年齢区分も全年齢担保、21歳以上、26歳以上、30歳以上担保の4区分であった。しかし、2012年以降、26歳と30歳を統合した上で、30歳未満〜70歳未満を10歳きざみにし、70歳以上担保を加えて7区分にした保険が増えてきている[9]。さらにこの区分に加えて等級制（かつては16等級、現在は20等級が一般的）が導入されており、たとえば4等級をベースとして保険金請求がない場合には1年につき1等級（上限は20等級で−10%から−60%まで）保険料が低下し、保険金請求がある場合には3等級（+20%）から1等級（+60%）まで上昇するという**メリット・デメリット制**の保険料率体系になっている。

また、一部の外資系保険会社に導入されているリスク細分型保険は、自由

9　従来の4区分に該当しない契約者が2012年度は50.2%、2013年度は51.7%に達している。損害保険料率算出機構（2015a、p. 136）。

コラム ●

自動車の将来と CASE

いま自動車業界は100年に1度の大変革期といわれている。その背景にある現象を一語で示すのが**ケース**「CASE」と呼ばれる自動車をめぐる社会変化・技術変化の動きである。**CASE**とは、Connected（コネクテッド：接続）、Autonomous（自動運転）、Shared（シェアリング）、Electric（電動化）の頭文字である。

まず、コネクテッド・カーとは、インターネットに常時接続した状態の自動車ことである。**IoT**（Internet of Things：モノのインターネット）の社会基盤構築とも連動しており、自動緊急通報システム、走行距離・速度・急発進・急ブレーキなどの運転情報や走行管理、車両管理、それらに付随する安全管理などの膨大なデータをクラウド上から取得し、それに応じた保険料を支払うテレマティクス（「テレマティクス〔Telematics〕」とは「テレコミュニケーション〔Telecommunication：電気通信〕とインフォマティクス〔Informatics：情報処理〕を合成した造語）保険にも応用されている。

次に、自動運転の普及により、安全性が向上し事故の低下や運転負担の軽減、交通渋滞の軽減等が期待されている。特に車を運転する必要があるが運転に不安を感じる高齢者層（高速道路の逆走、アクセルとブレーキの踏み間違いなど）にとって、運用が期待される技術でである。

シェアリングとは、自動車分野におけるシェアリングエコノミーのことで、カーシェアリングやライドシェアリングをさす。日本でもカーシェアリングは会員が2018年には120万人前後を超えた市場となっており、市場規模も2020年で約300億円と予測されている。

自動車の電動化については、地球温暖化、排ガスやCO_2をはじめとする環境問題への有効な切り札だけでなく、ヨーロッパの一部の国ではすでにエンジン車自体が今後製造・販売禁止となることが決まっており、移行が急がれている。

以上のようにCASEは、自動車における4つの技術・社会的な変化を示すキーワードであるが、それぞれが別個に完全に独立してあるわけではなく、深く連動し合って進んでいる。産業規模が大きいだけに影響を受ける企業も数多く、今後も目が離せない状況といえよう。

● ●

化以降に登場した比較的新しい保険であり、年齢だけではなく性別、統計的に有為な差がある地域、免許証の種類（ゴールド免許など）、車種、年間走行距離、自動車の用途（レジャー、商用、通勤など）や使用目的（自家用、営業用など）、安全装置の有無、運転歴などさまざまな要因を考慮して細かくリスクを区分した保険料率を採用している。もちろんこうした細分化は保険料の等価交換性を高めるものではあるが、保険技術に固有の大数の法則の適用上の問題もあり、一定の限界があるであろう。また、若者の自動車離れへの対策だけでなく、高齢ドライバーの事故率の上昇についても、早急に対策を講じなくてはならなくなっている。

今後、ビッグデータ（Big Data）やAI（人工知能：Artificial Intelligence）、**フィンテック**（FinTech：Finance と Technorogy の合成語），**インシュアテック**（InsurTech：Insurance と Technorogy の合成語）の進歩につれて、自動車の自動運転化（特にレベル4以上）が進むと責任主体が様変わりする可能性が高くなると予想される。その際、交通事故の責任の所在と被害者の立場を明確にしておくことが重要な社会的課題になってくる[10]。

日本では自動運行装置は「ドライバーの認知・予測・判断・操作に関する能力の全部を代替する機能を持ち、その機能の作動状態の確認に必要な情報を記録するための装置を備えたシステムを指す」と明確に定義されている[11]。

図表Ⅲ－2－4　自動運転技術のレベル（SAEJ3016）による責任主体

SAE レベル（運転自動化度）		運転のタスクの実施者が運転者かシステムかによる分類	責任主体
無し（現行）	0	運転者がすべてのタスクを実施	運転者
運転支援	1	加速・操舵・制動のいずれかの操作をシステムが行う	運転者
部分自動化	2	加速・操舵・制動の複数の操作を一度にシステムが行う	運転者
条件付自動化	3	システムがすべての操作を行い、システムが要請したときのみ運転者が操作する	システム（運転者）
高度自動化	4	（領域限定的に）システムがすべてのタスクを実施	システム
完全自動化	5	（領域限定なしで）システムがすべてのタスクを実施	システム

（注）限定領域内には、物理的・地理的な場所だけではなく、交通状況（渋滞や事故、交通規制など）や環境、速度、時間的な条件などを含んでいる。限定領域なしとは、現在の人が運転するすべてをシステムが肩代わりすることである。作動継続が困難な場合とは、システムが自らの判断では運転ができない状況に陥ったとき、たとえば、工事などで信号ではなく誘導員が道を誘導していて、容易に走るべき場所がわからない場合などである。

（出所）高度情報通信ネットワーク社会推進戦略本部（2019）、日本損害保険協会（2019）。

10　以下の文章は損害保険協会（2016）の報告書が非常に参考になった。なお、自動運転車は英語では autonomous car, driverless car, self-driving car, robotic car 等と表記される。

11　道路運送車両法（略）第41条第2項。

レベル1・2では自動化が進むと交通渋滞が減少するという検証報告はあるが、従来の責任のあり方と大差はなく、現行制度で対応は可能である。

レベル3の事故と責任。対人事故については、自賠責保険における自賠法第3条による運行供用者責任（被害者の過失割合が70%以上ある時は一部減額）が適用される。任意自動車保険保険については、従来の過失相殺が行われる。対物事故については、自賠責保険は対象とされておらず、任意自動車保険は、民事法第709条（不法行為責任）、第715条（使用者責任）が適用される。なお、この場合、責任の存在証明は被害者側にある。

レベル4以上の事故と責任について。ドライバーを必要としない完全自動運転車が登場した場合、事故が発生したときの責任の所在については、人とシステムの事故への関わり具合や事故当時の環境条件の特定が複雑になることは否めない（図表Ⅲ-2-4）。

運行供用者に責任のないシステムの欠陥・不備、交通インフラの欠陥、不明者によるサイバー攻撃などによる損害の責任を証明することは、きわめて困難である。そのため、自動車の安全基準、道路整備や交通関連諸法の整備、利用者の義務の明確化、免許制度、民事法や刑事法のあり方も様変わりし、自動運転に関わる多くの法令などを抜本的に見直す必要が出てくるであろう。そこで、法改正や新法制定などの法的根拠を確立するなどして、国民全体がその賠償責任の所在や保険商品の意義に納得する「社会受容性」の確保[12]が求められる。

ところで、レベル2-3の自動運転車向けの自動車保険を考えるとき、よく「テレマティクス保険」が話題になる。この保険の特徴は、賠償責任とは直接関係はないが、自動車に取り付けた専用機器が収集する走行データや運転データに基づいて保険料が決まるところにある。走行距離が短かったり、運転データに急加速や急ブレーキの履歴が少なかったりする場合は、それだ

12　従来の自動車保険にはなかった(1)ハッキング行為が原因の損失、(2)ソフトウエアのアップデートや修正処理の失敗が原因の損失、(3)衛星の障害や停電に基づくナビゲーションシステムへの影響、(4)各種自動運転ソフトの障害、(5)オーバーライドの失敗が原因の5つの損失について、英国のAdrian Flux社が2016年に発売した自動運転車向け保険の補償に含まれている。

け事故の発生確率が低いと判断して保険料が安くなるのである[13]。

しかし、レベル4以上になると賠償請求する相手が特定できない損害が生じやすくなる。たとえば、誰がサイバー攻撃したのか不明の場合には自賠法の免責3要件の(ロ)「運転者、被害者以外の第三者の故意」が立証できないので、免責不成立のため自賠責保険は発動するが、民事的にはそもそも運行供用者に過失がないことから、被害者には賠償の請求先がなくなって宙に浮いてしまいかねない。これについては、自動車損害賠償保障制度を援用して、自賠責保険と同等の政府保障が得られるよう提案されている[14]。

また、自賠法の免責3要件(ハ)「自動車に構造上の欠陥または機能上の障害が無かったこと」の立証についても、メーカー（自動車、部品、システム、ソフトなど）の責任を運行供用者が肩代わりした場合に、被害者に支払った保険金の範囲内で被害者が持つ損害賠償請求権を保険会社が代位して保険会社がメーカーに求償して保険金を回収することも考えられる。

自動運転技術により、事故の抑制・削減、高齢者による高速道路の逆走やアクセルとブレーキの踏み間違いというヒューマンエラーに起因する事故の多くが軽減される[15]。さらに環境負荷の軽減や地方都市・農村部の移動手段の確保等の改善が図られる。

車社会が便利になることは好ましいが、自動車の所有自体が立証コスト等の負担増になるので「無人タクシー」等が増える社会、あるいは（人を運ぶ）自動ロボット社会になるかも知れない。

4　海上保険

海上保険（marine insurance）は航海に伴って生ずることのある損害すなわ

13　走行距離に応じた保険料を支払う自動車保険「PAYD（Pay As You Drive）」型、運転の仕方に応じた保険料を支払う自動車保険を「PHYD（Pay How You Drive）」型と呼んでいる。

14　国土交通省（2019、P. 32）自動車の保有者等が必要なセキュリティ対策を講じていない場合を除く。

15　交通事故原因の約90%がヒューマンエラーというアメリカの調査データ。NHTSA (2015) *Critical Reasons for Crashes Investigated in the National Motor Vehicle Crash Causation Survey.*

ち海損（average）を塡補する保険である。海上保険で担保される危険を一般に**海上危険**（maritime perils）といい、これには**海固有の危険**（perils of the seas：沈没、座州、座礁、衝突、難破、行方不明など）の他に火災、爆発、海賊、盗難、投荷、船長および船員の悪行、ストライキ、戦争などのさまざまな危険が含まれる。さらに、被保険利益でみてきたように、所有者利益のような物的損害だけではなく、海上危険によって支出を余儀なくされた場合の費用、回収不可能となった運送賃、船舶不稼働による収益の損害、喪失した積荷の希望利益の保険などがある。

また、海上保険には他の損害保険にはない特有の制度として、①海難救助に支払われる**救助料**（損害防止費用に近い考え方）、②**共同海損**（general average）、③**推定全損**（constructive total loss）とそれに付随する**委付**（abandonment）、④**P＆I保険**（Protection and Indemnity Insurance：**船主責任相互保険**）という船員・船客の人命、港湾設備、汚濁損害などの賠償責任保険などがある。

共同海損行為とは、船舶、貨物などが航海中に台風や荒天のために大きな損害が生じる可能性があるとき、共同の安全の目的のために積荷の一部を投棄（**投荷**：jettison）することで、船舶や他の積荷の全体としての損害を軽減するような行為のことであり、このようにして生じた共同海損犠牲あるいは共同海損費用を利害関係者全員が公平に分担するという制度である[16]。

海上保険は**船舶保険**と**貨物海上保険**（**内航貨物保険、外航貨物保険**）に大別される。

1）船舶保険

船舶保険には、普通期間保険（一般商船、漁船、特殊船）、船舶建造保険、船舶修繕に関する保険（船舶修繕保険、船舶修繕者工事保険、船舶修繕者賠償責任保険、船舶修繕費保険）、航海保険、係船保険、船舶戦争保険、船舶不稼働損失保険、

16　各自の分担額は保険契約者または被保険者が選任した海損清算人（average adjuster）によって計算され分担する。ちなみに、この計算方法が「平均」の算出方法に似ていたため数学や統計学では「average＝平均」という。なお、運送契約に別段の定めがない場合には日本の法令もしくはヨーク・アントワープ規則（York–Antwerp Rules）によって計算される（大谷　2007、p. 218）。

P＆I保険、その他特殊保険などがある[17]。

このように船舶保険の担保範囲と種類は多く、船体、機関、操舵機、属具、備品、消耗品などの物的損害だけではなく希望利益や、代償、賠償責任、費用、などのさまざまな無形財について保険が存在する。また、保険の対象についても、客船、貨物船などの商船の他に起重機船、浮きドック、台船、石油掘削装置などの海上構造物や海中展望台などの水中構造物も含まれる。

わが国の船舶保険には損害塡補の範囲に関する規定がなく、通常は船舶保険普通約款に損害塡補条件を定めた第1種から第6種までの特別約款を挿入して担保される。第1種特別約款は最も担保範囲が狭く全損のみ担保条件であり、第6種特別約款は最も広い範囲を担保し、損害防止費用や共同海損分担額、衝突損害賠償金、いわゆる六大重要危険（沈没、転覆、座礁、座州、火災、衝突による修繕費）およびそれ以外に列挙された危険により生じた損害の修繕費などを担保するほぼオール・リスクス（all risks）の条件である。

2）貨物海上保険

貨物海上保険は水上輸送の貨物を対象とする保険の総称であり、外航貨物保険が国際貿易取引に関する保険であるのに対し、内航貨物保険は主として国内沿岸の輸送貨物を対象とする保険である。これら海上保険証券は、船荷証券（bill of lading : B/L）などとともに貿易取引に不可欠の船積書類（shipping documents）であって、その国際的性格から外貨建てであったり、英文貨物海上保険証券が用いられることが多い。具体的には、イギリスの**協会貨物約款**（Institute Cargo Clauses : ICC）が国際的に準用されている。ICCは1962年、1982年、2009年があるが、現在は2009年が標準である。その他に、**協会戦争約款**（Institute War Clauses : IWC）や**協会ストライキ約款**（Institute Strikes Riots and Civil Commotion : ISRCC）などの特約がある。

内航貨物保険は、通常、一航海ごとに保険に付されることが多いが、航海が継続的に行われるときは期間建てでの契約や、仕出地の倉庫から仕向地の

17　藤沢他（2003、p. 179）。

倉庫までを担保する倉庫間約款などが利用されることもある。

わが国の貨物海上保険・運送保険普通保険約款は、保険金を支払う損害について、「オール・リスクス担保」条件と「特定危険担保」条件の２つについて定めている。「オール・リスクス担保」条件の場合には、すべての偶然な事故によって生じた損害が担保され、「特定危険担保」条件の場合には、火災、爆発、もしくは輸送用具の衝突・転覆・脱線・墜落・不時着・沈没・座礁・座州によって生じた損害または共同海損犠牲損害が担保される[18]。

5　巨大災害と損害保険

巨大災害は単発で起こるものもあれば、集積的・累積的にも生ずる。また人為的に起こる場合もある。それらに共通する特徴は、定性的・定量的に捉えにくく生起確率が小さいため、大数の法則が適用しにくいことである。つまり、保険化が困難であるということである。以下では、地震保険と原子力保険について、その基本構造や問題点などを概観する。

1）地震保険

地震保険は、**地震保険に関する法律**[19]（昭和41年5月18日法律73号）に基づき被災者の生活の安定を目的とする保険として、ノーロス・ノープロフィットで運営されている。地震による火災は火災保険では免責されるため、地震（噴火）等に起因する火災による家屋の消失や倒壊、津波による家屋の流失で生じた損害などは地震保険で担保される（火災保険に原則自動付帯）。

(1)　地震保険の保険料率と保険金

地震保険の契約金額は、主契約である火災保険の保険金額の30%から50%の範囲内で、かつ建物5000万円、また家財は1000万円が上限になっ

18　貨物海上保険普通保険約款第１条。詳細は東京海上火災保険株式会社（1987）を参照されたい。

19　第１条「この法律は、保険会社等が負う地震保険責任を政府が再保険することにより、地震保険の普及を図り、もつて地震等による被災者の生活の安定に寄与することを目的とする」。家計分野の火災保険に原則自動付帯する保険で、企業分野は特約になっている。

ている（図表Ⅲ-2-5、Ⅲ-2-6）。

地震保険は、自賠責保険と同様に**損害保険料率算出機構**の**基準料率**を使用している。基準料率は、建物の構造や居住する地域の等地によって決まる**基本料率**に、各種の割引率を乗じて計算し、最終的な保険料率が決定される。

(2)　地震保険の再保険スキーム

再保険スキームは、民間損保会社（日本地震再保険株式会社〔以下、地再社〕を含む）と政府との間で、生じた損害の責任をどのように分担するかを取り決めるルールである[20]。

地震保険は、地域の偏在をなくすため、元受け、再保険、再々保険の3段階に分けてリスクを分散している。損害保険会社が契約者から受領した保険料は、そのすべてを地再社に再保険し、地再社はそれぞれの責任額割合に応じて自らが保有する分、損害保険会社に再々保険する分、および政府（**地震再保険特別会計**）に再々保険する分に振り分けて出再している。

1回の地震等により支払われる保険金は、あらかじめ限度額が設定されており、全体としての上限は11兆7000億円である（図表Ⅲ-2-7）。

図に示されているように、全体を3つのレイヤーに分け、損害の規模に応じて民間保険会社（地再社含む）と政府の役割が分担されている。図のように、1回の地震等による支払いが一定の金額を超えたときに、その超過部分の責任を負担する契約のことを「**超過損害額再保険**」契約という。

2014年の改定で3rdレイヤー部分の政府分担額が大幅に増加した。これは先の東日本大震災[21]による保険金の支払いが相当大きかったため、民間の損害保険会社の引受分を考慮して再保険スキームが見直されたことによる[22]。

20　この項目については、日本地震再保険株式会社（2019）に大きく依拠している。

21　被害状況：人的被害は死者1万6278名、行方不明者2994名、負傷者9179名。住家被害は、全損12万9198棟、半壊25万4238棟、一部損壊71万5192棟（2012年3月8日現在）。支払い保険金総額約78万件、1兆2369億円（日本地震再保険株式会社　2012、p.5）。なお、JA共済は、自然災害等（地震を含む）を担保する「建物更生共済」により、2012年7月までに自然災害共済金8788億円（約63万件）、生命共済金約326億円を支払っている（JA共済　2012）。なお、JA共済連が2008年5月（3年満期）に発行したCat Bond（Muteki Ltd.）発行総額3億ドルは、同震災が世界で初めて元本全額回収事由に該当し、全額回収した後、建物更生共済の共済金の一部に充てられた（JA共済プレスリリース、2012年2月15日）。

図表Ⅲ－2－5　地震保険の損害の程度と支払い保険金

	損害の程度	全損の場合	大半損の場合	小半損の場合	一部損の場合
建物	支払保険金	地震保険の保険金額の100%相当額	地震保険の保険金額の60%相当額	地震保険の保険金額の30%相当額	地震保険の保険金額の5%相当額
	建物の主要構造部である軸組（柱・はり等）、基礎、屋根、外壁等の損害の時価額*の	50%以上	40%以上 50%未満	20%以上 40%未満	3%以上 20%未満
	消失あるいは流失した部分の床面積が、その建物の時価額の	70%以上	50%以上 70%未満	20%以上 50%未満	＊　＊　＊
					床上浸水あるいは地面から45センチを超える浸水の損害を被ったとき
家財	損害の程度	全損の場合	大半損の場合	小半損の場合	一部損の場合
	家財の損害額が家財の時価額の	80%以上	60%以上 80%未満	30%以上 60%未満	10%以上 30%未満

注）1　＊時価額とは、同等のものを新たに建築または購入するときに必要な金額から、使用による消耗分を控除して算出した金額。
　　2　4分割時の半損を大半損と小半損に分割するときの損害区分（地震保険に関する法律施行令により、2017年1月1日実施）。
　　3　基礎率の改定および新4区分により保険料率の引上げ、引下げが見直され、全国平均で19.1%の引上げとなるが、引上げは3回に分けて行われる（第1回目は2016年で全国平均＋5.1%、第2回目は2019年で同＋3.8%、第3回目は2021年で同＋5.1%の予定）。
出所）損害保険料率算出機構「ニュースリリース」No. 2015-0018。

図表Ⅲ－2－6　地震保険の基本料率と基準料率（割引）

構造区分	イ　構　造	ロ　構　造
等　地	耐火建築物、準耐火建築物、および省令準耐火建物	イ　構造以外の建物
1等地	0.50	1.00
2等地	0.65	1.27
3等地	1.05	1.88

①免震建築物割引	50%
②耐震等級割引	
a. 耐震等級 3	50%
b. 耐震等級 2	30%
c. 耐震等級 1	10%
③耐震診断割引	10%
④建築年割引	10%

保険契約期間	長期割引係数
2年	1.90
3年	2.85
4年	3.75
5年	4.65

出所）損害保険料率算出機構（2019）『地震保険のあらまし』。同（2019）「ニュースリリース」（5月28日付）

図表Ⅲ-2-7　地震保険の再保険スキーム（2019年4月）

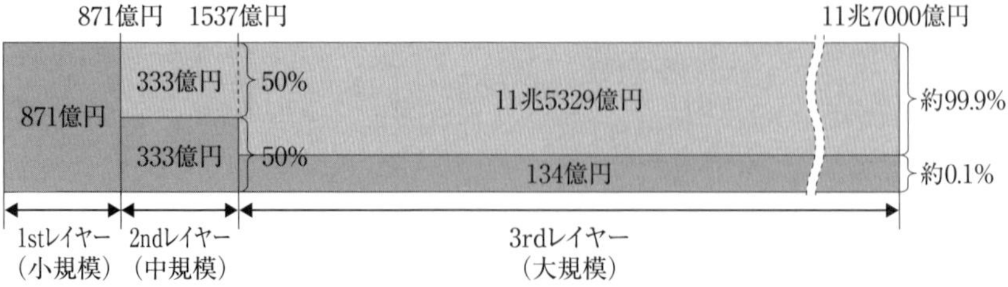

（責任限度額）	民	間	1338億円
	政	府	11兆5662億円
	合	計	11兆7000億円

出所）日本地震再保険株式会社（2019、p. 39）、損害保険料率算出機構（2019、p. 62）。

(3)　地震保険の問題点と課題

第1に、地震保険の目的からみると費用保険（生活費用）と思われるが、モノ保険（建物・家財）なのか費用保険なのか明確な線引きが困難である。モノ保険であるとしても、付保上限が30〜50%では全損しても再建（原状回復）は不可能である。また被災者の生活安定のための生活費用保険（生活再建資金）であるとしても、被災者の多さに比べて持ち家かつ保険加入者だけが保険で保護[23]されるため、限定的である[24]。

第2に、複数回の震災に対応できる準備金をどうするかという問題が生じている。2018年度末で、損害保険会社の地震保険危険準備金は、地再社2030億円、損害保険会社306億円、政府の準備金（地震保険特別会計）1兆6969億円の合計1兆9307億円であった[25]。近い将来に発生するかも知れない地震に備え、準備金を早急に積み増す効率的な仕組みが必要である。

第3に、地震保険の単独加入の是非が問われている[26]。しかし、世帯加入

22　2019年度の再保険スキームにおける再保険割合は、地再社約19%、損保会社約1%、政府約80%となっている。日本地震再保険株式会社（2019、p. 41）。

23　経済学者の観点として、地震保険は純粋な私有財産である個人の家屋資産価値の保全を目的としており、社会保険や自賠責保険のように強制加入によって政府の関与を必要とする財には当たらない、との見解もある（叶　1996）。

24　財務省（2012、p. 1）。二重ローン問題も合わせて考える必要がある。

25　日本地震再保険株式会社（2017、p. 40）。

率（全世帯に占める地震保険の加入率）は2018年度末で32.2%、付帯率（当該年度に契約した火災保険にセットで加入した地震保険の率）は65.2%と低いことから、普及を重視し火災保険に原則自動付帯する現行方式の方が普及率の向上に寄与するとの考えも根強い[27]。

第4に、東日本大震災では損害全体のうち一部損の割合が70%以上を占めていたので、半損（50%）と一部損（5%）との差が10倍もあることが問題視され、一応、半損を大半損（60%）と小半損（30%）に分割して4区分としたが、これを導入すると保険料が上昇し、付帯率が低下する恐れや迅速な支払いが困難になるとの意見もあり、将来の課題も残されている。

第5に、付保の上限（50%）や損害区分（4区分）は妥当なのか、さらにリスク区分の3等地制が地質ではなく行政区分であって、実態を反映していないのではないか、という疑問も生じている[28]。

これらのことから、相互扶助を強調するなら料率格差は小さい方がよいが、保険料の公平性の観点からは逆に「立地割増」なども考えられる。今後さらなる検討が必要になっているが、持ち時間はそれほど長くはない。

2）原子力保険と原子力損害賠償制度

原子力保険は原子力損害[29]を塡補する保険の総称である。通常は陸上原子炉に関する任意の**原子力財産保険**と、損害賠償に関する強制の**原子力損害賠償責任保険**とに分けられる[30]。

26　SBI少額短期保険株式会社（旧日本震災パートナーズ社）の単独で加入できる（震災被害者向けの）生活補償保険「Resta（リスタ）」（1人300万円から5人以上900万円まで）や、東京海上日動社の「超保険」（通常の地震保険とセットで地震保険の上乗せ補償を最大100%まで行う）などがある。ただし、どちらも持家の場合に限る。

27　損害保険料率算出機構データバンクより。

28　国交省や市町村の協力を得て250m角のハザードマップ（防災マップ）が推進されてきたが、これを利用した緻密な料率計算が行われるようになった。

29　原子力損害とは、核燃料物質の原子核分裂の過程の作用または核燃料物質等の放射線の作用もしくは毒性的作用（これらを摂取し、または吸入することにより人体に中毒およびその続発症を及ぼすものをいう）により生じた損害であって、相当因果関係があるものをいう。

30　その他に強制の施設賠償責任保険、核燃料輸送賠償責任保険、原子力輸送賠償責任保険、原子力船運航者賠償責任保険などがある。

(1)　原子力損害賠償責任保険

原子力損害賠償責任保険は、「原子力損害の賠償に関する法律[31]」(昭和36年6月17日法律第147号、以下「原賠法」)に基づき、原子炉の運転等[32]によって生じた原子力損害に備えるために導入された。家計分野の保険ではなく原子力事業者(以下、事業者)に対する強制保険であって、民間の損害保険会社が引受を行っている。

原子力損害賠償責任保険は、その性格から1社では引き受けることが困難である。そのため引受を共同で行う**保険プール**を結成することが認められている[33]。このようなプールは、航空保険プール、自賠責保険プール、地震保険プールなどにも認められている。

日本原子力保険プール機構[34]は、さらに各国の原子力保険プール(21団体)との間で出受再保険契約を取り交わしている。日本の原子力保険プールの保険料率(hazard valuation and rating of nuclear risks)と再保険料率は、ロイズの技術援助によって世界統一料率になったイギリス原子力保険のプールの料率を使用している[35]。

日本における原子力損害賠償責任の原則(原賠法第3条、第4条)は以下の3点を特徴とする。

①**無過失責任**:原子炉の運転等により生じた原子力損害は、事業者が賠償責任を負う。この場合、事業者の故意・過失は問わない。

②**無限責任**:事業者の賠償責任の限度額は特に規定されていない。

③**責任の集中**:責任は事業者のみに集中し、メーカー等は一切責任を負わない。

31　原賠法第1条(目的):この法律は、原子炉の運転等により原子力損害が生じた場合における損害賠償に関する基本的制度を定め、もつて被害者の保護を図り、及び原子力事業の健全な発達に資することを目的とする。

32　原賠法第2条(定義)によれば、「原子炉の運転等」とは、原子炉の運転、加工、再処理、核燃料物質の使用、使用済み燃料の貯蔵、核燃料物質または核燃料物質によって汚染されたもの(核燃料物質・原子核分裂生成物など)の運搬、貯蔵または廃棄を含むとされている。

33　あらかじめ公正取引委員会の同意を得て認可申請することにより、内閣総理大臣が認可する。この認可により、独占禁止法の適用が除外される。

34　日本原子力保険プールは、1960年に損害保険会社20社により設立され、現在は24社である。

35　本位田(2000、p.4)。

(2)　原子力損害賠償制度と政府の措置

日本の原賠法はアメリカの**プライス・アンダーソン法**[36]をモデルにしている。原賠法が定める損害賠償の対応は、２層２列の構造になっている（図表Ⅲ－２－８参照）。まず２層とは、損害賠償の２つの方法（民間損害保険会社との保険契約と政府との補償契約）と、上限額を超える部分への「政府の支援」の２層である。２列とは、損害賠償とそれとは異なる政府の措置（災害救済）のことである。原賠法では事業者に対し、原子力損害を賠償するための賠償措置を講じることを義務付けており、事業者は次の２つの契約が強制される。

①**原子力損害賠償責任保険**（民間損害保険会社との保険契約：第８条）

②**原子力損害賠償補償契約**（政府との補償契約：第10条）

図表Ⅲ－２－８　原子力損害賠償制度の概要

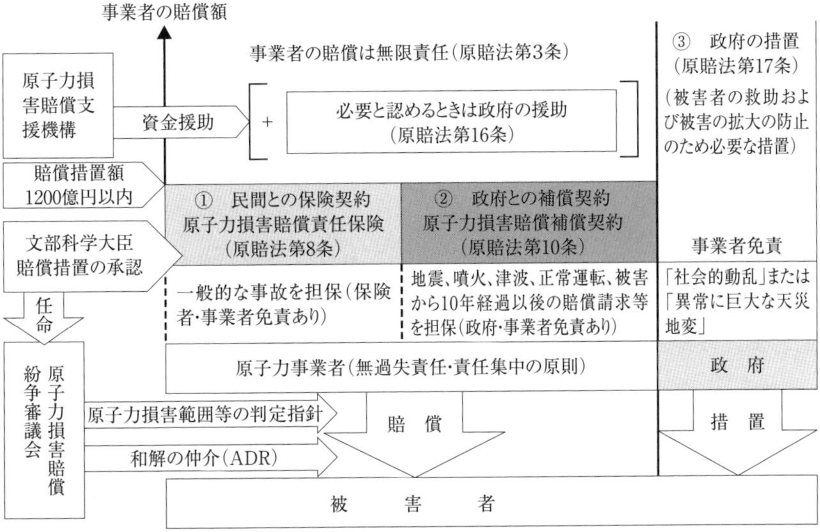

出所）文部科学省研究開発局原子力課の資料に基づいて筆者作成。

36　AEA（Atomic Energy Act of 1954：1954年、核エネルギー法）を修正した、プライス・アンダーソン法（PA法：Price-Anderson Act, 1957）では、アメリカの賠償制度は３層式の構造になっている。まず第１層に民間保険（１基当たり上限３億7500万ドル、約453億円）、第２層に「事業者相互扶助制度（遡及保険方式で、１基１億7945.5万ドル、全104基で122億1984万ドル、約１兆4700億円）」があり、最後の第３層は国家補償（大統領の提案により議会の承認を得て議会が補償）である（佐藤　2012、pp. 87-88）。

これらの賠償措置額は、どちらも1工場・事業所当たり1200億円[37]であり、原子力損害が発生した場合には、図表Ⅲ−2−8に示す賠償金支払いスキームに則って、賠償金が支払われる。ただし、どちらも上限額を超えると事業者は無限責任を負うが、政府が必要と認めるときは、原賠法第16条に基づいて政府の支援が行われる。

事故原因が一般的事故（台風、洪水、高潮、暴風雨等）によるときは、①民間契約の原子力損害賠償責任保険から保険金（上限1200億円）が支払われる。また、事故原因が民間保険の免責事由（地震、噴火、津波、正常運転、被害から10年以上経過後の賠償請求等）によるものであるときは、②政府との原子力損害賠償補償契約によって政府の補償金（上限1200億円）が政府から支払われる。東日本大震災では、上記の仕組みから①民間損害保険会社は免責になり、②政府の補償が行われた。

政府による援助は、「**原子力損害賠償支援機構**」[38]が行う。また損害賠償が円滑に行われるように、「和解の仲介」および「紛争の当事者による自主的な解決」を図るため、「**原子力損害賠償紛争審査会**」[39]が設置されている。

ただし、これら2つの賠償スキームが当てはまらない例外がある。原賠法第3条ただし書きでは、その原因が、①社会的動乱の場合、②異常に巨大な天災地変の場合、であるときは事業者が免責になるのである。もちろん保険も政府の補償も発動しない。このような場合には、③政府が被害者救済の救助および被害の拡大の防止のために必要な「措置」（原賠法第17条。図中の③に該当する。しかし「賠償」ではない）が講じられることになっている[40]。

今回の事故でも論議されたのであるが、「異常に巨大な天災地変」の明確

37　1万kW超の原子力発電所の場合。種類・規模に応じた少額措置を政令で規定。事業行為終了後の特例額を政令で規定。原子力船の場合は300億円。

38　原子力損害賠償支援機構は、原賠法第16条に基づき、原子力損害賠償支援機構法（2011年8月10日に公布され同日施行）によって設立された政府の機構。これまでに東京電力に対し補償金1200億円を含め5兆3000億円以上を支援している。

39　原賠法第18条に基づき、2011年4月に文部科学省内に設置された第三者機関である。

40　政府が災害救助法や特別立法等の措置を講ずることにより、被害者保護を図る。事業者免責の判断は、関東大震災クラスの3倍程度の強度（加速度単位ガルによる）の地震といわれているが、明確な基準がなく、福島第1原発の場合にも議論となった（科学技術庁　1998）。結論としては、賠償スキーム②がとられ、政府が補償金を支払うことになった。しかし、定義は確定していない。

な定義はいまだに棚上げされたままである。

6　損害保険の現代的課題

保険契約が**射倖契約**[41]であることからわかるように、過去においては保険と賭博との境界が非常に低く感じられた時代があった。そのため、損害保険（特に海上保険）は古くから**信義誠実の原則、最大善意契約**（utmost good faith）を重んじる契約であるとされてきた。

近年多発している保険をめぐるトラブルの多くは、**モラルハザード**と**情報の偏在**の問題に起因している。これらは保険会社と保険契約者の双方に発生する問題であるにもかかわらず、かつては「保険犯罪」として保険金詐欺に関わる過大請求や事故の偽装、架空請求など保険契約者側に軸を置いた問題として取り上げられることが多かった。もちろん保険会社側にも保険金不払いや**保険金支払い漏れ、契約の不当解除、保険料過徴収**、契約者側の**保険金請求漏れ**などの問題が2005年以降に顕著になった。なぜこのような事態になってしまったのであろうか。

まず、問題の背景について考えてみよう。日本の保険業はバブル崩壊後、劇的に変化した。バブル崩壊後に金融収益の低下が起こり、次いで1998年の算定会料率の遵守義務の廃止による料率自由化で、価格競争や過度の販売競争が生じた。当然、経営の合理化や市場の再編成が進み、この過程で損害保険会社2社が経営破綻（2000年に第一火災、2001年に大成火災）した。また第三分野の全面解禁もこの時期に行われ、2005年に**金融コングロマリット**監督指針[42]が打ち出された。これに追い打ちをかけたのが主力商品である自動車保険の業績悪化であった。これにより市場再編が一気に加速したのである。

次に、Ⅱ部3章で述べたコンバインド・レシオを用いて考えてみよう。コ

41　射倖契約とは、双務的義務が確率などの偶然性を媒介にする契約のことである。保険では給付・反対給付均等の原則に導出される純保険料の公式は、宝くじの公式と同型であり、かつて保険思想の低い時代には保険と賭博とが往々にして混同（イギリスにおける生命保険禁止法や学説でも生命保険否定説などがあった）されていたことも事実である。

42　久保（2008）を参照されたい。

ンバインド・レシオを下げる（黒字化する）ためには、①「収入保険料の増収」または②「支払い保険金の抑制」あるいは③「支払い事業費の抑制」が必要である。収入保険料の伸び悩みの中で、①「収入保険料の増収」を望めないままに収益の拡大を求められた損害保険各社は、②「保険金の抑制」を行うか、③「事業費の抑制」を行うかの方向に向かわざるを得なくなった。

まず、**保険料過徴収**[43]は①に関わる問題である。次いで、保険金不払いや支払い漏れ[44]、契約不当解除[45]、は②に関わる事項である。また、複雑な保険商品の開発や、十分な説明がないままの販売など、急激な代理店の合理化や質を高める代理店教育の不備も加わって、（契約者が）知っていれば請求できたはずの保険金を（契約者が知らずに）請求しなかったために、保険金を支払わなかったという、いわゆる「**保険金請求漏れ**」による事実上の不払いも生じている（「**保険金請求主義**」といい、仮に契約者が請求し忘れていることを保険会社が知っていたとしても、道義的にはともかく違法ではないとされている。公的年金も同様）。③「事業費の抑制」は、価格競争に影響を与える。なぜなら、単なる販売競争ではかえって販売費用が増大するからである（コンバインド・レシオの事業費率をみればわかりやすい）。

これらの問題はある意味で競争の歪みを表しているが、その背後に市場原理の強化に伴う過度の収益主義と過激な合理化・効率化があることは否めない[46]。今後は国内の保険契約者の信頼を回復することに全力を傾注するとともにⅡ部2章で示した戦略的課題に取り組まなければならない。

43　損保会社6社について、住宅火災保険で耐火性が高いツー・バイ・フォー（2×4）の割引や耐震構造住宅に地震保険の割引を適用しなかった例、また自動車保険におけるゴールド免許割引や傷害保険において職種による割引を適用しなかった例で、2006年度の発覚以来約133万件、総額約298億円の保険料過徴収があった（「毎日新聞」2006年5月21日付）。

44　不払い、支払い漏れについては、鳳（2007）、岩瀬（2008）を参照されたい。なお、この問題については、日本保険学会の2007年度全国大会におけるシンポジウム「保険金等の支払いをめぐる再検証問題」で取り上げられている。また、本書Ⅰ部5章のコラムおよび6章でも論じられている。

45　第三分野については、金融庁（2008）を参照されたい。

46　この点に関し、生命保険を対象とし、ポランニーの見解を援用して保険市場の歪みについて論じた石田（2008）「第2章」（岡村担当箇所）を参照されたい。

練習問題

1　損害保険になぜ「被保険利益」の考え方が重要なのかについて述べなさい。

2　失火によって隣家を全焼させた場合に、出火元が①持ち家者の場合、②借家人の場合、それぞれの責任はどう違うか説明しなさい。

3　契約時点で2000万円と評価されている家屋に1600万円の火災保険契約を締結した。その後火災が発生して半焼し損害額は1000万円であった。この火災保険契約が80%コインシュアランス契約であった場合には保険金はいくらになるか（ただし物価変動などはないものとする）。

4　上記の例題で、この火災保険契約に80%コインシュアランス契約がついていない場合には、保険金はいくらになるか（同様に物価変動などは考慮しない）。

■引用・参考文献

石田重森編著（2008）『保険学のフロンティア』慶應義塾大学出版会
岩瀬泰弘（2008）「保険金支払漏れに見る保険経営の特殊性と課題」『保険学雑誌』第601号、日本保険学会、pp. 13–32
SBI少額短期保険株式会社『SBI少額短期保険の現状』（各年度版）
鳳佳世子（2007）「保険金不払い問題の概要と課題」『調査と情報』第572号、2007年3月（国立国会図書館ISSUE BRIEF NUMBER 572）、pp. 1–10
大谷孝一編著（2007）『保険論』成文堂
大羽宏一（2012）「被害者救済に関する原子力損害賠償責任保険の課題」『保険学雑誌（東日本大震災特集号）』第619号、pp. 23–42
叶芳和編（1996）『経済学者による震災復興への提言』日本経済新聞社
久保英也（2008）「再構築が求められる日本の生損保兼営グループの戦略」『保険学雑誌』第601号、日本保険学会、pp. 129–148
国土交通省自動車交通局保障課監修（2002）『逐条解説　自動車損害賠償保障法』ぎょうせい
財務省（2012）『地震保険制度に関するプロジェクトチーム報告書』
佐藤大介（2012）「原子力損害賠償制度に対する原子力損害賠償支援機構の影響—原子力産業者共済の可能性」『損害保険研究』第74巻第2号、pp. 81–104
JA共済『JA共済の現状』各年度版
損害保険料率算出機構『自動車保険の概況』（各年度版）
損害保険料率算出機構『損害保険料率算出機構統計集』（各年度版）
損害保険料率算出機構『地震保険基準料率のあらまし』（各年度版）
東京海上火災保険株式会社編（1987）『損害保険実務講座　第4巻　貨物保険』

有斐閣
日本地震再保険株式会社『日本地震再保険の現状』(各年度版)
日本損害保険協会『日本の損害保険　ファクトブック』(各年度版)
日本損害保険協会・日本地震再保険株式会社（2012）『安定的な地震保険制度の運営に向けて』
庭田範秋編著（1989）『保険学』成文堂
福田弥夫・古笛恵子編（2008）『逐条解説　改正保険法』ぎょうせい
藤沢順・小林卓視・横山健一著（2003）『海上リスクマネジメント』成山堂書店
本位田正平（2000）「原子力事故と損害補償の保険」『原子力学会誌』Vol. 42、No. 1、日本原子力学会、pp. 3-7
松島恵著（2008）『損害保険入門』成文堂
科学技術庁（1998）「第3回原子力損害賠償制度専門部会議事要旨（案）」(1998年9月11日)
金融庁（2008）「損害保険会社の第三分野商品に係る保険金の不払い事案の調査結果について」(報道発表資料、2007年3月14日)
(http://www.aec.go.jp/jicst/NC/senmon/old/songai/siryo/siryo04/siryo1.htm)
金融庁（2017）「自賠責保険基準料率改定の届出について」
(http://www.fsa.go.jp/singi_zidousya/siryou/20170119/01pdf.)
金融庁（2019）「第139回自動車損害賠償責任保険審議会の開催結果について」
(https://www.fsa.go.jp/singi/singi_zidousya/siryou/20190116a.html)
高度情報通信ネットワーク社会推進戦略本部（2019）「官民ITS構想・ロードマップ2019」
(https://www.kantei.go.jp/jp/singi/it2/kettei/pdf/20190607/siryou9.pdf)
日本損害保険協会（2016）「自動運転の法的課題について」
(http://www.sonpo.or.jp/news/file/jidou_houkoku.pdf)
文部科学省研究開発局原子力課HP『原子力損害賠償制度の概要』
(http://www.mext.go.jp/a_menu/anzenkakuho/baisho/1261001.html)

3章

生命保険の基礎と現代的課題

〈キーワード〉
新保険法、定額保険、被保険利益、モラルハザード、死亡保険、生存保険、生死混合保険、終身保険、定期保険、第三分野、解約返戻金、標準利率、予定利率、三利源、契約者貸付、変額保険、ユニバーサル保険、給付・反対給付均等の原則、引受基準緩和型、生損保一体型、収入保障保険、健康増進型保険

1　生命保険の特徴

1）本章のねらいと生命保険の現代的意義

生命保険についてもいろいろな側面から論じることができる。歴史、理論、政策についてはいうまでもなく、法律的・契約的側面（特に2008年に約100年ぶりに大改正、2010年4月に施行された保険法、以下、本章では新保険法という）、あるいは生命保険の機能、制度・仕組みや利用法、さらには生命保険経営など挙げればきりがない。

しかし本章では、常に客観性は維持しながらも、消費者・利用者の立場から生命保険や私的年金を理解することを目的としたい。というのは、「生命保険」は英語のlife insuranceの訳語であるから、言葉としては世界的に共通しているが、日本の生命保険の考え方にはきわめて日本的部分があるからである[1]。だからこそ日本の生命保険の特徴を理解した上で、保険企業側の

1　それに対して「損害保険」にはぴったり対応する英語はない。あえて英語にすれば、non-life insurance（生命保険ではない保険とか非生命保険という意味）である。しかし最近では日本語の「損害保険」に近いgeneral insuranceを用いることもある。ちなみに損害保険事業総合研究所の英語名は2013年までNon-Life Insurance Institute of Japanであったが、2014年1月からGeneral Insurance Institute of Japanに変更された。

考え方も考慮しながら、消費者・利用者として適切かつ自立的・自律的に判断できるようになることをねらいとしたい。

ところで、insuranceという言葉は「確実にする」という意味が込められている。したがってlife insuranceは「生命を確実にする」という意味にも通じる。しかし生命保険には人の生命を確実にすることは不可能であるし、人間の悲しみや苦しみを直接的に軽減する能力もない。生命保険も自助の精神に基づき、人々の経済生活・経済活動を現在ならびに将来に対して安定的に保つこと、すなわち経済的保障を目的としている。実際、生命保険は人々の経済生活とますます深い関わりを持つようになっている。したがって、現代ではlife insuranceを「生命保険」というよりも、lifeのもう一つの意味から「生活保険」と理解した方が妥当かもしれない[2]。

2）生損保の比較からみる生命保険の特徴

2008年に公布された**新保険法**によれば、保険を契約（＝当事者間の取引）と捉え、保険契約（共済を含む）は「当事者の一方が一定の事由が生じたことを条件として財産上の給付を行うことを約し、相手方がこれに対して当該一定の事由の発生の可能性に応じたものとして保険料を支払うことを約する契約をいう」（第２条１）と規定されている。そして生命保険契約とは「保険契約のうち、保険者が人の生存又は死亡に関し一定の保険給付を行うことを約するものをいう」（同条８）とされている。他方、損害保険契約は「保険契約のうち、保険者が一定の偶然の事故によって生ずることのある損害をてん補することを約するものをいう」（同条６）と規定されている。明治時代に商法の一部として規定された旧保険法があまりに時代遅れで、わかりにくいために新保険法が誕生したにもかかわらず、一般国民・消費者にとってはこれでもわかりにくいであろう[3]。そこで、損害保険と生命保険の契約当事者（登場人

2　筆者は「生活保険」という言葉を本書初版（2010年）から用いているが、2015年８月には住友生命のテレビCM等でも「生活保険」という言葉が登場した。

3　これらの条文から、生命保険はあらかじめ定められた一定の給付を行う「**定額保険**」で、損害保険は損害塡補を目的とした「**不定額保険**」であることは読み取れる。この点については本書Ⅰ部２章２−３）やⅢ部２章１−３）も参照されたい。

物）と契約関係を比較しながら、生命保険の理解を深めることにしよう。

(1)　損害保険の当事者とその契約関係

損害保険の当事者は、保険給付を行う義務（＝保険金支払い義務）を負う**保険者**（一般に損害保険会社）と、保険料支払い義務を負う**保険契約者**（一般消費者）と、事故発生により損害塡補を受ける者としての被保険者（＝**被保険利益**の所有者で保険金を受け取る者）の３人しかいない。詳しいことは本書Ⅲ部２章に譲るが、被保険利益（insurable interest）とは、人とモノとの経済的利害関係で、被保険利益の存在が損害保険契約成立の大前提と考えてよい。そして契約関係は図表Ⅲ－３－１の２種類だけである。

図表Ⅲ－３－１　損害保険の契約関係

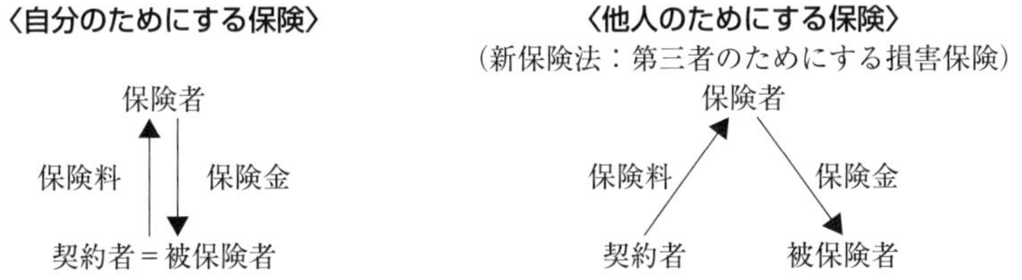

（筆者作成）

(2)　生命保険の当事者とその契約関係

生命保険では、損害保険と同じ意味の保険者と保険契約者の他に、同じ言葉で意味の異なる被保険者と、新たな概念の保険金受取人が登場する。生命保険における**被保険者**とは、その者の生存や死亡が保険事故となる人を指す。また、**保険金受取人**とは保険金を受け取る固有の権利を有する者と考えてよい[4]。そして登場人物が一人増えただけで、理論的に考えると、契約関係は図表Ⅲ－３－２のように多様になる。

私たち一般消費者の常識から考えても、図表Ⅲ－３－２に示したような契約

4　最近では保険金受取人について、あらかじめ**指定代理人**を決めておくこともできるようになった。それは、高齢化・長寿化によって認知症や寝たきり状態などになり、自律的判断ができなくなってしまう場合に備えるためである。なお、被保険者が生存中に支払われる各種の給付金（入院給付金など）は被保険者に請求権があるが、その場合も指定代理人制度は利用できる。

図表Ⅲ-3-2　生命保険の契約関係1

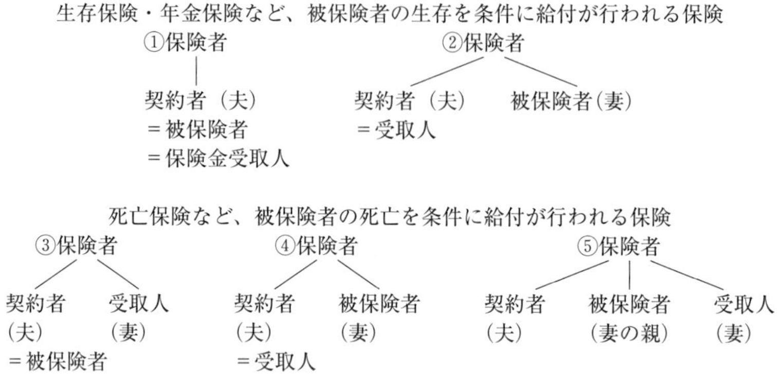

（筆者作成）

図表Ⅲ-3-3　生命保険の契約関係2

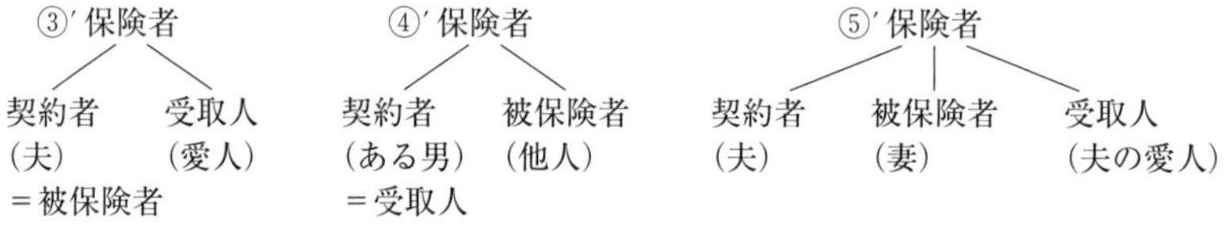

（筆者作成）

関係は納得できるし、ほとんど何の問題も見当たらない。しかし図表Ⅲ-3-3に示すような契約が可能であるとすれば、どうであろうか。死亡保険などではこんな契約関係も考えられるし、実際に許されているのである。

なぜ日本では図表Ⅲ-3-3のような契約関係が許されるのであろうか。結論から先にいえば、日本では生命保険の場合、**被保険利益**概念を軽視する傾向が強いからである。損害保険では英国法に従い、被保険利益の存在を契約成立の大前提とし、それを経済的に評価した額を**保険価額**（insurable value）といって、保険で保護されるべき最高限度額あるいは保険に付けられる最高限度額と考える。その結果、理論的には損害保険では**利得禁止原則**が貫徹されることになる。

しかし生命保険では大陸法（特にドイツ法）の影響を受け、被保険利益の概念を受け入れなかった[5]。したがって、生命保険では人とモノ（人）との経済的利害関係という被保険利益を軽視するだけでなく、保険に付けられる最高限度額としての保険価額の概念も導入されなかった。たとえ生命保険が経済的保障のための制度であるとしても、日本人としては、人の生命価値を金銭的に換算するという考え方は受け入れがたかったのであろう。生命保険における被保険利益や保険価額の導入については、新保険法でも見送られた。

3）生命保険におけるモラルハザードの可能性とその対応

上述のように理論的には、生命保険は誰にでも、そしていくらでも掛けられるとすれば、保険金殺人などの**モラルハザード**（道徳的危険）[6] を誘発することは容易に想像できよう。だからこそ生命保険は、**新保険法**（第2条8）でも契約当事者間で合意された一定の保険金額を支払う**定額保険**として規定されているのである。加えて、「当事者（契約者）以外の者を被保険者とする死亡保険契約は、当該被保険者の同意がなければ、その効力を生じない」（第38条）と規定されているのである。

ただし、このような規定は旧保険法（第674条）にも存在していたが、生命保険のモラルハザードを十分に抑制できたとはいえない。そのため、1970年代の後半から80年代にかけて業界独自の対応を始めた。たとえば、生命保険業界は一般の死亡保険における保険金限度額（普通死亡1億5000万円まで）を導入し、「受取人が被保険者の親族以外の第三者である契約については、被保険者の加入同意のための自署捺印、第三者とする理由、加入経路、付保額などについて担当者が確認すること…（中略）…、契約中途における受取人変更の場合も同様にした」[7]。そして1989年からは「生命保険共同センタ

5　詳しくは大林（1971、pp.88-93）を参照されたい。また、保険本質論として生命保険の被保険利益を否定する根拠としては、庭田（1966、pp.38-42）を参照されたい。なお、生命保険契約において被保険利益の存在を要求する英米法系の国では、自分自身の生命や健康については無限大の被保険利益を有するとされているが、他人の生命保険においては、被保険者と契約者または受取人との間に被保険利益がなければ無効とされている。詳しくは甘利他（2017）pp.208-209を参照されたい。

6　実務ではモラルリスクという和製英語を使う場合が多い。

7　生命保険協会（2009、p.82）。以下、モラルハザード対策については同書、p.113およびp.383を参照。

ー」を利用し、複数の保険会社に短期で集中して高額の生命保険に加入しようとする行動の排除にも努めた。それでもモラルハザードが横行するため、2002年にはJA共済とも契約情報を相互に照会する「契約内容照会制度」を創設し、2005年には保険金支払い時点での情報交換制度として「支払査定時照会制度」を創設、JAだけでなく全労済（こくみん共済）や日本生協連（コープ共済またはCO･OP共済）などとも共同体制をとった。

以上のことから、被保険利益概念を軽視し利得禁止原則も当てはまらないとする日本の生命保険では、モラルハザード問題がいかに根深いかが理解できよう。そのような中で多少の前進がみられたのは、2008年の法改正を契機に内閣府（金融庁）の政令に基づいて被保険者が15歳未満の場合の死亡保険金限度額を1000万円（かんぽ生命は700万円）としたことであろうか。

2　生命保険の主要な種類と特徴

新保険業法（1996年）の施行以来、新商品について一部**届け出制**が認められたため、商品開発競争が活発化し、現在では生命保険商品だけで1000種類をはるかに超えるであろう。したがって、比較情報サイトや店舗型保険販売が発展してきたとはいえ、消費者はどんな保険に加入してよいかわからないというのが実情といえよう。しかし理論的に生命保険を考えるならば、その種類は基本的に**死亡保険**、**生存保険**、この両者を合わせた**生死混合保険**（生死合体保険）の3種類しかなく、それに**第三分野の保険**を加えても4種類ということになる。それを簡単に図示すれば、図表Ⅲ－3－4のようになる。

図表Ⅲ－3－4の第三分野の説明でわかるように、生命保険の第三分野では保険金はあらかじめ決められた一定金額＝**定額保険**、損害保険の第三分野では損害に応じて保険金は異なる＝**不定額保険**と一応想定している。しかし現実にはこのように明確な区分がしにくい保険も存在している。以下では、図表Ⅲ－3－4に示した生命保険の主要な種類とその特徴を簡単に述べていくことにしよう[8]。

図表Ⅲ-3-4　生命保険の主要な種類と第三分野

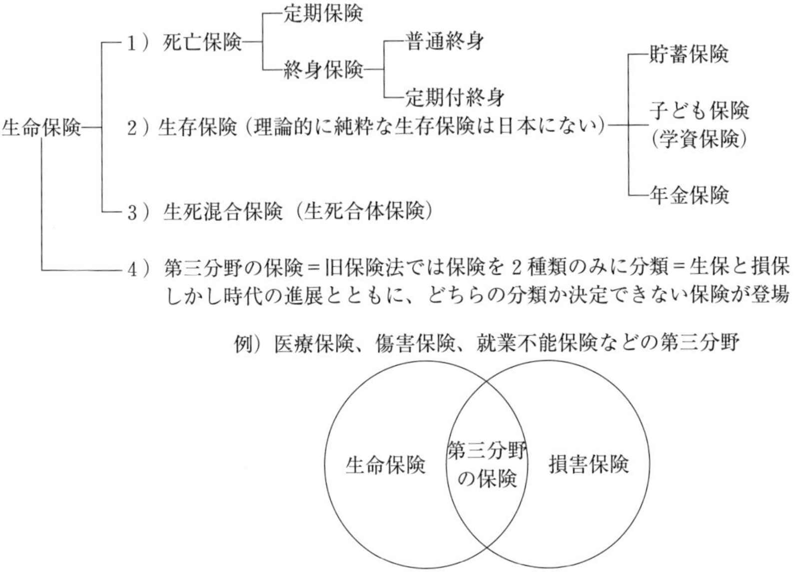

そのため、実務上は第三分野の保険として生損両保険会社で扱える保険として認めてきた。なお、就業不能保険のことを損害保険では所得補償保険という。

新保険業法では、第三分野の保険と明示し、新保険法では生損保それぞれに、傷害疾病定額保険、傷害疾病損害保険という名称で代表させた。

（筆者作成）

1）死亡保険

死亡保険とは被保険者の死亡を保険事故とする保険で、保険期間中の被保険者の死亡のみに保険金が給付される保険である。歴史的にも生命保険として最初に誕生したのが死亡保険であるため、生命保険といえば死亡保険をイメージする人々は多いであろう。しかし、実際には短期で純粋な死亡保険はほとんど存在しない。死亡保険は遺族の生活保障を目的とする保険で保障機能が重視され、定期保険と終身保険に分けることができる。

①**定期保険**は被保険者が一定期間内に死亡することが条件の死亡保険で、

8　以下の生命保険の説明や図表については、出口（2009）「第4章」、および家森（2015）「第8章」に負うところ大である。

図表Ⅲ－３－５　定期保険

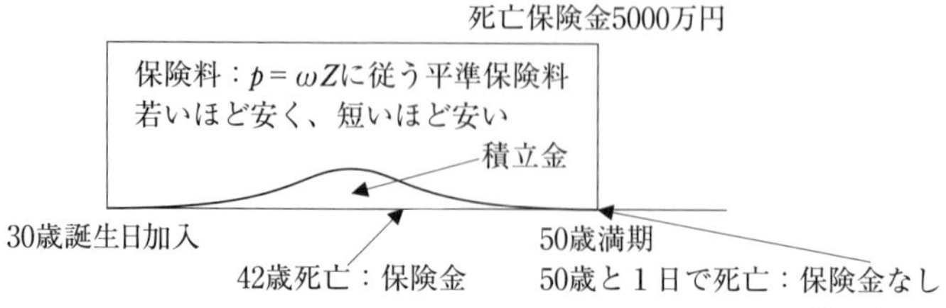

（筆者作成）

図表Ⅲ－３－６　終身保険

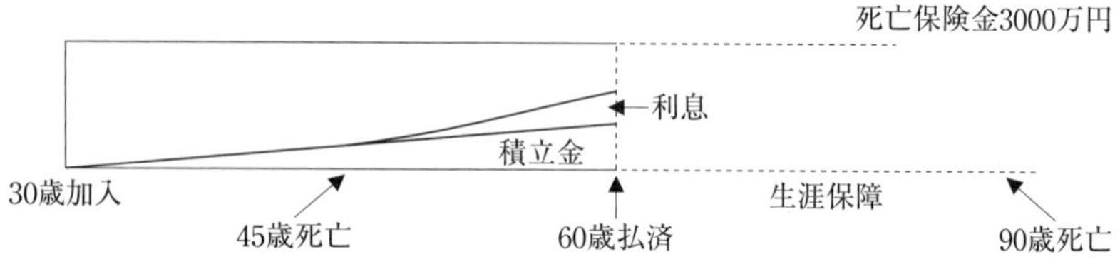

（筆者作成）

死亡しなかった場合、いわゆる**掛け捨て**になる（図表Ⅲ－３－５）。ただし、保険理論的には最も典型的な保険である[9]。死亡率は低いが、被保険者が死亡した場合の遺族保障として備える若い世帯や子育て中の世帯などの保険としてはきわめて有効であろう。

②**終身保険**はその名の通り被保険者の一生涯を保険期間とする保険であるから、保険料は定期保険よりも高い。そして保険料の払込み（保険料期間）は一定期間として**払済保険**（はらいずみほけん：保険料をすべて支払ったと見なすこと）にすることも多い（図表Ⅲ－３－６）。したがって払済みとなる時点ではその後の保険料に充当するために積立金が形成されているので、まったくの掛け捨てになることはない。一定の死亡保障のみに重点を置くならば有効な保険であるが、保険料負担面からみると終身保険単独ではあまり有効ではない。

そのようなことから、①②を組み合わせると、**定期付終身保険**ができあがる（図表Ⅲ－３－７）。終身の死亡保障は低く抑え、死亡保障が最も必要な時期

9　Ⅰ部２章のコラム（p. 27）「保険における損得論」を参照されたい。

図表Ⅲ－３－７　定期付終身保険

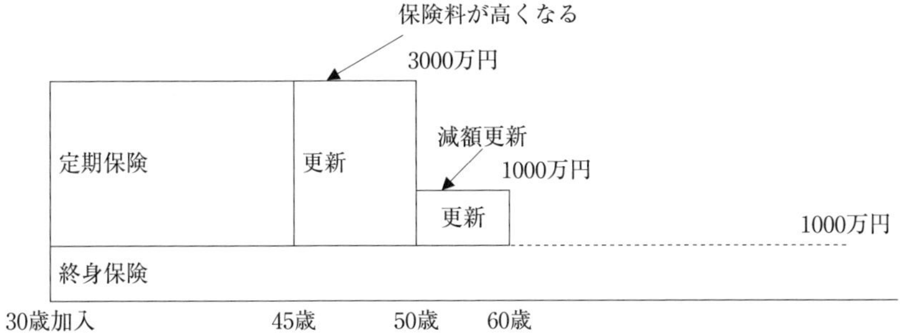

（筆者作成）

には定期保険を上乗せする。それが終了してもさらに死亡保障が必要であれば、**更新**すればよい。ただし、年齢が上がるため更新する場合の保険料率は高くなる。したがって、ある程度の死亡保障が必要な場合、保険金額を減額して更新する**減額更新**も有効である。理論的には増額更新もあり得るが、アドバースセレクションやモラルハザード誘発の可能性が高いため、実務的には経営者を対象とした特殊な場合以外あまり扱われていない。

２）生存保険

生存保険は保険期間満期時の被保険者の生存を保険事故とする保険である。したがって、理論的には保険期間内に被保険者が死亡してしまった場合、何の給付も得られない。しかしこのように純理論的な生存保険は日本にはなく、何らかの死亡保障が付けられている。たとえば、子どもの教育資金形成を目的としたいわゆる子ども保険や学資保険などでは、契約者（一般的には親）が死亡した場合、その後の保険料負担を免除することが多い。また老後保障や子どもの教育資金形成などのために利用されることが多いため、実務的には保険料の大部分を積立金とし、その運用益と合わせて一部を保険期間中の給付金とした上で、満期時に生存保険金（＝満期保険金）として給付するのが一般的である。そのため貯蓄保険といわれることもあるが、運用成果の低迷やマイナス金利の導入もあって魅力が薄れているのが実情である。

図表Ⅲ－３－８　生存保険

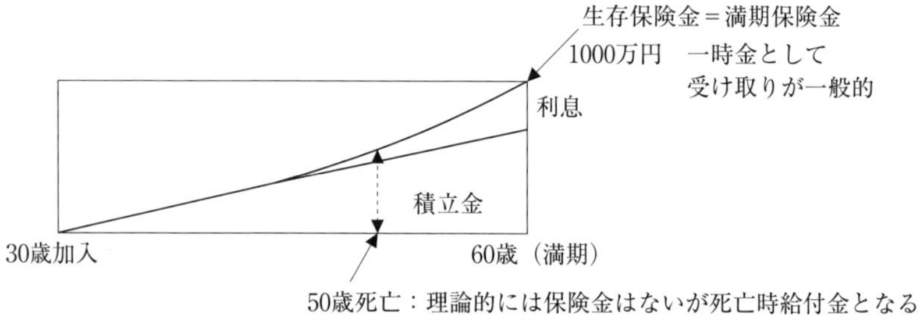

（筆者作成）

図表Ⅲ－３－９　生存保険の年金化

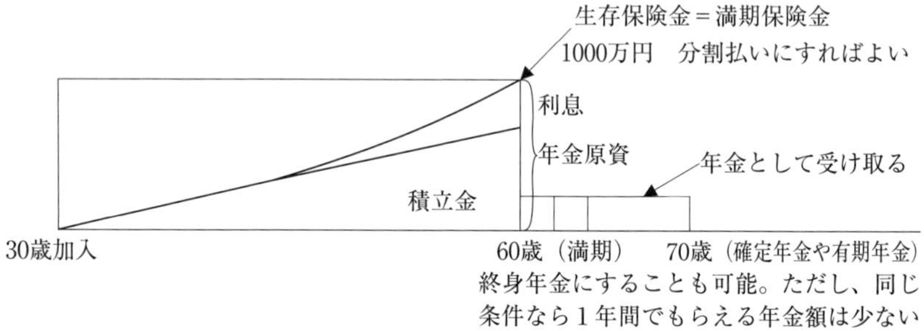

（筆者作成）

生存保険を年金として応用するためには、生存保険金を一時金として受け取るのではなく、それを年金原資として分割して受け取ればよい。年金原資残額は保険会社が運用し続けているので、総額としては一時金よりも一般的には増加する（図表Ⅲ－３－９）。

なお、年金の場合は受け取り方法によって、少なくとも以下の４種類に分けることができる。

①**確定年金**：年金給付開始後一定期間、被保険者の生死に関係なく年金を給付する。

②**有期年金**：年金給付開始後一定期間、被保険者の生存を条件として年金を給付する。

③**終身年金**：年金給付開始後、被保険者が生存している限り年金を給付する。

④**夫婦連生年金**：夫婦２人を被保険者とし、いずれかが生存している限り年金を給付する。この発想は**トンチン年金**に近いといえよう。

この中で確定年金は銀行などの保険以外の金融機関でも実施できるが、②～④は保険技術を駆使しているため、保険業者にしかできない。その代わり、被保険者の寿命によって年金受給総額は変わってくる。このようなことから生命年金といわれることもある。そして この短所を補うために、たとえば終身年金で不幸にして支給開始後１年で死亡してしまっても、５年間だけは年金を支払うというような**保証期間付終身年金**という発想も出てくる。これについては有期年金にも応用できる。このような応用や他の保険との組み合わせによって、保険や年金の種類が増加していく。

また、生存保険や年金で特徴的なことは、**モラルハザード**が起こりにくいという点である。なぜならば、被保険者が健康で長生きをしようと努力することをモラルハザードとして保険者側が阻止することは不可能だからである。この点が後述する健康増進型保険の急展開につながる一因とも考えられる。

3）生死混合保険

生死混合保険（生死合体保険）とは、まさに死亡保険と生存保険を混ぜ合わせた（合体させた）保険で、一般に**養老保険**と呼ばれている。日本では明治以来1970年代初めまで、生命保険といえば「養老保険」が中心であった。その中でも死亡保険金と生存保険金（満期保険金）が同額の**普通養老保険**が最も

図表Ⅲ－3－10　生死混合保険（普通養老保険）

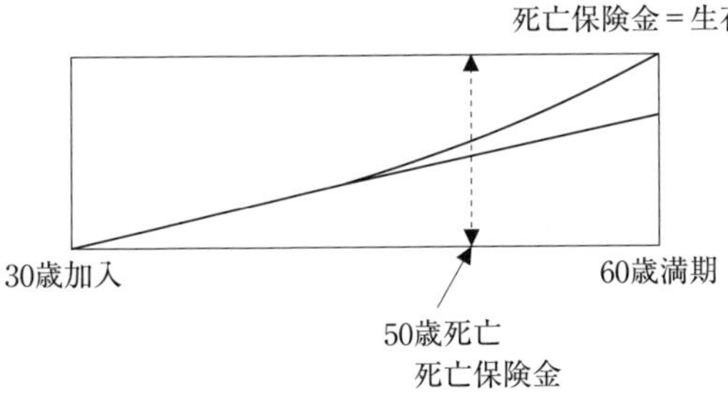

（筆者作成）

図表Ⅲ－3－11　定期付養老保険

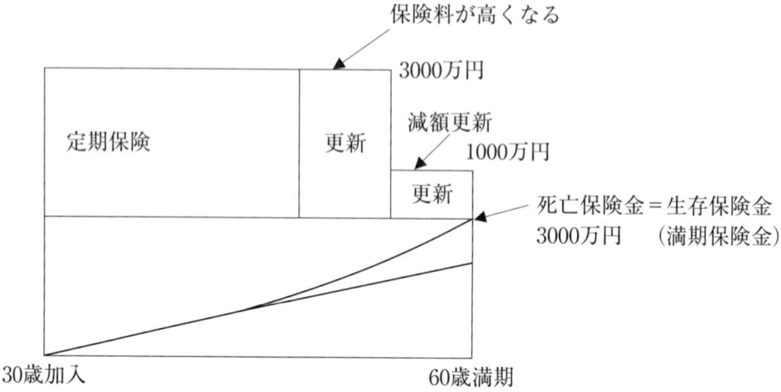

（筆者作成）

普及していた（図表Ⅲ－3－10）。

その理由は、必ず保険金がもらえる、つまり掛け捨てではないからである[10]。しかし死亡保険に比べ、保険料は当然高くなる。ただし、死亡保険と生存保険を別々に契約するよりも合理的である。しかし**予定利率**の問題や資産運用の低迷から養老保険は最近ほとんど販売が打ち切られている。しかし、一定の消費者ニーズがあることも確かで、かんぽ生命では販売を継続している。

ところで高度成長時代の1970年代には、生命保険会社は定期付養老保険（図表Ⅲ－3－11）や定期付終身保険で保険金額の倍率競争に突入していった。一時期（1980年代）には、普通死亡保険金の実に30倍まで定期保険が上乗せできるようになったのである。そうなれば、問題点として保険金殺人などの**モラルハザード**が急増することは容易に想像できよう。そのため、生命保険業界全体として保険金額の上限を設定したり、各社によって倍率の上限を設けたりした。しかしその効果がどの程度あったか、必ずしも明確ではない[11]。

なお、定期付養老保険を含め養老保険全体の需要は1980年代後半（バブル経済）を境に陰りをみせた。その理由は、満期後の保障がなくなり、満期後では年齢的にも新たな保険に入りにくいだけでなく、寿命の伸びに対応でき

10　この点については田村（2006、pp. 1–18）に詳しい。
11　この点については本書Ⅰ部6章でも述べている。

ないからであった。その結果、定期付終身保険や医療保険を中心とする第三分野の需要が増大した。他方でバブル崩壊後の長期不況の中で、バブル期に爆発的な人気を博した金融商品的な**一時払い養老保険**の満期を迎え、多くの生命保険会社は**逆ザヤ**（予定利率＞実現利回り）に苦しんでいった[12]。また、あらゆる死亡保険について、余命6カ月以内と診断された場合、保険金の一部または全部の保険金請求権が得られる**リビングニーズ特約**が無料で付けられるようになったことは評価できる。これは医療の発展や長寿化によって遺族保障よりも被保険者本人の生活保障や医療保障に充てたいというニーズに沿ったものである。この他にも無料の特約として指定代理人請求制度がある。これは被保険者または保険金受取人が寝たきりその他で自分の意思が告げられなくなった場合、本人に代わって請求できる制度である。しかし老後保障も意図した一時払い養老保険や一時払い終身保険あるいは一時払いの個人年金や外貨建ての保険などは投資的要素も強いので、加入前に十分な理解が不可欠である。

4）第三分野の保険

生損保両方で扱うことができる**第三分野の保険**としては、医療保険、傷害保険、就業不能保険などがある。生命保険の第三分野では新保険法の規定にあるように、定額保険が中心である。

医療保険は疾病（病気）による入院や手術を含む医療給付、死亡給付などの他に、通院に対する給付なども加えることができる。また、必要な医療を特定する病気を明示した「ガン保険」、「三大疾病保険（ガン、心臓病、脳血管障害：脳梗塞・脳血栓）」などや先進医療を特約に加えるものもある。

また、**傷害保険**は、病気以外の偶然な事故による怪我や傷害に伴う医療給付、死亡給付などを行う保険である。保険事故を傷害に限ることによって、事故発生確率を低くすることができるため、保険料の割安感がある。さらに、掛け捨てを嫌う消費者のために、医療保険や傷害保険でも保険事故がなかっ

12　生命保険商品の変遷については下和田（2014、pp. 183-184）に詳しい。

た場合、健康祝金、無事故祝金などの名目で給付が行われる保険もある。

なお、病気や傷害による休業中の所得を補償する**就業不能保険**もあるが、モラルハザードの可能性が高いため、引受には慎重であった。しかし最近では定期保険（死亡保険）の一種として「**収入保障保険**（加入時の死亡保険金額が最も高く、加齢に従って保険金額が下がっていく保険）」が低料率の保険として若手新婚層などから人気を得ている。また、事故や入院・手術などに伴う長期就業不能による所得減少を保障する就業不能保険や介護保障分野も注目を集めている。さらに2018年夏から登場したのが**健康増進型保険**である。この保険はわが国では少額短期保険業者によって開発されたという。しかし、世界的には1996年に南アフリカのディスカバリー社からVitality（バイタリティー）の名で発売され、保険の概念を変える革命的商品になる可能性があるといわれている。なぜならば、IoTを活用して被保険者の健康増進努力を情報収集し、それに応じて特典（リワード）がつく仕組みになっているからである。これは個人だけではなく企業等の健康保険組合と提携することによって、さらに応用範囲が広がる可能性もあるので[13]、後にもう少し詳しく述べることにしよう。

3　生命保険契約の締結から終了まで―消費者が知っておくべき重要事項

1）契約締結前に注意すべきこと

生命保険は契約期間・保険期間が長期にわたること、また、かつては住宅に次ぐ家計支出であるともいわれた高価な買い物である[14]。しかもあらゆる消費者にぴったり合ったオールマイティの保険はなく、その内容はきわめて

13　当時の状況については米山（2017、pp.110–112）および東洋経済新報社（2017、pp.10–17）を参照されたい。

14　二宮（1997、p.40）によれば、簡保や共済を含む全民間生命保険支出で1世帯当たり最も多かったのは1994年の62.8万円であった。最近の1世帯当たりの支出について生命保険文化センターの2012年調査では41.6万円（2010年度調査から5.8万円の減少）、2015年調査では38.5万円に減少している。生命保険文化センター（2012、p.19、同　2015、p.22）。健康増進型保険などの新しい保険がこの減少傾向に歯止めを掛けるか注目に値する。

複雑でわかりにくい。

そこで最初に重要になるのは、加入目的の明確化である。どんな経済的保障が必要か。死亡保障（遺族のため）、生存保障（学資や老後保障）、病気や怪我などを想定しながら、重要性の順番を考える。そして、「どんな場合に支払われるか」よりも「どんな場合に支払われないか」、つまり**免責危険**（契約者・被保険者の故意、自殺条項など）や支払い条件、たとえば契約締結後90日以内とか1年以内の入院・手術については、給付制限がある場合が多いので、より注意が必要である。

また、保険料負担能力についても長期的に考えることが重要である。積立部分がある保険でも月払いなどの場合、契約後1年以内の解約はほとんど**解約返戻金**（かいやくへんれいきん）がない。生命保険の場合、安易な解約は最も損な手段である。そして今後ますます重要になるのは、保険会社の選択である。保険会社が破綻した場合、保険金削減や保険料引上げ、あるいは破綻した保険会社の契約を早めに解約しようとすると、解約返戻金を大幅に減額される**早期解約控除**もある。つまり、保険会社選択にも契約者が応分の自己責任を負わなければならないのである。

2）契約締結までの重要事項

生命保険契約は、20世紀末まではいわゆる外務員（営業職員・募集人）の戸別訪問に始まり、その説明と了解の中で、契約締結に漕ぎ着けた。最近では電話やインターネットを利用した通信販売型や銀行等の窓口販売、来店型の店舗販売の生命保険も多くなっている。そのいずれの場合でも、最も重要なことは**告知義務**である。これは契約者または被保険者が「保険者になる者が告知を求めたもの」に対して正確に応える義務（新保険法第4条、37条、66条）が課されていることである。これに違反すれば**告知義務違反**となり、保険者に**契約解除権**が生じる。旧保険法時代にはこれを乱用して保険金不払いなどの問題に発展した反省を踏まえ、新保険法では自発的申告義務から質疑応答義務に緩和されたが、解除権は維持された。なお、最近では既応症のある人や病弱の人々を対象とした保険（**標準下体保険**：本章コラム参照）が「**引受基準**

コラム ●

サブプライムローンと標準下体保険

2008 年 9 月の**リーマン・ショック**とそれに引き続く世界的金融恐慌の根源となったのがサブプライムローン問題である。**サブプライムローン**（subprime loan）は日本語では「低所得者向け住宅融資」と訳されている場合が多いが、ここで考えたいことは、接頭語の sub である。小説や論文などでサブタイトルといえば、「副題」と訳され、スポーツなどでサブメンバーといえば、「（代わりに出場できる能力のある）控え選手・補欠選手」という意味で、日本語で「サブ」というときはあまり悪いイメージはない。

また、prime を調べれば「最も重要な、主要な、最高の、第 1 級の……」など、きわめてよい意味で用いられている。ちなみに prime minister といえば総理大臣・首相を指す。したがって、prime loan の金利といえば、最優遇金利つまり借り手に信用力があり最も低利の貸出を意味することになろう。

しかし英語の sub には上述の意味以外に、「下の、下位の、劣った」という意味もある。ちなみに subhuman といえば「人間以下の、非人間的な」という意味がある。したがって、サブプライムローンの本当の意味は「本来的には融資してはいけない人々への融資」という意味が込められていたのである。しかし日本人が「副」とか「準」というイメージで捉えていたとすれば、そこに潜むリスクを感じ取れなかった可能性がある。

それに対して生命保険には substandard life insurance という保険がある。これは、一般的な健康体よりも劣る（病気がちな、身体の弱い）人々のための特別な生命保険を指し、「**標準下体保険**」と呼ばれている。この翻訳名が優れているかどうかは別にして、sub の意味を正しく理解した上での訳語であったことは評価に値する。最近では、このような保険を「**引受基準緩和型**」や「無選択型」と呼ぶことも多く、保険料も割高になるので注意を要する。

● ●

緩和型保険」や「無選択型保険」という名称で登場している。これらの保険が一般の保険よりも保険料率が高いのは当然である。

3）契約締結後に知っておくべき重要事項

保険料支払いまたは申し込み直後に知っておくべきことは、**クーリングオフ**の制度である。これは訪問販売、店舗外販売などに適用される制度で、消費者保護のための冷却期間と考えることができる。一般に保険料支払い後 8 日以内に文書で契約の撤回を知らせることによって、支払った全額が返却され、契約申し込みそのものを撤回できる。会社によっては8日以上にしている場合もある。ただし、それまでに医的診査を受けた場合は適用されない。

一時的に保険料が払えなくなった場合については、月払いなら1カ月、半年払いや年払いなら2カ月の**払込猶予期間**が設けられている。東日本大震災の被災者に対し、この猶予期間を緊急措置として大幅に延長したことは高く評価できよう。また、積立部分（解約返戻金）のある保険では、積立金を自動的に保険料に充当する**自動振替制度**もある。このような制度があるのは、解約が消費者にとって損であるからだけでなく、保険による経済的保障をできる限り維持しようと考えているからである。しかし猶予期間や積立金がなくなれば、契約は失効する。それでも失効後3年以内であれば、滞納保険料と指定金利（契約者貸付金利）を支払い、必要な告知または診査を受けることによって**復活**できる。この復活は同一条件で新たな保険に加入するよりも有利な場合がある。

保険料負担に耐えられなくなった場合、一般的には解約してしまうことが多いであろう。しかし多くの場合、中途解約は消費者にとって最も損な手段であるため、契約を維持する手段が講じられているのである。その一つが**減額**で、保険金額を減らして保険料負担を少なくする方法である。保険金額を半分にすれば保険料も理論的には半額に抑えることができる。

この他に**延長保険**といって、積立金（解約返戻金）を元手にして、死亡保険中心の定期保険にする方法や、終身保険などで利用されている**払済保険**にする方法もある。払済保険の場合は、積立部分を元手に同種の減額した保険に切り替える。延長も払済保険もその時点から保険料負担はなくなり、ある程度の経済的保障を維持することができる。ただし、このような措置をとった場合には、すべての特約はなくなるのが原則である。

契約途中でお金が必要になった場合には、**契約者貸付**といって、保険会社が一般企業に融資する一般貸出と比べ、有利に貸し付ける制度がある。これは解約返戻金を担保にした貸出であるが、特に相互会社では契約者（＝社員＝所有者）の権利でもある。融資額は積立金の80〜90％程度までの場合が多く、契約保険会社の本支店に保険証券と契約印を持参すれば、即日融資も可能である。契約者貸付で特徴的なことは、返済方法が原則として自由な点である。なぜならば、融資額は最終的に保険金で返済できるように設定されるからである[15]。

保険金額に不足を感じた場合には、中途増額といって主契約の保険金額を増額したり、定期保険を増額することも可能である。しかしその場合には診査が必要になる場合もあり、保険料も高くなる。

この他にも「**転換制度**（下取り制度）」という今までの保険を下取りに出して新たな保険に加入する制度もある。この場合、転換価格＞解約返戻金（解約価格）となるが、1990 年代には、逆ザヤに苦しむ生命保険会社が、過去の高予定利率の保険から新たな低予定利率の保険に転換を勧め、社会問題になったことも忘れてはならない。

また、**移行**といって終身保険の払済み時または養老保険の満期時や個人年金の給付開始時に、他の給付方法に変更することもできる。たとえば、満期保険金を年金にしたり、年金の一部を死亡保険や介護保険などに移行することも可能である。

なお、他社契約を解約させて自社契約に乗り換えさせることはかつての「保険募集の取締に関する法律（募取法：1996 年廃止）」違反行為だったので、そのような募集人には注意が必要である。ただし、これに類似した行為が2019 年 6 月に発覚したかんぽ生命保険問題でも多数発生している。

4）保険金受取と契約の終了

保険金請求権は**保険金受取人**（または**指定代理人**）の固有の権利で、権利行使しなければ放棄したものと見なされる。これは保険に限らないが、権利を行使しなければ、やがて**消滅時効**を迎える。新保険法（第 95 条）でも保険金請求権の消滅時効は 3 年と規定された。

一般に満期保険金や年金の支払い開始時期は保険会社から連絡してくるが

15　アメリカでは 1980 年代後半に生命保険版**ディスインターメディエーション**（disintermediation：銀行などからの高額引出し）が発生し、生命保険の契約者貸付を利用して高金利商品に投資するという行動さえ起こった（中垣　1991、第 11 章 p. 121〔田畑担当箇所〕）。

（ただし、連絡義務なし）、被保険者の死亡や病気などについて保険会社は知る立場にない。したがって、保険金受取人が保険金請求権を行使する必要がある[16]。しかしここで注意すべきことは、保険金受取人自身が自分であることを知らない場合があるということである。なぜならば、保険者には保険契約内容の守秘義務があり、契約者の承諾なしに受取人本人に知らせることができないからである。このようなことが保険金不払いや支払い漏れの原因にならないようにするため、最近では早めに契約者から承諾を得て保険金受取人に知らせられるよう改善が図られている。この点は受取人変更の場合も同様である。そして、約定の満期保険金、年金、死亡保険金の支払いで契約は終了する。定期保険では、被保険者生存による保険期間終了で契約も終了する。

本書ではこれ以上詳しいことは述べないが、生命保険金は課税対象で、所得税や相続税あるいは贈与税が課されることがある。契約関係によっては予想外の課税額（特に贈与税の場合、高額）になるので注意を要する。また、保険料については所得控除もあるが、2012年1月からの契約については控除制度が改正されているので、この点も注意を要する。いずれにしても契約締結時によく確認するだけでなく、契約内容については定期的に確認し、不明な点があればいつでも保険者に問い合わせることが重要である。

4　生命保険の現代的課題

1）保険業界の現況

1945年第2次大戦の敗北によって日本の生命保険業界は壊滅的な打撃を受けた。その後はⅠ部5章で述べたように**護送船団体制**に守られて順調に発展してきた[17]。しかし1996年の保険政策の大転換によって、特に生命保険業界は大きな影響を受けた。バブル経済の崩壊とそれに続く長期不況の中で**競**

16　Ⅰ部5・6章で述べたように、保険会社の不払い問題の一因は請求権の行使とその消滅時効を悪用したものもあった。

17　戦後の生命保険の変遷については、田村（2002）「第2章」に詳しい。なお、現況については植村（2008）および出口（2008）に負うところ大である。

争原理が本格的に導入され、政府は銀行を中心とする金融機関を救済するために超低金利政策を採用し、その後も事実上ゼロ金利政策が続いていた。しかし日銀は2016年1月末に日本で初めてマイナス金利（0.1%）の導入を発表し、翌2月16日から実施することになった。そしてさらに2020年1月から、各社の予定利率を決める基礎となる**標準利率**がとうとう0％に引き下げられた。この影響については容易に予測できるものではないが、各社はその対応に追われることになるので、生命保険分野についてはほとんどよい影響を与えないであろう。

生命保険事業では**三利源**といわれるように、利潤は**危険差益**（**死差益**）、**費差益**、**利差益**から生じる。死差益とは予定死亡率と実際の死亡率の差による利益で、年金などでは逆の方向に動く。費差益は予定事業費率と実際の事業費との差による利益であるが、保険料率競争の中で付加保険料率を引き下げることが重要課題になっている。利差益は予定利率と実際の運用利回りとの差によって生じる利益で、ゼロ金利政策や不動産・金融市場等の低迷の中では**逆ザヤ**が生じる可能性も大きい。実際、1990年代末から連鎖的に生じた生命保険会社の破綻や2008年に起きた大和生命の破綻原因は逆ザヤの増大と資金運用の失敗に求めることができる[18]。

三利源から最終的に利益が生じた場合、相互会社であれば社員である契約者に配当し（**社員配当**または**契約者配当**）、株式会社も競争的配慮から積立部分のある保険については契約者配当を行っていた。しかし1990年代以降は逆ザヤがあまりにも大きく、ほとんどの生命保険会社で無配当状態が続いた。

ただし、これについては内容的に不明な点が多いという契約者側からの不満が続出した。その結果、保険相互会社の**社員総代会**（相互会社の最高意思決定機関）において、保険会社の説明責任（**アカウンタビリティ**）を求める声に発展していったのである。これは社員としても契約者としても、20世紀の旧保険業法時代にはみられなかった新たな傾向といえよう。それに対して2000

18　植村（2008）「第2章」において個別事例を取り上げ、トップの責任の大きさを指摘している。また、逆ザヤによる負担を軽減するためもあって、かつて社員配当を剰余金または総利益の90%以上としていたのが、最近では20%以上に引き下げられている。この点や生命保険の収益構造について、詳しくは本書Ⅱ部1章pp. 92–94およびⅡ部4章を参照されたい。

年度決算から保険会社側は**基礎利益**という概念を導入し、三利源から生じた全体としての利益を公表することにした。

しかし契約者・消費者の不満はこれでも収まらず、三利源の公表を2007年度決算からは自主判断に任せ、2008年度決算からは各社公表に踏み切ることになった。それは新規参入したある保険会社が三利源の公表に踏み切ったからである。これによって保険契約者は自分が契約している保険会社の状態をより詳しく知ることができるようになっただけでなく、他社との比較も可能になった。加えて、保険企業の支払い余力を示す**ソルベンシー・マージン基準**の見直しや国際会計基準をはじめとした国際的な規制も大きく見直されようとしている[19]。これらの情報は既契約者のみではなく、これから保険契約を結ぼうとする新たな消費者にとっても、保険会社選択の重要な情報になるであろう。2018年4月から**標準生命表**が改定されたので、新たな消費者は特に注意を要する。標準生命表は保険会社のソルベンシーに関わる責任準備金積立の基になるからである。今回の改定は死亡保険用の部分だけであるが、平均余命の大幅な伸びもあって保険料率もかなり引き下げられた。他方2017年4月にマイナス金利の影響もあって、予定利率に関係する**標準利率**は大幅に引き下げられた。そうであれば理論的には保険料引上げにつながるはずであるが、各社は保険料を引き上げていなかった。しかし前述のように2020年1月から標準利率が0％に引き下げられた。これは保険会社の大きな負担になるため、各社が今後どのように動くか消費者としてますます見極めが重要になるであろう。

2）新たな生命保険商品の動向

生命保険といえば**養老保険**という時代が長く続いたが、高度成長期には**定期付養老保険**、その後は高齢化とともに**定期付終身保険**が人気を集め、バブル期には一時払い養老保険や変額保険などの金融商品性保険が注目を集めた。しかしバブル崩壊とそれに続く長期不況の中で、保険商品の動向も大きく変

19　この点については東洋経済新報社（2015、pp. 122-124）および金融庁総務企画局総務課国際室（2016、p. 5、pp. 18-21）を参照されたい。

わっていった。それは消費者の保険料負担能力の低下、保険政策大転換の中で届け出制による新商品開発競争、そして保険企業の相次ぐ支払不能・破綻などの影響が大きいと考えられる。

そこでは逆ザヤに苦しむ保険会社と保険料負担を抑えたい保険消費者のニーズによって保険料をあらかじめ安く設定している**無配当保険**[20]なども注目されたが、最初に大きな注目を集めたのは**アカウント型保険**ともいわれる**利率変動型積立終身保険**であった。また、他方で所得格差が大きくなったことや団塊の世代の定年・引退もあって、高所得階層では一時払い終身型の変額保険や変額年金外貨建で同種の保険も注目されている。そして最近では定期保険や第三分野の医療保険需要も多くなっているが、その他にも組み合わせ型や**生損保一体型**の保険も登場してきている。以下では、注意すべき点が多い**変額保険**（**変額年金**も含む）その他、最近注力されている保険を簡単に取り上げてみよう[21]。

変額保険とは、積立部分の運用成果によって満期保険金や年金が変化する保険・年金である（図表Ⅲ－３－12）。生命保険は保険法の定義でも**定額保険**と

図表Ⅲ－３－12　一時払い型変額保険

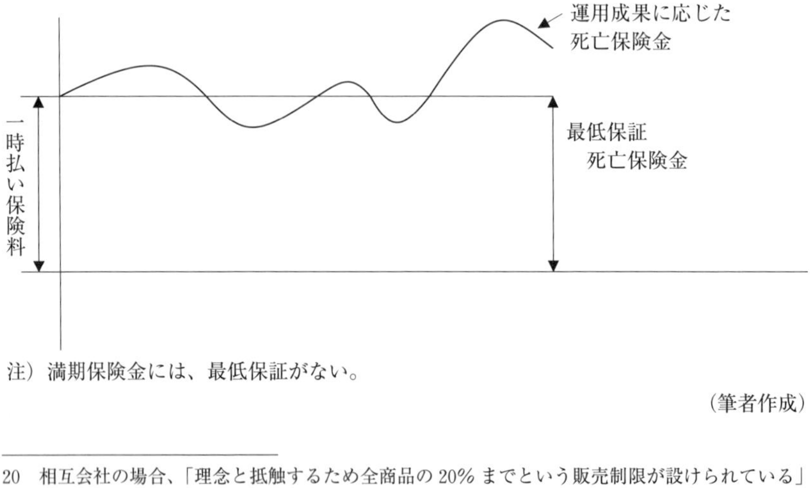

注）満期保険金には、最低保証がない。

（筆者作成）

20　相互会社の場合、「理念と抵触するため全商品の20％までという販売制限が設けられている」（出口　2009、p.53）。この点については本書Ⅱ部１章２－３）「会社組織」の中でも説明されている。

されているが、変額保険は例外と考えてよい。つまり従来の積立型保険が**予定利率**という保証利率の形で運用リスクを保険会社が負担していたのに対し、変額保険は契約者がそのリスクを負担するハイリスク・ハイリターンの保険・年金である。したがって、投資方法について契約者に選択権や変更権はあるが、その結果にも全責任を負う必要がある。金融市場が不安定で情報分析能力が低い一般消費者には注意が必要な保険である。ただし、死亡保険金については最低保証がある。

アカウント型保険（利率変動型積立終身保険）はアメリカで1970年代末に開発された**ユニバーサル保険**（ユニバーサル生命保険）[22]の日本版と考えてよい。この保険では、主契約を貯蓄部分（積立部分）と保障部分に分離し、積立部分をアカウントと呼ぶ。しかもこの積立部分の利率はきわめて低い最低保証利率はあるものの、市場金利の変動によって一定期間（毎月、毎年、3年など）ごとに見直される。つまりこの保険も運用リスクのほとんどを契約者が負うことになる。アカウント型保険で便利なことは、払い込む保険料の積立部分と保障部分を毎回自由に変えられること、そして積立金への投入・引出しも自由な点であろう。これに必要な特約を付加すれば、さらに各種のリスクに対応できる。しかし日本でこの保険が導入されたのが2000年ごろであることを考えると、アメリカとは違い[23]、生命保険会社の逆ザヤ解消策、あるいは運用リスク回避策の保険にもみえるのである。このような点もあってか、最近ではアカウント型保険が話題になることは少なくなっている。

21　以下の説明は出口（2009、pp.53–65）および日本経済新聞社（2012）、東洋経済新報社（2014、pp.82–90）などに負う。なお、独立行政法人国民生活センター（2017、p.2）によれば、銀行窓口販売による生命保険の相談件数は減少傾向にあるとはいえず、2008年度以降2016年の調査時点までにおいて、60歳以上の相談件数が7割以上を占めているという。その後もこの種の保険の銀行窓口販売での行きすぎが金融庁から指摘され、2019年1月には一時的に銀行窓口販売の自粛措置も取られた。

22　ユニバーサル保険（ユニバーサル生命保険）とは契約者が支払う保険料を自由に変更することができ、積立部分を特別勘定でファンド運用する保険である。

23　前節の契約者貸付で述べたように、アメリカでは生命保険版ディスインターメディエーションという現象が起きたが、ユニバーサル保険（ユニバーサル生命保険）はその対策として考え出されたのである。つまり、生命保険会社の資金運用力の高さを明らかにするための保険だったのである。この点についても出口（2009、p.57、115）に詳しい。

コラム ●●●●●●●●●●●●●●●●●●●●●●●●●

遺伝子情報と生命保険

人間の生命や健康に関する研究は日進月歩で進んでいる。その研究成果の中で今後の生命保険に深く関係することは遺伝子情報あるいはゲノム解析による情報かもしれない。2019 年 4 月に生命保険協会は生命保険加入条件等について、遺伝子情報を使用しない指針を策定したと報道された（以下の内容については週刊東洋経済「2019 年版生損保特集」pp. 26-27 に負うところ大である）。欧米ではこの問題について、差別防止の観点から遺伝子情報の利用を禁止する方向で、保険業界との協定を策定しているという。しかし日本では保険業界からの明確な指針が示されたのは上述の 2019 年 4 月であった。それに呼応して生命保険各社が対応を急いでいるという。なぜならば、遺伝子情報を生命保険加入時に被保険者情報として入手できるか否かで大きな相違があるからである。

もしも遺伝子情報を活用できれば、**アドバースセレクション**（**逆選択**）を防止でき、加入者の公平性が維持できる。しかし活用できないとすれば、遺伝的な疾患の罹病可能性が高い人々が積極的に加入する可能性が高くなり（アドバースセレクション）、**保険の限界**を超え、保険として維持できなくなるかもしれない。

遺伝的要因による疾患については（以下の記述は宮地〔2005、pp. 110-113〕に負うところ大である）、単一遺伝子病といってその遺伝子的要因を受け継いでいればほぼ 100% 罹患する病気もあれば、多因子性疾患といって複数の遺伝的要因と環境的要因によって引き起こされる疾患（たとえば高血圧、糖尿病、心疾患、認知症など）があるという。そうであれば、単一遺伝子病の遺伝子を受け継いでいる人々は生命保険や第 3 分野の医療保険に強い加入意思を持つことになろう。多因子性疾患でも親兄弟や親せき等の状況から加入意思が高くなるかも知れない。しかもこのような情報については、保険者は知るすべを持たないからである。ここに**情報の非対称性**が生じる。

しかし、ここで保険という制度の枠を超えて重要なことがある。それは、この種の情報が人間自身への差別に繋がる可能性があるということである。生命の尊厳や人間の尊厳が遺伝的要因によって差別されることがあってはならないと筆者は考える。そのような意味で生命保険協会の対応は高く評価できよう。

●●●●●●●●●●●●●●●●●●●●●●●●●●●

この他に単品化保険の組み合わせ型や生損保一体型の保険など、保険の選択肢はますます増加している。生命保険の単品化は、保険金不払い問題の一因ともなった保険商品の複雑化に対する反省から登場した考え方である。つまり、従来の主契約に特約を付けるという発想から、死亡保険、生存保険、医療保険、介護保険などを一つ一つバラし、消費者が必要とする保険を自由に組み合わせて加入できる保険である。これらはライフスタイルの多様化や保険料負担能力の変化にも対応できるようになっている[24]。

生損保一体型の保険は、保険政策大転換（1996年）によって生損保の子会社方式による兼営が認められて以来、模索され続けてきた。しかし戦略的に実現してきたのは2010年代になってからである。世帯単位で必要な保険には、生損保の区別は不要であろう。死亡保障、医療保障、火災や交通事故など、あらゆるニーズに対する保険を一契約で済ますことができれば、経済的かつ合理的でもある。この種の保険は生命保険業界よりも損害保険業界の方が先行している観がある。

この他に長寿化・平均余命の伸びを背景に注目されるのはトンチン性を高めた個人年金である。**トンチン性**とは17世紀末に西欧で実施されたトンチン年金の応用で[25]、保険料期間中の死亡給付や解約返戻金を低く抑えて年金給付開始後の年金額を増やす個人年金である。そして早期死亡者から生じた資金を長生きした受給者に回すことによって年金額をさらに高めたり終身年金化することも可能になる。ただしこのような長寿リスクに対応した個人年金は実務的には50歳以上に加入が制限されているようである。また、2018年から登場した**健康増進型保険**は健康長寿を願う消費者ニーズとあいまって大きな発展の可能性もある。

最近における国内の健康増進型保険は大きく 3 パターンに分類できるという[26]。１つは健康診断結果の提出で、契約期間にわたり同じ割引が適用されるもの、２つめは保険料を「健康年齢」に連動させるタイプで、健康診断結果を入力して健康年齢を算出しそれによって保険料が算定される。実年齢より若ければリワードとして保険料が安くなるが、実年齢より高いと判断されたり健康診断結果を提出しなかった場合は保険料が高くなる。３つめは健

24　日本人の死亡率が低いにもかかわらず、定期保険料の高さは欧米の２～３倍にも達し、その原因は付加保険料の高さにあるといわれてきた（出口　2009、p. 64）。同書（p. 223）によれば、若年層では50～60%となることが示されている。

25　より詳しくは本書Ｉ部３章のコラム（p. 42）「近代的生命保険に先んじた終身年金としてのトンチン年金」を参照されたい。

26　最近の状況については東洋経済新報社（2019、pp. 40-41）に負うところ大である。

康増進祝金を出すタイプで、ある基準を満たした健康状態になると、それ以降の保険料が割引されるだけでなく、契約日にさかのぼって計算した保険料差額分が祝金としてキャッシュバックされるそうである。今後はさらに多くの健康増資型保険が登場してくるであろう。ICTやAIの発展によって、ウェアラブル端末を被保険者が装着しそれを保険会社が情報収集することで保険料を連動させる保険も海外では登場しているという。それらが最近の生命保険料収入の低迷を打破し、新たな可能性に結びつけることができるか、注目に値する。

しかし被保険者にウェアラブル端末をつけさせて得た個人情報が保険会社に時々刻々と伝えられ、それをビッグデータとして処理・活用するという点は、新たな問題につながる可能性もある。そしてコラムでも述べたように、被保険者の遺伝子情報などについてもきわめて微妙な問題があることも忘れてはならない。

いずれにしても目まぐるしく変化する保険を見極める能力とその対応が、これからの保険消費者にとってますます重要になることは確かであろう。

3）新しい保険消費者に求められること

ところで最近の保険契約高の動きをみると、生命保険の重要性、特に個人保険の重要性が大きく低下しているように思われる（図表Ⅲ-3-14）。しかし保有契約高の10年以上にわたる低下が本当に生命保険需要の低下を意味しているかどうかは不明である。なぜならば、保有契約件数は平成20年（2008年）ごろから増大傾向にあるからである。

また、2005年度あたりから**契約者配当**が復活し始め、2008年3月期（2007年度）決算によれば、大手生命保険会社ではほぼ**逆ザヤ**が解消されただけでなく、配当競争の兆しさえみえた。それは保険会社の健全性がしだいに高まっていったことを示す。しかし2008年9月の**リーマン・ショック**以降の金融恐慌ならびにそれに引き続いた世界的大不況および人口減少時代への突入、さらには2017年1月のマイナス金利の導入によって、生命保険業界の苦境は続いていると考えなければならない。その点は本章脚注14で示した1世

図表Ⅲ-3-14　個人保険保有契約高と保険契約件数の推移

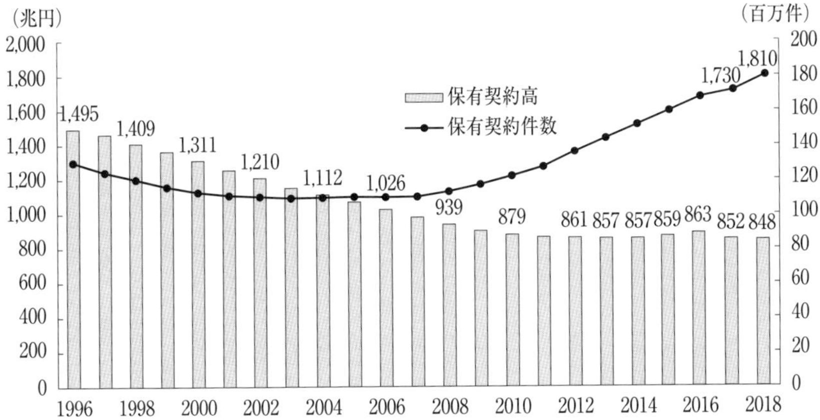

出所）生命保険協会『生命保険の動向　2015年版』p.1を許可を得て転載し、その後は各年版のデータで補い、年号も元号から西暦表記に修正した。

帯当たりの生命保険料支出が減少傾向から脱していないことや、2017年4月以降の劣後債発行や基金調達が相次いでいることからも明らかであろう。しかもⅠ部5・6章で述べたように生命保険会社・業界が抱える問題はあまりにも大きく、**保険金不払い問題**で失われた信用を取り戻したとはいまだにいえない。ただし、東日本大震災およびその後発生した熊本地震における生命保険業界の対応は、Ⅰ部6章でも指摘したように、信頼回復にも大きく貢献したことは確かであろう。しかしここでは、保険経営上の問題点と今後のあるべき姿については本書Ⅱ部5章に譲り、これからの保険消費者がどうあるべきか、最後に考えてみよう。

結論から先にいえば、自立する消費者、考える消費者、選択できる消費者、変化に対応できる消費者そして自己責任を認識して行動できる消費者でなければならない。つまり、これからの保険消費者は自律的な消費者とでもいえようか。ただし、2017年3月末に策定された金融庁の方針「**顧客本位の業務運営に関する原則**」および7月末に公表された「取引方針」は、本書Ⅰ部6章でも述べたように、注目に値する。監視し検査する保険政策から保険会社の自主性重視に方向転換しているからである。

20世紀末までの保険政策は、弱い消費者、無知な消費者、保護すべき消費者、そして保護しなければならない保険業界という構図の上に実施されてきた。つまり、**護送船団体制**の下で保険業界を保護し、それに基づいて保険消費者は保険会社の「不倒神話」を信じ、保険商品や価格選択の自由もなく、保険会社選択もGNP（義理、人情、プレゼント）によって行われてきた。

しかし近年の外務員・募集人の減少と負の相関を持つように、通信販売やインターネット販売そして来店型店舗販売が増加してきている。この傾向は生損保を問わない。従来から保険販売は対面販売が中心で、そうしなければ**アドバースセレクション**や**モラルハザード**が増大すると信じられてきた。その点については経済学的視点からも支持されていた。しかし最近の状況をつぶさにみると、必ずしもそれを裏付ける状態にはない。告知義務もなく、医的診査も行われず、既往症やすでに疾患があるとわかっていても、加入できる**引受基準緩和型**や無選択型の生命保険や医療保険がどんどん登場してきているのである。これは**標準下体保険**の一般化ともいえる。そのような意味では、本当に保険の必要な人に必要な保険が得られるようになってきている。

従来の保険は、必要のない人に無理やり押し付けるものであったかもしれない。つまり、死亡保険であれば、絶対的に健康に自信があり病歴もない、保険なんかいらないという人に死亡保険を売りたがったのである。これを英語ではcherry picking（美味しいところ取り）という。これが保険会社による**セレクション**あるいは**アンダーライティング**（アンダーライティングは主として損害保険で用いられる）であった。いわゆる**グッドリスク**（**優良危険**：事故発生確率の低い人）を選択できれば、保険会社としても死差益（危険差益）を増加させることができる。保険企業としては当然の戦略である。

しかし「必要な人に必要な商品を」、あるいは「欲しい人に欲しい商品を」という考え方が**顧客満足**（**CS**）であるとすれば、従来の販売方法・販売戦略はCSとは正反対の保険会社中心主義といわざるを得ない。欲しい人に売らずに、いらない人に無理やり売る商品は押し売り以外の何物でもない。ただし、理論的に考える限り、この販売方法は決して誤りではない。**アドバースセレクション**も**モラルハザード**も危険選択によって軽減・排除できるからである。

このような従来の常識を打ち破るような商品や販売方法が最近では注目され始めている。上述した来店型の店舗販売、インターネット通販、そして保険比較サイトもその象徴であろう。ただしここで忘れてはならないことは、保険の第一原則、すなわち**給付・反対給付均等の原則**である。これが維持できなければ、第二原則である**収支相等の原則**も確保できない。つまり保険経営は成り立たないのである。

「必要な人に必要な保険を」、「欲しい人に欲しい保険を」という考え方は、他の一般の商品と比べ保険の場合は、消費者にとってより冷徹なものであることを理解する必要がある。私的保険における公平性・公正性は、当事者の事故発生確率・危険率に応じた保険料負担と給付の合理的関係、すなわち給付・反対給付均等の原則の貫徹なのである。既往症のある人に対する死亡保険や医療保険が健康者より保険料率が高いのは当然なのである。

また、保険に関する比較情報はますます入手しやすくなってきている。そして消費者が得られる情報もますます正確でより多くなっている。それらを総合的に判断し、よりよい保険をよりよい保険会社から入手できる環境は今後ますます整っていくであろう。そうであれば、消費者自身の選択の結果について、消費者が応分の責任を負うのは当然である。自立する消費者、自律的な消費者になることは、自己責任を自覚し、そこで生じるリスクも負担する覚悟がある消費者でもある。生命保険は数十年にわたるきわめて長期の契約になることが多い。その中で自立的かつ自律的な消費者になることは想像以上に難しいであろう。しかし新たな消費者はそれに向かって学び努力しなければならないのである[27]。

新保険業法や**新保険法**は自立し考えて行動する賢い消費者を育てることも目標としている。そうであれば、保険政策においてもそれが実施可能なように、より具体的なリレギュレーション（再規制）やベターレギュレーション

27　賢い保険消費者としてのより具体的・実践的な内容としては、出口（2015、「第５章　生命保険をどう買うか」、「第６章　生命保険をどこで買うか」）が有益である。なお著者が「生命保険に加入する」のではなく、「買う」と表現している点も興味深い。

（よりよい規制）が必要になってくるであろう。その一つが2009年6月に公布（2010年4月に施行）された「金融商品取引法等の一部を改正する法律」で導入された**ADR**（Alternative Dispute Resolution：裁判外紛争解決制度）であろう。この制度は一定の能力のある中立・公正な紛争解決機関を設立し（保険の場合は生・損保両協会内に設立）、迅速かつ低廉な費用で紛争解決を目指そうとするものである[28]。また2014年5月公布、2016年5月29日に施行された改正保険業法（第294条および第303〜305条）は、保険募集に大きな影響を与えるであろう。そこでは保険募集に関する基本的なルールが創設され、契約者の「意向把握」、徹底した「情報提供」義務が課され、募集人および代理店の適切な事業運営に関する「体制整備」義務も導入された[29]。

このようなリレギュレーションやベターレギュレーションの内容を決めるのは、保険会社や保険業界でもなく、政府だけでもない。多くの消費者・利用者の声、そして少人数ではあっても情報デバイド（情報格差）にある人々の声なき声を汲み取ることも不可欠なのである。特に情報機器やICT、そしてIoTやAI（人工知能）の劇的な発展の中で、新たな情報格差が生じる可能性もある。このような状況において生命保険業界が顧客満足を重視することは、いわれなくても当然である。

本書Ⅰ部6章末で述べたように、金融庁が公表した一連の「**保険会社向けの総合的な監督指針**」によって、より具体的に保険会社のあるべき方向が示された。この金融庁の要請以上に何ができるか今ほど問われている時はない。そこでは新たな顧客目線での発想と顧客本意の明確な戦略が不可欠であろう。また、人口減少や超高齢時代の中で、新たな競争が国内だけでなくグローバル展開される。これらすべての環境変化に生保業界そして各社が自社の特徴を踏まえて着実に対応できれば、生命保険の新時代が拓けてくるであろう。

28　保険におけるADRのより詳しい内容は、日本保険学会（2011、pp. 11–64）を参照されたい。
29　詳しくは石田（2015、pp. 607–609）および東洋経済新報社（2015、pp. 12–15）を参照されたい。合わせて本書Ⅱ部2章8も確認されたい。

練習問題

1　日本における生命保険の特徴を損害保険と比較して説明し、あなたの意見を述べなさい。
2　生命保険の主要な種類を簡単に述べ、それをどのようにすると保険の種類が増えていくか、例を挙げながら説明しなさい。
3　生命保険契約を締結する上で消費者として知っておくべき重要事項を加入から契約の終了までを意識して述べなさい。
4　21世紀における新たな消費者として、あなたはどうあるべきか、できるだけ具体的に述べなさい。

■引用・参考文献

甘利公人・福田弥夫・遠山聡著（2017）『ポイントレクチャー保険法〔第2版〕』有斐閣
石田満著（2015）『保険業法』文真堂
植村信保著（2008）『経営なき破綻　平成生保危機の真実』日本経済新聞出版社
大林良一著（1971）『保険総論』春秋社
金融庁総務企画局総務課国際室（2016）『国際金融規制改革の最近の動向について資料4』全32ページ
下和田功編（2014）『はじめて学ぶリスクと保険（第4版）』有斐閣
生命保険協会編（2009）『生命保険協会百年史』
生命保険協会『生命保険の動向（各年版）』
生命保険文化センター（2012）『生命保険に関する全国実態調査〈速報版〉（平成24年度）』
生命保険文化センター（2015）『生命保険に関する全国実態調査〈速報版〉（平成27年度）』
田村祐一郎編（2002）『保険の産業分水嶺』千倉書房
田村祐一郎著（2006）『掛け捨て嫌いの保険思想』千倉書房
出口治明著（2008）『生命保険は誰のものか』ダイヤモンド社
出口治明著（2009）『生命保険入門（新版）』岩波書店
出口治明著（2015）『生命保険とのつき合い方』岩波書店
独立行政法人国民生活センター（2017）『保険商品の銀行窓口販売の全面解禁から10年を迎えて』
東洋経済新報社（2014）『週刊東洋経済　臨時増刊　生保・損保特集（2014年版）』
東洋経済新報社（2015）『週刊東洋経済　臨時増刊　生保・損保特集（2015年版）』
東洋経済新報社（2017）『週刊東洋経済　臨時増刊　生保・損保特集（2017年版）』
中垣昇編著（1991）『日本企業の国際化戦略』中央経済社

二宮茂明編（1997）『図説　日本の生命保険（平成9年版）』財経詳報社
日本経済新報社（2012）『日経MOOK―間違えない保険選びのツボ』
日本保険学会（2011）「『金融ADR』―創立70周年大会共通論題」『保険学雑誌』第613号、日本保険学会
宮地朋果（2005）「遺伝子検査と保険」『FSAリサーチ・レビュー』第2号、金融研究センター、pp. 107–130
米山高生（2017）「マイナスのモラルハザード―保険契約法で想定していなかった保険商品の登場」『保険学雑誌』第637号、日本保険学会
庭田範秋著（1966）『保険理論の展開』有斐閣
家森信善編著（2015）『はじめて学ぶ保険のしくみ（第2版）』中央経済社

Ⅳ部

社会保障の中核としての社会保険

1章

社会保障と社会保険

〈キーワード〉
社会保障、公的扶助、社会手当、社会保険、リスクの社会化、所得再分配、ミーンズテスト、劣等処遇、社会保障法、ニューディール政策、ベヴァリッジ報告、国民皆保険、国民皆年金

1　社会保障の中の社会保険

人は一生のうちにさまざまな危険・リスクにさらされる。一例として、加齢、病気や事故、それらに伴って生じる障害、失業などがある[1]。そうしたリスクは収入の減少や喪失、日常生活の妨げとなるものなどを生じさせ、人々を貧困に陥れることにつながる。これらリスクおよびリスクから生じる事態に対しては、個々人の意識や頑張りといったものだけでは対処しきれないものも多く存在する。これらに対し、社会全体で対処して人々の生活を助けていく仕組みが**社会保障**（social security）である。

社会保障には貧困状態に陥ったり、リスクが生じたりした後に対応する「事後的」な策と、あらかじめ想定されるリスクに対し備えておく「事前的」な策がある。また社会保障を実施していくための技術・方法には**公的扶助**、**社会手当**、**社会保険**がある。このうち、公的扶助、社会手当が事後的な策に当たり、社会保険が事前的な策に当たる。

本書のテーマからいえば社会保険を主題として説明すべきであろう。しか

1　保険理論では、こうした不利益の可能性をリスク、リスクを実現する事象・事故そのものをペリル（peril）として区別する場合がある。詳しくは、本書Ⅰ部1章を参照。しかし、本章では危険やリスクという言葉を、より一般的な意味で用いている。

し、社会保険の特徴を理解していくためには、公的扶助や社会手当の役割や特徴、歴史についても説明し、社会保険がどのように社会保障に取り入れられていったのかなどを理解しておくことも重要である。なぜならそれらを踏まえておくと、社会保険が社会保障の中でどのような位置付けや役割を果たしているのか理解しやすくなるからである。

2　社会保障の役割

最初に社会保障制度の意味や策の種類について示したが、ここでは社会保障制度が果たす具体的な役割を掘り下げていく。以下で述べるものは社会保障の役割として代表的な「最低生活の保障」、「生活の安定」、「所得再分配機能」の3つである[2]。

1）最低生活の保障

最低生活の保障とは、今現在生活ができないほどに貧しい状況に陥っている人（世帯）に対し、国や地方自治体が現金を給付することで最低限度の基準（**ナショナルミニマム**：national minimum）の生活を保障するものである。この役割は人々を貧困から救済するという、古くから存在する救貧の発想であり、社会保障制度の根幹ともいえる役割である。これは次節で説明する**公的扶助**によって実施される。これにより、最低限の生活を送るだけの所得が保障され、自立した生活への道を模索することも可能となる。したがって、この役割は人々にとって最終手段の安全網（セーフティネット）と考えられる。

最低生活を保障していくためには、「最低生活」をするための所得はどの程度なのかを定めなければならない。そして、その水準を下回る者に対し、水準に達しない分の現金を給付することになる。だが、これはあくまで最低生活を保障するものであるため、給付の水準は低くなるのが当然で、自らの力で生活していくように促すためである。この「最低生活水準」を決める方

2　社会保障制度の役割や機能については、この他にも「社会的統合」（一圓　2011、p. 24）や「経済安定化機能と経済基盤整備機能」（秋元他　2006、p. 18）などがある。

法はいくつかあり、時代とともにその算出方法や水準も変わる。現在の日本では、水準均衡方式が用いられ、消費支出の最下位10%の世帯の消費支出の状況を踏まえて、最低生活水準の基準を決めている。

2）生活の安定

先述した最低生活の保障は、事後的に人々を貧困から救う役割（救貧）である。それに対し、多様な原因によって貧困に陥ってしまう前に予防していく役割が生活の安定である。これを救貧に対し、「防貧」という。

貧困に陥る原因はさまざまであるが、そのリスクには人々・国民に共通するものがある。たとえば、病気になった場合、仕事を続けることが困難になり、職を失ってしまうことにより、収入がなくなる。また治療費もかかることになり、さらなる負担を強いられてしまい、急激に貧困に陥ることがある。このようなリスクは誰にでも起こり得ることである。そのような人々に共通して起こり得るリスクが想定できているのならば、それには事前に備えておくべきであろう。つまり、事前に貧困になりにくくするような対策を立てておけば、貧困に陥るリスクによって生活がおびやかされそうな状況になった際にも、安定した生活が可能となる。

これを実現する役割を担っているものが**社会保険**である。社会に生きる人々全員に起こり得る貧困や生活不安を起こすリスクをあらかじめ想定しておき、そのリスクに関係する社会の構成員全員が社会保険に加入することでリスクに備え、いざリスクが生じた際には給付が行われ、生活の不安を取り除くことを可能にする。これにより、人々は安心して日常生活を送ることができる。こうした事前的な政策と先述した事後的な政策により、人々の生活を保障していくのである。このような考え方を「**リスクの社会化**」ともいう。

3）所得再分配機能

資本主義的経済社会では、個人主義、自由主義と競争の結果、経済的な不平等が必然化する。競争の結果生じた過度な経済的不平等を是正し、相対的な平等を実現していくための役割を果たすのが所得再分配機能である。つまり、税や社会保険料を控除されていない一次所得から、税や社会保険料を国家が強制的に徴収し、それを経済的な保障を必要とする者に給付していくこと、すなわち**所得再分配**により、不平等の是正を行うのである。

一般的に所得税には、所得の多い者ほど多く納める**累進課税制度**がとられており、他の税においても資産などが多い者ほど多く納める仕組みになっている。また、社会保険の保険料も所得に比例して拠出することが多い。これにより、相対的に豊かな者から、そうでない者へ所得が再分配されていくこととなる。このような再分配の仕方を**垂直的再分配**という。

また、同じ人物でも働いている間は高い所得があるが、加齢や疾病、失業といったリスクにより、働けなくなることもある。これは自分に高い所得があるうちに税や社会保険料を支払うことでリスクに備えておき、自分にリスクが生じた際に給付を受けるという見方もできる。このような所得再分配を**時間的再分配**という[3]。

社会保障制度および社会保険制度ではこれらの再分配を国家権力に基づいて強制的に行うことにより、人々の生活を安定させるとともに、不平等の是正を促すことになる。

3　社会保障の技術

ここでは、これまでに述べてきた社会保障制度の代表的な役割を果たしていくための技術について説明する。その中で以下に示す３つの技術のメリットとデメリットを比較していくことが重要である。

1）公的扶助

これは、前節の「最低生活の保障」を実現するためのものであり、日本では生活保護がこれに当たる。現在貧困に陥っている人に対し、税を財源とし最低限度の生活ができるように所得の補助を行っていく政策である。このシ

3　この２つの再分配に加え、同一所得階層内で、所得再分配を行う水平的再分配という役割もある。これら３つの概念は厳密に分けて考えられるものではなく、互いに重なり合う部分もある。

ステムのメリットとしては、事前に費用を負担することなく、給付を受けられることである。

ただし、この給付を受けるには**ミーンズテスト**（means test：資力調査）と呼ばれる調査を受ける必要がある。これは、扶助を受ける人が本当に貧しいかどうかを審査するものである。この審査では世帯の収入、資産、労働能力や、養うことができる身内がいるかどうか、などの調査が行われる。しかし、自分の収入や身内について調べられることに対する抵抗感や屈辱感を感じる人も多く、ミーンズテストを受けたくないがために、公的扶助の受給を断念する場合もある。このように、受給に際して屈辱感などを与えてしまうことを**スティグマ**（stigma）[4]と呼ぶ。このスティグマを強く感じさせてしまうことは、社会保障の最も根本的な役割としての最低生活を保障する妨げとなるため、可能な限りミーンズテストを受けやすくする必要がある。しかし、受給者が費用の負担なく受給できる公的扶助では、ミーンズテストの基準を甘くして、簡単に受給できてしまうようになると、人々が安易に公的扶助へと流れてしまうこともある（公的扶助における**モラルハザード**といえる）ので、スティグマの緩和は十分な注意が必要となる。

2）社会手当

社会手当は、事前の費用負担なく受けられるという点では公的扶助と同様であるが、ミーンズテストがないという点で公的扶助よりも受給しやすい給付である。

これは、あらかじめ給付の条件（リスク）を定めておき、それが生じた際には自動的に現金給付を行うものである[5]。定められた条件の一例として、「子どもがいる」というものを挙げる。つまり子どもがいる家庭には、子ども１人当たりに定額の現金給付が行われることになる[6]。

子どもがいるという条件さえクリアすれば、誰でも給付を受けられるため受給は容易だが、定額の給付とならざるを得ず、給付金額が少なくなること

4　スティグマとは本来、動物や罪人、奴隷に押された「焼き印」という意味である。
5　現金ではなく現物で給付を行う場合、社会サービスと呼ぶ。

が欠点である。

3）社会保険

社会保険の仕組みや詳細な特徴などは次章で示すため、ここでは社会保険が公的扶助や社会手当と異なる点に焦点を当てる。

まず、社会保険ではあらかじめ定められたリスクに対し、事前に保険料を納めておく必要がある。この点は公的扶助・社会手当との大きな違いである。しかし、この事前の費用負担のおかげで、リスクが生じた場合、給付を受ける「権利」が得られるので、スティグマは発生しなくなる。また所得比例の保険料が設定されている場合、他の制度に比べ低所得者層は高い給付を得られるので、所得再分配機能も発揮する。

このように社会保険は公的扶助や社会手当のデメリットをカバーしている。しかし、保険料の支払いが困難な人については給付が受けられないこともあり、この点は他の２つの制度からすれば、社会保険のデメリットとも受け取れる。だが、社会保険は貧困に陥らないようにするための予防策であるため、保険料を支払う必要性を否定することはできない。無論、保険料の支払いが困難な人々に対する政策を充実させることは必要である。実際、日本の国民年金の保険料には、多段階免除が用いられている。これは所得に応じて保険料が、全額免除、４分の３免除、半額免除、４分の１免除となる制度である。

この社会保険は世界各国の社会保障制度の中核をなすものとなっている。このような仕組みに至った経緯について、社会保障制度の歴史からみていく。

6　日本における同様の制度として、「児童手当」がある。この制度では、３歳未満の児童と第３子以降の児童（ただし、小学校修了前まで）に１人当たり月額１万5000円、３歳～中学校修了前の第１子・第２子と第３子以降の中学生に１人当たり月額１万円が支給される。本制度には、所得制限が設けられているが、それを超える世帯にも特例給付として、児童１人につき月額5000円が支給される（2020年２月現在）。

4　社会保障制度の歴史

1）社会保障制度の起源

生活に困っている人を社会で救済していくシステムは古くから存在している。有名なものとしては、1601年のイギリスの**エリザベス救貧法**（Elizabethan Poor Law）が挙げられる。これは、労働力のある貧しい者と労働力のない貧しい者とを審査し、働ける者には労役場で仕事を与え、働けない者には救貧院で保護をするという制度であった。しかしながら、この制度の本当の目的は働けるのに働かない者を取り締まることであったため、現在の公的扶助のような貧困層の救済といった目的は二の次であった。

産業革命を経て工業化が進むと、資本家に雇用される労働者の中でも貧しい労働者の賃金を補助するような、救貧院以外で行われる救済制度も生まれた。しかし、現在のような最低賃金制がなかったため、「賃金を下げても労働者は保護を受けられる」と雇用主に考えられ、悪用されることもあった[7]。

その後1834年には**新救貧法**が成立した。新救貧法の特徴として挙げられることは、**劣等処遇（less eligibility）の原則**である。これは救貧法の適用を受けている人の生活水準を、自らの力だけで生活している人の生活水準よりも下にするというものである。これは自立した生活を促すためでもあり、現在の公的扶助などにも通じる発想である。また、院外給付も禁止し、救貧院の中でしか援助を受けられないようにした。このため、上述した労働者への賃金補助という救済政策は廃止された。

この新救貧法は、人々が自立した生活をしていくための最低限の役割だけを国家が果たすべきであるという、**自由放任主義**に基づいたものである。これにより人々は、国家によって財産の保護や個人の自由を守ってもらえる代わりに、貧困に陥ることも個人の責任（自己責任）とされた。新救貧法は貧困層に対し厳しい面があるが、それまで地域ごとに行われていた救貧行政を全国的に統一したこともあり、ある意味では貧困救済への国の責任や義務を

7　院外の救済制度の例として、スピーナムランド制度（Speenhamland system）が挙げられる。これは、基本生活費を算出し、賃金がその額に満たない場合は、差額分を支給する制度であった。

定めたともいえる。

しかし、19 世紀後半の大不況（Great Depression）により、多くの失業者を抱えたイギリスでは貧困問題が大きくなり、院外給付も行われるようになっていった。新救貧法のような制度では、貧困層が少ない場合は機能するが、多くなりすぎてしまうと、救貧院では救済しきれなくなる。そのため社会主義運動の活性化と、それによる資本主義国家としての危機意識も手伝って、20 世紀前半のイギリスでは、救貧法のような公的扶助に加え、新たな救済手段の一つとして社会保険を導入することになる。その点を含め、以下で世界的な視野から歴史的に再確認をしよう。

2）社会保険の創設から社会保障へ

イギリスは 1911 年に**国民保険法**を制定したが、これに先立ちドイツでは鉄血宰相と呼ばれた**ビスマルク**により、1883 年に健康保険法（疾病保険法）が制定されている。これが世界最初の社会保険である。当時のドイツでは社会主義運動が激しく、これを封じ込めるための「**飴と鞭の政策**」の一環として社会保険（飴）を創設した[8]。その後、1884 年に労災保険法、1889 年に年金保険法（老齢障害年金法）と続けて社会保険を創設し、労働者の生活不安を取り除き、社会主義運動の鎮静化を図ろうとした。ドイツのこのような政策が成功したため、その後、こうした動きはヨーロッパ大陸に広がっていくことになる。社会保険が導入された経緯については、純粋に人々の救済そのものが目的であったとはいえないかもしれないが、それまでの公的扶助による事後的な救済政策だけでなく、社会保険という事前的な救済政策も導入されたことで、人々の生活の安定には一歩近づいたといえる。そのような意味で、社会保険が資本主義的経済社会で必然的に発生する経済的不平等や、共通に発生するリスクを社会的に抑制した役割は大きい。

だが、社会保障（social security）という言葉は、まだこのときには生まれていない。「社会保障」という言葉が公式に登場するのは、1935 年のアメリカ

8 「鞭」に当たる政策は社会主義者鎮圧法である。

の**社会保障法**（Social Security Act）においてである。この背景には1929年に起こった大恐慌がある。アメリカでは失業率が高まり、経済的にも大きな危機を迎えていた。その際、有効な対策と考えられたものが、**ケインズ経済学**に基づいた**ニューディール政策**である。これは大規模な公共事業を国が行うことで雇用と有効需要を創出するものであった。さらには失業の問題から国民を守る制度として、老齢年金保険、失業保険、公的扶助、社会福祉といった政策が導入されていった。それが社会保障法である。それまでは社会保険、社会福祉、公的扶助といった制度はバラバラに存在していたが、「人々の生活を救済する政策」という一つの目的を目指すこととなった。これによって国民一人ひとりの努力ではどうにもならないリスクに対し、国の責任で対応していくことが明文化されたことになる。

しかし、「社会保障」という言葉を最初に用いたのはアメリカであるにもかかわらず、アメリカ＝社会保障制度が優れた国というイメージは薄い。むしろ、イギリスの方が社会保障制度では優れているというイメージがある。その理由として、第2次大戦中から戦後にかけて社会保障制度が継続して整備されてきたからであろう。それに大きく貢献したのが1942年[9]の**ベヴァリッジ報告**（Beveridge Report）である。

ベヴァリッジ報告はベヴァリッジ（Beveridge, W.）の責任でまとめられた『社会保険および関連サービス』（Social Insurance and Allied Services）のことで、当時イギリス国内だけでなく国際的にもベストセラーとなった。このベヴァリッジ報告は、世界で初めて貧困をなくすことを目標とした社会保障システムを計画した。それまでの社会保険が雇用労働者を対象にしていたのに対し、ベヴァリッジ報告ではすべての国民を対象にして、貧困をなくすことを目指していた。社会保険を用い、貧困になってからの事後的な救済ではなく、貧困に陥るのを防ぐための事前的対処の仕組みを構想した。公的扶助のような事後的な救済は恩恵的、選別的にならざるを得ないが、社会保険は権利とし

9　同年にはILO（国際労働機関）から、『社会保障への途』が出されており、ベヴァリッジ報告との共通性が強く認められている（堀　2004、p. 35）。なお、本文中に示したように、これらのものが第二次世界大戦中に示されたことは注目に値する。

て貧困を拒否できるという意味においても近代市民社会に合った仕組みであった[10]。

ベヴァリッジ報告の中では、戦後の発展を阻む**五大巨人**（five giants）[11]として、「窮乏（Want）」、「疾病（Disease）」、「無知（Ignorance）」、「狭苦しさ（Squalor）」、「無為（怠惰）（Idleness）」を挙げている。これらに対して、社会保障、医療、教育、住宅、雇用、といった社会政策の総合的な取り組みの必要性を示し、社会保障制度についても他の取り組みと深く関連していることを示した[12]。

さらにその中で、社会保障に関する制度を体系的に再編している。その特徴としては、すべての国民を対象とした社会保険を中心にし、公的扶助を例外的な制度とすること、その給付水準は最低生活を維持するに足る額（**ナショナルミニマム**）とすること、給付が一律定額であるならば保険料も定額にする定額拠出定額給付が挙げられる[13]。

このように社会保険中心の社会保障制度を示したベヴァリッジ報告は、第二次世界大戦後に世界各国の社会保障制度に大きな影響を与えていった。それについては敗戦後の日本についても例外ではない。

3）日本の社会保障制度が形成されるまで

日本においても、救貧法のような救済制度は存在したが、日本初の社会保険制度は1922年に成立した健康保険法である。これを皮切りに社会保険が整備されていくが、日本の社会保障制度の幕開けといえるものは、「社会保障」という言葉が初めて登場した日本国憲法第25条であろう。第25条では、「すべて国民は、健康で文化的な最低限度の生活を営む権利を有する」、「国はすべての生活部面について、社会福祉、社会保障及び公衆衛生の向上及び増進に努めなければならない」と定められている。

10　堀（2004、p. 34）。

11　ここでいう巨人（giants）とは、日本人のイメージとは違い、「悪の根源」を指す。「鬼」という方が、日本人のイメージには近いかもしれない。

12　一圓（2013、pp. 11-12）。

13　一圓（2013、pp. 9-11）。一圓（2013）では、ベヴァリッジ報告の考え方の特徴として、「社会保険の前提条件」も挙げられている。その内容を簡潔に示すと、「雇用の維持」、「包括的な保健医療サービスの提供」、「第二子以降を対象とする児童手当の支給」である。

その後、社会保障制度審議会が1950年に「社会保障制度に関する勧告」を提出した。その勧告では、貧困の原因を挙げ、それらに対し社会保険または、税財源によって経済保障を行うことが提示されている。生活困窮者に対しては公的扶助により、最低限度の生活保障を規定している。また、社会福祉や公衆衛生を向上させ、文化的な最低限度の生活をできるようにすることも示している。ここでは、社会保障制度が社会福祉や公衆衛生よりも上に位置づけられており、社会保障制度の中心が社会保険であることも示されている。この時点で日本の社会保障制度の方向性が定まったといえる。

それ以降、日本では1961年に**国民皆保険**、**国民皆年金**が達成され、すべての国民が社会保険に加入することとなり、社会保険を中心にした社会保障が形成されていった。さらに1973年には**福祉元年**と呼ばれるほどの改革が行われた。医療保険や年金の給付水準が引き上げられ、70歳以上の老人医療の無料化や**高額療養費制度**が創設されたのである。老人医療の無料化は1982年の**老人保健制度**により改められ、2008年4月には75歳以上を対象とした**後期高齢者医療制度**（**長寿医療制度**）が創設された。また、高齢化も進み、

図表Ⅳ-1-1　社会保障給付費の部門別推移

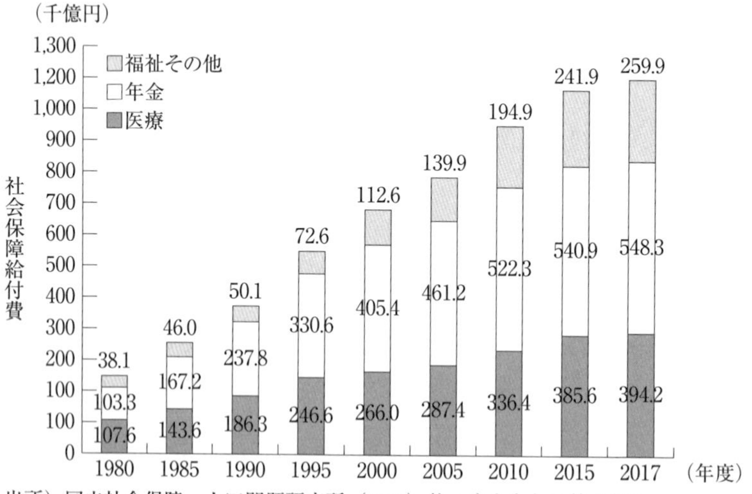

出所）国立社会保障・人口問題研究所（2019）第8表をもとに筆者作成。

コラム ●●●●●●●●●●●●●●●●●●●●●●●●

ベヴァリッジの描いた社会保障制度

300ページに及ぶ政府刊行物であった『ベヴァリッジ報告』は、当時63.5万冊が販売されたと言われている。第二次世界大戦中の1942年に刊行され、敵国の書物が手に入らなかった日本でも読まれたほどだった。そこまで人々に読まれたのは、戦時下において戦後の国のあり方をわかりやすく示したことが理由の1つに挙げられる。この報告では、いくら負担すればいくら給付を受けられるのかなどの具体例をいくつも挙げ、戦争に勝てばイギリスはこうした社会保障を受けられる「福祉国家」になるとし、戦場の兵士たちを鼓舞したと言われている。

ベヴァリッジ報告が強制的社会保険中心の社会保障制度を目指し、定額拠出定額給付を掲げたことは本文でもふれた。その制度は、「所得維持によって欠乏からの自由を勝ち取る計画である」とベヴァリッジは述べている。しかし、その社会保障制度を行うためには、前提となる3つの仕組みが必要であることも同時に論じている。その3つとは、「児童手当」「包括的な保健及びリハビリテーションサービス（保健医療）」「雇用の維持」である。

このうち児童手当と保健医療については、社会保障予算の中に含めてその費用や財源について論じ、雇用については一般的な経済政策や財政政策に委ねている。ベヴァリッジが想定していた児童手当は、両親が働いている場合は第二子以降の支給（これについてはケインズの助言を受け入れたと言われている）としていたが、その額は製造業肉体労働者の平均賃金の約10%にあたり、現在の日本の児童手当と比べると高額であった。また1948年以降、現在までイギリスの医療保障制度（NHS）は、社会保険ではなく税を財源として行われている。雇用については失業給付のみならず、現在の職業安定所のようなものも提案している。

ベヴァリッジは社会保障のすべてを、定額拠出定額給付の社会保険制度で賄おうとしていたわけではなく、その前提となる条件についても提唱していたことを覚えておいてもらいたい。

参考文献：ウィリアム・ベヴァリッジ著、一圓光彌監訳（2014）『ベヴァリッジ　報告社会保険および関連サービス』法律文化社

●●●●●●●●●●●●●●●●●●●●●●●●●

高齢者の介護問題が表面化してきたことで2000年4月には新しい社会保険として、**介護保険**が実施された。

図表Ⅳ－1－1は1980年からの社会保障給付費の推移を部門別にみたものである。年金や医療といった社会保険に関する部門で社会保障給付費の多くを用いていることが読み取れる。年金や医療以外の社会保険や他の社会保障制度の給付額である「福祉その他」では、介護保険が実施された2000年以

降、その割合が増えている。

このように現在の社会保障制度では、社会保険という防貧制度が中心となっていることがわかる。次章からは、その社会保険に焦点をしぼっていく。

練習問題

1　公的扶助、社会手当、社会保険のそれぞれの特徴について、メリット・デメリットを比較しながら挙げなさい。

2　社会保険制度のように、国が強制的に保険料を徴収し、老後などに備えさせる方法と、個々人で貯金を積み立てて老後などに備える方法ではどういった点が異なるのかを示しなさい。

3　『ベヴァリッジ報告』が示した主な内容を調べ、それが現在の日本の社会保障制度にどれほど適用されているのかを論じなさい。

■引用・参考文献

秋元美世・一圓光彌・栃本一三郎・椋野美智子編（2006）『社会保障の制度と行財政（第2版）』有斐閣

一圓光彌編（2013）『社会保障論概説（第3版）』誠信書房

大沢真理著（1986）『イギリス社会政策史』東京大学出版会

高島進著（1995）『社会福祉の歴史』ミネルヴァ書房

ベヴァリッジ, W. 著、一圓光彌監訳（2014）『ベヴァリッジ報告―社会保険および関連サービス』法律文化社

堀勝洋編（2004）『社会保障読本（第3版）』東洋経済新報社

Beveridge, W.（1942）*Social Insurance and Allied Services*, Her Majesty's Stationery Office. 山田雄三監訳（1969）『ベヴァリジ報告　社会保険および関連サービス』至誠堂

国立社会保障・人口問題研究所（2019）「平成29年度　社会保障費用統計」(http://www.ipss.go.jp/ss-cost/j/fsss-h29/H29.pdf)

2章

社会保険の種類とその特徴

〈キーワード〉
保険料水準固定方式、マクロ経済スライド、所得比例、応能負担、応益負担、現金給付、現物給付、高額療養費制度、強制保険、メリット制、無過失責任主義

社会保険が対象とする危険（リスク）は、現代社会で必然的に発生する危険であるとともに、国民全体に共通する社会的危険として認識されるリスクを実現してしまう事象である。具体的には、老齢、疾病、障害、失業などであり、社会保険はこのような生活上の困難が生じる危険に対し、保険の技術を用いて対応する制度である。

わが国の社会保険には、老後の所得保障などを担う**年金保険**、疾病・傷害に対する医療保障を行う**医療保険**、要介護を扱う**介護保険**、失業等に対応する**雇用保険**、労働災害に対する**労働者災害補償保険**の５つの社会保険制度がある。

以下ではこれらの社会保険の現行制度を概観し、その特徴をみていくこととする。

1　年金保険

年金保険とは、老齢、障害、死亡などを保険事故とし、労働能力の喪失や生計維持者の死亡などに対し、本人や遺族の生活保障を行う保険である。その給付内容には、高齢になったときの**老齢年金**、障害を持ったときの**障害年金**、生計維持者が死亡したときの**遺族年金**などがある[1]。

わが国は全国民を対象とする**国民年金**（**基礎年金**）と、その上に民間企業

の従業員や公務員等を対象とする**厚生年金保険**[2]の**所得比例**の二階建て部分があり、分立した制度から成り立っている（図表Ⅳ－2－1）。

保険者は国民年金、厚生年金保険ともに政府（**日本年金機構**[3]など）である。被保険者は、20歳以上60歳未満の自営業者等を**第1号被保険者**、厚生年金保険に加入している勤め人を**第2号被保険者**、第2号被保険者に扶養されている配偶者を**第3号被保険者**という。

国民年金の保険料は定額（2019年度、月額1万6410円）であり、第1号被保険者は自分で保険料を支払う。第2号被保険者の保険料は、平均標準報酬額に保険料率を乗じた額を労使折半する。その保険料の中には国民年金の保険料も含まれており、保険者から一括して国民年金に支払われる。なお、被用者の保険料は給与から天引きされる。第3号被保険者は保険料負担がない。ただし、扶養されているかどうかの基準があり、その基準は年収130万円未満である。年収が130万円以上の場合には、第1号被保険者となり、保険料を支払わなければならない。

なお、2004年の法改正により、**保険料水準固定方式**が導入され、国民年金の保険料については、毎年280円ずつ引き上げられ、2017年度以降月額1万6900円に固定[4]、厚生年金保険の保険料率は毎年0.354％ずつ引き上げられ、2017年9月を最後に引上げが終了し、18.30％で固定された。さらに、

1　その他には付加年金（第1号被保険者・任意加入被保険者が国民年金の保険料に付加保険料〔月額400円〕をプラスして納付すると、老齢基礎年金に200円×付加保険料納付月数が上乗せされる年金）、寡婦年金、死亡一時金、恩給（旧軍人等が公務のために死亡した場合、公務による傷病のために退職した場合において、国家に身体・生命をささげて尽くすべき関係にあった者およびその遺族の生活の支えとして給付される年金）などがある。

2　2015年10月1日に公務員等が加入していた共済年金は厚生年金保険に統合された。これに伴い、これまでの職域加算部分が廃止され、新たに年金払い退職給付が新設された。ただし、2015年9月30日までの共済年金に加入していた期間分については、2015年10月以降も加入期間に応じた職域加算部分が支給される。また、この統合に伴い、共済組合と日本年金機構の連携・処理ミスにより、元公務員を夫に持つ妻に対する振替加算の支給漏れが発生した。

3　日本年金機構は、年金記録問題などで廃止された社会保険庁から年金事業を引き継ぎ、2010年1月以降、厚生労働大臣の監督下で運営業務を担っている。

4　2017年4月に引上げは終了し、2004年度の価格水準で月額1万6900円で固定された。ただし、実際の国民年金保険料額は、名目賃金の変動に応じて毎年度改定されるため、2019年度の保険料は月額1万6410円となっている。また、次世代育成支援のため、2019年4月から第1号被保険者に対して、産前産後期間の保険料免除制度が施行されることに伴い、2004年度の価格水準で保険料が月額100円引き上げられた。

図表Ⅳ-2-1　年金制度の体系

（数値は2017年3月末時点）※傾斜部は任意加入

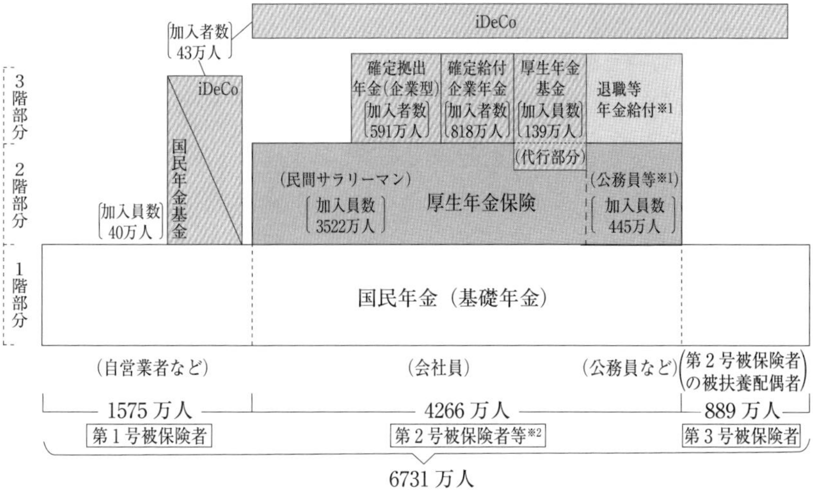

※1　被用者年金制度の一元化に伴い、2015年10月1日から公務員および私学教職員も厚生年金に加入。また、共済年金の職域加算部分は廃止され、新たに退職等年金給付が創設。ただし、2015年9月30日までの共済年金に加入していた期間分については、2015年10月以後においても、加入期間に応じた職域加算部分を支給。

※2　第2号被保険者等とは、被用者年金被保険者のことをいう（第2号被保険者のほか、65歳以上で老齢、または、退職を支給事由とする年金給付の受給権を有する者を含む）。

第1号被保険者	第2号被保険者	第3号被保険者
○20歳以上60歳未満の自営業者、農業者等	○民間サラリーマン、公務員が該当	○民間サラリーマン、公務員に扶養される配偶者
○保険料は定額、月1万6340円（2017年4月～） ・2005年4月から毎年280円引き上げ、2017年度以降1万6900円（2004年度価格）で固定 ※産前産後期間の保険料免除の開始に伴い、2019年度以降は1万7000円（2004年度価格） ※毎年度の保険料額や引上げ幅は、物価や賃金の動向に応じて変動 ○任意で、付加保険料の納付や国民年金基金、iDeCoへの加入が可能	○保険料は報酬額に比例、料率は18.3%（2017年9月～） ※2004年10月から毎年0.354%引き上げ、2017年9月以降18.3%で固定 ○労使折半で保険料を負担 ○企業により、企業型確定拠出年金や確定給付型年金を実施 ○任意で、iDeCoへの加入が可能	○被保険者本人は負担を要しない ○配偶者の加入している被用者年金制度が負担 ○任意で、iDeCoへの加入が可能

○老齢年金の給付額（2018年度）
　・自営業者（40年加入の第1号被保険者1人分）　：月額6万4941円
　・サラリーマン夫婦（第2号被保険者の厚生年金（平均的な賃金で40年加入）と基礎年金夫婦2人分（40年加入）の合計）　：月額22万1277円
○公的年金受給権者数（2017年3月末）　：4010万人
○公的年金受給者の年金総額（2016年3月末）　：54兆5509億円

出所）『厚生労働白書（平成30年版）資料編』（p. 236）をもとに筆者作成。

図表Ⅳ－2－2　マクロ経済スライド

年金を初めてもらうとき（新規裁定者）：賃金の伸び率－スライド調整率※

年金をもらっている人（既裁定者）　　：物価の伸び率－スライド調整率※

※　スライド調整率：

公的年金全体の被保険者数の減少率＋平均余命の延びを勘案した一定率

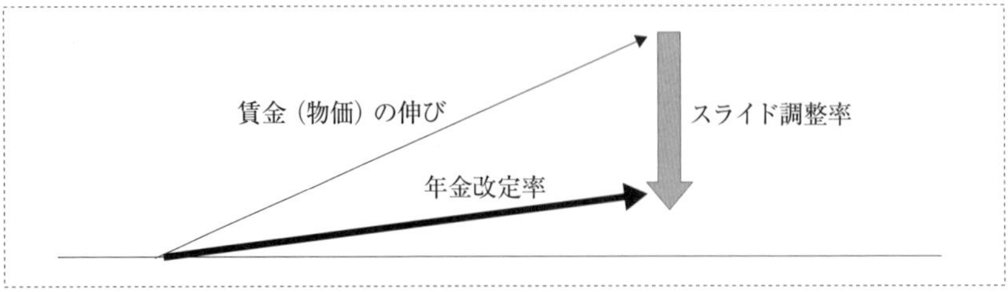

○　少なくとも5年に一度の財政検証の際、おおむね100年間の財政均衡期間の終了時に年金の支給に支障が生じないようにするために必要な積立金（給付費1年分程度）を保有しつつ、財政均衡期間にわたり年金財政の均衡を保つことができないと見込まれる場合は、年金額の調整を開始。

○　年金額は、通常の場合、賃金や物価の伸びに応じて増えるが、年金額の調整を行っている期間は、年金を支える力の減少や平均余命の延びを年金額の改定に反映させ、その伸びを賃金や物価の伸びよりも抑える（この仕組みを、「マクロ経済スライド」という）。

○　その後の財政検証において、給付と負担の均衡をとることができると見込まれるようになった時点で、こうした年金額の調整を終了。

出所）『厚生労働白書（平成30年版）資料編』（p. 237）をもとに筆者作成。

負担の範囲内で給付とバランスがとれるようになるまでは、年金額の計算に当たり、賃金や物価の伸びをそのまま使うのではなく、被保険者数の減少率や平均余命の伸びに基づいた「スライド調整率」を設定し、その分を賃金や物価の変動による改定率から控除する仕組みとして**マクロ経済スライド**も導入された。そして、標準的な年金額が現役世代の平均賃金の50%を下回らないようにすることとなっている（図表Ⅳ－2－2）。

また、国民年金には受給資格期間が定められており、その資格期間は10年以上であり、65歳になったとき受給できる[5]。資格期間には**免除期間**と**猶予期間**が含まれる[6]。

老齢基礎年金の受給額は、40年間保険料を納付した場合、2019年4月分からの年金額は満額で月額6万5008円である。なお、支給開始年齢は原則

コラム ●●●●●●●●●●●●●●●●●●●●●●●●

「2000万円問題」の本質と資産寿命

2019年6月3日、金融審議会・市場ワーキンググループによる「高齢社会における資産形成・管理」と題する報告書が発表された。この報告書は、高齢社会において個々人は「人生100年時代」に備えた資産形成や管理にどのように取り組んでいくか、またそれに対し金融サービス提供者においては社会的変化に対応した金融商品・金融サービスをどのように提供していくかという議論を取りまとめたものである。

メディアや野党などが指摘した「2000万円問題」はどのように記載されていたかを改めて報告書を見てみよう。まず、1．現状の整理（高齢社会を取り巻く環境変化）の(2)収入・支出の状況の中のp.10において「高齢夫婦無職世帯の平均的な姿で見ると、毎月の赤字額は約5万円となっている。この毎月の赤字額は自身が保有する金融資産より補填することとなる。」そしてp.16においてこの数値をもとに「(2)で述べた収入と支出の差である不足金額約5万円が毎月発生する場合には、20年で約1300万円、30年で約2000万円の取り崩しが必要になる。」との記述がある。ここの部分を取り上げ問題視したのである。

しかし、p.16の記述の前段には「老後の生活において年金などの収入で足らざる部分は、当然保有する金融資産から取り崩していくことになる。65歳時点における金融資産の平均保有状況は、夫婦世帯で2252万円となっている（一部省略）。」との記述がある。

2252万円保有していて、2000万円の取り崩しが必要となる。月5万円の収支不足が発生しても、30年以上は大丈夫だということを掲載しているのではないだろうか。

同報告書では、老後の生活を営んでいくにあたって、これまで形成してきた資産が尽きるまでの期間を「**資産寿命**」と定義し、老後の資金の不足に対し、この資産寿命を延ばすためには若いうちから少しずつ資産形成に取り組むことが重要であると提言している。そのためには、個々人にとっての資産形成・管理での心構えとして、現役期、リタイヤ期前後、高齢期にわけ、考えられる対応やその対応を有効なものにしていくための環境整備についての提言も行われている。

「2000万円問題」が一人歩きし、国民に不安を醸成してしまったわけであるが、現役期から長寿化に備え「資産寿命」を延ばす方法を考えさせられる良い機会になったのではないだろうか。

●●●●●●●●●●●●●●●●●●●●●●●●●●●

65歳からであるが、繰り上げて60歳からもらうこともできる（繰上げ支給）。その場合、1カ月繰り上げるごとに0.5%ずつ年金額が減額され、60歳から受給すると30%減の年金額となる。逆に70歳まで繰り下げて支給を開始することもできる（繰下げ支給）。この場合、1カ月繰り下げるごとに0.7％ずつ年金額が増額され、70歳から受給すると42％増の年金額となる。

2　医療保険

医療保険とは、被保険者とその被扶養者の疾病、負傷、死亡、出産などを保険事故とし、必要な給付を行う保険である。また、すべての国民が平等にしかもフリーアクセスで医療の提供を受けることができる国民皆保険であり、**職域保険**である**健康保険**、**船員保険**、各種**共済**、**地域保険**である**国民健康保険**、**後期高齢者医療制度**（**長寿医療制度**）のいずれかに加入している。わが国の医療保険の概要は図表Ⅳ-2-3の通りである。

健康保険の保険者は、**全国健康保険協会**[7]（以下、**協会けんぽ**）と**健康保険組合**（**組合管掌健康保険**）、国民健康保険の保険者は市町村である[8]。また、保険料率については協会けんぽが10.0％、健康保険組合の2019年度の平均保険料率は9.218％であり、年金保険と同様、労使で折半する。この保険料も厚生年金保険と同じように**総報酬制**が導入されており、ボーナスからも毎月の給与と同率で保険料を納め、所得水準で算定される。これを**所得比例**といい、**応能負担**（所得能力に応じて負担する）という。国民健康保険の保険料について

5　現行制度では、受給資格期間が10年に満たない場合、一生無年金となる。たとえば、20歳以上の学生が学生納付特例の手続きを忘れ、国民年金の猶予申請を行っていなかったときに事故に遭い、障害を負ったとしても一生障害基礎年金を受給することができないのである。なお、2017年8月より受給資格期間は25年から10年に短縮され、新たに年金を受け取れるようになった規定年齢（原則65歳）に達している該当者には、日本年金機構から黄色い封筒に入った年金請求書が送られている。ただし、封筒が届いただけでは年金を受け取ることはできず、同封の年金請求書を年金事務所などの窓口に提出する必要がある。また、この期間の短縮は老齢年金のみを対象としているため、今回の制度変更の対象となっていない障害年金や遺族年金は、条件を満たさなければ受給することができない可能性もあることに注意が必要である。

6　保険料免除制度・一部納付（免除）制度においては、所得により全額、4分の3、半額、4分の1免除がある。また、猶予制度には若年者（30歳未満）納付猶予制度、学生納付特例制度、また産前産後期間の免除制度、配偶者からの暴力を受けた方の特例免除もある。なお、保険料の追納制度もあり、10年以内であれば追納は可能である。

7　2008年9月末までは政府管掌健康保険（政管健保）と呼ばれ、国（社会保険庁）が運営を行っていたが、新たに全国健康保険協会が設立され、2008年10月1日より同協会がその運営を行っている。

8　2018年度から都道府県が国民健康保険の財政運営の責任主体となる。

図表Ⅳ-2-3　医療保険制度の概要

制度名			保険者（2017年3月末）	加入者数（2017年3月末）［本人 家族］千人	保険給付 医療給付 一部負担	保険給付 医療給付 高額療養費制度、高額医療・介護合算制度	保険給付 医療給付 入院時食事療養費	保険給付 医療給付 入院時生活療養費	保険給付 現金給付	財源 保険料率	財源 国庫負担・補助
健康保険	一般被用者	協会けんぽ	全国健康保険協会	38,071 ［22,428 15,643］	義務教育就学後から70歳未満 3割 義務教育就学前 2割 70歳以上75歳未満 2割（※） （現役並み所得者3割） （※）2014年3月末までにすでに70歳に達している者 1割	（高額療養費制度） ・自己負担限度額 （70歳未満の者） （年収約1160万円〜）252,600円 ＋（医療費－842,000円）×1％ （年収約770〜約1160万円）167,400円 ＋（医療費－558,000円）×1％ （年収約370〜約770万円）80,100円 ＋（医療費－267,000円）×1％ （〜年収約370万円）57,600円 （住民税非課税）　35,400円 （70歳以上75歳未満の者） （現役並み所得者）80,100円＋（医療費－267,000円）×1％、外来（個人ごと）57,600円 （一般）44,400円、外来（個人ごと）14,000円 （住民税非課税世帯）24,600円、外来（個人ごと）8,000円 （住民税非課税世帯のうち特に所得の低い者）15,000円、外来（個人ごと）8,000円 ・世帯合算基準額 70歳未満の者については、同一月における21,000円以上の負担が複数の場合は、これを合算して支給 ・多数該当の負担軽減 12月間に3回以上該当の場合の4回目からの自己負担限度額 （70歳未満の者） （年収約1160万円〜）　140,100円 （年収約770〜約1160万円）　93,000円 （年収約370〜約770万円）　44,400円 （〜年収約370万円）　44,400円 （住民税非課税）　24,600円 （70歳以上の現役並み所得者）　44,400円 ・長期高額疾病患者の負担軽減 血友病、人工透析を行う慢性腎不全の患者等の自己負担限度額10,000円 （ただし、年収約770万円超の区分で人工透析を行う70歳未満の患者の自己負担限度額20,000円） （高額医療・高額介護合算制度） 1年間（毎年8月〜翌年7月）の医療保険と介護保険における自己負担の合算額が著しく高額になる場合に、負担を軽減する仕組み。自己負担限度額は、所得と年齢に応じきめ細かく設定。	（食事療養標準負担額） ・一般 1食につき　460円 ・住民税非課税世帯 90日目まで1食につき　210円 91日目から1食につき　160円 ・特に所得の低い住民税非課税世帯 1食につき　100円	（生活療養標準負担額） ・医療区分(Ⅰ)(Ⅱ)(Ⅲ) 1食につき　460円 ＋1日につき　370円 ・住民税非課税世帯 1食につき　210円 ＋1日につき　370円 ・特に所得の低い住民税非課税世帯 1食につき　130円 ＋1日につき　370円 ※療養病床に入院する65歳以上の方が対象 ※難病等の入院医療の必要性の高い患者の負担は求めない	・傷病手当金 ・出産育児一時金　等	10.00% （全国平均）	給付費の16.4%
健康保険	一般被用者	組合	健康保険組合 1,409	29,463 ［16,284 13,179］					同上 （附加給付あり）	各健康保険組合によって異なる	定額 （予算補助）
健康保険	健康保険法第3条第2項被保険者		全国健康保険協会	19 ［13 6］					・傷病手当金 ・出産育児一時金　等	1級日額 390円 11級 3,230円	給付費の16.4%
船員保険			全国健康保険協会	122 ［58 64］					同上	9.60% （疾病保険料率）	定額
各種共済	国家公務員		20共済組合	8,697 ［4,514 4,184］					同上 （附加給付あり）	—	なし
各種共済	地方公務員等		64共済組合							—	
各種共済	私学教職員		1事業団							—	
国民健康保険	農業者自営業者等		市町村 1,716	32,940 市町村 30,126 国保組合 2,814					・出産育児一時金 ・葬祭費	世帯毎に応益割（定額）と応能割（負担能力に応じて）を賦課 保険者によって賦課算定方式は多少異なる	給付費等の41%
国民健康保険	農業者自営業者等		国保組合 163								給付費等の35.9〜47.3%
国民健康保険	被用者保険の退職者		市町村 1,716								なし
後期高齢者医療制度			［運営主体］ 後期高齢者医療広域連合 47	16,778	1割（現役並み所得者3割）	自己負担限度額／外来（個人ごと） （現役並み所得者）80,100円＋（医療費－267,000円）×1％／57,600円 （多数該当の場合）44,400円 （一般）57,600円／14,000円（年144,000） （低所得者）24,600円／8,000円 （低所得者のうち特に所得の低い者）15,000円／8,000円	同上	同上 ただし、 ・老齢福祉年金受給者 1食につき100円	葬祭費等	各広域連合によって定めた被保険者均等割額と所得割率によって算定されている	・保険料 約10% ・支援金 約40% ・公費 約50% （公費の内訳） 国：都道府県：市町村 4：1：1

注）1　後期高齢者医療制度の被保険者は、75歳以上の者および65歳以上75歳未満の者で一定の障害にある旨の広域連合の認定を受けた者。
2　現役並み所得者は、課税所得145万円（月収28万円）以上または世帯に属する70〜74歳の被保険者の基礎控除後の総所得金額等の合計額が210万円以下の者。ただし、収入が高齢者複数世帯で520万円未満もしくは高齢者単身世帯で383万円未満の者、および旧ただし書所得の合計額が210万円以下の者は除く。特に所得の低い住民税非課税世帯とは、年金収入80万円以下の者等。
3　国保組合の定率国庫補助については、健保の適用除外承認を受けて、1997年9月1日以降新規に加入する者およびその家族については協会けんぽ並とする。
4　加入者数は四捨五入により、合計と内訳の和とが一致しない場合がある。
5　船員保険の保険料率は、被保険者保険料負担軽減措置（0.50%）による控除後の率。
出所）『厚生労働白書（平成30年版）資料編』（p.27）をもとに筆者作成。

は、世帯人員に応じた**応益割**（定額）と資産を加味した**応能割**を組み合わせ、各市町村で決められている。なお、協会けんぽの財政は、保険料のほか、国庫扶助金および健康保険組合等の財政支援金等により賄われており、国民健康保険は、国庫負担金、国および都道府県からの調整交付金等で賄われている。

保険診療の仕組みは図表Ⅳ－2－4 に示すように、①被保険者が保険者に保険料（掛金）を支払い、②病気などになった場合、被保険者およびその被扶養者が医療機関等で診療サービス（療養の給付）を受け、③医療機関に一部負担金を支払う。④医療機関側は審査支払機関に**診療報酬請求**を行い、審査支払機関は**診療報酬請求書（レセプト）**のチェックを行う。そして⑤審査支払機関は保険者に審査済の請求書を送付し、⑥保険者は審査支払機関に請求金額を支払い、⑦審査支払機関は医療機関に診療報酬の支払いを行う。

この一連の流れの中で、②の診療サービス（療養の給付）については、年金保険とは違い、保険金（現金：**現金給付**）を受け取るのではなく、診察、治療、手術といった保険医療サービス（**現物給付**）を受けることである。そしてここでの医療費については、個別の診療行為ごとに社会保険診療報酬点数表によって算定され（1点＝10円）、受けた医療サービスに対して医療費が決定さ

図表Ⅳ－2－4　保険診療の仕組み

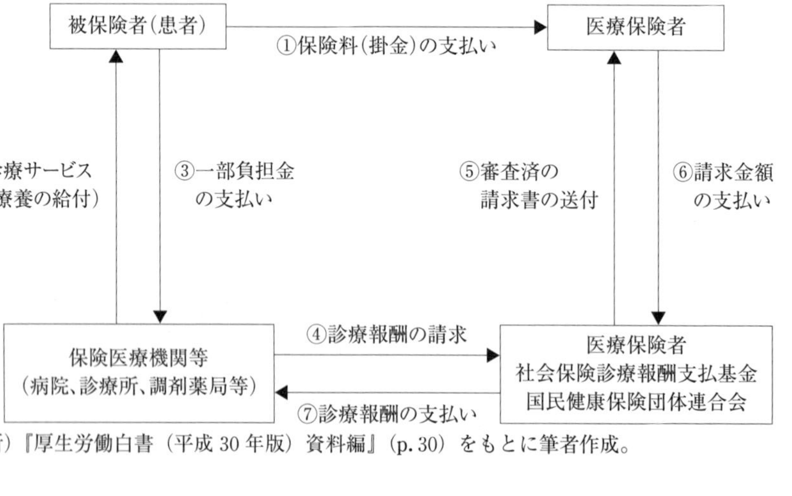

出所)『厚生労働白書（平成 30 年版）資料編』（p. 30）をもとに筆者作成。

れる。また③の一部負担金（自己負担分）はかかった医療費の3割[9]を負担する（**応益負担**：受益に応じて負担する）のである。

さらに、一部負担金には**高額療養費制度**があり、自己負担限度額が設定されている。たとえば70歳未満の年収が約370〜約770万円の場合、1カ月にかかった医療費が高額となった場合、8万100円＋（総医療費－26万7000円）×1％を負担するだけでよい制度が医療保険には存在する（図表Ⅳ－2－3）[10]。このように医療保険では一般的な社会保険と異なり、最低保障ではなく適正保障を追求しているのである。

3　介護保険

介護保険は、高齢化の進展に伴い、要介護者の増加、介護期間の長期化、介護不安の増大などの介護ニーズが増大したことに加え、核家族化や介護をする家族の高齢化（老老介護）などの家族をめぐる状況の変化、さらには**社会的入院**問題[11]の改善を目指し、高齢者の介護を社会全体で支え合う仕組みを創設しようとのねらいから、2000年に導入された最も新しい社会保険である。

介護保険の仕組みは図表Ⅳ－2－5の通りである。介護保険は年金保険や医療保険のような分立した制度ではなく、単一の制度である。保険者は市町村および特別区であるが、複数の市町村による広域連合も保険者となることができ、単一制度でありながら地方の特徴に合わせて制度化されたものであり、特に過疎地などではきわめて有効な制度になっている。

被保険者、受給権者、保険料負担、賦課・徴収方法は図表Ⅳ－2－6の通りである。被保険者は65歳以上の第1号被保険者と40歳以上65歳未満の医

9　義務教育就学前、70歳以上75歳未満は2割、後期高齢者医療制度では現役並み所得者を除き1割負担である。詳しくは図表Ⅳ－2－3を参照のこと。

10　過去に放映されていた某民間保険会社のCMでは、保険診療においてかかった医療費の自己負担額が○○万円もかかるようなことを謳い、民間医療保険への加入を勧めていたが、実質この制度によりそんなにかからないことは明白であることに注意していただきたい。より詳しくは田畑・岡村（2011、pp.65-68）を参照されたい。

11　この問題の詳細については本書Ⅳ部4章を参照されたい。

図表Ⅳ-2-5　介護保険制度の仕組み

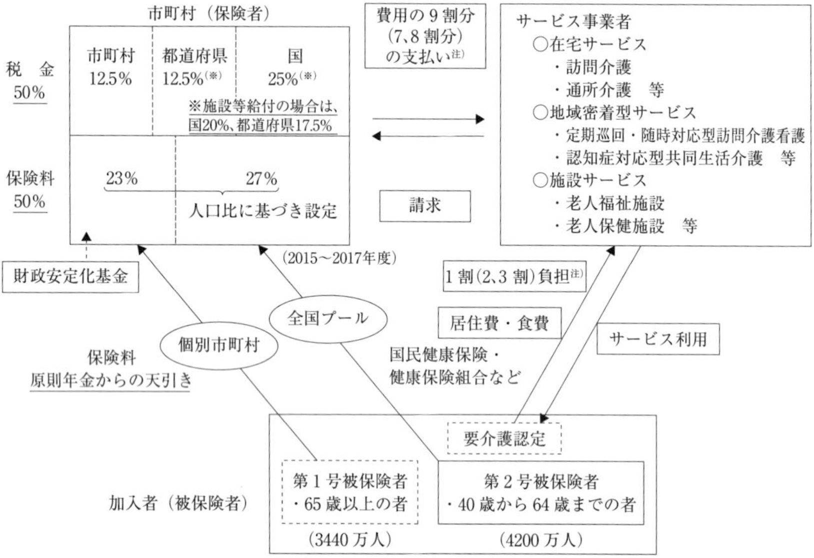

第1号被保険者の数は、2018年度「介護保険事業情況報告」によるものであり、2016年末の数である。
第2号被保険者の数は、社会保険診療報酬支払基金が介護給付費納付金額を確定するための医療保険者からの報告によるものであり、2016年度内の月平均値である。
注）2015年8月以降、一定以上の所得者については、費用の8割分の支払いおよび2割負担である。
　2018年8月以降、特に所得の高い層は費用の7割分の支払いおよび3割負担である。
資料）厚生労働省
出所）『保険と年金の動向（2018／2019年版）』（p. 111）をもとに筆者作成。

療保険加入者の第2号被保険者[12]からなり、介護保険は皆保険制度ではない。第2号被保険者の保険料は医療保険者が医療保険料とともに徴収するのに対し、第1号被保険者の保険料は負担能力に応じた負担を求める観点から、応能負担の一種である**所得段階別定額保険料**で市町村によって算定される（図

12　被保険者を40歳以上とした理由の一つは、概ね40歳ぐらいから、自らが初老期における認知症や脳卒中によって要介護状態になる可能性が高まる時期であることからとされる。また、自らの親も介護を要する状態になる可能性が高まることから、世代間連帯によって介護を支え合うという制度の目的にかなっていることも理由として挙げられよう。ただし、この40歳以上とした理由には政治的妥協が図られてきた面もある。より詳しくは介護保険制度史研究会編著（2016）pp. 174–183およびp. 221を参照されたい。

図表Ⅳ－2－6　介護保険制度における被保険者・受給権者等

	第1号被保険者	第2号被保険者
対象者	65歳以上の者	40歳以上65歳未満の医療保険加入者
受給権者	・要介護者（寝たきりや認知症で介護が必要な者） ・要支援者（要介護状態となるおそれがあり日常生活に支援が必要な者）	要介護・要支援者のうち、初老期における認知症、脳血管疾患などの老化に起因する疾病（特定疾病）によるもの
保険料負担	所得段階別定額保険料 （低所得者の負担軽減）	・健保：標準報酬×介護保険料率 （事業主負担あり） ・国保：所得割、均等割等に按分 （国庫負担あり）
賦課・徴収方法	年金額一定以上は特別徴収（年金天引き）、それ以外は普通徴収	医療保険者が医療保険料とともに徴収し、納付金として一括して納付

出所）『保険と年金の動向（2018／2019年版）』（p. 111）をもとに筆者作成。

図表Ⅳ－2－7　所得段階別定額保険料

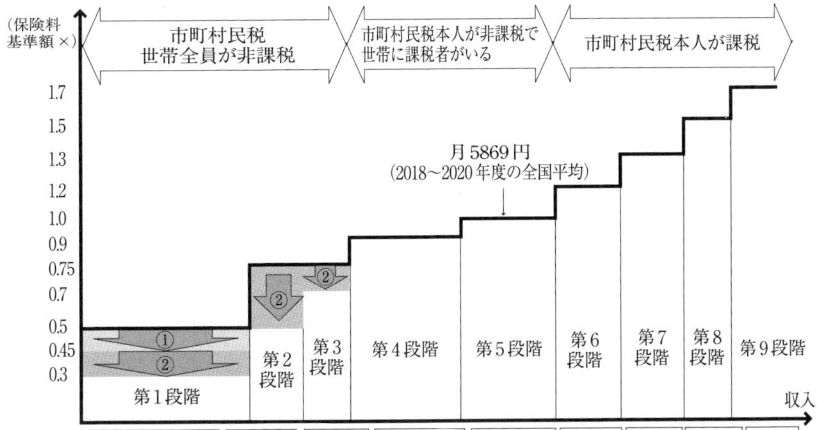

第1段階	第2段階	第3段階	第4段階	第5段階	第6段階	第7段階	第8段階	第9段階
生活保護被保険者 世帯全員が市町村民税非課税の老齢福祉年金受給者 世帯全員が市町村民税非課税かつ本人年金収入等80万円以下	世帯全員が市町村民税非課税かつ本人年金収入等80万円超120万円以下	世帯全員が市町村民税非課税かつ本人年金収入120万円超	本人が市町村民税非課税（世帯に課税者がいる）かつ本人年金収入等80万円以下	本人が市町村民税非課税（世帯に課税者がいる）かつ本人年金収入等80万円超	市町村民税課税かつ合計所得金額120万円未満	市町村民税課税かつ合計所得金額120万円以上200万円未満	市町村民税課税かつ合計所得金額200万円以上300万円未満	市町村民税課税かつ合計所得金額300万円以上
624万人	256万人	242万人	513万人	444万人	463万人	404万人	247万人	247万人

出所）厚生労働省「介護保険制度をめぐる状況について」をもとに筆者作成。

図表Ⅳ-2-8　介護サービスの利用手続き

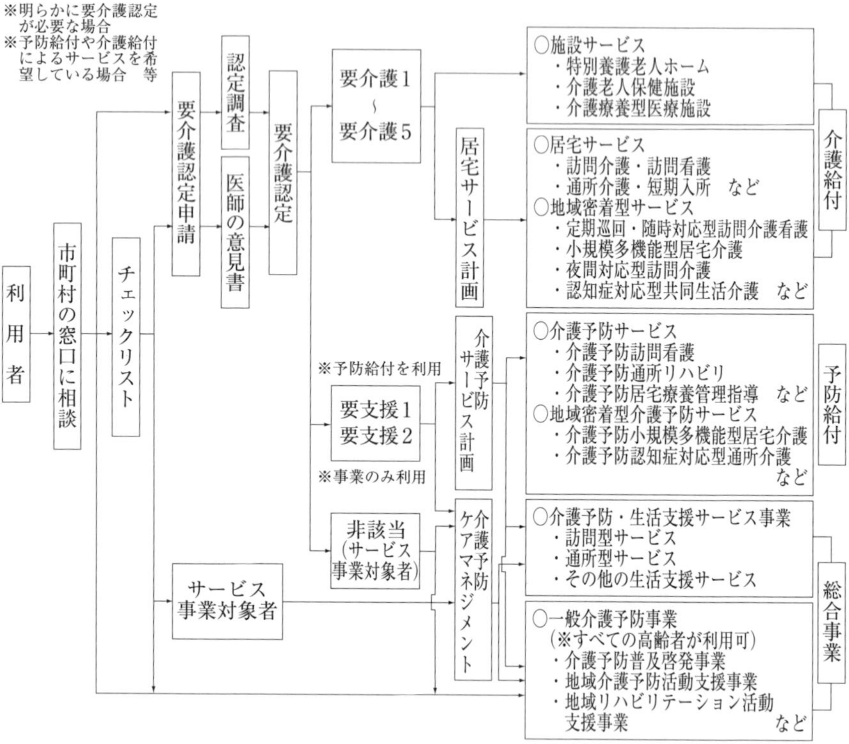

資料）厚生労働省ホームページ「公的介護保険制度の現状と今後の役割（平成30年度）」
出所）『保険と年金の動向（2018／2019年版）』（p. 112）をもとに筆者作成。

表Ⅳ-2-7）[13]。

介護保険の給付を受けるには、要介護認定を受ける必要がある。その利用手続きの流れが図表Ⅳ-2-8である。要介護認定は、全国一律の**要介護認定基準**によって行われ、**要支援**1・2[14]、**要介護**1～5までの7段階のいずれに該当するかの判定を行う。第2号被保険者においては、脳血管疾病や初老

13　市町村により所得段階区分は異なっている。自分が住んでいる地域は何段階になっているか、一度調べてみては。ちなみに筆者が住んでいる福岡市では2018年度から2020年度の保険料は13段階に細分化されている。

14　2005年の制度改正において、急増する軽度の要介護者の介護状態の悪化を食い止めるために要支援2が創設された。より詳しくは本書Ⅳ部4章を参照されたい。

図表Ⅳ－2－9　居宅サービスにおける区分支給限度基準額

区分に含まれるサービスの種類	限度額の管理期間	区分支給限度基準額
訪問介護、訪問入浴介護、訪問看護、訪問リハビリ、通所介護、通所リハビリ、短期入所生活介護、短期入所療養介護、福祉用具貸与、介護予防サービス	1カ月（暦月単位）	要支援1　5,003単位 要支援2　10,473単位 要介護1　16,692単位 要介護2　19,616単位 要介護3　26,931単位 要介護4　30,806単位 要介護5　36,065単位

注）1　1単位：10～11.26円（地域やサービスにより異なる）。（「厚生労働大臣が定める1単位の単価」〔平成12.2.10厚告22〕）
2　経過的要介護は6,150単位である。
出所）『保険と年金の動向（2018／2019年版）』（p.115）をもとに筆者作成。

期の認知症など加齢に起因する特定の16の疾病の場合にのみ給付を受けることができる。

認定を受けた場合には、施設サービス、居宅サービス、介護予防サービスなどが給付され、利用者負担は、原則として費用の1割である。施設サービスの場合は、この他に食費と部屋代を支払わなければならない。また、居宅サービスにおいては、要介護度に応じて支給上限額（区分支給限度基準額）が定められているが（図表Ⅳ－2－9）、施設サービス、グループホームなどの一部の居宅サービス、ケアプランの作成では支給限度額は定められていない。

介護サービス料は介護報酬として定められており、医療保険とは違い地域によって1単位当たりの金額が異なっている。しかし、介護報酬請求の審査支払いは医療保険の診療報酬支払いと同じ仕組みで行われ、都道府県の国民健康保険団体連合会が担当している。このように介護保険の特徴としては、地域密着型、地域特性に応じたサービスであることが挙げられる。

4　雇用保険

雇用保険は、かつて失業保険と呼ばれていたが、1974年に雇用保険法が制定され、失業給付、再就職の促進、雇用改善、能力開発、雇用福祉を目的とする保険に改められた。雇用保険は政府が管掌する**強制保険**であり、労働者を雇用する事業は、原則強制適用となる。雇用保険の概要は図表Ⅳ－2－10の通りである。

保険者は政府であり、中央に厚生労働省職業安定局雇用保険課、各都道府県労働局に雇用保険主管課と公共職業安定所（ハローワーク）がその業務を行っている。2019年度の保険料率は1000分の9.0であり、このうち1000分の6.0が失業等給付に係る費用に充てられ、労使折半で負担する。残りの1000分の3.0は雇用安定事業、能力開発事業[15]に係る費用に充てられ、全額事業主負担となっている。

失業等給付には、求職者給付、就職促進給付、教育訓練給付、雇用継続給付がある。求職者給付の基本手当の受給要件は離職の日以前2年間に被保険者期間が12カ月以上あるときに支給され[16]、基本手当日額は、原則として、離職前6カ月における賃金の総額を180で除して得た金額の8割から5割が支給される。また、給付日数は、離職理由、年齢、心身障害などの就業の難易度と被保険者期間に応じて決定され、90日から360日で決められる。なお東日本大震災の被災地域ではきわめて弾力的な特例措置が講じられたことも特記しておきたい。

15　雇用安定事業とは、事業活動縮小時の雇用の安定、高齢者の雇用の安定、地域における雇用の安定を図り、障害者その他就職が困難な者への雇用機会の増大を図るため、失業の予防、雇用状態の是正、雇用機会の増大その他雇用の安定を図るための事業である。また、能力開発事業とは、事業主等が行う職業訓練に対する助成援助、公共職業能力開発施設の充実、職場講習・職場適応訓練の実施、採雇用促進講習、訓練等の受講の奨励、技術評価の実施と援助など、技術の進歩、産業構造の変化に対応し、労働者の能力を開発・向上させることを促進するための事業である。より詳しくは、『保険と年金の動向（2018/2019）』pp. 168–169を参照されたい。

16　倒産・解雇等による離職の場合は、離職の日以前1年間に被保険者期間が6カ月以上であれば支給される。また、2010年4月1日より施行された雇用保険法等の一部を改正する法律により、非正規労働者に対するセーフティネットの強化として、適用範囲を従来の6カ月以上の雇用見込みから31日以上の雇用見込みにその適用範囲が拡大された。

図表Ⅳ-2-10　雇用保険の概要

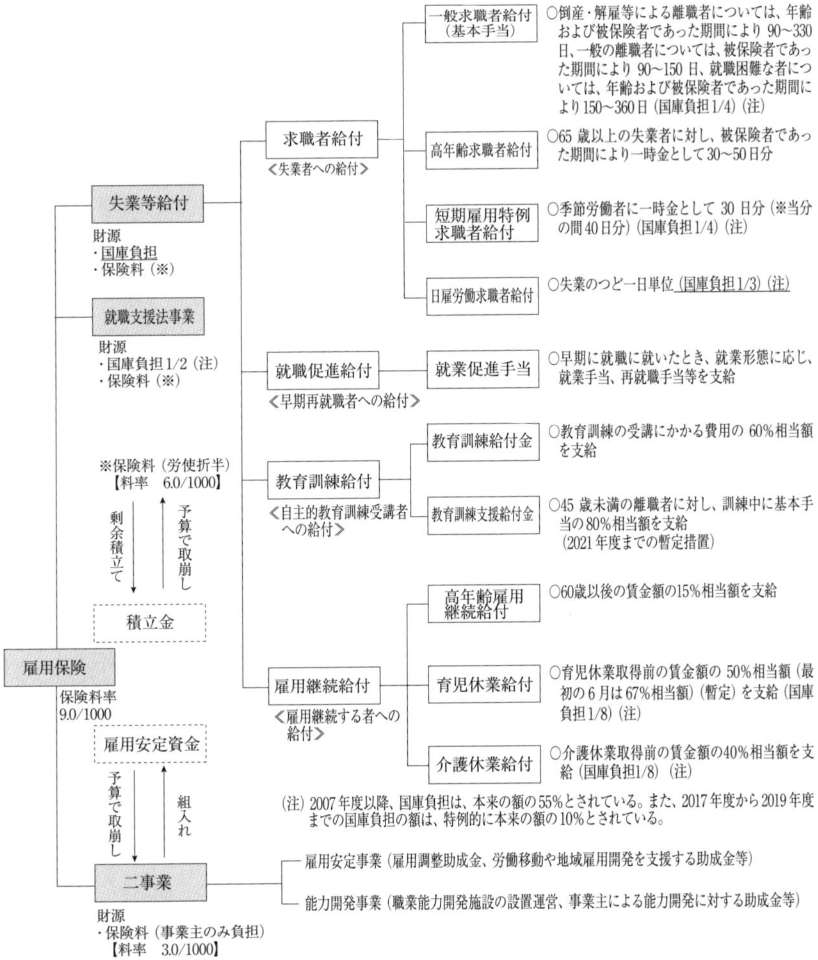

出所）『厚生労働白書（平成30年版）資料編』（p. 155）および『保険と年金の動向（2018／2019年版）』（pp. 192-193）をもとに筆者作成。

5　労働者災害補償保険

労働者災害補償保険（以下、労災保険）とは、就業中や通勤途上などに傷害、死亡、職業病などの労働災害が発生した場合、医療保障と所得保障を行う保険である。労災保険の概要は図表Ⅳ-2-11の通りである。

労災保険の保険者は政府であり、保険給付に関する事務と社会復帰促進等事業に関する事務は、厚生労働省労働基準局、都道府県労働局、労働基準監督署が行っており、保険料の徴収に関する事務は厚生労働省労働基準局、都道府県労働局で行われている。また、労災保険は原則として労働者を使用するすべての事業に適用され、他の社会保険とは違い、保険料は事業主が全額負担しているとともに、被保険者の故意を除き事業主の**無過失責任主義**[17]が徹底されている。さらに、保険料は、将来にわたる財政均衡を維持することに留意し、過去3年間の災害率やその他の事情が考慮され、業種別に厚生労働大臣が定めることとなっており、2019年4月1日現在、54業種について定められている。なお、事業主の災害防止努力の促進を図るとともに保険料負担の公平性を図るため、災害率に応じて保険料率または保険料額を一定の範囲内で増減する**メリット制**[18]がとられている。

保険給付には、業務災害に関する保険給付と通勤災害に関する保険給付、二次健康診断等給付があり、業務災害とは、業務を遂行する過程において生じた災害（**業務遂行性**）と、業務と災害の因果関係（**業務起因性**）が給付認定の根拠となる。また、通勤災害とは、通勤途上にある状態に起因する災害であり、通勤とは、住居と就業の場所との間を合理的な経路・方法により往復することをいう[19]。

しかし、最近では労働者・従業員の、過労死、自殺などに対する保険給付の認定をめぐって多くの訴訟が行われているのが現状である。そこで、労働安全衛生法の一部を改正する法律が2015年12月1日に施行され、従業員数50人以上のすべての事業場において従業員のストレスチェックを義務付け、

17　業務災害の無過失責任主義とは、使用者は労働者の過失の有無にかかわらず、当然に一定額の補償を行うことであり、労働者の過失の存在は要求されない。使用者が労働者を雇用して営利活動を追求する過程で発生するものである以上、利益帰属主体である使用者に当然損害を補償させるべきとの考えから無過失責任制を形成してきたとされる。より詳しくは労務安全センター「労災補償制度とその特徴」（http://labor.tank.jp/r/10/zukai10/10-02.PDF）を参照のこと。

18　なお、労災申請することにより、保険料率が上がることから、雇用主の「労災隠し」も問題として取り上げられている。

19　たとえば、帰宅途中に経路を外れた娯楽施設に立ち寄ろうとし、そこで交通事故に遭ってしまった場合、労災保険からの保険給付は受けることができないのである。

図表Ⅳ－2－11　労働者災害補償保険制度の概要

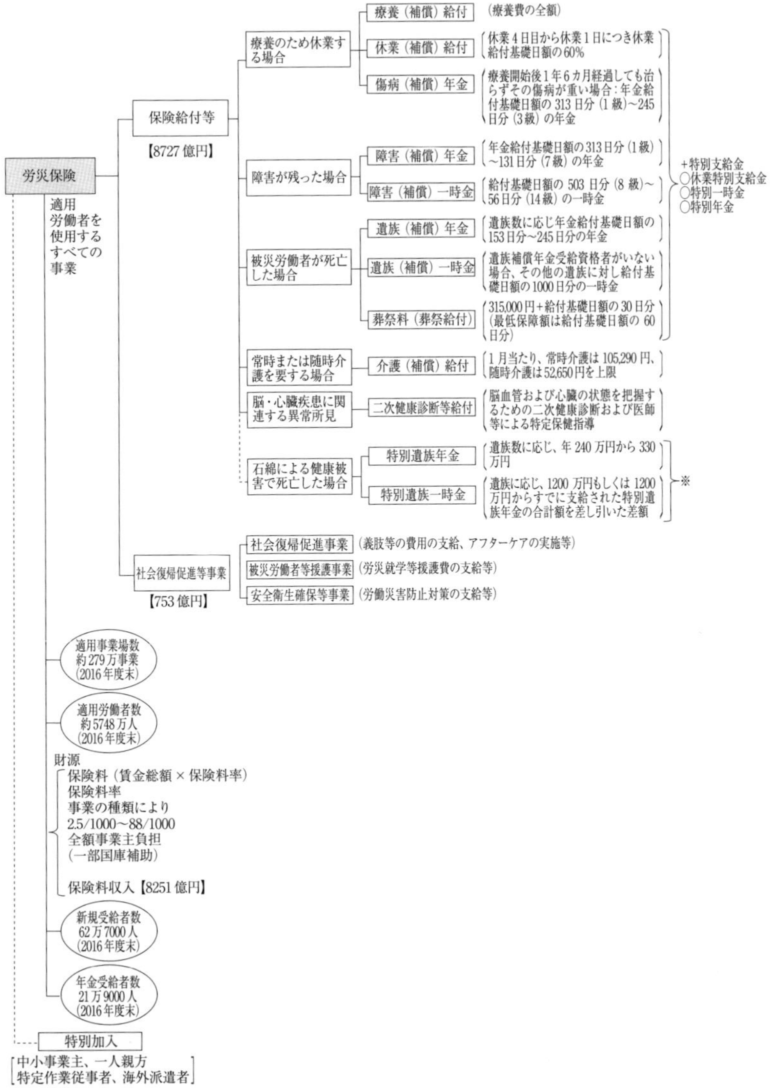

・給付基礎日額とは、原則として被災前直前3カ月間の賃金総額をその期間の暦日数で除した額（最低保障額3920円）である。
・年金給付および長期（1年6カ月経過）療養者の休業（補償）給付に係る給付基礎日額については、年齢階層ごとに最低・最高限度額が設定されている。
・個々の事業の労災保険の収支に応じて、保険率（保険料の額）を増減させるメリット制あり（継続事業および有期事業〔一括有期事業を含む〕である建設の事業　±40%、有期事業〔一括有期事業を含む〕である立木の伐採の事業　±35%）。
※「石綿による健康被害の救済に関する法律」に基づくもの。
出所）『厚生労働白書（平成30年版）資料編』（p. 134）をもとに筆者作成。

コラム ●●●●●●●●●●●●●●●●●●●●●●●

過労死・過労自殺による労災認定と労務管理

厚生労働省「平成28年版過労死等防止対策白書」によると、長時間労働などで精神疾患を発症し、2016年度に労災認定を受けた人数は498人にのぼり、過去最高を更新した。このうち3割超の方が月平均100時間以上の時間外労働をしていた。さらに労災認定された過労死や過労自殺は191件と近年は年間200件前後で推移し高止まりが続いている。

この過労自殺の中には、2015年12月25日に社員寮から飛び降りて自殺を図った電通の新入社員の女性（当時24歳）も含まれている。彼女は1か月あたり約130時間の時間外労働をしていた。同社では1991年にも入社2年目の男性社員が過労で自殺している。この社員は1か月あたり147時間の時間外労働をしていた。

長時間労働が常態化していたにもかかわらず抜本的対策を講じず、労働時間の削減を現場任せにしていたとして、東京簡易裁判所は2017年10月6日に労働基準法違反罪で法人として電通に罰金50万円の判決を言い渡した。同社は控訴せず判決は確定する見通しである。この罰金額は現在の労働基準法で定められた最高金額である。労働基準法の見直しも必要なのではないであろうか。

同白書によると労災認定の目安となる月80時間を超えて正社員を残業させている企業は全体の22.7%にも上っている。なお同白書は労働環境や商習慣などを総合的な分析が必要だとして、調査研究に力を入れ、平成27年版とくらべ100ページ増の378ページの白書であり、労働環境の改善など労務管理のあり方に警鐘を鳴らしていた。

そこで、2019年4月1日から「働き方改革」の一環として、労働時間法制の見直しが図られ、労働基準法、労働安全衛生法、労働時間等設定改善法の改正が行われた。その改正内容は、①残業時間の上限規制、②「勤務間インターバル」制度の導入促進、③年5日間の年次有給休暇の取得（企業に義務付け）、④月60時間超の残業の割増賃金率引上げ、⑤労働時間の客観的な把握（企業に義務付け）⑥「フレックスタイム制」の拡充、⑦「高度プロフェッショナル制度」の創設、⑧産業医・産業保健機能の強化である。中でも残業時間の上限を規制する改正は、1947年に制定された労働基準法においてはじめての大改革であり、この改正により今後労働環境が改善し、過労死・過労自殺などの労働災害がなくなることを切に願うものである。

●●●●●●●●●●●●●●●●●●●●●●●●●●●

従業員の心理的な負担の程度を把握することとなった。事業者は検査結果を通知された従業員の希望に応じて医師による面接指導を実施し、その結果、医師の意見を聴いた上で、必要な場合には作業の転換、労働時間の短縮、その他の適切な就業上の措置を講じなければならなくなったのである[20]。この結果、精神障害の労災認定件数は、2016年度498件と前年度より26件増加し過去最高を更新したが、2018年度の精神障害に関する事案の労災補償状況を見てみると、請求件数は1820件、うち支給決定件数は465件と多少は減少したものの、まだ横ばいの状況が続いている。

練習問題

1　年金保険、医療保険はなぜ分立した制度で成り立っているのかを答えなさい。
2　なぜ医療保険では現金給付ではなく現物給付が行われているのかを答えなさい。
3　介護保険制度がなぜ創設されたのかを答えなさい。

■引用・参考文献

石田重森著（2006）『改革期の社会保障』法研
石田重森・庭田範秋編著（2004）『キーワード解説　保険・年金・ファイナンス』東洋経済新報社
大谷孝一編著（2008）『保険論（第2版）』成文堂
介護保険制度史研究会編著（2016）『介護保険制度史―基本構想から法施行まで』社会保険研究所
厚生統計協会『保険と年金の動向（2018／2019年版）』
厚生労働省『厚生労働白書（平成30年版）資料編』
下和田功編（2004）『はじめて学ぶリスクと保険』有斐閣ブックス
『週刊社会保障　社会保障読本（2019年版）』第73巻第3034号、法研
田畑康人・岡村国和編著（2011）『人口減少時代の保険業』慶應義塾大学出版会
近見正彦他著（1998）『現代保険学』有斐閣アルマ
近見正彦他著（2006）『新・保険学』有斐閣アルマ
中垣昇・友杉芳正・近藤龍司編著（1995）『最新経営会計事典』八千代出版
庭田範秋著（1973）『社会保障論』有斐閣
庭田範秋編（1989）『保険学』成文堂
庭田範秋編（1993）『新保険学』有斐閣

20　より詳細については、厚生労働省「労働安全衛生法の一部を改正する法律（平成26年法律第82号）の概要」（http://www.mhlw.go.jp/file/06-Seisakujouhou-11200000-Roudoukijunkyoku/0000049215.pdf）を参照のこと。

堀勝洋編著（1999）『社会保障論』建帛社
椋野美智子・田中耕太郎著（2015）『はじめての社会保障（第12版）』有斐閣アルマ
家森信善編著（2009）『はじめて学ぶ保険のしくみ』中央経済社
厚生労働省「地域における医療及び介護の総合的な確保を推進するための関係法律の整備等に関する法律の概要」(http://www.mhlw.go.jp/file/06-Seisakujouhou-12300000-Roukenkyoku/0000080242.pdf)
金融審議会市場ワーキング・グループ報告書「高齢社会における資産形成・管理」令和元年6月3日（https://www.fsa.go.jp/singi/singi_kinyu/tosin/20190603/01.pdf)
厚生労働省「介護保険制度をめぐる状況について」(https://www.mhlw.go.jp/content/12601000/000482328.pdf)
厚生労働省「公的介護保険制度の現状と今後の役割」(https://www.mhlw.go.jp/file/06-Seisakujouhou-12300000-Roukenkyoku/0000213177.pdf)
厚生労働省「平成30年版　過労死等防止対策白書」(http://www.mhlw.go.jp/wp/hakusyo/karoushi/18/dl/18-1.pdf)
厚生労働省年金局「厚生年金、国民年金の財政—平成16年年金改正制度に基づく財政見通し等」(http://www.mhlw.go.jp/topics/nenkin/zaisei/zaisei/04/)
厚生労働省「労働安全衛生法の一部を改正する法律（平成26年法律第82号）の概要」(http://www.mhlw.go.jp/file/06-Seisakujouhou-11200000-Roudoukijunkyoku/0000049215.pdf)
厚生労働省「働き方改革」(https://www.mhlw.go.jp/content/000335765.pdf)

3章

少子高齢社会の公的年金

〈キーワード〉
人口減少社会、相互扶助の精神、賦課方式、積立方式、世代間扶養、収支相等の原則、二重の負担、税方式、クロヨン問題、逆進性

1　少子高齢社会が公的年金に及ぼす影響

わが国の人口は、2004年の1億2779万人をピークに**人口減少社会**が到来している。2005年に**合計特殊出生率**が過去最低の1.26を記録し、死亡数が出生数を上回るとともに、**高齢化率**も20％を超え、**少子高齢社会**を迎えた。

国立社会保障・人口問題研究所の「日本の将来推計人口（平成29年中位推計）」によると、2060年には、合計特殊出生率は1.44、総人口は9000万人を下回り、65歳以上の割合が40％近い水準になるという**超高齢社会**が到来すると予測されている（図表Ⅳ－3－1参照）。

このような急速な少子高齢化の進行は、年金保険においては、保険料を支払っても、将来確実に給付が受けられるかどうか。税・社会保険料負担が増加するとともに、どこまでその負担が上がるのか。さらには年金の給付水準が下げられるのではないかなど、年金保険に対する不安・不信感が醸成され、現行制度下において、制度を揺るがすさまざまな問題に直面しているのである。

そこで以下では、現在直面している諸問題についてみていくこととする。

図表Ⅳ－3－1　日本の将来人口推計

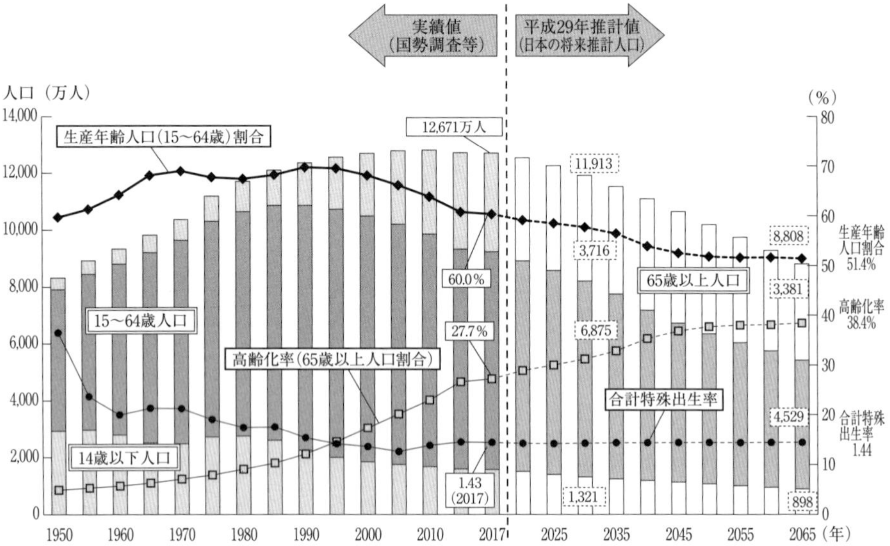

資料）2017年までの人口は総務省「人口推計」（各年10月1日現在）、高齢化率および生産年齢人口割合は2015年までは総務省「国勢調査」、2017年は総務省「人口推計」、2017年までの合計特殊出生率は厚生労働省「人口動態統計」（※2015年までは確定値、2017年は概数）、2018年以降は国立社会保障・人口問題研究所「日本の将来推計人口（平成29年推計）：出生中位・死亡中位推計」

出所）『厚生労働白書（平成30年版）資料編』（p. 5）をもとに筆者作成。

2　国民年金の空洞化

国民年金の空洞化とは、第1号被保険者が国民年金制度に加入手続きをしていない未加入者や加入はしていても保険料を納付しない未納者が存在することである。現在、**未納率**は約40%にも上り、社会問題として取り上げられ、国民年金制度が破綻するという人たちもいる。

この現象が発生する理由には、年金の損得勘定や世代間格差、年金記録問題（2007年2月発生）、日本年金機構による加入者の個人情報流出問題（2015年5月発生）、振替加算の支払漏れ（2017年9月発覚）や年金福祉事業の赤字化などによる公的年金への不信感[1]、パート、フリーター、派遣社員等の非正規労働者の増加に伴う雇用・賃金事情の悪化などにより、低所得者からの保険料支払いが困難になっていることなどが空洞化を進行させていると考えられる。

しかし、実際は未納者が増えても国民年金制度が破綻することはないのである。なぜならば、未納率40%というのは、10人のうち4人が保険料を納めていないということを表しているのではなく、国民年金の被保険者数約6500万人のうち、第1号被保険者である約1800万人に対する未納率であり、保険料納付が免除されている者などを除いた国民年金全体の実際の未納率は約2%にすぎないからである。また、未納者は保険料を支払っていないため、理論的・制度的には当然年金給付はゼロであり、年金財政に及ぼす影響はないのである。

しかし、未納者・滞納者は将来、減額か一生無年金となり、国民皆年金の理念や老後の生活保障という観点から問題とされる。なぜならば、老後の生活を**生活保護制度**に頼らざるを得なくなる可能性が高くなるからである。生活保護制度は社会保障としての扶助制度であるが、その財源は税金であり、それを負担するのは国民である。

年金制度の根幹には世代間の助け合いという**相互扶助の精神**があること、国民が老後に経済的に安定した生活を送るための制度であって、低所得者救済のための制度ではないことを忘れてはならない。

3　賦課方式と積立方式

現行の年金制度の財政方式は、**賦課方式**で行われている。賦課方式とは、現役世代が高齢者世代の給付を支える仕組みであり、より詳しくいえば、自分が老後に受け取る年金は、そのときに生きている現役世代が支払う保険料でまかなわれるという財政方式のことである（図表Ⅳ－3－2）。

1　例えば、日本年金機構による加入者の個人情報流出問題は、日本年金機構の職員の端末に対する外部からのウイルスメールによる不正アクセスにより、日本年金機構が保有している約125万件の個人情報が外部に流出したという事件である。その原因は、日本年金機構の職員が電子メールのウイルスが入った添付ファイルを開封してしまったことにより不正アクセスが行われ、情報が流出したという人為的なものであった。

図表Ⅳ－３－２　賦課方式の概念図

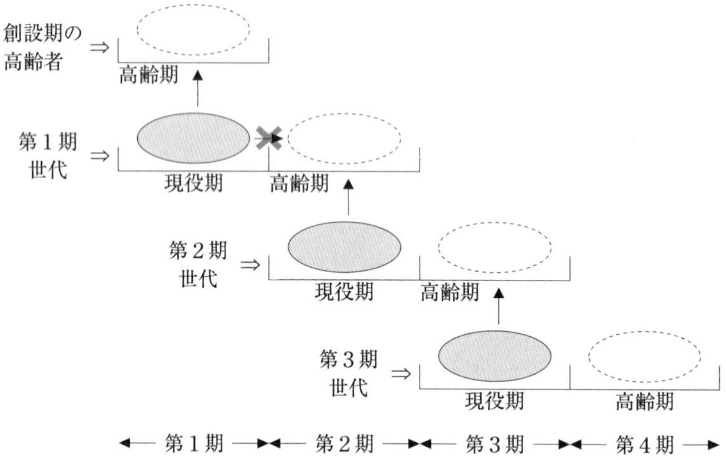

出所）鈴木（2009、p. 83）。

この方式により、**世代間扶養**が働いているのである。しかし、少子高齢社会においてはこの方式が成り立たなくなる恐れが生じているのである。具体的には、2000 年において現役世代４人で１人の高齢者を支えてきたのに対し、2060 年では現役世代 1.2 人で１人の高齢者を支えなければならなくなることが推計されている。

社会保険は、本来、**収支相等の原則**が保たれるように仕組まれている。しかし、少子高齢社会においてこの方式を続けていくのであれば、収支を均衡させるための方策は２つしかない。まず一つ目は、現役世代の負担の増加である。これは、給付水準を維持させるため、現役世代が負担する保険料を増加させることを意味する。２つ目は高齢世代の給付の抑制である。これは、現役世代の保険料負担を現水準で維持し、高齢世代が受け取る年金額（保険金）を削減させることを意味する。

しかし、現役世代にこれ以上の負担を強いることはもちろんのこと、高齢世代の給付額の削減にも限界が生じてきている。そこで、この賦課方式に対し、**積立方式**への移行案が議論されているのである。

積立方式とは、現役時代に自分の老後に必要な年金を積み立てておくとい

図表Ⅳ-3-3　積立方式の概念図

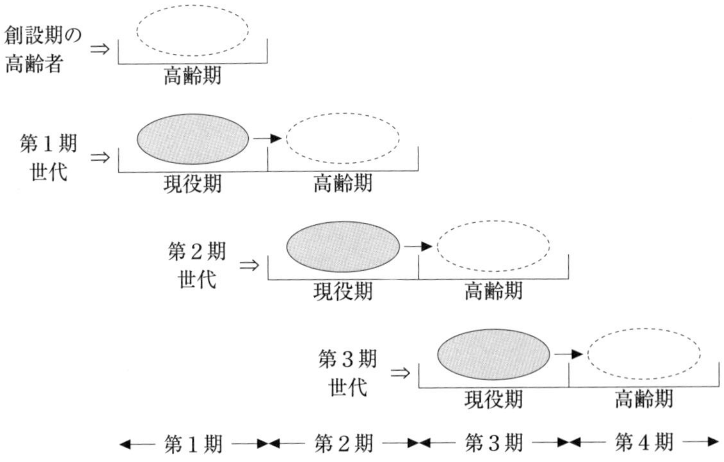

出所）鈴木（2009、p. 81）。

う財政方式である。簡単にいえば、自分の老後は自分で面倒をみるということである（図表Ⅳ-3-3）。この方式に移行した場合、少子高齢化の影響を受けることはなく制度の運営ができるとともに、個々の保険料負担の公平性がより明確なものとなる。

しかし、現行制度である賦課方式から積立方式への移行にはさまざまな問題が生じることとなる。その最たる問題が**二重の負担**である。この問題は、改革期において、現役世代が支払っていた保険料は賦課方式のため年金としてすべて高齢世代に支払われる一方、自分たちの老後のためにも保険料を積み立てなければならないのである。つまり、自分のためと高齢世代のための保険料を二重に負担しなければならないことになる。これを国債でまかない、約60年とか100年かけて償却するとの方法も論じられているが、これは後世代へ大きな負担を残すこととなる[2]。また、この問題の他に積立方式の場合、積立金の範囲内で確実に終身の年金を支給することができるのか、さら

2　賦課方式から積立方式への移行についての詳細は、鈴木（2009）を参照のこと。なお、この問題については古くから論じられており、より深く追求したい方はFeldstein（1974）、八田・小口（1999）、村上（1999）などを参照されたい。

コラム ●●●●●●●●●●●●●●●●●●●●●●●

平均寿命と健康寿命

日本人の平均寿命（0歳の平均余命）は、1947年の臨時国勢調査をもとに作成された第8回生命表によれば、男性が50.06年、女性が53.96年と男女とも初めて50年を上回り、その後、1970年から75年にかけて、男性が70年、女性が75年を超え、2018年には男性が81.25年、女性が87.32年と過去最高を更新し、現在の日本は世界有数の長寿国となっている。男女とも世界2位となっている。

ところで、最近、平均寿命や平均余命とは別に、「健康寿命」という言葉を耳にしたことはないだろうか。健康寿命とは、「健康上の問題で日常生活が制限されることなく生活できる期間」のことである。

日本人の健康寿命は2016年時点、男性が72.14年、女性が74.79年と男女ともに世界1位となっている[注)]。

しかし、ここで問題となるのが、平均寿命と健康寿命との差である。2016年時点での平均寿命と健康寿命の差は、男性が9.11年、女性が12.53年である。この差が意味することは何か。それは、「健康上に問題があり日常生活が制限された生活を送らなければならない期間」ということである。さらに、この差の拡大は不健康な期間にかかる医療費や介護費用などの負担増をも意味する。

2019年3月、厚生労働省は2040年までにこの健康寿命を3年以上延ばす延伸目標を掲げた。

WHO憲章では、「健康とは、肉体的、精神的および社会的に完全に良好な状態であり、単に疾病または病弱の存在しないことではない。」と健康の定義がなされている。

そんな健康で肉体的にも精神的にも安定できる社会を作り上げるのが社会保障制度の役割であり、老後の所得保障である年金制度の充実も、健康寿命に影響を及ぼす要因の一つなのではないだろうか。

注）村松（2017）参照。

●●●●●●●●●●●●●●●●●●●●●●●●●

に、想定を超えたインフレーションや賃金上昇が起こった場合、生活水準を維持できるような実質的価値のある年金を支給することができるのかといった問題もある。

結局のところ、給付の抑制、年金積立金の効率的運用[3]などにより負担と給付のバランスを図りつつ公的年金の維持・存続を図らなければならないのである。

4　社会保険方式と税方式（社会扶助方式）

社会保障財政の危機、負担と給付の不均衡、後世代の負担増などの問題に対し、従来のような保険料の引上げ、給付の引下げといった方策ではもはや社会保険の制度維持は困難であるとの主張から、国民の基礎的ニーズである基礎年金を**税方式**による財源調達にすべき、すなわち**社会扶助方式**への転換が主張され、そこで提出された改革案が、年金一元化と最低保障年金構想であった。この改革案は全国民に共通の所得比例年金を適用し、税財源による最低保障年金を創設することであった。すなわち、全年金を統合・一元化し、社会保険方式に加え、現行の国民年金は最低保障年金として税方式に移行しようとするものである。

税方式にすることにより、国民年金の空洞化が解消され、無保険者の救済が図られることで皆年金が達成できることや、第3号被保険者にも負担を求めることができるようになる。しかし、現行の社会保険方式から税方式に移行するのに伴い、さまざまな問題も生じることとなる。

まず、①給付と負担の関係が明確ではなくなることにより、権利性が損なわれ、必要以上に給付が増加する恐れがあり、制度の健全性、持続可能性が低下する。②莫大な財源・税投入が必要となる。③全国民の所得把握が難しく、負担の公平性に対し**クロヨン問題**[4]などが発生する。④仮に税財源を消費税でまかなうのであれば、**逆進性**[5]の問題が発生する。⑤国民全体の負担は変わらないが、事業主負担分（厚生年金の基礎年金部分の労使折半分）の保険

3　年金積立金の管理・運用は、厚生労働大臣から寄託を受けた年金積立金管理運用独立法人（GPIF : Government Pension Investment Fund）が行っている。その目的は、厚生年金保険事業および国民年金事業の運営の安定に資することであり、長期的に維持すべき資産構成割合を定め、これを適切に管理し、安全かつ効率的な運用に努めている。2001年度以降の累積収益は、収益率プラス3.02%（年率）、収益額はプラス67兆8835億円（累積）、2019年度第2四半期末現在の運用資産額は161兆7622億円である。

4　クロヨン問題とは、給与所得者に対しては所得のうち課税対象として9割（ク）が把握できるのに対し、自営業者では6割（ロ）、農業漁業者では4割（ヨン）しか把握することができないといわれている問題のこと。同様のことをさらに強調してトーゴーサンピン（10割、5割、3割、1割）という場合もある。この場合、給与所得者10割（トー）、自営業者5割（ゴー）、農業漁業者3割（サン）、そして1割（ピン）は政治家や個人開業医などである。なお、マイナンバー制度導入により、この問題は解消される可能性はある。

料がなくなり、その分も税負担に回るため、多くの世帯が負担増となる。⑥無保険者の救済に関し、過去の未加入・未払いの人に対し、同一給付を行うのであれば、さらなる不信感が醸成されることなどが挙げられる。

社会保険方式であれ、税方式であれ、どちらの方式でも給付に見合う負担をしなければならない。大切なことは、給付と負担の水準について国民の間での合意が必要であるということである。

なお、全額税方式を導入している国はあるが、社会保険方式から税方式に移行した国は今のところどこにも存在しない。

練習問題

1　国民年金の空洞化問題を解決するためにはどうしたらよいかを答えなさい。
2　賦課方式と積立方式のメリット・デメリットについて答えなさい。
3　社会保険方式と税方式に対し、わが国の社会保障制度がどうあるべきかについて答えなさい。

■引用・参考文献

石田重森著（2006）『改革期の社会保障』法研
石田重森・庭田範秋編著（2004）『キーワード解説　保険・年金・ファイナンス』東洋経済新報社
大谷孝一編著（2008）『保険論（第2版）』成文堂
小塩隆士著（2005）『人口減少時代の社会保障改革』日本経済新聞社
権丈善一著（2009）『社会保障の政策転換』慶應義塾大学出版会
厚生労働省『厚生労働白書（平成30年版）資料編』
下和田功編（2004）『はじめて学ぶリスクと保険』有斐閣ブックス
『週刊社会保障　社会保障読本（2019年版）』第73巻第3034号、法研
辛坊治郎著（2007）『誰も書けなかった年金の真実』幻冬舎
鈴木亘著（2009）『だまされないための年金・医療・介護入門』東洋経済新報社
近見正彦他著（1998）『現代保険学』有斐閣アルマ

5　ここでいう消費税の逆進性とは、消費税のようにすべての所得階層に対し同じ税率が課せられた場合、相対的に低所得者に対する負担が高くなることを指す。たとえば、年収1000万円の人が負担する消費税20%と年収100万円の人が負担する消費税20%を考えてみればよくわかるであろう。また、逆進性の反対の意味として累進性があり、累進課税という言葉は聞いたことがあるであろう。

近見正彦他著（2006）『新・保険学』有斐閣アルマ
中垣昇・大杉芳正・近藤龍司編著（1995）『最新経営会計事典』八千代出版
庭田範秋著（1973）『社会保障論』有斐閣
庭田範秋編（1989）『保険学』成文堂
庭田範秋編（1993）『新保険学』有斐閣
八田達夫・小口登良著（1999）『年金改革論』日本経済新聞社
細野真宏著（2009）『「未納が増えると年金が破綻する」って誰が言った？』扶桑社新書
堀勝洋編著（1999）『社会保障論』建帛社
村上雅子著（1999）『社会保障の経済学（第2版）』東洋経済新報社
村松容子（2017）「2016年健康寿命は延びたが、平均寿命との差は縮まっていない〜2016年試算における平均寿命と健康寿命の差」ニッセイ基礎研究所
椋野美智子・田中耕太郎著（2015）『はじめての社会保障（第12版）』有斐閣
Feldstein, M.（1974）Social Security, Induced Retirment and Aggregate Capital Accumulation, *The Journal of Political Economy*, Vol. 82. No. 5, pp. 905–926.
財務省「これからの財政を考える」（https://www.mof.go.jp/budget/fiscal_condition/related_data/201906_kanryaku.pdf）
厚生労働省「健康寿命のあり方に関する有識者研究会報告書」2019年3月（https://www.mhlw.go.jp/content/10904750/000495323.pdf）
厚生労働省「2040年を展望し、誰もがより長く元気に活躍できる社会の実現に向けて」（https://www5.cao.go.jp/keizai-shimon/kaigi/minutes/2019r/0531/shiryo_02.pdf）

4章

高齢社会における日本の医療保険と介護保険

〈キーワード〉
介護保険制度、社会的入院、老人医療費支給制度、老人保健制度、後期高齢者医療制度、社会保障・税一体改革大綱、高齢者保健福祉推進十か年戦略、措置制度、予防重視型システム、地域包括ケアシステム

1　高齢社会と医療保険

1）高齢者医療の特徴

加齢は医療費の増加に影響を与える要因の一つである。「平成29年度　国民医療費の概況」のデータでは、2017年度の65歳未満の1人当たり医療費は18万7000円であるのに対し、65歳以上の1人当たり医療費は73万8300円と約4倍になっている。ここからも若者と高齢者との医療費の差が、相当なものであることがわかる。高齢者の割合が多くなることは、医療費に大きな影響を与えることとなる。

また図表Ⅳ-4-1から明らかなように、国民医療費に占める高齢者の医療費の割合が急増している。医療費増加の原因は医療技術の高度化や高額化といったことも考えられるが、高齢者医療費の増加は、高齢者人口の増加が主たる原因であるといえる[1]。

高齢者が医療費を多く使う理由として、当然のことながら、人間は年をとればとるほど体が弱くなることが挙げられる。病気や怪我もよくするように

1 『高齢社会白書（令和元年版）』によると、1980年から高齢化率は、9.1%（1980年）、12.0%（1990年）、17.3%（2000年）、23.0%（2010年）と上昇し、2018年には28.1%となり過去最高を更新し続けている。

図表Ⅳ－4－1　国民医療費に占める後期高齢者（老人）医療費の推移

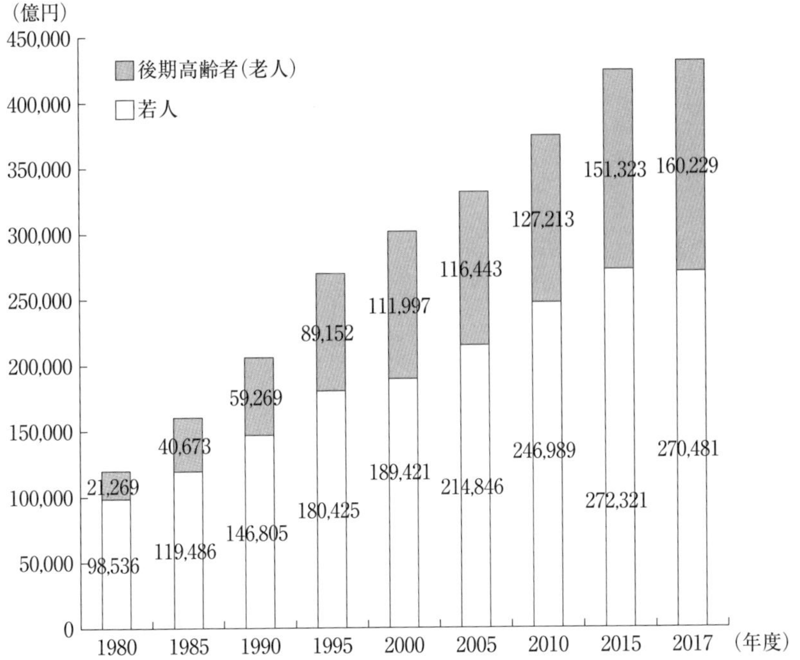

注）2005 年度と 2010 年度は制度が異なるため単純に比較はできない。
出所）厚生労働省（2019a）表 1 および厚生労働省（2019b）概要表 3 をもとに筆者作成。

なり、医療機関を受診することも多くなる。また、治癒力も若いころに比べれば弱くなるので、通院や投薬の期間も長くなり医療費に差が出ることは当然といえる。

しかも、高齢者の病気や怪我は慢性化するものも多く、また身体の不調の原因が老化そのものであることもあり、完治が見込めない場合も多い。つまり、高齢者の慢性化した病気や怪我は、完治させるというよりも、その進行を遅らせたり、日常生活に支障が出ないようにしたり、といったことに重点が置かれる。極端なことをいえば、寿命や他の要因で死亡するまで継続した医療を行うこともある。こうした点が若者の医療との大きな違いである。

本来医療は病気などを完治させ、健康の回復を目標としている。これを達成すべく、医療保険では「最低水準」ではなく「適正水準」を保障しようとしている。しかし高齢者への医療の場合、健康の回復が目標とはいえない状況も多く、提供する医療の「適正水準」がわかりにくい。なぜなら、高齢者への医療は疾患の完治というよりも、その疾患と付き合って生活していくために必要とされることが、若年者に比べ多いからである。その場合、必要とされるものは、疾患の完治という「本来の医療」というよりも、予防活動や生活援助のようなものであろう。そこで2000年から**介護保険制度**が実施され、福祉的なニーズが強い症状のものは介護保険が対応していくことになった。しかし、それがない時代は医療保険がその代わりを務めていた。そのため、**社会的入院**が問題となった。社会的入院とは、医療の果たす役割は終わっているにもかかわらず、退院しても自宅で暮らしていく態勢が整っていないため、退院せずに病院に長期入院している状態のことである。こうした問題の解消を目的の一つとして介護保険が導入されたのである。

2）高齢者医療費無料化から老人保健制度へ

ここで高齢者医療を取り巻く状況の変化について示していく。1973年に創設された**老人医療費支給制度**により、高齢者の医療費の自己負担は無料となった。このころから、自宅で療養しにくい高齢者を入院費が無料となった病院に入院させるという選択がとられることになり、社会的入院が顕在化し始めた。これはある種の**モラルハザード**であった。この結果、高齢者の医療費は国民医療費の伸びを上回って上昇するほどになった。そのため、1983年には**老人保健制度**が実施され、高齢者医療の新たな形が実現した。

この制度の主な特徴は、高齢者に一部負担を求めたこと、すべての保険者で老人医療費にかかる費用の50%を拠出金として分担して負担するようになったことである。また「**保健**（health care）」の役割として、治療だけでなく、40歳以上の者に疾病予防や健康増進のための保健事業を実施していった。それまでの医療保険制度では病気にならなければ給付されない仕組みの中で、こうした事業が展開されていったことは大きな改革であったといえる。

コラム ●●●●●●●●●●●●●●●●●●●●●●●

拡大する子どもの医療費助成制度

現在ほとんどの自治体で、子どもに対し独自の医療費助成が行われており、その助成が拡大する傾向にある。これまで助成に所得制限を設けていた自治体がそれをなくしたり、未就学児までだった助成の年齢対象を9歳、12歳、15歳、18歳と引き上げているところもある。厚生労働省が調査を始めた2010年では、助成の対象年齢は就学前までが最も多かったが、2018年では全自治体の9割が中高生までを対象とするようになり、2010年度にはなかった20歳、22歳まで助成するという自治体も出てきた。

こうした助成は外来の通院だけでなく、入院の自己負担にも適用しているところが多い。助成の例としては、自己負担を無料にしたり、上限付きの定額負担（自己負担が1000円／月を超えた分は無料にするなど）にするというものがある。

確かに子どもの健康は守るべきであり、親の所得によって、子どもが医療を受けにくくなるような事態は避けるべきである。しかし、無料や定額の自己負担にしてしまうと、患者や医師からコスト意識がなくなってしまい、モラルハザードが起きかねない。もしかすると、有料のインフルエンザの予防接種を受けるより、インフルエンザにかかってから無料の診察を受けて無料で薬をもらえばいい、という親も出てくるかもしれない。また医師の立場では、患者の負担を考慮しなくてよくなるので、必要以上の医療サービスを提供してより多くの報酬を得やすい状況にもなる。この世に無料のサービスはないことをふまえ、人々に適切な予防活動、適正水準の医療サービス提供を促すような制度も考えていく必要があるのではなかろうか。

●●●●●●●●●●●●●●●●●●●●●●●●●●

3）後期高齢者医療制度とその問題点

高齢者医療無料化の後、急増した医療費を抑えるために導入された老人保健制度であったが、その後の高齢化の進展などもあり、度重なる改正が行われた。改正は主として高齢者の一部負担の引上げであったが、根本的な解決には至らなかった。

老人保健制度における問題点としては、

①高齢者医療費の急増に対し市町村単位での運営が困難になったこと、

②高齢者と若者の負担割合が明確でなかったこと、

③給付は市町村が行う一方、財源は公費と保険者からの拠出金であるため、財政運営の責任が不明確であったこと、

などが挙げられる。そこで2008年4月から**後期高齢者医療制度**（**長寿医療制度**）を創設し、これらを解決することを目指した。

後期高齢者医療制度とは、75歳以上の後期高齢者を被保険者とする制度である。保険料は被保険者の所得で負担額が決まる所得割額と、被保険者に等しく負担を課す被保険者均等割額で決まり、年金から天引きされる。また、患者の一部負担は原則1割とされているが、現役並み所得者は3割となっている。

この後期高齢者医療制度では、先に示した老人保健制度の問題点を解決すべく、都道府県単位の「後期高齢者医療広域連合」を運営主体とし、財政運営の安定化と責任を明確化した。さらに高齢者の医療給付費は公費（5割）、若年者の保険料による後期高齢者支援金（4割）、高齢者の保険料（1割）とし、負担割合を明らかにした。

しかしながら、疾病のリスクが高まる75歳以上の高齢者のみを対象にした保険は先進国では例がない。また、今後高齢化の進展に伴い、高齢者の保険料が引き上げられる恐れもあることも考えられる。新たな高齢者向け医療制度を設けようと、民主党政権時代に後期高齢者医療制度を廃止する提案があったが、結局廃止には至らなかった。その後、後期高齢者医療制度については、2013年8月にとりまとめられた社会保障制度改革国民会議の報告書で、「創設から5年が経過し、現在では十分定着しているので、現行制度を基本とし必要な改革を行っていくことが適当」という趣旨の検討結果が示された[2]。その後の後期高齢者医療制度改革については、3節で述べる。

2　高齢社会と介護保険

1）介護保険の成立経緯

心身の障害により日常生活を営むことが困難になった場合、その人を介護していくことは、長らく家族（特に主婦）の役割であった。しかし、核家族

2　『社会保障制度改革国民会議報告書～確かな社会保障を将来世代に伝えるための道筋～』p. 35参照。

化や女性の意識の変化による社会進出なども増え、家族内での介護を難しくしていくことになった。こうした高齢者介護の役割は医療保険によって対応されてきた。先述した社会的入院がその例である。

このような社会状況の中、1989年には「**高齢者保健福祉推進十か年戦略（ゴールドプラン）**」が策定された。これは市町村中心で、在宅介護を重視する高齢者介護システムのための方針を打ち出したものであった。1994年には市町村が策定した「老人保健福祉計画」を集計し、「新・高齢者保健福祉推進十か年戦略（新ゴールドプラン）」が策定された。その結果、在宅サービスが増加し、施設サービスの整備も進んだ[3]。

以上のように高齢者介護サービスを提供する基盤は整備された。しかし、こうした介護サービスの利用には、利用者がサービスを受ける要件を満たしているかどうかを行政が審査する仕組みがあり、要件を満たした場合のみ行政の判断により、サービスが提供されることとなっていた。このような制度を**措置制度**と呼ぶ。この措置制度は、利用者のニーズが反映されにくいことや、行政による審査を**スティグマ**と感じ、利用を避ける場合があるなどの問題があった。

こうした仕組みの問題点の改善には、介護サービスを受ける権利を保障する必要があった。さらに当時はバブル経済の崩壊もあり、政府の財政負担が厳しくなった。そうしたことから、社会保険という「保険料」を財源とした介護サービス提供を実施することは、サービス受給の権利性と財源の2つを同時に得られる一石二鳥の政策であった。それにより介護保険が実現化していったのである。

2）介護保険成立後の展開

介護保険制度は2000年の実施時から5年後に大きな改正をすることが定められていた[4]。つまり発足から5年の経過の後、制度の利用状況や社会の

3　この時期の詳細なデータは堀（2004、p.249）を参照されたい。一例を挙げると、1988～1999年で、高齢者100人当たり訪問介護の年間利用回数は39.3回から201.3回に増加し、特別養護老人ホームの定員数は1989～2000年で15万6000人から30万人に増加した。

状況を踏まえ、制度を見直していくことが予定されていたのである。その2005年の改定では、主なものとして**予防重視型システム**への転換や施設給付の見直しなどが行われた[5]。

予防重視型システムへの転換とは、軽度の要介護者に対し、要介護状態を改善していく新たな予防給付を行うものである。図表Ⅳ－4－2をみればわかるように、それまでの介護保険では要支援・要介護1の軽度の要介護者が急増していた。このことは高齢化の進展との関わりも認められるであろうが、それまでサービスを受けていなかった人々が、介護サービスの存在や内容を知り、新たに申請したことも考えられる。

しかし、軽度の要介護者が受けるサービスは、要介護状態の改善につながっていない可能性があるという指摘を受け、それまでの要介護1の者のうち、新予防給付の効果が期待できる者を「要支援2」とし、それまで要支援の者は「要支援1」とされた。これらに該当する人々を、「新たな予防給付」の対象者とし、急増する軽度要介護者の介護状態の悪化を食い止めようとしたのである。

図表Ⅳ－4－2　要介護度別認定者数の推移（単位：千人）

（各年4月末）

	2000年	2005年	2010年	2015年	2017年
総　数	2,182	4,108	4,870	6,077	6,331
要支援	291	674	−	−	−
要支援 1	−	−	604	874	890
要支援 2	−	−	654	839	867
要介護 1	551	1,332	852	1,176	1,263
要介護 2	394	614	854	1,062	1,106
要介護 3	317	527	713	793	836
要介護 4	339	497	630	730	768
要介護 5	290	465	564	604	601

出所）『保険と年金の動向（2018／2019年版）』p. 121をもとに筆者作成。

4　介護保険料や介護報酬については3年ごとの改定が定められている。

5　その他にも、「新たなサービス体系の確立」、「サービスの質の確保・向上」、「負担のあり方・制度運営の見直し」が行われた（『保険と年金の動向（2018／2019年版）』pp. 217-218参照。）。

施設給付の見直しとは、施設介護を受けている人の居住費と食費を保険給付対象外としたものである。これは施設サービス利用者が介護保険利用者の４分の１程度なのにもかかわらず、保険給付額の約半分を占めていることから、在宅と施設の利用者負担の公平性、介護保険と年金給付の調整の観点から行われた[6]。それまでは、在宅介護を受ける人は居住費や食費が実費となるにもかかわらず、施設介護を受ける人がそれらを保険給付でまかなえることになっており、そういった不公平さを是正したものである。

介護保険は制度発足以降、利用者が増加し続けている。これは制度が広く認知された結果といえる。2005 年以降も 2008 年、2011 年と高齢化の進展や制度の利用状況、社会状況を踏まえての制度改定が行われ続けている。さらに前節でも取り上げた、「社会保障制度改革国民会議」においても医療と介護の連携の重要性が示され、その提供体制が議論されてきた。この点については、今後の医療との関連ともあわせて次節で論じる。

3　今後の医療保険・介護保険制度

1）近年の医療保険制度の動向

2012 年 2 月、「社会保障・税一体改革大綱」（一般的に「社会保障と税の一体改革」といわれている）が閣議決定された。この中では、団塊の世代がすべて 75 歳以上になり、最も高齢化が進展すると考えられる 2025 年の日本の医療のあるべき姿として、どこに住んでいても適切な医療・介護サービスを受けられる社会の実現、さらに疾病・介護予防を進め、「治す治療」と尊厳を持って生きるための「支える医療・介護」の双方を実現することを提示している。これらは「2025 年問題」といわれることも多い。そして、「持続可能な社会保障制度の確立を図るための改革推進に関する法律」（プログラム法）が 2013 年 12 月に成立し、その中で 70～74 歳の患者負担を 2 割にすることや、後期高齢者支援金の全面総報酬割の段階的な導入などが決定した。

6　『保険と年金の動向（2018／2019 年版）』pp. 217-218 参照。

その後、「地域における医療及び介護の総合的な確保を推進するための関係法律の整備等に関する法律」（以下「医療・介護一体改革法」）が2014年6月に成立した[7]。これにより、医療と介護の連携強化や、地域における効率的な医療提供体制の確保などが盛り込まれた。さらに、2015年5月には「持続可能な医療保険制度を構築するための国民健康保険法等の一部を改正する法律」（以下「医療保険制度改革関連法」）が成立し、2016年度から入院時食事療養費の自己負担額の引上げ、紹介状なしで大病院を受診する際の定額負担の導入、患者申出療養が創設された。2018年度からは、国保の都道府県単位化が決定され、都道府県が財政運営の責任主体となり、運営の中心的役割を担い、財政の安定化も図ることとなる。

以上のような医療保険全体への改革に加え、後期高齢者医療制度関連では、高額療養費の上限額について現役並み所得の者には2017年8月以降、4万4000円から5万7600円に、2018年8月以降は現役世代と同額にするとした。また、一般区分の者は2017年8月から1万2000円を1万4000円とし、2018年8月からは1万8000円とした（ただし、年間上限額は14万4000円）。さらに保険料については、それまで行われていた所得割の保険料軽減措置を2018年度からなくすこととなった。また当初均等割についても2019年度に軽減措置をなくす方向だったが、消費税率引き上げによる財源を活用した社会保障の充実策として、現行の9割軽減は2019年に8割、2020年に7割と段階的に引き下げるにとどまった。さらに現行の8.5割軽減は2020年に7.75割、2021年に7割軽減になることが決まった。

これらの改革の評価については、今後の動向を注視していく必要があるが、改革の多くは負担額の引上げが中心となっている。こうした改革で2025年の高齢化を乗り切れるかどうかは、不透明である。しかしながら政府は、2019年10月の消費税率引き上げで2025年を念頭に進められてきた社会保障・税一体改革が完了し、今後は団塊ジュニア世代が高齢者となる2040年を見据えた検討を進めることが必要であるとしている。そのため、厚生労働省は

7　この法案は「医療・介護一体改革法」「医療介護総合推進法」などと略されている。

2019年2月に「今後の社会保障改革について―2040年を見据えて―」を出し、今後のさまざまな改革の方向性を示している。その中でも医療と介護の連携は重視されている。これをどのように行っていくのかも今後のポイントになるであろう。

2）介護保険制度の動向

日本の高齢化はこれからも進展するため、介護に関しても今後さまざまな課題も生まれてくると予想される。高齢化とともに、一人暮らしの高齢者の増加や認知症高齢者の増加が指摘されており、要介護高齢者のうち、ほぼ半数が認知症の影響が認められ、施設入所者では8割近くが認知症高齢者となっている[8]。これに伴い、老老介護（高齢者同士の介護）や認認介護（認知症患者同士の介護）も問題となる。そのため、2014年6月に成立した「医療・介護一体改革法」では、2013年度から開始された「認知症施策推進5か年計画(オレンジプラン)」のさらなる推進を行い、認知症の早期診断・対応・相談などを進めることが示された。

さらに、今以上に介護従事者が不足することを想定し、介護従事者の処遇改善を行い、介護職に従事する人を増やすことも進められている。2009年4月には介護報酬が3％引き上げられ、同年10月には国費も投入し、介護従事者の給与の引上げが図られた[9]。そして介護従事者の処遇改善は、その後の介護報酬改定にも引き継がれ、2015年の介護報酬改定ではサービスの基本報酬については、トータルで2.27％引き下げられたが、職員の処遇改善に関する部分はプラスされ、月額1万2000円給与が引き上げられることとなった。しかし、介護従事者の大幅な不足は2020年2月現在も続いており、解消の目処はたっていない。

高齢化が進展していく中で、事後的な介護サービスの重要性もさることながら、軽度の要介護者の悪化予防や改善を重視していく姿勢も忘れてはなら

8 『保険と年金の動向（2009／2010年版）』p.143参照。
9 『保険と年金の動向（2014／2015年版）』p.127によると、これにより介護従事者の給与を月額1万5000円程度の引き上げようとしたとされている。

ない。そのためにも予防給付に力を入れ、住み慣れた地域での在宅介護ができるようにしていく必要もある。それらを踏まえ医療・介護一体改革法では、医療・介護・予防・住まい・生活支援サービスが連携した切れ目のない包括的な支援を行う「地域包括ケアシステム」の構築が必要とされた。この点は2017年の介護保険法改正で、より推進させることが図られている。

また、費用負担については、低所得者では保険料の負担軽減割合を拡大したが、2015年8月から一定以上所得者（単身世帯なら年280万円以上など）の利用者負担は1割から2割へと引き上げられ、応能負担の要素が取り入れられた。さらに2018年8月からは、特に所得の高い現役並み所得の者（単身世帯で年340万円以上）は3割負担となる。

2025年には団塊の世代がすべて75歳以上になるが、こうした世代は質の高い介護サービスのニーズも予想されるため、より広い視点からの給付内容やサービス供給体制などの改正を念頭に介護サービスを充実させる必要がある。これを実現していくためにも、先述した「地域包括ケアシステムの強化」が進められている。このシステムで重要となる医療と介護の連携については次項で述べる。

3）医療と介護の連携と2040年を見据えた改革

高齢者にとって、医療と介護には密接な関連があり、その境界もあいまいな点がある。高齢者が住み慣れた地域での生活を継続できるようにするには、医療と介護の連携を強化し、切れ目のないサービス提供を行い、地域包括ケアシステムの構築を進める必要がある。

医療保険制度改革関連法により、2016年度から後期高齢者医療広域連合は、高齢者の心身の特性に応じ、保健指導を行うように努めなければならないことが明確にされ、介護保険を実施する保険者である市町村や他の医療保険者と連携をとることが規定された。

2018年度の介護保険法改正により、費用負担や財政面での改革だけでなく、「介護医療院」の創設が決定した。これは介護療養病床の廃止に伴い創設されるもので、6年間の移行期間が設けられている[10]。この施設は、医療

コラム ●●●●●●●●●●●●●●●●●●●●●●

社会保険料率 30% 時代の到来

2019 年 9 月、健康保険組合連合会（以下健保連）は 2022 年にも社会保険料率が 30% を超えるという試算を出した。2019 年現在、健保組合の平均保険料率は 9.218% であるが 2022 年度には 9.8% に、同様に介護保険料率 1.573% が 2.0% となり、固定されている年金保険料率 18.3% を足すと、合計で 30.1% となるということである。それが 2025 年には 31.0% にもなるという試算結果を示した。

こうした現状に対し、健保連では後期高齢者医療への自己負担増や公費投入、保険給付の適正化を対策として挙げている。特に保険給付の適正化では、給付範囲の見直しとして、市販品類似薬に対し保険適用の除外もしくは自己負担率を上げることを提言している。医薬品の効果によって自己負担率を変える制度は、フランスで行われており、それを導入した場合に削減可能な医療費についても試算している。

薬剤費の増加を問題視し、皆保険制度を維持するべく、医療費を削減しようとするのは重要である。しかしここの試算では、医療費の削減によって、保険料率がどれほど低下できるのかは示されておらず、保険料率 30% を回避できるかどうかも明らかにされていない。また医療費を減らせたとしても、保険料負担が軽減できるかまではわからない。

薬剤は医師が治療に必要であるから処方するものであり、効果が低い薬剤は医師が処方しないような仕組みにすればいいのではなかろうか。そのためには、保険給付範囲を見直すのではなく、かかりつけ医制度とともに適正水準の医療を提供するインセンティブを与える診療報酬制度などを整備することも考えるべきであろう。

ちなみに、薬剤の効果によっては高負担率を課しているフランスでは、補足的医療給付と呼ばれる、自己負担を軽減する制度がある。日本にはない負担軽減制度があって成り立っている制度であることも考慮しておく必要がある。

●●●●●●●●●●●●●●●●●●●●●●●●●●

的な機能を維持しつつ生活施設も兼ね備えた介護保険施設（医療法上では医療提供施設）である。これらは表面的には時代の逆行に見えるが、新たな時代の要請に従った改革といえる。

また、「共生型サービス」を創設し、障害福祉サービスの事業所でも介護

10　介護療養病床の廃止は 2006 年に決定し、2011 年までに廃止することが定められていたが、思うように進まず、2017 年度末まで延長されていたが、さらに今回 6 年の延長が決まったかたちになっている。

保険の給付が行えるようになる。これはホームヘルプサービス・デイサービス・ショートステイを「共生型サービス」とし、障害者や高齢者といった垣根をなくし困難を抱える人を一体的に支えることを目指している。

これらの改正は、2017年の介護保険法改正にある「介護保険制度の維持可能性を高め、地域包括ケアシステムの強化を図る」ことと̀も関連している。介護医療院については地域包括ケアシステムのうち、医療・介護・生活支援・住まいの機能を持った施設となっており、住み慣れた地域での、長期療養を可能とするサービスが提供可能となる。共生型サービスの創設により、従来の障害福祉事業所の利用者は65歳を過ぎると介護保険事業所に移らないといけなかったのだが、今後は障害福祉事業所でも介護保険サービスを提供できる事業所としての指定を受けられるようになるため、障害福祉事業所の利用者も馴染みのある施設で引き続きサービスを受けやすくなる。

さらに今後地域包括ケアシステムを進めていくためには、物理的な面での医療と介護の連携だけでなく、医療と介護の間での情報共有も重要となる。異なる組織間の情報共有がスムーズにいくと、さらに連携が深まっていくであろう。今後は高齢者に限定せずに、地域包括ケアはその地域に暮らす住民誰もがその人の状況に合った支援を受けられる、新しい地域包括支援体制を構築していくことも想定されている[11]。

2018年度は診療報酬と介護報酬が同時改定された。診療報酬については、2025年を見据えて地域包括ケアシステムの構築と推進、医療と介護の連携強化と効率的なサービス提供体制の構築、急性期から回復期・慢性期・在宅医療までの医療機能分化・連携の推進、オンライン診療などの活用による効率的な医療・介護の提供といった面が強化された。効果的な医療提供体制の整備とともに、新しいニーズにも対応できる質の高い医療の実現を目指し、医療従事者の負担軽減、働き方改革の推進も盛りこまれ、0.55%のプラス改定となった[12]。介護においては、自立支援・重度化防止に繋がる質の高い介護サービスの実現、多様な人材の確保と生産性の向上、制度の安定性・持

11　二木（2017）pp.21-32参照。
12　医科では0.63%のプラス改定。

続可能性といった視点もあり、0.54％のプラス改定となった。

今後は限界集落といわれる、山間地域などの地域包括ケアシステムの構築が、準備すべき最重要の課題といえるであろう。しかし、地域包括ケアシステムには難しい問題もある。それは2040年以降、医療と介護の需要が減少していくということである。介護と医療の需要は団塊の世代や団塊ジュニア世代が高齢者となる2040年までは不足するが、そのあとは高齢者が減るため今病院や介護施設を大量に作ると20年後には余る事態となることが考えられる。そのため大量に施設を造ったり、医師や看護師を増やすことは難しい[13]。こうした人口の変化もふまえて社会でどう対応するのかも考えていかねばならない。

先述したように、政府としては2025年までの改革は完了し、今後は2040年に向けた改革を行っていくとのことである。「今後の社会保障改革について―2040年を見据えて―」では、2040年は現役世代の減少が最大の課題となり、高齢者の若返りが見られることで就業率も上昇すると予測されている。そこで国民誰もがより長く元気に活躍できるような社会づくりを目指し、「健康寿命の延伸」「医療福祉サービス改革」など4つのプロジェクト[14]のために特別チームを編成し、検討を進めていくこととしている。

これからピークを迎えるであろう、医療と介護の需要に対して、わが国がどのように対応すべきなのか、さらに2040年以降の需要が下降し始める時代もふまえ、医療や介護の提供体制から根本的に考えていく必要があるのではないだろうか。

---

13 『週刊社会保障　2019年8月12-19日号』p.81参照。
14 残りの2つのプロジェクトは「高齢者雇用」と「地域共生」である。

練習問題

1　今後の高齢者医療制度としては、どのようなものが望ましいと考えるか、その理由とともに答えなさい。
2　措置制度と保険制度の違いを比較しながら示し、双方のメリット・デメリットを挙げなさい。
3　地域で医療と介護が連携する場合に必要となるシステムについて、現在提案されているもの以外に、どのようなものがあるかを調べ、その重要性を論じなさい。

■引用・参考文献

一圓光彌編（2013）『社会保障論概説（第3版）』誠信書房
厚生労働統計協会（2009）『保険と年金の動向（2009／2010年版）』
厚生労働統計協会（2013）『保険と年金の動向（2013／2014年版）』
厚生労働統計協会（2018）『保険と年金の動向（2018／2019年版）』
『週刊社会保障（2010年2月22日号）』第64巻第2568号、法研
『週刊社会保障（2017年8月14-21日号）』第71巻第2936号、法研
『週刊社会保障（2019年8月12-19日号）』第73巻第3034号、法研
内閣府（2017）『高齢社会白書（平成29年版）』
二木立（2017）『地域包括ケアと福祉改革』勁草書房
堀勝洋編（2004）『社会保障読本（第3版）』東洋経済新報社
厚生労働省（2015）「誰もが支え合う地域の構築に向けた福祉サービスの実現—新たな時代に対応した福祉の提供ビジョン—」http://www.mhlw.go.jp/file/05-Shingikai-12201000-Shakaiengokyokushougaihokenfukushibu-Kikakuka/bijon.pdf
厚生労働省（2019a）「平成29年度　国民医療費の概況」（https://www.mhlw.go.jp/toukei/saikin/hw/k-iryouhi/17/index.html）
厚生労働省（2019b）「後期高齢者医療事業状況報告」（https://www.mhlw.go.jp/stf/seisakunitsuite/bunya/iryouhoken/database/seido/kouki_houkoku.html）
厚生労働省（2019c）「今後の社会保障改革について—2040年を見据えて—」（https://www.mhlw.go.jp/content/12601000/000474989.pdf）
社会保障制度改革国民会議（2013）「社会保障制度改革国民会議報告書　確かな社会保障を将来世代に伝えるための道筋」（https://www.kantei.go.jp/jp/singi/kokuminkaigi/pdf/houkokusyo.pdf）

5章

社会保障・社会保険の将来展望

〈キーワード〉
集団主義、社会責任、弱者救済的扶養性・福祉性、平均保険料方式、所得比例方式、垂直的所得再分配機能、国民負担率、社会保障負担率、社会保障給付費、付加価値税、軽減税率、非ケインズ効果、マイナンバー制度、社会保障・税の一体改革、全世代型社会保障制度

わが国の社会保障制度は、これまで社会保険を中核としてその体制を維持し、国民の基礎的生活保障をなす必要不可欠な制度として発展してきた。しかし、社会保障・社会保険を取り巻く環境は少子高齢社会などを背景にそのバランスを失い、国民に安心を与えられない状況に陥っている。そこで国民一人ひとりが今一度原点に戻り、社会保障の基礎理念、社会保険の機能などを再認識し、自分の問題として考えることが重要であろう。

1　社会保障・社会保険に対する意識改革の必要性

わが国が社会保険導入に際し、保険の原理・技術を用いた理由には次の5つが挙げられる。①資本主義的精神に合致、②被保険者および雇い主の保険料負担、③給付に対する権利性、④保険者機能の発揮による適正な給付、⑤主要先進国の社会保険方式の採用、の5つである。保険の原理・技術を用いてはいるが、一般の私的保険とはその性格が異なり、**集団主義・社会責任・弱者救済・強制・非営利**的な性格などを有している。そして、社会保険の特徴を大きく捉えると次の2つを挙げることができる。

まず1つ目は、**弱者救済的扶養性・福祉性**が確保されていることである。

コラム

国民負担率、付加価値税と軽減税率の国際比較

［国民負担率＝租税負担率＋社会保障負担率］［潜在的な国民負担率＝国民負担率＋財政赤字対国民所得比］

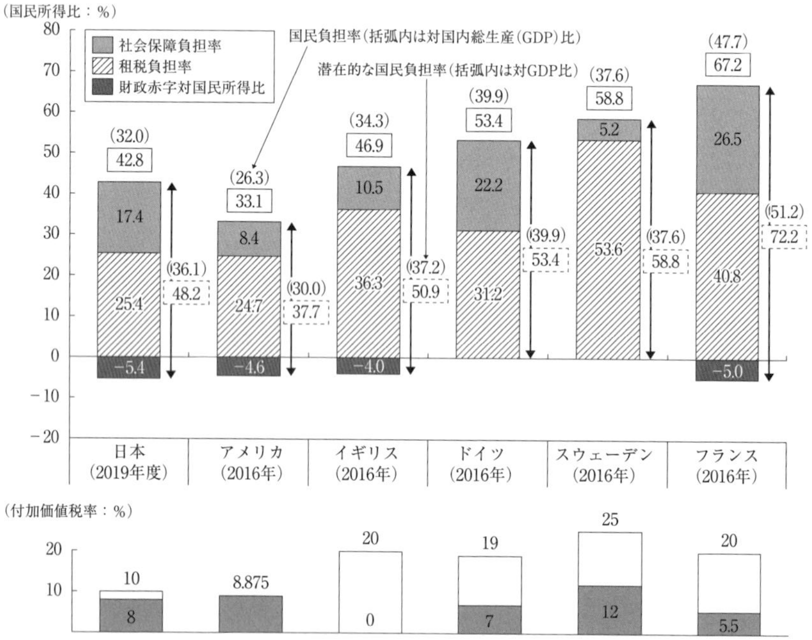

注） 1　日本は2019年度見通し。諸外国は2016年実績。

2　財政赤字の国民所得比は、日本およびアメリカについては一般政府から社会保障基金を除いたベース、その他の国は一般政府ベース。

3　付加価値税率は2019年10月現在。アメリカは、州、郡、市により小売売上税が課せられている。また、アメリカの数値はニューヨーク州およびニューヨーク市の合計である。

【諸外国資料】“National Accounts”（OECD）、“Revenue Statistics”（OECD）等。

4　上記付加価値税の■は食料品に係る適用税率である。なお、軽減税率が適用される食料品の範囲は各国ごとに異なり、食料品によっては上記以外の取扱いとなる場合がある。

出所）財務省「国民負担率の国際比較」および「付加価値税率（標準税率及び食料品に対する適用税率）の国際比較」より筆者作成。

わが国の**国民負担率**は42.8%、そのうち**社会保障負担率**が17.4%を占めている。しかも**社会保障給付費**の約9割が社会保険で占められている。

諸外国と比較するとわが国は相対的に国民負担率が低い水準にとどまっていることがわかる。さらに**付加価値税**（消費税）率も比較するとかなりの低税率であることもわかる。

2019年10月より消費税が10%に引き上げられると同時に、所得の低い方々への配慮の観点から、飲食料品（お酒・外食を除く）等の購入に係る税率については8%とする**軽減税率**制度が導入された。軽減税率はすでにEU諸国の多くの国が採用している。たとえば、筆者が留学した当時のイギリスでは、カフェでハムと野菜のサンドウィッチを購入し店内で食べると価格が£2.40であったのに対し、持ち帰り（イギリスではtake awayという）といって購入すると£1.99であった。これは軽減税率がかけられたことにより、同じ商品でも安く購入することができたのである。しかし、同店で隣の棚に並ぶ暖かいクロワッサンやスープは贅沢品として扱われており、お店で食べようが持ち帰ろうが価格に相違は発生しなかった。また、日常的な食べ物であるビスケットやケーキには軽減税率がかけられているが、チョコレートがけビスケットや伝統のアフタヌーンティになると贅沢品として20%の付加価値税がかけられていた。

わが国の場合、消費税率が標準税率の10%と軽減税率の8%の複数税率となった。しかし、この軽減税率によって日々の生活において幅広い消費者が購入する飲食料品や新聞（定期購読契約された週2回以上発行されるもの）に係る消費税率が8%のまま据え置かれたことから、家計への影響はある程度は緩和されることとなった。

軽減税率の対象品目である飲食料品の範囲を見てみると、テイクアウト・宅配等は軽減税率の対象となる一方で、外食は標準税率の対象。また、有料老人ホームでの飲食料品の提供や学校給食などは軽減税率の対象になるのに対し、ケータリング・出張料理等は標準税率の対象となる。

消費税率の引上げに伴い、少子化対策のひとつでもある幼児教育・保育の無償化や高等教育の無償化などが行われる一方で、育児に関わるオムツや絵本、おもちゃや育児用品、学校で必要になる文房具などは軽減税率の対象とはなっておらず標準税率がかけられている。少子化対策をもっと踏み込んで行うのであれば、それらは8%の軽減税率の対象としても良かったのではないだろうか。もっと言及するのであれば、イギリスのように飲食料品や文房具・本などは0%でも良かったのではないだろうか。

今後の社会保障制度のあり方や税制度を考えたとき、国民負担率、消費税率、軽減税率はどうあるべきなのであろうか。

●●●●●●●●●●●●●●●●●●●●●●●●●●

個人が負担する保険料はもちろんのこと、私的保険とは異なり、社会保険では保険性を大幅に後退させ、雇い主も保険料負担するとともに、国庫負担も行われ、社会全体でこれらを確保していることが挙げられる。

これは、私的保険における個人主義・自己責任・自己救済的な性格とは異なり、社会保険は、**集団主義・社会責任・弱者救済的性格**を有している制度であることを再確認する必要がある。

２つ目に、個々の危険率とは無関係な**平均保険料方式**で保険料が算出されたあと、さらに**所得比例方式**を用いることにより、より強く**垂直的所得再分配機能**が発揮され、過度の不公平が是正されていることである。

これらを通して、本来、収支相等の原則が保たれるように仕組まれているのである[1]。

社会保障・社会保険では、扶養性や所得再分配などの要素が加味され、同世代間あるいは異なる世代間の助け合いが行われているのである。しかし、国民年金の空洞化が進むのは、こうした社会保障の理念や社会保険の機能が十分に理解・認識されていないことも大きな要因といえる[2]。

また、わが国の社会保障では、年金・医療・介護・雇用・労災とも社会保険として実施されていることから、保険理論や保険技術の理解なくしてはこれらの適切な運用や活用ができないのである。社会保障・社会保険に対する意識改革や保険・年金教育が今まさに必要とされるのである。

2　持続可能な社会保障・社会保険を目指して

国民生活に直結する社会保障・社会保険は長期的制度であり、ますます進展する少子高齢社会に応じた社会保障改革が必要となるのである。

そのためには①明確な理念に基づいた社会保障の姿、②長期的視野に立った社会保障政策、③財源を明確にし制度の基盤を強固なものとして、社会保障制度の安定と永続化を図ること、が重要視される。このような社会保障政策を確立することが、国民に安心感を与えることとなる。国民の信頼、特に税や保険料負担層の信頼を失うならば、社会保険・社会保障は存在し得ないのである。また、負担が増えても、将来に向け社会保障の安定、生活保障の展望があれば、安定した生活設計が可能となり、国民は消費を増やすと考え

1　伊藤（2009、pp. 174-175）。
2　石田（2006、p. 61）。

コラム ●●●●●●●●●●●●●●●●●●●●●●●●

世界一高額な薬ゾルゲンスマの登場と公的医療保険

2019年5月22日、スイス製薬大手ノバルティス社が販売するCAR-T細胞（キメラ抗原受容体T細胞）を使った免疫治療製剤「キムリア」が日本での公的医療保険の適用となった。その薬価は3349万円である。この薬は、血液がんの「B細胞性急性リンパ芽球性白血病」（約5000人の患者）と「びまん性大細胞型B細胞リンパ腫」（約2万人の患者）が治療の対象で、患者から採取した免疫細胞（T細胞）を遺伝子操作して体内に戻し、がん細胞を攻撃させる薬であり、薬剤の投与は1回で済む。その効果は白血病で約8割、リンパ腫で約5割の患者の症状が大幅に改善した。現在、さらなる研究が進められ、「オプジーボ」と同様に今後適用範囲が拡大される可能性がある。

そんな中、2019年5月24日、FDA（米食品医薬品局）が脊髄性筋萎縮症（SMA）の遺伝子治療薬「ゾルゲンスマ」を承認した。2歳未満のSMAに罹患している子どもに投与が認められたこの薬は、疾患を引き起こしている突然変異の遺伝物質と遺伝子の正しいコピーが入れ替わることにより、1時間の点滴で1回投与すれば希少疾患の治療が終わる薬である。その後は死に至る症状は出ない。FDAで承認されたこの薬の価格を製造元であるノバルティス社は212万5000ドル（約2億3200万円）に設定し、世界一高額な治療薬となった。

FDAは2025年までに年間10～20件の細胞・遺伝子治療製品の製造を見込んでおり、遺伝子治療の臨床試験は現在、38カ国で約2600件行われている。

ゾルゲンスマは現在、日本でも厚生労働省が画期的な新薬を短期間で承認する制度の対象として優先審査中である。

日本の場合、小児慢性特定疾病医療支援事業による医療費助成制度を利用すれば、医療費の負担がない。ちなみに乳児期から小児期に発症するSMAの罹患率は10万人あたり1～2人である。

こうした高額治療薬の開発により完治不能な難病や病気が治る時代に突入する一方で、公的医療保険財政への圧迫により、保険適用のあり方や薬価問題など制度体制に関する議論が高まっている。国民皆保険の持続性と医療技術の革新の推進を両立するためには、薬価問題も含め抜本的な制度改正が必要であろう。

●●●●●●●●●●●●●●●●●●●●●●●●●●

られ、増税でも景気が上向く、**非ケインズ効果**が作用すると考えられる[3]。このままでは、かつて国家の危機を救った社会保険・社会保障により、逆に

3　石田（2010、p. 29）。非ケインズ効果とは、不況時に政府による財政支出の削減や増税をすることで景気やGDPにプラスの影響を与える現象のこと。不況時は財政支出や減税により有効需要を補うべきと主張したケインズ理論と逆の効果。

国家・社会の危機をもたらすことにもなりかねない。

そこで政府は、社会保障の充実・安定化とそのための安定財源確保と財源健全化の同時達成を目指した「社会保障・税一体改革成案」を提出し、2011年7月1日に閣議報告がなされた後さまざまな議論を経た上で2012年2月17日に「社会保障・税一体改革大綱」が定められた[4]。

その内容は、「中規模・高機能な社会保障」を目標とし、①国民相互の共助・連帯の仕組みを基本としつつ、②給付の確実性と負担の最適化を図り、③世代間のみならず世代内での公平を重視しながら、④社会保障改革と経済成長との好循環を実現し、⑤地域や個人のさまざまなニーズに的確に対応が図られるよう制度全般にわたる改革を行うこと、とされていた。

2012年8月、民主党・自民党・公明党の3党合意を経て、社会保障制度改革推進法および税制抜本改革法が成立。さらに、子ども・子育て関連3法と年金関連4法が成立することにより、消費税収全額が社会保障財源化されるとともに、国民年金国庫負担割合が2分の1へと引き上げられることとなった。

次いで、2013年12月に社会保障制度改革プログラム法が成立し、この流れを受け、2014年の通常国会では医療介護総合確保推進法が成立。さらに2015年の通常国会において医療保険制度改革法が成立することにより、少子化対策・医療・介護・年金の社会保障4分野すべての法改正が行われた。

この一連の法改正を踏まえ、内閣に設置された社会保障制度改革推進会議では、さらなる検討課題として、①人口の「高齢化」に対する社会保障、②「経済と財政」と両立する社会保障、③「地域に相応しいサービス提供体制の構築」や「地域づくり・まちづくり」に資する社会保障、④「女性や高齢者の活躍」や「様々な働き方」と調和する社会保障、⑤きめ細やかな「セーフティネット機能」を発揮する社会保障、⑥その他「制度横断的」な課題の6つの課題が提示され、今後、団塊の世代が後期高齢者となる2025年を見据えたさらなる制度改革が行われていくこととなっている[5]。

4　成案の取りまとめから大綱決定がなされるまでの経緯については前章3および『厚生労働白書(平成24年版)』pp. 292–293などを参考にされたい。

図表Ⅳ－５－１　消費税５％引上げによる社会保障制度の安定財源確保

○　消費税率（国・地方）を、2014年４月より８％へ、2017年4月より10％へ段階的に引上げ
○　消費税収の使い途は、国分については、これまで高齢者３経費(基礎年金、老人医療、介護）となっていたが、今回、社会保障４経費（年金、医療、介護、子育て）に拡大
○　消費税収は、すべて国民に還元し、官の肥大化には使わない

１％程度

社会保障の充実

＋2.8兆円程度

４％程度

社会保障の安定化

＋11.2兆円程度

○基礎年金国庫負担割合1/2の恒久化　3.2兆円程度

○後代への負担のつけ回しの軽減
・高齢化等に伴う自然増を含む安定財源が確保できていない既存の社会保障費　7.3兆円程度

○消費税率引上げに伴う社会保障４経費の増　0.8兆円程度
・診療報酬、介護報酬、子育て支援等についての物価上昇に伴う増

○子ども・子育て支援の充実　0.7兆円程度
－子ども・子育て支援新制度の実施による、幼児教育・保育と地域の子ども・子育て支援の総合的推進・充実、「待機児童解消加速化プラン」の実施など

○医療・介護の充実　1.5兆円程度
－病床の機能分化・連携、在宅医療の推進等、地域包括ケアシステムの構築、医療保険制度の財政基盤の安定化、保険料に係る国民の負担に関する公平の確保、難病、小児慢性特定疾病に係る公平かつ安定的な制度の確立など

○年金制度の改善　0.6兆円程度
－低所得高齢者・障害者等への福祉的給付、受給資格期間の短縮など

出所）『週刊社会保障　社会保障読本（2017年版）』（p. 9）をもとに筆者作成。

社会保障・税の一体改革においては、消費税率の引上げに伴う増収分を全額社会保障財源に充てることとされ、消費税10％に引き上げられた際には４％程度を社会保障の安定化、１％程度を社会保障の充実に充てることとなっていた（図表Ⅳ－５－１）。2017年度においては、消費税率８％への引上げに伴う増収分の8.2兆円が社会保障の充実・安定化に充てられた。また、これらと同時に給付等の重点化・効率化も進められており、後期高齢者支援金の全面総報酬制の導入や一定以上所得者の介護保険利用負担の見直しなども行われた。それによって2017年度予算においては、0.49兆円程度の財政効果が生じており、社会保障の充実の財源に充てられた。

さらに社会保障の充実・強化に関する議論として、待機児童を解消し、子

5　『週刊社会保障　社会保障読本（2015年版）』pp. 6–11。

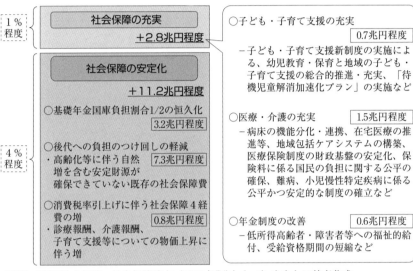

育てと仕事を安心して両立できる社会の実現も課題として採り上げられた。そして2017年6月9日に閣議決定された「経済財政運営と改革の基本方針2017」には、「幼児教育・保育の早期無償化や待機児童の解消に向け、財政の効率化、税、新たな社会保険方式の活用を含め、安定的な財源確保の進め方を検討し、年内に結論を得、高騰境域を含め、社会全体で人材投資を抜本強化するための改革のあり方について早急に検討を進める」という一文も盛り込まれた。

また、社会保障・税一体改革の議論の一環として検討が進められてきた**マイナンバー制度**が2015年10月に施行され、2020年までに本格運用を目指すとされた。

マイナンバー制度により、国民一人ひとりに12桁の番号が通知され、行政の効率化、国民の利便性の向上、公平・公正な社会の実現を目指すこととされており、さらに、世界最先端のICTネットワーク社会を構築するための基盤にマイナンバーの利用範囲の拡大等が検討されている。

2016年1月より年金の資格取得や給付、医療保険の給付請求、雇用保険の資格取得や確認、給付、福祉分野の給付、生活保護など、社会保障に関する行政手続きや、被災地生活再建支援金の支給や被災者台帳の作成事務などの災害対策、税務当局に提出する確定申告書などの税の行政手続きを行うときにマイナンバーが必要となる。

さらに、将来に向けてのマイナンバーの利用範囲の拡大が検討されており、預貯金口座への付番や特定健康診断等でのマイナンバーの利用が決定しているほか、戸籍、パスポート、在外邦人の情報管理など公共性の高い業務に順次拡大が検討され、医療等の分野においても、保険者間の健診データの連携、予防接種の履歴の共有がマイナンバー法の改正案に盛り込まれている。

また、個人番号カードとして、健康保険証などの各種カード機能の一元化や、2017年から稼働が予定されていたマイナポータル（情報提供等記録開示システム：インターネット上で個人情報のやりとりの記録等を確認することができるシステム）を利用活用することにより、年金、医療、介護などの自己情報が確認でき、年金、税金等の手続きがワンストップで可能となった。

コラム ●●●●●●●●●●●●●●●●●●●●●●●●●

幼児教育・保育の無償化について

2019年10月から消費税率が8％から10％に引き上げられると同時に、その増税分の一部が3歳から5歳児クラスの認可保育園、子ども・子育て支援新制度に移行した幼稚園、認定こども園等の利用料に充てられ無償化された。無償化の期間は、満3歳になった後の4月1日から小学校入学前までの3年間である。また、0歳から2歳までの子どもたちについては、住民税非課税世帯を対象として利用料が無償化となった。子ども・子育て支援新制度の対象とならない幼稚園については、月額上限2万7500円まで無償化となる。

すべてが無償となるわけではなく、通園送迎費、食材料費、行事費などはこれまで通り保護者負担となる。ただし、年収360万円未満相当世帯の子どもたちとすべての世帯の第3子以降の子どもたちについては、副食（おかず、おやつ等）の費用は免除される。

企業主導型保育事業では、無償化の対象となるためには、利用している企業主導型保育施設に対し、必要書類の提出が求められている。

また、幼稚園の預かり保育、認可外保育施設等は無償化の対象となるためには、住んでいる市町村から「保育の必要性の認定」を受ける必要があり、認定された場合、幼稚園の預かり保育では、幼稚園の利用に加え、利用日数に応じて、最大月額1万1300円までの範囲で預かり保育の利用料が無償化され、認可外保育では、3歳から5歳までの子どもたちは月額3万7000円まで、0歳から2歳までの住民税非課税世帯の子どもたちは月額4万2000円までの利用料が無償化される。

幼児教育・保育の無償化によって、教育の機会均等を保障し、保護者の経済的負担の軽減が図られることにより、家庭が貧しいために幼児教育が受けられない子どもを減らすことができる。また無償化は幼児教育の質の向上にもつながることから、将来にわたり国に対しても経済的なメリットを与えることになる。

しかし、すでにさまざまな問題も提起されている。例を挙げれば、無償化後、教育用品や施設の維持費など保育料以外の値上げに伴う負担増や便乗値上げ問題。「教育」（文部科学省管轄）と「保育」（厚生労働省管轄）の違いにより、認定保育園に落ちてしまったため、やむを得ず認可外保育園に通うことになってしまった専業主婦などの「保育の必要性の認定」問題。恩恵を受けることすらできない待機児童問題。さらには保育士の給与や待遇改善問題などである。

読者の皆さんはこの幼児教育・保育の無償化やこれらの問題についてどのように考えるだろうか。ちなみに、質の伴わない理由のない便乗値上げなどについて厚生労働省と文部科学省はすでに調査に乗り出し、2019年度中にも調査報告がなされることになっている。

●●●●●●●●●●●●●●●●●●●●●●●●●●●

ただし、マイナンバー制度は、個人情報・プライバシーの保護の観点などの問題も含まれていることから、マイナンバーと個人情報保護制度を監督する特定個人情報保護委員会が設置され、マイナンバー法における個人情報保護対策が講じられている。

しかし、社会保障・税の一体改革は、その後の2017年12月の閣議決定された「新しい経済政策パッケージ」に使途変更され、消費税率10%への引上げに伴う5兆円強の増収分の半分を、従前からの一体改革の充実メニューと新しい経済政策パッケージで示された幼児教育の無償化、子育て安心プランの前倒しによる待機児童の解消、高等教育の無償化、介護人材の処遇改善等に充て、もう半分は、消費税率引上げに伴う社会保障4経費（年金、医療、介護、子育て）の増加と後代への負担のつけ回しの軽減に充てられることとなった。

そして2019年10月に消費税が10%に引き上げられ、その消費税増収分が10.3兆円程度となり、これが全額社会保障の充実と社会保障の安定化に充てられた。まず、社会保障の充実には2.17兆円程度が充てられ、子ども・子育て支援の充実、医療介護の充実、年金制度の充実、幼児教育・保育の無償化、待機児童の解消、介護人材の処遇改善などに充てられた。また、社会保障の安定化に向けてには、基礎年金国庫負担割合の2分の1の恒久化のための安定財源として3.3兆円程度、消費税引上げに伴う社会保障4経費の増加に0.47兆円程度、後代への負担のつけ回しの軽減に4.4兆円程度が充てられた。

2019年10月の消費税率10%への引上げにより、団塊の世代が全員75歳以上の後期高齢者となる2025年を念頭に進められてきた社会保障・税の一体改革は、一応一区切りとなった。

今後の社会保障改革に向けて、高齢者人口がピークを迎える「2040年を見据えた社会保障の将来見通し」が各省から示された。2040年を展望すると、高齢者の人口の伸びは落ち着き、現役世代が急減することから、「総就業者数の増加」とともに、「少ない人手でも回る医療・福祉の現場の実現」が必要とされる。

そこで2018年10月に「2040年を展望した社会保障・働き方改革本部」が設置され、国民誰もが、より長く、元気に活躍でき、すべての世代が安心して生活ができる「**全世代型社会保障制度**」の構築に向けての検討が行われている。

具体的には、2040年を展望し、誰もがより長く元気に活躍できる社会を実現するために、現役世代の人口急減という新たな局面に対応した政策課題として、①多様な就労・社会参加の環境整備、②健康寿命の延伸、③医療・福祉サービスの改革による生産性の向上が挙げられ、社会保障・税の一体改革から引き続き取り組む政策課題として、④負担と給付の見直し等による社会保障の持続可能性が挙げられている。

また、社会保障の枠内で考えるだけでなく、農業、金融、住宅、健康な食事、創薬にも範囲を拡げ、関連する政策領域との連携の中で新たな展開を図っていくことが掲げられている。

現在2040年を見据え、このよう政策を通じ、すべての世代が安心して暮らしていける「全世代型社会保障制度」の構築に向けて、さまざまな改革が模索されているのである。

練習問題

1　社会保障の基礎理念と社会保険の機能について答えなさい。
2　持続可能な社会保障・社会保険に必要とされることを答えなさい。
3　社会保障と税の一体改革に伴う保険料引上げや増税および、消費税における軽減税率の導入について自分なりの考えを述べなさい。
4　マイナンバー制度の課題と利用範囲拡大について自分なりの考えを述べなさい。
5　幼児教育・保育の無償化について自分なりの考えを述べるとともに、学校教育のあり方について述べなさい。

■引用・参考文献

石田重森著（2006）『改革期の社会保障』法研
石田重森（2010）「社会保障の潜在的窮状化」『週刊社会保障』第64巻2567号、

法研、pp. 28-29
伊藤豪（2009）「公的医療保険の保険理論」『保険学雑誌』第606号、日本保険学会、pp. 173-190
権丈善一著（2009）『社会保障の政策転換』慶應義塾大学出版会
厚生統計協会『保険と年金の動向（2016／2017年版）』
厚生労働省『厚生労働白書（平成30年版）資料編』
国立社会保障・人口問題研究所編（2009）『社会保障財源の制度分析』東京大学出版会
国立社会保障・人口問題研究所編（2009）『社会保障財源の効果分析』東京大学出版会
『週刊社会保障　社会保障読本（2015年版）』第69巻第2843号、法研
『週刊社会保障　社会保障読本（2017年版）』第71巻第2936号、法研
『週刊社会保障　社会保障読本（2019年版）』第73巻第3034号、法研
中垣昇他編著（1995）『最新　経営会計事典』八千代出版
西村周三・井野節子編著（2009）『社会保障を日本一わかりやすく考える』PHP
宮島洋・西村周三・京極高宣編（2009）『社会保障と経済　1企業と労働』東京大学出版会
宮島洋・西村周三・京極高宣編（2010）『社会保障と経済　2財政と所得保障』東京大学出版会
厚生労働省「社会保障・税一体改革で目指す将来像」（http://mhlw.go.jp/seisakunitsuite/bunya/hokabunya/shakaihoshou/dl/shouraizou_120702.pdf）
財務省「国民負担率の国際比較」（https://www.mof.go.jp/budget/topics/futanritsu/sy3102b.pdf）
財務省「付加価値税率（標準税率及び食料品に対する適用税率）の国際比較」（http://www.mof.go.jp/tax_policy/summary/consumption/102.html）
内閣府子ども・子育て本部「子ども・子育て支援新制度について」（https://www8.cao.go.jp/shoushi/shinseido/outline/pdf/setsumei.pdf）

索　　引

■ア　行

■カ　行

■サ　行

■タ　行

■ナ　行

■ハ　行

■マ　行

■ヤ　行

■ラ　行

■ワ　行

●編著者紹介●

田畑　康人（たばた・やすひと）　執筆担当：Ⅰ部、Ⅲ部3章

最終学歴　1980年、慶應義塾大学大学院商学研究科博士課程単位取得満期退学
現　　在　愛知学院大学商学部教授
主要著書
『人口減少時代の保険業』（共編著）慶應義塾大学出版会、2011年
『保険学のフロンティア』（共著）慶應義塾大学出版会、2008年
『商学への招待』（共著）ユニテ、2006年
『現代保険学の諸相』（共著）成文堂、2005年
『キーワード解説　保険・年金・ファイナンス』（共著）東洋経済新報社、2004年
『保険の産業分水嶺』（共著）千倉書房、2002年

岡村　国和（おかむら・くにかず）　執筆担当：Ⅱ部、Ⅲ部2章

最終学歴　1983年、慶應義塾大学大学院商学研究科博士課程単位取得満期退学
元・獨協大学経済学部経営学科教授
主要著書・論文
『人口減少時代の保険業』（共編著）慶應義塾大学出版会、2011年
『保険学のフロンティア』（共著）慶應義塾大学出版会、2008年
『保険進化と保険事業』（共編著）慶應義塾大学出版会、2006年
『キーワード解説　保険・年金・ファイナンス』（共著）東洋経済新報社、2004年
「公的年金をめぐる公正の概念について」『日本年金学会誌』第19号、日本年金学会、2000年、pp. 1-7

●執筆者紹介●

伊藤　豪（いとう・たけし）　執筆担当：Ⅳ部2章・3章・5章

最終学歴　2004年、福岡大学大学院商学研究科博士課程後期単位取得満期退学
現　　在　福岡大学商学部准教授
主要著書・論文
『人口減少時代の保険業』（共著）慶應義塾大学出版会、2011年
「日本版General Practitionerに関する一考察―General Practitioner in National Health Serviceを参考に―」『福岡大学商学論叢』第64巻第1号、2019年、pp. 187-211

田畑　雄紀（たばた・ゆうき）　執筆担当：Ⅳ部1章・4章

最終学歴　2011年、関西大学大学院経済学研究科博士課程後期課程修了、博士（経済学）
現　　在　山口大学経済学部准教授
主要著書・論文
『東アジアの医療福祉制度―持続可能性を探る―』（共著）中央経済社、2018年
「イギリスにおける医療費適正化政策と医療サービス提供体制」『健保連海外医療保障』第118号、2018年、pp. 15-21

根本　篤司（ねもと・あつし）　執筆担当：Ⅲ部1章

最終学歴　2007年、福岡大学大学院商学研究科博士課程後期単位取得満期退学
現　　在　九州産業大学商学部講師
主要著書・論文
『ストーリーで語るリスクマネジメント論』（共著）創成社、2019年
「損害保険業の販売チャネルに関する一考察」『損害保険研究』第80巻第2号、2018年、pp. 65-88

読みながら考える保険論
（増補改訂第 4 版）

2010 年 7 月 8 日　第 1 版 1 刷発行
2020 年 4 月 6 日　増補改訂第 4 版 1 刷発行
2021 年 6 月10日　増補改訂第 4 版 2 刷発行

編著者―田　畑　康　人
岡　村　国　和
発行者―森　口　恵美子
印刷所―神　谷　印　刷
製本所―グ　リ　ー　ン
発行所―八千代出版株式会社
〒101-0061　東京都千代田区神田三崎町 2－2－13
TEL　03－3262－0420
FAX　03－3237－0723
振替　00190－4－168060

＊定価はカバーに表示してあります。
＊落丁・乱丁本はお取替えいたします。

ISBN 978-4-8429-1765-8